Joseph O'Connor & Andrea Lages

Der große Coaching-Atlas

Joseph O'Connor & Andrea Lages

Der große Coaching-Atlas

Schlüsselkonzepte
für effektives Coaching:
Was wirklich funktioniert

VAK Verlags GmbH
Kirchzarten bei Freiburg

Titel der englischen Originalausgabe:
How coaching works. The essential guide to the history and practice of effective coaching
© Joseph O'Connor und Andrea Lages 2007
ISBN 9-780-7136-8261-8
Erschienen 2007 bei: A & C Black Publishers Ltd., 38 Soho Square, London W1D 3HBB
www.acblack.com

Bibliografische Information der Deutschen Bibliothek

Die Deutsche Bibliothek verzeichnet diese Publikation in der Deutschen Nationalbibliografie; detaillierte bibliografische Daten sind im Internet über http://dnb.ddb.de abrufbar.

VAK Verlags GmbH
Eschbachstraße 5
79199 Kirchzarten
Deutschland
www.vakverlag.de

© VAK Verlags GmbH, Kirchzarten bei Freiburg 2009
Übersetzung: Isolde Seidel
Lektorat: Norbert Gehlen
Umschlagillustration und -design: Hugo Waschkowski, Freiburg
Layout: Karl-Heinz Mundinger, VAK
Satz: Goar Engeländer (www.dametec.de)
Druck: Media-Print Informationstechnologie GmbH, Paderborn
Printed in Germany
ISBN 978-3-86731-042-0

Inhalt

	Einführung	7
	Teil I	
Kapitel 1:	Coaching am Rande des Chaos	17
Kapitel 2:	Kleine Geschichte des Coachings: Maßgebliche Persönlichkeiten	27
Kapitel 3:	Kleine Geschichte des Coachings: Die Zeit	39
	Entwicklungscoaching: Integriertes Mentaltraining und Positive Psychologie Von Lars-Eric Uneståhl	59
	Teil II	
	Überblick über die Coachingmodelle	65
Kapitel 4:	Coaching in Europa und den USA: Inner Game, das GROW-Modell und coaktives Coaching	71
	Reflexion über Coaching Von John Whitmore	91
Kapitel 5:	Integrales Coaching	95
Kapitel 6:	Coaching mit NLP	111
	NLP und Coaching (mit großem „C") Von Robert Dilts	127
Kapitel 7:	Coaching mit der Positiven Psychologie	133
	Von der Klinischen zur Positiven Psychologie: Mein Weg zum Coaching Von Carol Kauffman	149
Kapitel 8:	Verhaltenscoaching	155
Kapitel 9:	Ontologisches Coaching	169
	Interview mit Fernando Flores	185
Kapitel 10:	Ein integriertes Modell	191

Teil III

Kapitel 11: Wie man die Ergebnisse des Coachings messen kann ... 231
Reflexionen zur Psychologie des Coachings
Von Anthony M. Grant 245
Kapitel 12: Entwicklungscoaching 253
Kapitel 13: Postmodernes Coaching 273

Teil IV

Kapitel 14: Die Zukunft des Coachings 287

Anhang

Unterschiede zwischen Coaching
und anderen Herangehensweisen 301
Quellenverzeichnis 309
Literaturverzeichnis 319
Nützliche Adressen 327
Stichwortverzeichnis 329
Über die Autoren 333

Einführung

Auf der Suche

Dieses Buch ist die Geschichte unserer Suche nach der Essenz, nach der „Seele" des Coachings. Hoffnungsfroh machten wir uns auf den Weg, der – soweit unser Blick reichte – deutlich vor uns zu liegen schien; die Sonne schien und wir erwarteten keinerlei Probleme, obgleich wir wissen, dass jede Suche Probleme birgt. Auch war die Suche – natürlich! – vertrackter, als wir gedacht hatten, die Essenz des Coachings war nicht so leicht zu entdecken; was wir fanden, entsprach nicht unseren Erwartungen. Dieses Buch ist sozusagen das Protokoll, das Tagebuch unserer Suche.

Wir sind Coachs. Wir lieben unseren Beruf und unterstützen mit unserer Arbeit gern Menschen dabei, zu lernen, sich zu verändern und zu entwickeln. Genauso gern lernen und verändern wir uns durch unsere Arbeit. Wir coachen schon seit mehr als zehn Jahren in vielen Ländern. Als wir anfingen, waren Unternehmenscoaching und Lebenscoaching in Europa weithin bekannt, in Südamerika wusste man davon jedoch kaum etwas. Andrea Lages arbeitete als Unternehmenscoach in Brasilien und auf ihrer Visitenkarte stand als Beruf „Coach". Die meisten Leute, die die Karte in die Hand bekamen, fragten sie, was sie mache; viele ordneten sie der Tourismusbranche zu oder glaubten, sie arbeite für einen Fußballverein.

Im Sport ist Coaching gut eingeführt. (Ein Sportcoach ist ein erfahrener Sportler, der ein Team oder einen einzelnen Sportler motiviert und trainiert.) Wir begannen mit diesem Buch in einem Jahr, in dem eine Fußballweltmeisterschaft stattfand, und es war faszinierend zu beobachten, wie jeder Fußballcoach zu einer Berühmtheit aufstieg. Nach einem Tor, einer verpassten Chance oder einer zweifelhaften Entscheidung war die Kamera ebenso oft auf *sein* Gesicht gerichtet wie auf das der Spieler. Die Emotion des Trainers wurde in die Welt ausgestrahlt und plötzlich wurde er sichtbar und wichtig. Mittlerweile wechseln Coachs, also Trainer, zwischen Vereinen und Ländern für Summen hin und her, die früher nur Spieler kassierten.

Die Zeiten ändern sich und Lebens- und Unternehmenscoaching haben in den letzten zehn Jahren merklich zugenommen. Viele Menschen nehmen mittlerweile einen Lebenscoach in Anspruch, der sie dabei unterstützen soll, ihre Chancen bestmöglich zu nutzen; heutzutage weckt das Bekenntnis, man habe einen Lebenscoach, eher Neugier als Mitleid. Lebenscoaching ist in den Zuständigkeitsbereich von Psychologen und Beratern vorgedrungen, doch es gibt Anzeichen dafür, dass diese wieder Boden gut machen, weil viele Lebenscoachs nur wenige Referenzen aufzuweisen haben. Am stärksten hat Coaching im Wirtschaftsleben zugenommen. Man braucht kein Psychologe oder Akademiker zu sein, um Geschäftsleute zu coachen, und Unternehmen fühlen sich zur akademischen Welt häufig nicht gerade hingezogen, die (zumindest für Außenstehende) von den Wirren des „echten Lebens" so weit entfernt erscheint.

Zugenommen haben auch Finanz-, Karriere- und Partnerschaftscoaching. Der Zug rattert weiter und selbst das Fernsehen springt auf: In den Vereinigten Staaten tritt der Lebenscoach von Berühmtheiten in Talkshows auf. Ja, wir haben sogar schon eine Sendung gesehen, in der ein unglücklicher Klient über einen versteckten Kopfhörer „gecoacht" wurde, als er sich zu schüchtern fühlte, eine attraktive junge Frau anzusprechen. Das ist verwirrend und in unseren Augen kein Coaching. Heute scheint sich jede und jeder, der anderen bei irgendetwas hilft oder ihnen einen Rat gibt, als „Coach" zu bezeichnen; vor zehn Jahren hätten sie sich wahrscheinlich Fachberater genannt.

Zwar bezeichnen viele Menschen sich als Coachs, doch unterscheiden sie sich beträchtlich in dem, *was* sie tun und *wie* sie es tun. Aber es muss da irgendeinen Kerngedanken geben, ein Grundkonzept, ein methodisches „Herz" des Coachings; der Begriff bezeichnet doch sicher etwas Unverwechselbares? Was ist ein Coach? Was machen Coachs? Ist „Coaching" ein Beruf? Oder eine Geschäftsidee, die gerade in Mode ist? Sollte man Coaching, Coachen, als Beruf beschreiben? Als Tätigkeit? Als Fachdisziplin oder Gebiet? Kann man es überhaupt definieren? Bedeutet eine Definition eine Einschränkung und Kontrolle, und wenn ja, wer kontrolliert dann? Wenn es eine Methodik für Veränderung ist, wie funktioniert es dann und welche Veränderungen kann es hervorrufen? Das sind die Grundsatzfragen, die wir in diesem Buch zu beantworten versuchen.

Im Laufe der letzten zehn Jahre haben wir mit Coachs aus über dreißig Ländern gesprochen und sie ausgebildet und unserer Ansicht nach hat Coaching eine „Seele" und eine eindeutige Methodik. Aus unserer Sicht hat es einen erkennbaren Kern von Denkmodellen und Methoden, mit denen zahllose Einzelpersonen und Organisationen weltweit arbeiten. Coaching ist eine Methodik, keine Ideologie. Es ist eine Methodik für Veränderung, die Menschen (und durch diese auch Unternehmen) darin unterstützt, zu lernen, sich zu entwickeln und die Besten zu werden, die sie sein können. Coachen ist ein praktischer Arbeitsansatz, der zusammen mit anderen Methoden angewandt werden kann.

Unserer Meinung nach ist Coaching nicht nur eine kurzlebige Mode, sondern wird Bestand haben. Eine Mode ist toll – vielleicht einen Monat lang, aber dann verschwindet sie und die nächste tritt an ihre Stelle. Coaching ist mehr als ein fahrender Zug, auf den Firmen rasch auf- und von dem sie noch schneller wieder abspringen. Coachen zeigt alle Anzeichen kontinuierlichen Wachstums und etabliert sich gerade als Veränderungsmethode für Menschen und Unternehmen.

Im Geschäftsleben geht es bekanntermaßen pragmatisch zu und Coaching muss sich mit anderen bestehenden Disziplinen vernetzen, um nachhaltig zu sein. Andere bewährte Methodiken zur Veränderung müssen Coaching integrieren. Seine Wirksamkeit ist durch Untersuchungen abzusichern. Bietet Coaching, was es bieten soll? Ohne Übereinstimmung darüber, welche Tätigkeit wir in Bezug zu anderen Disziplinen messen und evaluieren, bleibt der Nachweis bruchstückhaft und anekdotenhaft. *Ein* Ziel dieses Buches besteht darin, das Gebiet einzugrenzen, um diesen Evaluierungsprozess zu fördern.

Unsere Suche führte uns in viele verschiedene Länder und zu vielen Coachingmethoden. Wir dachten über die Grundvoraussetzungen von Coaching nach. Was muss für Coach und Klient als wahr gelten, damit die Methode funktioniert? Welche Art von Beziehung entwickeln die beiden?

Es gibt im Coaching viele verschiedene Arten, Richtungen, Schulen oder Herangehensweisen. Wir haben uns entschieden, sechs der bekanntesten und repräsentativsten Ansätze genauer zu untersuchen, um ihre gemeinsamen Grundprinzipien zu erkennen. Freilich handelt es sich dabei um *unsere* Darstellung und *unsere* Interpretation verschiedener Richtungen. Wir suchten nach Übereinstimmungen: worin etwa ein Coach, der mit dem integralen Modell arbeitet, mit einem Verhaltenscoach übereinstimmen würde und worin ein NLP-Coach den Wert in der Herangehensweise des ontologischen Coachings erkennen könnte; und wie sie alle Anknüpfungspunkte zum *Inner Game*, zum GROW-Modell und zur Positiven Psychologie finden könnten. Wir wollten herausfinden, was funktioniert, und nicht, was *nicht* funktioniert.

Einführung

Wir haben unserer Ansicht nach ein verständliches und schlüssiges System entwickelt, das die wichtigsten Punkte aller Coachingrichtungen vereinigt. Wir wollten zusammenführen, nicht ausklammern. Zu Beginn wussten wir nicht, was wir vorfinden würden, deshalb haben wir keine bestehenden Vorurteile bestätigt. Unsere einzige Annahme war, dass Coaching ein „Herz" und eine „Seele" habe, auf die sich alle wesentlichen Ansätze verständigen könnten. Wir arbeiten selbst mit diesem integrativen Modell in unseren Coachings und Coachingausbildungen.

Warum haben wir dieses Buch geschrieben? Weil es unserer Ansicht nach gebraucht wird und weil wir Coaching schätzen und ihm weiteren Erfolg wünschen. Wir haben es geschrieben, weil wir die aktuelle Literatur zu diesem Thema um etwas Lohnendes ergänzen und das Wachstum und die Entwicklung des Coachens unterstützen wollten. Und wir haben es geschrieben, weil wir mehr über Coaching erfahren wollten. Ein Buch zu schreiben ist an sich schon eine Suche; man weiß nicht genau, was dabei herauskommt, und das fertige Buch ist gleichermaßen überraschend und vertraut. Wir wurden schon oft gefragt, was Coaching sei, und mussten jedes Mal nachdenken. Oft erwiderten wir, eine Antwort auf diese Frage erfordere ein ganzes Buch. Hier ist dieses Buch. Es enthält viele Vorstellungen über Coaching, doch Coaching ist ein Mittel zum Zweck und kein Selbstzweck. Ein Mittel, das Menschen hilft, glücklich und erfüllt zu leben, ihr Potenzial auszuschöpfen und sich so weit zu entwickeln, wie sie nur können. Es geht darum, ein erfülltes Leben zu führen. Uns selbst und unseren Klienten zu solch einem erfüllten Leben zu verhelfen, das treibt uns an.

In unserem Buch finden Sie viele Modelle und Ideen, wie Sie effizienter coachen können, doch ist es nicht vorrangig eine Methodensammlung. Es richtet sich an alle Coachs: Coachs für Führungskräfte, Unternehmenscoachs, Lebens- und Sportcoachs … Falls Sie schon Coach sind, dann verhilft Ihnen dieses Buch, so hoffen wir, zu tieferen Erkenntnissen über Ihren Beruf und lässt Sie effizienter mit Ihren Klienten arbeiten. Falls Sie sich gerade zum Coach ausbilden lassen, vermittelt es Ihnen einen unschätzbaren Einblick in den faszinierenden Beruf, den Sie bald ausüben werden. Unserer Ansicht nach erweitert unser Buch auch die Fertigkeiten und das Wissen von Managern, Lehrern, Psychologen und Therapeuten. Wer sich erst seit Kurzem mit Coaching befasst, dem tut sich eine verwirrende Vielzahl von Richtungen, Ansprüchen und Varianten auf. Wir hoffen, dieses Buch beleuchtet all diese Aspekte und zeigt Ihnen, was sie jeweils antreibt und inspiriert.

Wir haben eine Art Quintessenz des Coachens geschrieben, das Beste aus jedem Ansatz hergenommen und, so gut wir konnten, ein vollständiges Modell entwickelt. Ein Modell wird natürlich daran gemessen, ob es funktioniert oder nicht. Modelle sind nicht richtig oder falsch, sie sind nur in unterschiedlichem Maß erfolgreich, je nach den Resultaten, die man damit erzielt. Wir haben dieses Modell mit Coachs in mehr als dreißig Ländern getestet und wissen: Es funktioniert.

Überblick

Das Buch besteht aus drei Teilen. **Teil I** („Coaching am Rande des Chaos") bietet einen Überblick über die derzeitige Situation des Coachings. Ja, am Rande des Chaos ist es gar nicht so schlecht; hier ist ständig Kreativität gefordert. Allerdings ist es auch etwas ungewiss und man gleitet leicht in starre Definitionen darüber ab, was Coachen ist oder sein sollte – die Erblast der Orthodoxie –, oder es löst sich leicht in ein Wunderland auf, in dem Coaching all das ist, was jemand gerade sagt. In Teil I finden Sie viele Definitionen von Coaching, auch erkunden wir hier kurz die Grenzen zwischen Coaching und anderen (beratenden) Berufen.

Zudem enthält dieser Buchteil eine kurze Geschichte der Entwicklung des Coachens. Geschichte wird von Menschen gestaltet, die in einem bestimmten Kontext arbeiten, deshalb haben wir über die Personen sowie die kulturellen Hintergründe geschrieben, die Coaching voranbrachten. Unserer Ansicht nach können Sie Coaching nur dann gut verstehen, wenn Sie seinen *Anfang* verstehen; andernfalls haben Sie nur einen Schnappschuss, der Ihnen wenig über das Entstehen von Coaching und noch weniger von seiner weiteren Entwicklung vermittelt. Es gibt Verbindungen zwischen Coaching und anderen bewährten Disziplinen wie der humanistischen Psychologie, der Entwicklungspsychologie und Geschäftsgepflogenheiten; damit hat das Coachen einen respektablen intellektuellen und kulturellen Stammbaum.

In **Teil II** stellen wir zunächst die Coachingarten vor, die in verschiedenen Gebieten der Welt dominieren. Wir erklären ihre Grundideen und betrachten integrales Coaching, ontologisches Coaching, neurolinguistisches Coaching, Coaching mit Positiver Psychologie, das *Inner Game*, koaktives Coaching sowie das GROW-Modell und Verhaltenscoaching. Beim Lesen können Sie sich an unserer neugierigen Suche beteiligen und herausfinden,

Einführung

was allen gemeinsam ist. Als Abschluss dieses Abschnitts stellen wir Ihnen unser Modell eines gemeinsamen Kerns all dieser Ansätze vor – die Schlüsselelemente des Coachens. Sie werden erkennen, wie die Kernideen der einzelnen Coachingansätze zusammenpassen, einander überlappen und zum Gesamtmodell beitragen. Sie gleichen den Primärfarben des Lichts: Jede Farbe ist anders, doch wenn man sie mischt, kommt eine ganz neue „Farbe" heraus – *weißes* Licht, das das ganze Spektrum in sich aufnimmt und zum Ausdruck bringt.

In **Teil III** handelt ein Kapitel davon, wie man die Ergebnisse des Coachens aus verschiedenen Blickwinkeln misst, um seine Wirkung nachzuweisen, und zwar im Unternehmens- wie im Lebenscoaching. Des Weiteren stellen wir zwei wichtige Konzepte vor, die in der Coachingszene derzeit im Kommen sind:

Das erste der beiden Konzepte ist der Aspekt der *Entwicklung*. Diese Dimension fehlt dem Coaching zurzeit, deshalb geht man bei jedem Erwachsenen auf die gleiche Art und Weise vor. Es gibt jedoch bedeutende Hinweise darauf, dass Erwachsene eine Reihe von Entwicklungsstufen durchlaufen, in denen sie anders denken und reifer werden. Was bedeutet das für das Coachen? Wie beeinflusst die Stufe des Coachs die Klienten? Kann ein Coach helfen, wenn er die Entwicklungsstufe des Klienten nicht erkennt? Was passiert, wenn die Entwicklungsstufen von Coach und Klient nicht zusammenpassen? Wann ist Coaching „transaktional", wann also werden die „Möbel im Kopf" des Klienten umgestellt, und wann ist es „transformational", das heißt, wann zieht der Klient ganz um?

Das zweite der beiden erwähnten Konzepte ist der *postmoderne Aspekt* des Coachings. Unsere Sprache und Kultur sowie andere Menschen prägen und durchdringen unsere Erfahrungen. Zwar sehen wir unsere Verbindungen mit anderen nicht, doch sie sind da. Wie können Sie jemanden aus einer anderen Kultur coachen? Welche Konsequenzen ergeben sich daraus für das Coachen? Und zum Schluss spekulieren wir ein wenig über die *Zukunft* des Coachens, mit einem Traum und zwei Albträumen möglicher Zukunftsversionen.

Wir wollten dieses Buch so umfassend wie möglich gestalten; dafür haben wir mehrere Autoren und Coachs gebeten, eine kurze Betrachtung über das Coaching aus ihrer Sicht beizusteuern. Diese Reflexionen sind immer wieder eingestreut; jede spiegelt eine individuelle Sichtweise wider und die vielen verschiedenen Stimmen tragen zu einer Harmonie des

Buches bei, die ihm sonst fehlen würde. Wir danken den Beitragenden für ihre Großzügigkeit, die dieses Buch bereichert.

Willkommen bei unserer Suche: Sie werden hier mannigfache Rollenbesetzungen finden – Schriftsteller, Denker, Akademiker und Aktivisten. Viele verschiedene Arten von Menschen entwickelten und entwickeln Coaching.

Bei all den unterschiedlichen Coachingarten fanden wir wichtige Hinweise und *Markierungen* – das erinnerte uns an ein Erlebnis in Colorado, USA, im August 2003. Colorado ist ein traumhaft schöner Bundesstaat und wir fuhren eines Tages hoch in den Rocky Mountains eine steil nach oben führende Straße entlang. Die Sonne schien, allerdings lag auch eine Kühle in der Luft, doch der Schnee war in beruhigender Ferne – als Schneekrone auf den Gipfeln der höchsten, weit entfernten Berge. Während wir so dahinfuhren, fielen uns zirka zwei Meter lange Holzpfähle auf, die beidseits neben der Fahrbahn in regelmäßigen Abständen in der Erde steckten. Sie sahen seltsam aus, deshalb fragten wir unseren Freund und Gastgeber nach ihrem Zweck. „Na ja", meinte dieser, „jetzt scheint die Sonne und die Straße ist frei, doch kommt mal im Winter; der erste Schnee kann die Straße sofort bedecken. Die verschwindet dann einfach; dann ist alles weiß. Wie, glaubt ihr, weiß der Schneepflug, wo die Straße verläuft? Er räumt zwischen diesen Pfosten." Daraus lernten wir, unsere Markierungen im Voraus abzustecken, denn im Nachhinein erscheinen die Dinge vielleicht nicht immer so eindeutig wie zu Beginn einer Reise.

Einige praktische Anmerkungen

Wir führen in diesem Buch einige echte Coachingfälle an, haben jedoch die Namen geändert. Auch diskutierten wir darüber, wie wir die Person nennen sollen, die gecoacht wird. Wir entschieden uns für den Begriff „Klient", um Coaching in eine Linie zu bringen mit anderen Berufen, die die gleiche Terminologie verwenden; außerdem halten wir das Wort „Coachee", wie die meisten Kunstwörter, für ziemlich hässlich. Für Coachs und Klienten benutzen wir „er" oder „sie" ohne Unterschied.

Danksagungen

Als Erstes bedanken wir uns bei allen Autoren und Coachs, die ihre Gedanken großzügig zu diesem Buch beigesteuert haben: Lars-Eric Uneståhl, Sir John Whitmore, Robert Dilts, Anthony Grant, Fernando Flores und Carol Kauffman.

Unser Dank geht an all unsere Klienten, die uns halfen, besser zu coachen. Sie sind unsere besten Lehrer. Vielen Dank auch an alle Coachs, die wir in den letzten fünf Jahren ausgebildet haben. Dank ihrer Erkenntnisse verstehen auch wir Coaching besser.

Ein Dankeschön an Sandy Vilas, Pamela Richarde und Laura Whitworth, die uns bei unseren Recherchen halfen, und an Otto Laske, der unser Denken im Entwicklungscoaching enorm vorangebracht hat.

Bedanken möchten wir uns auch bei unserer Lektorin Lisa Carden bei A & C Black, die für das ganze Buch Schützenhilfe geleistet hat.

Ein ganz besonderer Dank gilt unserer Tochter Amanda, die bei Erscheinen des Buches zwei Jahre alt sein wird: dafür, dass sie so ein wunderbarer Coach für uns ist!

Und zu guter Letzt haben wir, wie immer, bestimmte Musikstücke beim Schreiben dieses Buches besonders genossen. Deshalb bedanken wir uns bei Damien Rice, Nara Leão, Iron and Wine und Johann Sebastian Bach dafür, dass sie uns inspirierten.

Joseph O'Connor und Andrea Lages
São Paulo, Juli 2007

Teil I

KAPITEL 1

Coaching am Rande des Chaos

Wer die Menschen behandelt, wie sie sind, macht sie schlechter.
Wer sie aber behandelt, wie sie sein könnten, macht sie besser.
JOHANN WOLFGANG VON GOETHE

Im Jahr 2004 hielten wir unseren ersten Coachingkurs in Santiago, Chile. Die Gruppe bestand überwiegend aus eifrigen, aufmerksamen Managern. Schwaches Sonnenlicht schien durch die weißen Vorhänge im Radisson-Hotel und draußen behaupteten sich die Anden, die eine so wunderbare Kulisse zur Stadt bilden, mühsam gegen den schmutzigen Herbstdunst. Am ersten Morgen des Kurses gaben wir einen Überblick und stellten die Geschichte des Coachings vor. „Coaching", so begannen wir, „kommt von einem alten angelsächsischen Wort für eine Kutsche, für etwas, was Sie von dort, wo Sie sind, dahin bringt, wo Sie sein wollen." Eine Hand erhob sich; jemand wollte etwas anmerken.

„Es kommt auch von dem alten französischen Wort *coche*, das ebenfalls Kutsche bedeutet", meinte François, ein Teilnehmer, der ein guter Freund werden sollte. Für Joseph O'Connor war die Versuchung, für den Geschichtsstolz Englands gegen die Franzosen einzutreten, immens, doch es gelang ihm, ihr zu widerstehen. Wir dankten François für diese neue Zusatzinformation. Als wir der Herkunft des Wortes Coaching weiter nachgingen, stießen wir auf etwas noch Interessanteres.

In Ungarn gibt es die Stadt Kocs, sie liegt in der Nähe der im Mittelalter befestigten Stadt Komáron. Im mittelalterlichen Verkehrsnetz hatte sie eine strategische Position und war sozusagen der Londoner Flughafen Heathrow der damaligen Zeit. Viele Kutschen und Wagen hielten auf ihrem Weg durch Mitteleuropa in Kocs und wegen ihrer Lage war die Stadt ein florierender Handelsplatz. Da überrascht es nicht, dass man in der Stadt begann, Kutschen zu bauen. Im 15. Jahrhundert bauten die ortsansässigen Stellmacher ein von Pferden gezogenes Gefährt mit Stahlfeder-Radaufhängung. Dieses *kocsi szeker*, wie die Ungarn es nannten, also der „Wagen von Kocs", wurde bald überall in Europa bekannt. Das war damals die Art, in der

„Businessclass" durch Mitteleuropa zu reisen: bequem und stilvoll. Bald wurden diese Kutschen unter dem Namen der Stadt bekannt, in der sie hergestellt wurden. Ein *kocs* war ein *besserer* Wagen, eine elegante Art, rasch zu reisen. Das ist der Ursprung des Wortes Coach und in den meisten europäischen Sprachen tauchten ähnliche Wörter auf. Joseph und François hatten *beide* recht und wir entdeckten damit eine wunderbare Metapher, denn Coaching ist nicht nur *eine* Möglichkeit (von vielen), das Reiseziel zu erreichen, sondern auch die *beste und eleganteste* Art zu reisen.

Was ist Coaching?

Lassen Sie uns mit dieser Frage beginnen, bevor wir uns anschauen, wie Coaching funktioniert. Coaching ist eine Form von Beratung, eine professionelle Art, Klienten zu helfen. Es gibt drei Hauptformen unterstützender Beratung, die sich *darin* unterscheiden, wie viel Verantwortung die *Klienten* im Prozess jeweils tragen.

1. **Das Expertenmodell:** Hier kaufen die Klienten Fachwissen und sind für das Ergebnis nicht verantwortlich. Sie kaufen beispielsweise die Dienste eines Architekten, der ein Haus für Sie plant und den Bau leitet. Er macht die ganze Arbeit, engagiert die Handwerker und Raumgestalter. Sie zahlen die Rechnungen und wohnen dann in Ihrem Haus.
2. **Das medizinische Modell von Arzt und Patient:** Hier tragen die Klienten eine eingeschränkte Verantwortung. Gewöhnlich geht es darum, verschriebene Medikamente einzunehmen und die Anweisungen zu befolgen.
3. **Das Modell der Prozessberatung:** Hier tragen die Klienten die volle Verantwortung. Prozessberatung wird definiert als das Entwickeln einer Beziehung mit dem Klienten, die ihm gestattet, die Ereignisse im Prozess, die in der inneren und äußeren Welt des Klienten auftreten, wahrzunehmen, zu verstehen und entsprechend zu handeln, um die im Problem definierte Situation zu verbessern.[1] Das ist eine ausgezeichnete Definition von Coaching, weil es die Beziehung und den Prozess anspricht. Coaching ist eine Form von Prozessberatung[2], bei der die Hauptaufgabe des Coachs darin besteht, Klienten verstehen zu helfen, wie sie Probleme erzeugen, nicht aber, wie sie sie lösen.

Coaching ist ein Mittel zu dem Zweck, Menschen darin zu unterstützen, ein erfülltes und befriedigendes Leben zu führen, und es lässt sich vielfältig definieren. Um einen möglichst umfassenden Überblick zu bekommen, müssen wir zahlreiche Blickwinkel einnehmen. Viele Coachingschulen und viele Bücher zu diesem Thema stimmen darin überein, dass folgende Definitionen von Coaching zu den typischen gehören:

- Anhaltende Veränderungen im Denken, Fühlen und Verhalten, die das Erreichen von Zielen fördern und die Leistung in Beruf und Privatleben steigern[3]
- Die Kunst, Leistung, Lernen und Entwicklung anderer zu unterstützen[4]
- Menschen mit Instrumenten, Wissen und Gelegenheiten auszustatten, die sie brauchen, um sich selbst zu entwickeln und erfolgreicher zu werden[5]
- Coaching bedeutet, das Potenzial eines Menschen zu erschließen, sodass er seine Leistungsfähigkeit optimieren kann. Es bedeutet, Menschen beim Lernen zu helfen, statt sie zu lehren[6]
- Coaching ist eine Kraft verleihende Beziehung für Menschen, die wichtige Veränderungen in ihrem Leben durchlaufen[7]
- Einen Menschen dabei zu unterstützen, sich auf die von ihm gewünschte Art zu verändern und die Richtung einzuschlagen, in die er gehen will. Coaching unterstützt einen Menschen auf jeder Ebene dabei, so zu werden, wie er sein will, und das Beste aus sich herauszuholen[8]
- Beim Coaching geht es um Lernen ... Coach und Coachee gehen zusammen eine Lernpartnerschaft ein.[9]

Es gibt noch viele ähnliche Definitionen. Diese „Hinweisschilder" helfen Ihnen, in die richtige Richtung zu schauen; sie liefern Anhaltspunkte, keine Antworten. Worauf weisen sie hin? Was können wir aus diesen Definitionen mitnehmen? Sie sind alle abstrakt, weil sie aus dem Zusammenhang gerissen sind, doch sie zeigen eine gemeinsame Idee, eine Grundarchitektur des Coachings. Diese Definitionen enthalten vier wichtige Elemente des Coachings – Veränderung, Anliegen/Interesse, Beziehung und Lernen. Diese wollen wir nun der Reihe nach kurz betrachten.

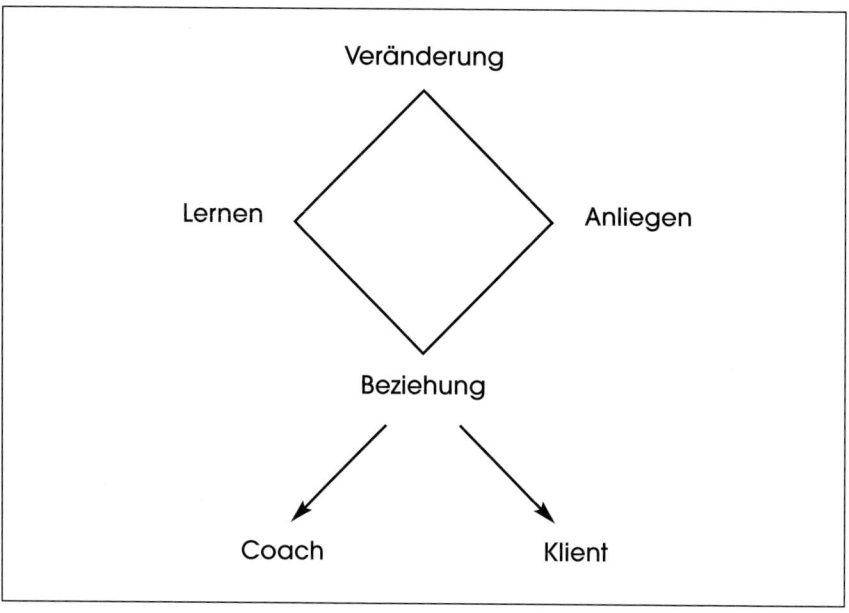

Die grundlegende Architektur des Coachings

Veränderung

Veränderung umfasst Richtung und Entwicklung, sich auf etwas Besseres zubewegen, entweder weil man das, was man hat, nicht mag, oder weil man sich zu etwas Besserem hingezogen fühlt. Klienten können selbst nach Veränderungen streben oder diese werden ihnen aufgezwungen. In beiden Fällen müssen sie sie möglichst gut bewältigen. Sie wissen vielleicht nicht, wie sie das machen sollen, oder sie haben es versucht und es hat nicht geklappt. Was muss sich beim Klienten ändern, damit er mit veränderten äußeren Umständen zurechtkommt? Sein Denken, seine Emotionen und sein Verhalten.

Anliegen

Zweitens haben Klienten ein Anliegen; irgendein Ungleichgewicht in ihrem Leben, ein Problem, ein Thema oder ein Ziel, das sie erreichen wollen. Das Leben stellt ihnen eine Anforderung, der ihre derzeitigen Denk-, Fühl- und

Verhaltensgewohnheiten nicht befriedigend entsprechen. Sie sind nicht, wo sie sein wollen, und das stört sie. Viele Klienten sind sich überhaupt nicht darüber im Klaren, wo sie sein wollen, wissen aber sehr genau, dass sie noch nicht dort sind.

> Man kann das Anliegen nicht von der Person trennen, die es hat.

Beziehung

Drittens erzeugt Coaching eine starke Beziehung – eine Partnerschaft. Jeder Klient ist einzigartig und der Coach muss ihn auch so behandeln. Die Beziehung muss von Vertrauen geprägt sein und die Qualität der Beziehung, die Coach und Klient gemeinsam entwickeln, bestimmt den Erfolg des Coachings.

> Coachs haben mit Klienten zu tun, nicht mit Problemen.

Lernen

Die vierte Unterstützung ist das Lernen. Coaching hilft Menschen auf zweierlei Arten, zu lernen und besser lernen zu können: erstens, eine bestimmte Fertigkeit zu lernen oder zu lernen, wie man ein bestimmtes Problem löst; zweitens, zu lernen, wie man lernt, also wie man ein Problemlöser wird. Coaching fördert die Fähigkeit zum eigenständigen Lernen und es begünstigt persönliches Wachstum; zudem unterstützt es Klienten darin, Probleme zu lösen, Entscheidungen zu treffen und Ziele zu erreichen. Solange die Klienten nicht zu Lernenden werden und die Welt mit neuen Augen betrachten, werden sie immer von jemandem abhängen, der sie anleitet, seien es Eltern, Lehrer, Chef oder Coach. Klienten müssen ein Problem verallgemeinern können; sie müssen nicht nur das Problem lösen, mit dem sie gerade konfrontiert sind, sondern sie müssen ihr Denken kritisch betrachten, das das Problem überhaupt erst hervorgerufen hat. Auf beide Arten des Lernens werden wir später ausführlich eingehen.

Coach und Klient

Coaching findet nicht ohne Menschen statt; Coach und Klient sind in jede Definition von Coaching aufzunehmen. Der Coachingprozess entwickelt sich von Minute zu Minute ihrer Zusammenarbeit. Gemeinsame Erwartungen sind wesentlich. Falls der Klient beispielsweise verlangt, der Coach solle ihm sagen, was er tun solle, und droht, nicht mehr wiederzukommen, falls sich der Coach nicht darauf einlasse, dann kann eindeutig kein Coaching stattfinden. Umgekehrt sollte sich der Coach auch wie ein solcher verhalten und Klienten nicht vorschreiben, was sie zu tun haben, oder ihnen Lösungen anbieten. Auch ein Coach braucht bestimmte förderliche Glaubenssätze und Werte, um Klienten bei den von ihnen gewünschten Veränderungen zu unterstützen. Coachs brauchen Fertigkeiten, Präsenz und einen gewissen Grad an Entwicklung, um ihren Klienten helfen zu können.

Coachs stellen Fragen, statt Antworten zu geben, denn Fragen führen zu Lernen, Antworten nicht unbedingt. Der erste Coach war vielleicht der griechische Philosoph Sokrates (469 bis 399 v. Chr.), der, statt mit Menschen zu debattieren, ihnen Fragen stellte, durch die er sie anregte, ihre eigene Position und ihre Annahmen zu hinterfragen; dadurch änderten sie ihr Denken von selbst.

Die grundlegende Architektur hat Coaching mit vielen anderen helfenden Berufen gemeinsam, etwa mit Therapie, Lehre und Zusammenarbeit mit einem Mentor. Der Unterschied zwischen Coaching und diesen anderen Berufen wird im Anhang erklärt.

Die Grenzen des Coachings

Coaching wird im Allgemeinen nicht bei kleinen Kindern angewandt, und zwar aus gutem Grund. Coaching setzt voraus, dass Klienten ihr eigenes Denken reflektieren und soziale Verantwortung übernehmen können. Das können kleine Kinder nicht; dafür sind sie noch nicht weit genug entwickelt.

Auch eignet sich Coaching nicht für Personen mit schweren geistigen oder körperlichen Erkrankungen. Es ist keine Form von Psychotherapie und auch kein Ersatz dafür. Klienten sollten im Leben und bei der Arbeit ihren „Mann" stehen, wenn sie sich an einen Coach wenden. Sie tun das vielleicht nicht besonders gut, doch sie kommen mit einem Anliegen und nicht völlig hoffnungslos. Beim Coaching geht es um geistige Entwicklung, nicht um geistige Gesundheit. Sind Klienten körperlich krank, so sollten sie wegen der Symptome einen Arzt aufsuchen. Vielleicht treffen Sie infolge des Coachings Entscheidungen bezüglich ihrer Krankheiten, doch Coaching ist nicht für die Behandlung körperlicher Erkrankungen konzipiert.

Ein Coach sollte niemals mit Klienten arbeiten, die schwerwiegende emotionale oder psychische Probleme haben – sie brauchen einen Therapeuten.

Spezialwissen

Der Coach braucht keine Fachkenntnisse oder Kompetenz im Tätigkeitsfeld seiner Klienten. Darin ist der *Klient* Experte. Beim Unternehmenscoaching bedeutet das, dass der Coach einem Berater gleicht, der in vielen verschiedenen Arten von Firmen tätig sein kann. Coachs können von einer Softwarefirma zu einem Wäschehersteller, von einem Restaurantbesitzer zu einem Buchhändler gehen. Der Coach braucht *nicht genau* zu wissen, wie der Betrieb des Klienten im Einzelnen arbeitet. Wie ein Unternehmen allgemein funktioniert, muss er schon wissen, doch für die Einzelheiten ist der Klient Fachmann.

In der Praxis – das legen sowohl formale wie informelle Untersuchungen nahe – suchen höhere Führungskräfte sich einen Coach, der auf ihrer eigenen Führungsebene Erfahrung hat und, wenn möglich, in ihrem Unternehmen oder einem ähnlichen. Darauf achten sie stärker als auf die Zertifizierung. Deshalb kann ein erfahrener Coach eine Nische in einer Branche finden; Pragmatismus erhöht dabei den Erfolg.

Wissen über das Unternehmen des Klienten mag als Vorteil erscheinen, doch es kann das Coaching auch erschweren. Wenn man auf einem Gebiet Erfahrung hat, kann man versucht sein, aus dem eigenen Wissen heraus fertige Antworten zu liefern, statt *dem Klienten zuzuhören*. Dann coachen Sie ein Problem, nicht aber Ihre Klienten. Wir selbst hatten zum Beispiel Klienten, die ein Buch schreiben wollten. Nun haben wir ja bereits mehrere Bücher geschrieben, deshalb wäre es leicht gewesen, gleich ein paar Ratschläge zu erteilen: „Haben Sie schon daran gedacht, Ihre Ziele für das Buch aufzuschreiben? Stellen Sie sich vor, was der Verlag möchte, was der Leser bekommen soll …" etc. Das ist Fachwissen; es kommt vom Coach und ist ausgerichtet an seiner Vorstellung von dem Problem; diese muss dem Klienten nicht unbedingt dabei helfen, genau das Buch zu schreiben, das er schreiben will, und nicht so, wie er das vorhat.

Fachwissen und Erfahrung können für den Coach also ein Hindernis darstellen – er muss den Klienten *zuhören* und sich so mit ihren Anliegen beschäftigen, dass es den *Klienten* nützt, nicht dem Coach. Die Lösung des Coachs lag in der Vergangenheit. Der Klient ist in der Gegenwart.

Fachwissen auf dem Gebiet, in dem der Klient Probleme hat, kann dazu führen, dass der Coach Dinge als selbstverständlich ansieht. Er geht vielleicht davon aus, er verstehe das Problem und „fülle die Lücken" mit seiner eigenen Erfahrung, ohne es zu merken. Ein Coach braucht die „Haltung eines Anfängers". Er muss die Annahmen des Klienten über sein Anliegen hinterfragen und das kann er nicht, wenn er von den gleichen Annahmen ausgeht. Für den Coach stellt es eine erhebliche Herausforderung dar, jegliches Spezialwissen, das er hat, als Ressource für sein Coaching einzusetzen, aber nicht zu einem Hindernis werden zu lassen.

> Man kann eine Fertigkeit nicht von der Person trennen, die sie hat.

Die Glaubwürdigkeit des Coachs *Nachbearbeitung!*

Das führt uns zur Glaubwürdigkeit des Coachs. Die Klienten müssen den Coach respektieren. Sie müssen überzeugt davon sein, dass der Coach sowohl aufrichtig ist (Versprechen einhält) als auch zuverlässig (das Versprochene auch liefert). Wenn der Coach sich konsequent an beides hält, dann vertrauen ihm die Klienten. Das englische Wort für Vertrauen, *trust*, kommt von einem altnordischen Wort, das *unterstützen* bedeutet. Jemand, dem Sie vertrauen, ist jemand, von dem Sie wissen, dass er Sie unterstützt; diese Person hat bereits gezeigt, dass sie dazu stark genug ist. Vertrauen ist keine Sache, sondern ein Prozess, eine Beziehung, etwas, was von einer Sitzung zur nächsten erneuert und neu gestaltet wird. Vertrauen braucht Zeit, um sich zu entwickeln, kann aber in *einem* Augenblick dahin sein. Eine gute Beziehung kann man manchmal innerhalb von Minuten aufbauen, doch Vertrauen erfordert gewöhnlich mehr Zeit.

Vertrauen entsteht aus zwei Elementen:
- Zum einen muss der Coach *aufrichtig* sein, das heißt authentisch in seinem Handeln und seinen Absichten, ohne Hintergedanken. Wenn er laut „ja" sagt, dann sagt er das auch innerlich und mit seiner Körpersprache.
- Zum anderen muss der Coach *verlässlich* sein. Das heißt, er muss das, was er zusagt, auch in der vereinbarten Zeit in zufriedenstellendem Maß tun können.

Beide Komponenten sind notwendig für Vertrauen. Wer zuverlässig, aber nicht aufrichtig ist, verspricht viel, meint es aber nicht wirklich. Wer aufrichtig ist, aber nicht verlässlich, will wirklich helfen, kann es aber nicht. Ein Kind kann beispielsweise ganz aufrichtig sein in seinem Wunsch, einen Rasenmäher zu bedienen, doch ohne Erfahrung und daher ohne Kompetenz wäre es gefährlich, es das allein auf der Grundlage der Aufrichtigkeit ausprobieren zu lassen.

Aufrichtigkeit ⟶

Wenig Aufrichtigkeit, hohe Zuverlässigkeit:	*Hohe Aufrichtigkeit, hohe Zuverlässigkeit:*
Wenig Vertrauen, denn der Coach kann zwar Versprechen halten, tut es aber nicht.	So entsteht Vertrauen. Der Coach ist sowohl in der Lage als auch bereit, seine Versprechen einzuhalten.
Geringe Zuverlässigkeit, geringe Aufrichtigkeit:	*Geringe Zuverlässigkeit, hohe Aufrichtigkeit:*
Kein Vertrauen; der Coach ist weder willens noch in der Lage, Versprechen einzuhalten.	Wenig Vertrauen; der Coach möchte Versprechen einhalten, kann es aber nicht.

Zuverlässigkeit

Vertrauen bezieht sich außerdem auch auf bestimmte Bereiche. Sie können jemandem zutrauen, dass er in einer Sitzung ganz großartig verhandelt, aber nicht notwendigerweise, dass er auch pünktlich kommt.

Die Glaubwürdigkeit des Coachs hängt auch davon ab, ob er ein Rollenvorbild für die Art von Veränderung ist, die der Klient vollziehen will. Das ganze Wesen des Coachs wirkt auf den Klienten. Coachs brauchen nicht die gleichen Probleme durchgemacht zu haben wie ihre Klienten, doch *wenn* das der Fall ist, dann müssen sie diese für sich befriedigend gelöst haben. Erst dann verkörpern Coachs nämlich die Veränderung, die sich Klienten für sich selbst wünschen. Die beste Art, Führungsqualitäten zu zeigen, ist die, die durch das eigene Beispiel wirkt. Das ist *ein* Maßstab, nach dem Klienten Zuverlässigkeit beurteilen: „Wenn Sie es selbst nicht schaffen, wie können Sie mir dann helfen?", fragt der Klient unausgesprochen. Falls ein Coach dauernd unentschlossen ist und sich nicht entscheiden kann, werden die Klienten nicht überzeugt sein, dass er ihnen bei ihrem eigenen Entscheidungsprozess helfen kann. Hat ein Coach mit den gleichen Problemen zu tun, die der Klient mitbringt, dann ist es sowohl ethisch verantwortungsbewusst wie auch klug, die Arbeit mit diesem Klienten abzulehnen.

Coaching heute

Zu der Zeit, da wir dieses Buch schreiben, ist Coaching für höhere Führungskräfte eine Branche mit Milliardenumsatz. 88 Prozent der europäischen Unternehmen und 95 Prozent der Firmen in Großbritannien nutzen einer aktuellen Umfrage zufolge Coaching.[10] 40 Prozent der *Fortune-500*-Unternehmen nutzen ebenfalls Coaching und 95 Prozent dieser Gesellschaften gaben an, sie hätten Coaching in den letzten fünf Jahren vermehrt genutzt. 99 Prozent der befragten Organisationen sagten, Coaching biete Einzelpersonen und den Unternehmen konkreten Nutzen. 96 Prozent hielten Coaching für eine effiziente Möglichkeit, das Lernen in Unternehmen zu fördern. 92 Prozent gaben an, dass gut organisiertes Coaching sich positiv auf den Nettoprofit der Organisation auswirke. Weltweit sind circa 70 000 Coachs tätig. Über 200 Institute auf der ganzen Welt bieten Coachingausbildungen an und ihre Zahl steigt monatlich.[11]

Coaching ist also im Kommen – doch *woher* kommt es? Seine Geschichte untersuchen wir im nächsten Abschnitt.

Kapitel 2

Kleine Geschichte des Coachings: Maßgebliche Persönlichkeiten

Die Welt ist voll rätselhafter Dinge, die darauf warten, dass unser Verstand schärfer wird.

Bertrand Russell

Coaching hat damit zu tun, dass zwei Menschen einander begegnen, um innerlich zu wachsen und psychisch zu lernen. In diesem Sinne hat es immer Coachs gegeben. Sokrates war ein Vorläufer, seine Methode trägt immer noch seinen Namen (die sokratische Methode): Er stellte Fragen, um die Suchenden darin zu unterstützen, selbst Antworten zu finden. Doch zu *allen* Zeiten haben viele die Rolle von Coachs übernommen: Priester und Philosophen, Künstler und Professoren und, natürlich, die Eltern.

Die Entwicklung des Coachings

Die Coachingbewegung, wie wir sie heute kennen, ist nicht aus dem Nichts entstanden, sondern hat sich als Methodik für Veränderung seit den achtziger Jahren des 20. Jahrhunderts entwickelt. Die Gegenwart gestaltet sich aus der Vergangenheit und um Coaching zu verstehen, müssen wir seine Geschichte betrachten. Wie Lebewesen sich entwickeln und an ihre Umgebung anpassen, so entwickeln sich auch gesellschaftliche Bewegungen wie Coaching und fügen sich in eine Nische in ihrem Umfeld ein. In diesem und dem nächsten Kapitel werden wir seine Geschichte näher betrachten, sozusagen die dokumentierten fossilen Funde, die uns besser verstehen lassen, was Coaching heute ist. Über die Anfänge des Coachings ist überraschend wenig publiziert – vielleicht, weil Coaching zu jung ist, um sich mit seiner Vergangenheit zu beschäftigen.

Wir können die Geschichte des Coachings auf verschiedene Arten untersuchen:

1. Zum einen können wir *Personen* befragen, die zu seinem Entstehen beitrugen, und uns ihre subjektiven Schilderungen anhören. Was bedeutete Coaching für sie? Wie erinnern sie sich an die Zeit, in der sie „mitmischten"? Was dachten sie und was wollten sie erreichen?
2. Zum anderen kann man den Prozess von außen beschreiben und sich einen Überblick verschaffen. Wie entwickelte sich die *Struktur* des Coachings? Welche Elemente spielten mit hinein? Dieses Vorgehen unterscheidet sich von den persönlichen Berichten, denn was Menschen erreichen, entspricht nicht immer dem, was sie erreichen *wollen*.
3. Und schließlich können wir den *Kontext* betrachten, das gesellschaftliche Umfeld, in dem Coaching „heranwuchs". Welche gesellschaftlichen Kräfte wirkten mit hinein? *Was* in der prägenden Kultur und zu der bestimmten Zeit förderte seine Entwicklung?

Mit diesen drei Sichtweisen verstehen wir die Entwicklung des Coachings leichter, und vielleicht geben sie uns Hinweise auf seine weitere Entwicklung. Wir werden Coaching in diesem und im nächsten Kapitel aus allen drei Perspektiven betrachten.

Coaching als ein Mem

Der Evolutionsbiologe Richard Dawkins[1] prägte den Begriff „Mem" und beschrieb damit eine kulturelle Vorstellungs- oder Informationseinheit, die von einem Menschen auf einen anderen übertragen werden kann. Einfache Beispiele sind Mode und Musik – die Ideen werden übertragen und die Menschen verhalten sich entsprechend. Menschen kommen mit Memen in Kontakt, mögen sie, nutzen sie und geben sie weiter, durch ihr Beispiel und indem sie anderen davon erzählen.

Coaching war (und ist immer noch) ein Mem. Meme verbreiten sich wie Mutationen in der Biologie; wenn sie zu den Sitten und Werten einer Kultur passen, gedeihen sie; wenn sie zur jeweiligen Zeit im Widerspruch stehen, verkümmern sie und werden ausgelöscht. Sie gleichen Samen, die unter günstigen Bedingungen *wachsen*. Und sie brauchen ein Transportmedium; nicht alle Methodiken für Veränderung haben sich so weit, so schnell und so erfolgreich in andere Länder ausgebreitet wie Coaching.

Coaching im Sport

Wir springen nun von unserer ungarischen Stadt Kocs fünfhundert Jahre weiter, in denen Menschen sich unter vielen Bezeichnungen gegenseitig beim Lernen und in ihrer Entwicklung unterstützten, und landen im 20. Jahrhundert, als sich Coaching auf den Sport konzentrierte. Ein Coach war ein fähiger Trainer, der Sportler förderte, eine Art Sportlehrer. Man hatte keinen Tennis- oder Squashlehrer – man hatte einen Coach, der eine Mischung aus Mentor, Motivator und Mentaltrainer war. Auch Teams hatten Coachs. Diese waren immer gute Sportler, doch nicht notwendigerweise die besten, denn die Fähigkeiten, andere zu trainieren und zu motivieren, gehen in einem Sport nicht unbedingt mit Höchstleistungen einher.

Das Inner Game

Ein Sportcoach sagt Sportlern üblicherweise, was sie tun sollen, verfolgt die Ergebnisse, gibt Feedback und „coacht" sie, damit sie besser werden, mit einer Mischung aus Ermunterung und strukturierter Unterweisung. 1974 kam ein äußerst einflussreiches Buch auf den Markt, *The Inner Game of Tennis* von Timothy Gallwey.[2] Es läutete die Trendwende für Coaching ein, wie wir es heute kennen.

Gallweys Buch war in seinem Ansatz für das Tennis eine Revolution und in der Folge ging er an viele verschiedene Fachgebiete mit einem ähnlichen Ansatz heran. Gallwey schrieb (oder schrieb mit bei) *The Inner Game of Work* (dt.: *Erfolg durch Selbstcoaching*), *The Inner Game of Golf* (dt.: *Inner Game Golf*) und *The Inner Game of Music* (dt.: *Mozart in uns*) – und alle diese Bücher waren erfolgreich.

In *The Inner Game of Tennis* argumentiert Gallwey, dass ein Tennisspieler mit zwei Gegnern zu tun habe: Der eine ist der *äußere* Gegner auf der anderen Seite des Netzes – *Ihre* Aufgabe ist, ihn zu schlagen; dessen Aufgabe wiederum ist, das Beste aus Ihnen herauszuholen. Der *innere* Gegner ist viel trickreicher und schwieriger zu bekämpfen, denn er kennt all Ihre Schwächen und Probleme. Dieser innere Gegner hat ein ganzes Arsenal an „Waffen" wie Selbstzweifel, Ablenkung und Selbstgespräche, die den Spieler abhalten, seine Bestleistung abzurufen. Dieser innere Gegner flüstert Ihnen ins Ohr: „Oh nein, mein Gegner sieht gut aus, ich bin nicht gut, ich könnte verlieren ...", oder manchmal auch: „Hey, ich spiele wirklich gut, ich glaube, ich gewinne hier ..."

Beide Aussagen bringen Sie weg vom gegenwärtigen Moment, in dem Sie sich darauf konzentrieren müssen, den von der anderen Seite des Netzes kommenden Ball zurückzuschlagen. Jeder Spitzensportler kann Ihnen bestätigen, dass Sie genau dann aus „der Zone" [wie man im Sport sagt, oder: aus dem Flow-Zustand, vgl. dazu weiter unten] herausfliegen, wenn Sie sich dafür gratulieren, gerade drin zu sein. Ihr innerer Gegner lenkt Sie ab, sabotiert Sie und sagt Ihnen, wie Sie spielen sollen, statt Sie einfach spielen zu lassen. Das innere Spiel findet im Kopf des Spielers statt und der Gegner ist er selbst.

Gallweys Buch verknüpfte in einer geschickten Mischung praktischer, einfach strukturierter Ratschläge Elemente der humanistischen Psychologie, des buddhistischen Denkens, der Sportpsychologie und des Konzepts, das Unbewusste zu programmieren. Es war enorm einflussreich und war sozusagen der erste vorsichtige Schritt professionellen Coachings, das damals noch in den Kinderschuhen steckte. Gallwey selbst ging allerdings nie weiter, er bildete keine Coaches aus; das blieb anderen vorbehalten.

Esalen und EST

Timothy Gallwey studierte an der *Harvard University* im Hauptfach Englische Literatur und leitete dort auch die Tennismannschaft. Nach seinem Dienst in der US-Marine arbeitete er in den siebziger Jahren als Tenniscoach. Er begann mit „Yoga"-Tennis, wie er es selbst nannte, auf der *John Gardiner Tennis Ranch* in dem Sportzentrum, das zum Esalen-Institut gehörte. Umgeben von den eindrucksvollen Bergwäldern in Big Sur, südlich von San Francisco an der Pazifikküste Kaliforniens gelegen, war Esalen damals das wichtigste Zentrum für humanistische Psychologie und fachübergreifende Studien. Es war (und ist immer noch) das spirituelle Zentrum des *Human Potential Movement* (dt. etwa „Bewegung zur Entwicklung des menschlichen Potenzials"), das Michael Murphy und Dick Price 1962 gründeten, und das bald bekannt wurde für seine experimentell-didaktischen Workshops, die östliche und westliche Philosophie verbanden. Zu den Lehrern am Esalen-Institut gehörten Aldous Huxley, Abraham Maslow, Carl Rogers und B. F. Skinner. Die drei Persönlichkeiten, die das Neurolinguistische Programmieren am stärksten beeinflusst haben – Fritz Perls,

Virginia Satir und Gregory Bateson –, unterrichteten dort ebenso wie Richard Feynman, Moshe Feldenkrais, Joseph Campbell, Carlos Castaneda, Fritjof Capra, Deepak Chopra und Bob Dylan.

Das Esalen-Institut formuliert seine Aufgabe so:

> *Das Esalen-Institut existiert, um die harmonische Entwicklung der ganzen Person zu fördern. Es ist eine lernende Einrichtung, die sich der beständigen Erforschung des menschlichen Potentials widmet und religiösen, wissenschaftlichen und anderen Dogmen widersteht. Es fördert Theorie, Praxis, Forschung und Organisationsaufbau, um die persönliche und soziale Weiterentwicklung zu erleichtern, und zu diesem Zweck sponsert es Seminare für die allgemeine Öffentlichkeit; organisiert Tagungen, Forschungsprogramme, Aufenthalte für Künstler, Gelehrte, Wissenschaftler und religiöse Lehrer; Arbeitsstudien-Programme und halb-autonome Projekte.*
>
> (Zitiert nach: WIKIPEDIA.ORG/WIKI/ESALEN-INSTITUT)

1971 führte Werner Erhard das EST-Training in Esalen ein. EST (das lateinische Wort für „es ist") war ein Programm in Bewusstseinstraining für Großgruppen, das regen Zulauf hatte; zirka eine Million Menschen nahmen bis 1981 daran teil. Danach wurde es durch *The Forum* ersetzt. In diesem neuen Training coachten sich die Teilnehmer gegenseitig. Bekannt wurde es dann unter dem Namen *The Landmark Forum*. *Landmark Education* kaufte *Werner Erhard and Associates* das geistige Eigentum ab und hält weiterhin Kurse in vielen Ländern. Fernando Flores hatte mit EST zu tun und kannte Erhard. Julio Ollala gestaltete Flores' Ideen später aus – sie bilden die Grundlage für das „ontologische Coaching".

Werner Erhards Ideen und Ansätze für die Ausbildung zur Selbstentwicklung waren seinerzeit sehr bedeutsam. Häufig sagte er: „Erschaffen Sie Ihre Zukunft aus Ihrer Zukunft heraus, nicht aus Ihrer Vergangenheit." Timothy Gallwey war Erhards Tennislehrer. Zwar führte Erhard das Wort „Coaching" in das EST ein, doch er war nicht interessiert daran, Coachs auszubilden. Werner Erhard wird als der zweitwichtigste Beeinflusser des Coachings überhaupt bezeichnet.[3] Nur ein Mensch in der Welt des Coachings bekommt noch mehr Referenzen: Thomas Leonard.

Thomas Leonard

Es war Thomas Leonard[4], der wohl am meisten zur Begründung der Disziplin Coaching beitrug. Er war in den frühen achtziger Jahren Finanzchef von *Landmark Education* in den USA und mit den Ausbildungen sehr vertraut. Doch *Landmark* arbeitete mit Gruppen, Leonard aber wollte mit Einzelpersonen arbeiten. Von seiner Ausbildung her war er Finanzberater; als er mit Einzelpersonen an ihren Finanzen arbeitete, stellte er fest, dass sie mehr wollten als nur finanziellen Rat. Die Geldangelegenheiten waren oft nur die Spitze des Eisbergs. Die Menschen wollten ihre Finanzen *und* ihr Leben in Ordnung bringen. Er begann in Einzelarbeit mit Menschen zu arbeiten und half ihnen, vorwärtszukommen; dabei nutzte er psychologisches Wissen aus vielen unterschiedlichen Bereichen. Und während er so experimentierte, begann sich eine Coachingmethodik herauszubilden.

1988 begann Leonard Kurse zu halten mit dem Titel *Design Your Life* (dt. etwa „Gestalte dein Leben") und gründete im Jahr darauf das von ihm so benannte *College for Life Planning* (dt. etwa College für Lebensplanung). Coaching entwickelte sich aus der Lebensplanung und basierte nicht auf wissenschaftlichen Untersuchungen; es entstand aus der Kreativität einer Gruppe Gleichgesinnter, die Thomas Leonard zu Beginn der neunziger Jahre leitete. Sie arbeiteten mit Leidenschaft am Thema Coaching. Zu dieser Gruppe gehörten Laura Whitworth, die am ersten Seminar für Lebensplanung 1988 teilgenommen hatte und ebenfalls in der Finanzabteilung von EST arbeitete; Henry Kimsey-House, Katherine House, Frederick Hudson, Cheryl Richardson, Sandy Vilas, Peter Reding, Terrie Lupberger, Pam Weiss, Kathleen Merker, Pamela Richarde und Fran Fisher. Julio Olalla startete *Newfield Network* 1991 und arbeitete mit „ontologischem Coaching" (zusammen mit Rafael Echeverria), das sich in ganz Spanien und Südamerika ausgebreitet hat.

Coaching hat sich während der neunziger Jahre vorwiegend in den USA entwickelt und hauptsächlich durch Mundpropaganda verbreitet; öffentliche Angebote gab es kaum. Thomas Leonard war brillant darin, Ideen und Theorie zu entwickeln; er war ausgesprochen analytisch und beschrieb auch genau, wie er sie anwandte. Als klassisches kreatives Genie ließ er die Ideen nur so aus sich heraussprudeln und oft zog er sich eine Zeitlang zurück, um neue Kräfte zu tanken und sich zu erholen. Coachs ausbilden wollte Leonard nicht und schloss das *Institute for Life Planning* 1991. Ein

Jahr darauf rief Laura Whitworth das *Coach Training Institute* (CTI) ins Leben; damals traf sich erstmals eine Gruppe professioneller Coachs. Leonard gründete 1992 *CoachU* und löste dadurch zwischen seinem Institut und dem CTI eine Konkurrenzsituation aus, die beide „auf Zack" hielt; dabei blieben Laura und Thomas Freunde und Kollegen.

1994 rief Leonard die *International Coaching Federation* (ICF) ins Leben, doch einige andere Leute wollten eine professionelle Vereinigung von Coachs und die ICF in eine andere Richtung lenken als die, für die Leonard sich interessierte. Deshalb zog dieser sich aus der ICF zurück, die 1997 mit der *Personal and Professional Coaches Association* (PPCA) zusammenging und die neue ICF bildete, wie sie derzeit (2007) besteht. Die Vision von Coaching als einer Berufsorganisation war sehr wichtig. Es gab schon viele Bewegungen für persönliche Entwicklung, doch sie wurden fast alle privat geführt und waren nie so einflussreich wie Coaching. 1999 gründeten acht der ursprünglichen Ausbildungsinstitute in den USA die *Association of Coach Training Institutes* (ACTO).[5]

Zu Beginn wurde Coaching meist per Telefon durchgeführt und auch die Ausbildung zum Coach fand auf diesem Wege statt. Das war innovativ. Bis dahin waren die meisten Ausbildungen persönlich in großen Gruppen nach dem EST-Modell abgelaufen. Mit der Konferenzschaltung konnte man die Ausbildung auch auf größere Entfernung absolvieren; so können weit mehr Personen mit geringerem Aufwand und zu geringeren Kosten ausgebildet werden. Coaching nutzt weiterhin Konferenzschaltungen und mittlerweile auch Webkonferenzen.

Coaching entwickelte sich zwar in den Vereinigten Staaten von Amerika, doch es ist keineswegs eine amerikanische Bewegung; besonders das ontologische Coaching ist in Spanien und Lateinamerika gut vertreten. Sir John Whitmore brachte in den neunziger Jahren das *Inner Game* und die Idee des Coachings nach Europa und Großbritannien und nutzte beides speziell für die Wirtschaft.[6] 1999 wurde in Großbritannien die *Coaching Academy* gegründet, 2000 das *European Coaching Institute* und 2001 die *International Coaching Community* (ICC) in Brasilien.

Thomas Leonard hatte immer neue Ideen und gründete Organisationen, doch sobald sie existierten, interessierte es ihn wenig, sie am Laufen zu halten. Er verkaufte *CoachU* 1996 an Sandy Vilas und gründete 2001 *Coachville*. Beide Organisationen bilden heute noch Coachs aus. Thomas Leonard starb 2003 mit nur 47 Jahren.

Die Idee des Coachings tauchte in den achtziger Jahren auch in der Populärkultur auf. In dem 1984 erschienenen Film *The Karate Kid* wurde ein Junge namens Daniel von einem geheimnisvollen Karatemeister, Mr. Miyagi, gecoacht. Mr. Miyagi ist kein gewöhnlicher Sportcoach. Er lehrt Daniel, indem er ihn alltägliche Aufgaben ausführen lässt, etwa einen Zaun zu streichen oder ein Auto zu polieren, um seine Kampffähigkeit zu entwickeln. Und was am wichtigsten ist: Er lehrt Daniel, dass die größte Fertigkeit in der Selbstmeisterung besteht; ohne sie spielen die anderen keine Rolle. Er hilft Daniel, seinen Stolz und seine Ungeduld zu überwinden, und erst dann besiegt Daniel seinen Karategegner, der auch der Rüpel war, der ihn gequält hatte.

Ein bekanntes Buch, das ebenfalls das Thema östliche Kampfkünste aufgreift, ist *Zen in der Kunst des Bogenschießens.*[7] Das englische Original erschien erstmals 1953 und wurde 1981 wieder aufgelegt, als Coaching sich immer stärker ausbreitete. Der Verfasser war ein deutscher Philosophieprofessor namens Eugen Herrigel, der in den zwanziger Jahren in Japan Philosophie lehrte und *kyudo* studierte, die Kunst des japanischen Bogenschießens. In Herrigels Buch heißt es:

> *Der Bogenschütze ist nicht mehr seiner selbst bewußt, als stünde ihm die Aufgabe zu, die Scheibe vor ihm zu treffen. Dieser Zustand der Unbewusstheit wird aber nur erreicht, wenn er von seinem Selbst vollkommen frei und gelöst ist, wenn er eins ist mit der Vollkommenheit seiner technischen Geschicklichkeit. Dies ist etwas vollkommen anderes als jeder Fortschritt, der in der Kunst des Bogenschießens erreicht werden könnte.*
>
> (Zitiert aus Herrigel, E.:
> ZEN IN DER KUNST DES BOGENSCHIESSENS, Frankfurt:
> Fischer-Tb., 2007; Einleitung von Daisetz T. Suzuki, S. 7)

Herrigels Ideen treffen haargenau auf Coaching zu: Es kommt darauf an, den *inneren* Gegner zu besiegen, um Höchstleistungen zu vollbringen.

Der Umkipp-Punkt

Malcolm Gladwell führte die Idee eines *tipping point*, also eines Umkipp-Punktes, in die Populärkultur ein.[8] Ein Umkipp-Punkt ist ein entscheidendes Ereignis, das dazu führt, dass sich ein Mem weit verbreitet. Er löst eine Mem-Epidemie aus und rührt von einer verhältnismäßig unbedeutenden

Ursache her. Die Veränderung scheint sich in einem einzigen dramatischen Moment zu vollziehen. Am Umkipp-Punkt nimmt die Bekanntheit plötzlich und scheinbar unerwartet zu; das Mem verbreitet sich exponentiell.

In seinem Buch *Der Tipping Point* unterscheidet Gladwell drei Gruppen von Menschen, die es braucht, damit sich eine Idee rasch und erfolgreich verbreitet: Vermittler, Kenner (mit einem anderen Wort: Experten) und Verkäufer.

Vermittler sind Personen, die jede Menge einflussreicher Leute kennen. Es sieht so aus, als sei Werner Erhard ein Vermittler gewesen. Er kannte eine ganze Schar prominenter Vertreter der humanistischen Psychologie und brachte sie zusammen.

Experten wissen viel; sie „sammeln" Wissen. Thomas Leonard scheint ein Experte gewesen zu sein und zudem äußerst kreativ. Er kannte sich in vielen Fachgebieten aus und setzte dieses Wissen neu und interessant zusammen.

Verkäufer können gut verkaufen. Doch zum Verkaufen gehört mehr als die gute Präsentation eines Produktes. Es ist die Fähigkeit, die Werte anderer Menschen anzusprechen, ihnen zu zeigen, wie das Produkt ihnen aus *ihrer* Sicht nützt. In der Geschichte des Coachings gibt es keine offensichtlichen Verkäufer, weil sich Coachs mit den Werten und Zielen der anderen Menschen befassen. Unserer Ansicht nach verkaufte sich Coaching durch seine Coachs *selbst*. Bei einem immateriellen Produkt repräsentiert der Verkäufer das Produkt und die Coachs *verkauften* Coaching nicht nur, sondern verkörperten es.

Coaching erreichte seinen Umkipp-Punkt wahrscheinlich um 1995, als es in den USA und Europa in Wirtschaftsunternehmen Einzug hielt. IBM war die erste große Firma, die Coaching einsetzte, und damit schaffte Coaching den Sprung vom „Vehikel" für die persönliche Entwicklung von Einzelpersonen zur Entwicklungsmöglichkeit für Menschen in Unternehmen. Bis dahin schien die humanistische Psychologie hilfreich, damit Einzelne glücklicher leben, doch sie interessierte sich nicht oder kaum für die Wirtschaft. Die Wirtschaft stand diesen psychologischen Ideen nicht feindselig gegenüber – ein glücklicherer und weiter entwickelter Mitarbeiter arbeitete wahrscheinlich besser und brachte mehr Leistung, doch das zu beweisen schien unmöglich. In vielerlei Hinsicht ist Unternehmenscoaching die Form, in der das *Human Potential Movement* seinen Weg in die Wirtschaft gefunden hat.

Vielfältige kulturelle Einflüsse

Was trug sonst noch dazu bei, dass Coaching an seinen Umkipp-Punkt kam? Nun, wir wissen, dass viele verschiedene Elemente, geografische wie kulturelle, Coaching beeinflusst haben. Ganz offensichtlich ist der Einfluss aus den USA, von Timothy Gallwey und Thomas Leonard; sie steuern einen westlich-pragmatischen und zweckmäßigen Ansatz bei. Gallwey seinerseits war stark von der buddhistischen Philosophie beeinflusst, besonders in seinem Augenmerk auf nicht wertendes Gewahrsein. Deshalb finden sich im Coaching auch Einflüsse östlichen Denkens mit der Betonung darauf, dass Sein und Tun sich die Waage halten (sollten). Andere Schulen haben dies übernommen; zwei Beispiele dafür sind das ICC und das ontologische Coaching. Aus Großbritannien haben John Whitmores Buch und das GROW-Modell Coaching mitgeprägt. Fernando Flores, Francisco Varela und Humberto Maturana haben auf die Entwicklung des ontologischen Coachings eingewirkt. Alle drei waren bzw. sind Chilenen, auch wenn Varela in Paris lebte und die französische Staatsbürgerschaft angenommen hatte. Südamerika hat also ebenfalls auf Coaching eingewirkt.

Diese zahlreichen und vielfältigen Einflüsse verhelfen Coaching zu einem soliden Fundament, als es viele andere Ansätze in der Wirtschaft haben. Es hat schon so viele Managementansätze gegeben, die einige Zeit die „Nummer eins" waren, dann aber an ihre Grenzen stießen – „nach einiger Zeit". Coaching ist selbsterhaltend; es hat niemals irgendwelche unrealistischen oder kühnen Behauptungen aufgestellt noch ist es als das Allheilmittel für alle Managementprobleme propagiert worden (wenn das auch neuerdings leider geschieht).

Coaching hat keine Gurus – keine charismatischen Persönlichkeiten, die es allen weitersagen, sodass die Menschen die Methode mit einer einzigen Gallionsfigur verbinden statt mit den Ergebnissen. Charismatische Gurus ziehen Aufmerksamkeit auf sich und können ihre Ideen rasch verbreiten, aber niemand ist perfekt, und wenn man nur genau genug hinschaut, haben alle Gurus Schwächen, weil sie Menschen sind. Daher führen ihre Anhänger nicht nur das Gute des Gurus fort, sondern auch seine Schwächen. Noch schlimmer ist die Situation, wenn es *zwei* Begründer gibt, weil sie sich unweigerlich trennen und entzweien, und dann gibt es zwei parallele und einander feindlich gesinnte Ansätze, von denen jeder den „richtigen Weg" für sich reklamiert. Selbst bei nur einem Guru macht sich häufig eine Haltung breit von der „einen wahren Kirche", was Klüngel und Grabenkämpfe fördert. Im Coaching gibt es keine Gurus und das halten wir für einen großen Vorteil.

Ein weiterer wichtiger Einfluss war die Anerkennung des Coachings durch Hochschulen und Einrichtungen zur Berufsausbildung. Die Menschen, die sich in den Anfängen während der neunziger Jahre mit Coaching beschäftigten, hatten eine Vision und glaubten an ihren neuen Beruf; deshalb hat Coaching eine gemeinsame theoretische Grundlage sowie etliche Standards und eine Standesethik – zwei wichtige Kriterien für ein Berufsfeld. Mittlerweile werden an angesehenen Universitäten in Amerika, Europa, Australien und Asien diverse Coachingkurse angeboten. Was empirisch und experimentell begann, wird heute erwachsen und stützt sich auf Beweise.

Chronologie der Entwicklung des Coachings

Vor 1971	Mit Coaching werden Sportler individuell oder als Team trainiert
1971	Werner Erhard führt EST in Esalen ein
1974	*The Inner Game of Tennis* erscheint
1976	Anfänge des NLP
1977	Fernando Flores beginnt ontologisches Coaching
1978-80	*Landmark Forum* tritt an die Stelle von EST
1981-82	Thomas Leonard arbeitet als Finanzchef von *Landmark*
1988	Thomas Leonard beginnt mit den Kursen *Design your Life* Laura Whitworth gehört zu den ersten Teilnehmern
1988	Julio Olalla u. a. entwickeln das ontologische Coaching
1989-90	*Coaching for Performance* kommt auf den Markt Inner Game und Coaching kommen nach Großbritannien und Europa
1991	Julio Olalla gründet das *Newfield Institute*
1992	Thomas Leonard ruft *CoachU* ins Leben Laura Whitworth eröffnet CTI
1992-93	Coaching wird in der Wirtschaft angenommen

1994	Thomas Leonard gründet die ICF
1996	Thomas Leonard verkauft *CoachU* an Sandy Vilas
1997	Die ICF geht mit PPCA zusammen, Thomas Leonard verlässt ICF
1998-2001	Coaching etabliert sich in Europa und findet seinen Weg nach Asien und Australien, ontologisches Coaching ist (bereits seit 1991) vor allem in Südamerika und Spanien verbreitet
2001	Gründung des ICC Coaching-Grundkurse und Aufbaukurse nehmen enorm zu
2003	Thomas Leonard stirbt Coaching arbeitet mit integralen Modellen, das integrale Coaching wird begründet
2004-07	Verhaltenscoaching setzt sich in der Wirtschaft durch Martin Seligman beginnt mit Coaching nach der Positiven Psychologie Empirische Fundierung des Coachings nimmt zu In USA, Europa, Asien und Australien wird Coaching an Universitäten immer mehr akzeptiert

Kapitel 3

Kleine Geschichte des Coachings: Die Zeit

Alle Menschen sollten vor ihrem Tod versuchen herauszufinden, wovor sie davonlaufen, wohin sie laufen und warum.

JAMES THURBER

Zahlreiche kreative Köpfe waren beteiligt, als Coaching entstand und sich ausbreitete, und der kulturelle Hintergrund wirkte unterstützend. Coaching entwickelte sich rasch und erfolgreich, nicht nur wegen der beteiligten Personen und der methodischen Stärke, sondern auch dank des Klimas und der Kultur, in die es kam. Es gab einige psychologische Ansätze, die Coaching ähnelten, aber nicht auch nur annähernd so erfolgreich waren.

Der Kontext ist wichtig. Malcolm Gladwell bezeichnet das in seinem Buch *Der Tipping Point* als den Verankerungsfaktor.[1] Bisweilen können solche Faktoren kleine, scheinbar unbedeutende Aspekte sein. Bei anderen Gelegenheiten passt das Mem perfekt in den Kontext und erfüllt ein Bedürfnis genau dann, wenn es entsteht. Genau so war es unserer Ansicht nach mit Coaching, das auf fruchtbarem Boden heranwuchs und so die Position erringen konnte, die es heute innehat.

Im vorigen Kapitel betrachteten wir die Entwicklung des Coachings von innen – wir blickten auf die Persönlichkeiten, die es erschufen, und ihr Tun. Dieses Kapitel beleuchtet Coaching von außen – die Kultur und den Kontext, in dem es entstand, was es beeinflusste und wie es zu ähnlichen Ideen passte, die gleichzeitig aufkamen. Wenn wir uns Coaching einmal als einen breiten Fluss vorstellen – welche Seitenarme mündeten ein und trugen zu seiner heutigen Breite bei? Die Menschen, die in den Anfängen des Coachings aktiv waren, konnten sich diesen Überblick nicht verschaffen; sie machten Brainstormings und arbeiteten die Dinge in der Praxis aus, so gut sie konnten. Der Blick von außen streift die Emotionen ab und zeigt die Form und das Wachstum. Welche Einflüsse wirkten auf Coaching ein?

Was sind seine intellektuellen Wurzeln und welche anderen gesellschaftlichen Faktoren ließen es wachsen? Die Tiefe der Wurzeln vermittelt uns eine Vorstellung von der Höhe und Stärke des Baumes.

Die vier wichtigsten Disziplinen im Zentrum des Coachings
Humanistische Psychologie
Östliche Philosophie
Konstruktivismus
Untersuchungen zur Sprache

Humanistische Psychologie

Die humanistische Psychologie ist eine der Hauptwurzeln des Coachings. Sie wurde als „dritte Kraft" bezeichnet, denn in der ersten Hälfte des 20. Jahrhunderts beherrschten zwei andere Denkrichtungen die amerikanische Psychologie: der Behaviorismus und die Psychoanalyse. Der Behaviorismus betrachtete die Menschen von außen und untersuchte, was sie *taten*, und nicht, was sie *dachten*. Die Psychoanalytiker blicken nach innen, auf die tiefen Motive, die sogar den Menschen selbst verborgen waren, und sie schauten, wie diese deren Verhalten prägten. Keine Richtung schaute auf den Menschen selbst, wie *er* sich erlebte, auf seine Werte und Ziele und das Gefühl, Mensch zu sein. In den fünfziger Jahren wollten Psychologen, angeführt von Carl Rogers und Abraham Maslow, ein System entwickeln mit dem Augenmerk darauf, wie Menschen sich selbst empfanden, was sie über sich dachten und was ihnen subjektiv wichtig war. Diese Forschungsrichtung war humanistische Psychologie. Sie beschäftigte sich mit Themen wie Selbstverwirklichung, Gesundheit, Hoffnung, Liebe, Kreativität und Sinn – dem Verständnis dessen, was es bedeutet, Mensch zu sein.

Die humanistische Psychologie basiert auf mehreren Grundprinzipien. Erstens betrachtet sie Menschen optimistisch: Sie geht davon aus, dass Menschen wachsen und sich entwickeln möchten und dass es in der Natur der Menschen liegt, vorwärtszugehen. Sie wollen sich selbst verwirklichen.

Der menschlichen Natur kann man vertrauen, sie ist kein Gewimmel von Grundimpulsen, die nur auf eine Gelegenheit lauern, sich durchzusetzen. Abraham Maslow[2] fasst die humanistische Psychologie so zusammen: Ein Musiker müsse Musik machen, ein Maler müsse malen, ein Dichter müsse schreiben, wenn er mit sich selbst in Frieden sein wolle. Was ein Mensch sein *könne*, das müsse er sein. Das sei das Bedürfnis, das wir Selbstverwirklichung nennen. Es beziehe sich auf den Wunsch des Menschen nach Erfüllung, namentlich auf die Neigung, das zu verwirklichen, was in seinem Potenzial angelegt sei: alles zu werden, was er werden könne.

Das bedeutet, dass Helfende das natürliche Wachstumspotenzial ihrer Klienten fördern und ihnen nicht ihr eigenes Programm auferlegen oder sie in eine bestimmte Richtung zwingen sollten. Diese Vorstellung kommt im Coaching stark zum Tragen; der Coach hat kein eigenes Programm für die Klienten und glaubt an ihre Fähigkeit, ihre Probleme selbst zu lösen.

Prinzipien der humanistischen Psychologie

1. Wie Menschen sich selbst erleben, das ist eine zulässige, gültige, aussagekräftige psychologische Sichtweise.
2. Menschen wollen sich selbst verwirklichen – eine optimistische Sicht der menschlichen Natur.
3. Jeder Mensch ist ein einzigartiges Ganzes.
4. Jeder Mensch ist einmalig und wertvoll.
5. Eine Wahlmöglichkeit ist besser als keine Wahlmöglichkeit. Jede und jeder hat Wahlmöglichkeiten und möchte davon auch Gebrauch machen.

Die humanistische Psychologie behandelt den Menschen als ein Ganzes. Sie ist integrativ, nicht analytisch. Wir erkennen zwar an, dass es nützlich sein kann, Menschen zu unterteilen – in Verstand, Körper und Emotionen –, doch aus dem Studium der Teile lassen sich nicht die Eigenschaften des Ganzen vorhersagen. Das Studium der Anatomie wird Ihnen nie ermöglichen, einen lebendigen, atmenden Menschen zu verstehen; Sie verstehen dadurch nur, wie die Körperteile miteinander verbunden sind. Auch Coaching betrachtet die Menschen in ihrer Ganzheit. Lebenscoaching hilft ihnen, die verschiedenen Lebensbereiche zu verknüpfen, während Unternehmenscoaching sich stärker auf die Aspekte der Arbeit im Leben von Klienten konzentriert.

Die humanistische Psychologie betont außerdem die Einzigartigkeit jedes Menschen. Beim Coaching gibt es keine Formel; *eine* Größe passt nicht allen. Der Klient ist der Fachmann für seine eigene Erfahrung; jeder ist anders und diese Unterschiede sind zu respektieren. Und die humanistische Psychologie glaubt daran, dass Menschen Wahlmöglichkeiten haben und von ihnen Gebrauch machen wollen. Coachs fordern ihre Klienten auf, ihr künftiges Selbst zu entwerfen, indem sie Entscheidungen treffen und die Verantwortung dafür übernehmen.

Diese Prinzipien spiegelten sich im Umgang humanistischer Psychologen (die meist therapeutisch tätig waren) mit ihren Klienten wider. Carl Rogers war der Pionier dieses neuen Umgangs mit Klienten, den er „bedingungsfreie positive Wertschätzung" nannte [engl.: *unconditioned positive regard*]. Das bedeutet, Klienten zu akzeptieren und wertzuschätzen, wie sie sind, und ihnen nicht irgendwelche Ideen oder Wahlmöglichkeiten des Therapeuten aufzuoktroyieren. Rogers[3] sagte: „Wenn ich eine bestimmte Art von Beziehung anbieten kann, entdeckt unser Gegenüber in sich die Fähigkeit, diese Beziehung für sein Wachstum zu nutzen; dann verändert er sich und entwickelt seine Persönlichkeit."

Rogers hob hervor, dass die Persönlichkeit des Therapeuten wichtig sei. Therapeuten müssen aufrichtig und authentisch sein, um Klienten darin zu unterstützen, ebenfalls authentisch zu sein: „Nur indem ich ihm die aufrichtige Wirklichkeit in mir anbiete, kann mein Gegenüber erfolgreich seine Wahrheit suchen. Das trifft sogar dann zu, so habe ich festgestellt, wenn die Einstellungen, die ich empfinde, keine sind, die mir gefallen, oder keine solchen, die einer guten Beziehung förderlich erscheinen. Es erscheint außerordentlich wichtig, echt zu sein."[4] Authentizität, Empathie und Wertschätzung für die Einzigartigkeit des Klienten sind im Coaching gegeben; alle Modelle betonen die Wichtigkeit einer offenen und vertrauensvollen Coachingbeziehung.

Rogers' Ideen beeinflussen stark die Art, wie wir über die Beziehung zwischen Klient und Therapeut, Coach und Klient, Eltern und Kind, ja über jede zwischenmenschliche Beziehung denken. Es ist eine Beziehung, in der jeder Selbstzweck ist und nicht Mittel zum Zweck.

Rogers versuchte in seiner Therapie völlig offen zu sein. Coaching leitet stärker, doch der Coach muss sein Gegenüber immer noch als einzigartigen und gleichwertigen Menschen wertschätzen. Coachs beurteilen Klienten nicht, obgleich sie nicht zwangsläufig mit ihnen übereinstimmen. „Verstehen heißt vergeben", wie Rogers es ausdrückt.

Die humanistische Psychologie war in den sechziger Jahren die Grundlage des *Human Potential Movement*. Alle bedeutenden Psychologen dieser Richtung unterrichteten am Esalen-Institut: Maslow kam 1962 nach Esalen und leitete dort viele Workshops; Carl Rogers unterrichtete in den siebziger Jahren ebenfalls dort. Die humanistische Psychologie ist eine der Grundfesten des Coachings – Carl Rogers und Abraham Maslow sind sozusagen seine Großväter.

Östliche Philosophie

Coaching entwickelte sich ursprünglich in den USA, die einen westlichen, pragmatischen Veränderungsansatz haben, der sich auf Ziele und Leistungen konzentriert. Daher mag es seltsam erscheinen, dass wir die östliche Philosophie als Einflussfaktor des Coachings anführen, doch das tun wir aus vielerlei Gründen.

In den sechziger Jahren lebte das Interesse an Buddhismus und östlichem Denken im Westen wieder stark auf; das fiel mit dem Aufkommen der humanistischen Psychologie und des *Human Potential Movement* zusammen. Die meisten westlichen Philosophierichtungen und Religionen betonten Handeln und Leistung, die östlichen Ansätze hingegen betonten das Sein. Das westliche Denken suchte Gott im Außen, in der materiellen Welt (während es gleichzeitig versuchte, sich diese untertan zu machen). Die östliche Herangehensweise schaute ins Innere des Menschen und legte Wert auf die unmittelbare Erfahrung. Der Westen schaut Gott im Außen an, der Osten im Innen.

Das *Human Potential Movement* sympathisierte stark mit dem östlichen Ansatz. Viele Meditationsformen wurden populär; die einflussreichste war die Transzendentale Meditation™ als Mittel, den Verstand zur Ruhe zu bringen und den stillen, ruhigen Kern des Selbst im Inneren zu finden, wenn alle Selbstgespräche verstummen. Die östliche Herangehensweise, besonders der Zen-Buddhismus, mied äußere Fallen der Gottesverehrung und griff stattdessen das Selbst-Gewahrsein und paradoxe Herangehensweisen, Koans, auf.

Coaching hat viele direkte und indirekte Verbindungen mit dem östlichen Denken. Viele östliche Ansätze wurden in Esalen gelehrt und in die westliche Philosophie integriert. Michael Murphy, der 1962 Esalen mitbegründete, meditierte in den fünfziger Jahren im Sri-Aurobindo-Ashram in Südindien. Timothy Gallwey, Verfasser von *The Inner Game of Tennis*[5], schloss sich dem östlichen Religionsführer Maharaj Ji an, der mittlerweile unter dem Namen Prem Rawat bekannt ist. Dieser gründete als Jugendlicher in den Siebzigern in den USA die *Divine Light Mission*. Ja, Gallwey widmete sein Buch sogar Maharaj Ji.

Das ontologische Coaching oder „Coaching des Seins", das mit Fernando Flores begann und das Julio Ollala weiterentwickelte, nutzt viele Übungen des Selbst-Gewahrseins, die in ihrer Form und Absicht stark vom Buddhismus geprägt sind. Selbst-Gewahrsein bedeutet, distanziert zu beobachten, ohne sich mit irgendeinem Teil der Erfahrung zu identifizieren, die man beobachtet. Sobald man sich mit etwas identifiziert, ist man davon gefangen. Nicht-Anhaften, also innere Distanz, ist die Grundlage des Buddhismus. James Flahertys Buch über ontologisches Coaching[6] enthält einen Abschnitt über Selbstbeobachtung, der in einem Buch über Meditation nicht unangebracht wäre. Coaching ermuntert Klienten, die Antworten in sich selbst zu suchen. Es betont das nicht wertende Gewahrsein. Ein Buddhist könnte sagen, dass sich Coaching entwickelt habe als Methode, die Menschen von ihren selbst kreierten Illusionen zu befreien und die Nicht-Anhaftung an ihre Probleme zu fördern.

Konstruktivismus

> *Der Mensch hat keine Natur, sondern eine Geschichte. Der Mensch ist kein Ding, sondern ein Drama. Sein Leben ist etwas, was gewählt werden muss, was erfunden werden muss, während er es lebt, und ein Mensch besteht in dieser Wahl und Erfindung. Jeder Mensch ist sein eigener Romancier und kann sich entscheiden, selbstständig denkender Schriftsteller oder Plagiator zu sein, doch der Entscheidung selbst entrinnen kann er nicht … Er ist dazu verdammt, frei zu sein.*
>
> HEINZ VON FOERSTER[7]

Der Konstruktivismus entwickelte das Konzept, dass wir uns aus unseren Erfahrungen unsere Welt aktiv „konstruieren". Wir nehmen nicht passiv auf, was „da draußen" los ist, sondern erschaffen unsere Erfahrungen aktiv. Wir sind die Schauspieler auf der Bühne, nicht die Zuschauer auf den Rängen. Die Vorstellung, dass es da draußen eine Wirklichkeit gibt, die nur darauf wartet, entdeckt zu werden, und dass man dabei richtig oder falsch liegen kann, wird als „Mythos des Gegebenen" bezeichnet. Wir sehen die Welt nicht, wie sie ist; wir sehen die Welt, wie wir sind.

Wissenschaftler der Moderne sehen sich selbst als Bürger eines von ihnen unabhängigen Universums, dessen Regeln und Bräuche sie letztendlich entdecken können. *Konstruktivisten* sehen sich selbst als Beteiligte an einer Verschwörung, deren Bräuche, Regeln und Vorschriften sie zu erfinden helfen.

Hier ein Szenario, das dies veranschaulicht:

> Drei Tennisschiedsrichter sitzen in einer Bar, trinken Zinfandel und verfolgen ein Spiel im Fernsehen. Sie lamentieren darüber, dass niemand sie wirklich schätzt oder ihre Arbeit richtig versteht.
>
> Der erste sagt etwas zögernd: „Wenn ich Schiedsrichter in einem Match bin, dann gebe ich die Dinge so, wie ich sie sehe. Mehr mache ich nicht."
>
> Der zweite trinkt einen Schluck Wein und meint stolz: „Gut, aber ich gebe die Punkte so, wie sie sind." Der erste Schiedsrichter blickt ihn bewundernd an.
>
> Beide schauen sie zum dritten, der durch eine kleine Pause die Wirkung seiner Aussage noch steigert und dann verkündet: „Die Punkte existieren gar nicht, bis ich sie gebe."
>
> Der erste Schiedsrichter ist wahrscheinlich ein Subjektivist – nichts existiert außerhalb des menschlichen Geistes, der etwas erlebt. Der zweite glaubt an den Mythos des Gegebenen, obgleich er wahrscheinlich anerkennt, dass er sich über das Gegebene täuschen kann.
>
> Der dritte Schiedsrichter ist ein Konstruktivist.

Wir werden in eine seltsame Welt hineingeboren: Wir erschaffen sie, indem wir sie erkunden und entdecken. Wir geben unseren Erfahrungen eine Bedeutung und interpretieren die Geschehnisse vor dem Hintergrund unserer Geschichte. Wir beobachten die Welt. Eine Welt ohne Beobachter ist unvorstellbar. Die Welt braucht einen Beobachter, beide gehören zusammen; *ohne* dass der Beobachter beobachtet und beschreibt – was gibt es da? Und der Beobachter ist auch *Teil* der Welt, die er beobachtet.

Wir sind keine unabhängigen Beobachter, die zuschauen, wie die Welt an uns vorüberzieht; wir sind Darsteller im Schauspiel wechselseitiger Interaktionen, im Geben und Nehmen menschlicher Beziehungen. Es gibt nicht nur *eine* Welt, die es zu erkennen gilt; deshalb versucht der Coach erst gar nicht, dem Klienten die „richtige Antwort" zu geben. Die richtige Antwort gibt es nicht – weder „dort draußen" noch irgendwo anders. Eine Coachingsitzung ist keine verzweifelte *Suche* nach dieser Antwort. Stattdessen *entsteht* die Antwort und bildet sich aus der Wechselbeziehung zwischen Coach und Klient, aus dem Lernen beider und den Erkenntnissen des Klienten, die er hat, weil er anders in der Welt handelt.

Einige Klienten kommen zum Coaching, weil sie sich festgefahren fühlen und ihren Lebensweg nur wenig beeinflussen können. Der Coach versucht nicht, ihr Leben zu verbessern, und vermittelt ihnen auch nicht, wie sie selbst ihr Leben verbessern können. Vielmehr hilft er ihnen zu erkennen, dass sie erstens dazu beitragen, das Leben zu erschaffen, das sie gerade erleben, und zweitens zu erkennen, *wie* sie das machen. Dann können sie es ändern, indem sie anders handeln.

Der Konstruktivismus hat die Vorstellung von wissenschaftlicher Objektivität gründlich untergraben, wonach der Beobachter ein Experiment durchführt, aber nicht daran beteiligt ist. Die Quantenphysik hat gezeigt, dass der Beobachter an *jedem* Experiment beteiligt ist. Das eindeutigste Beispiel ist ein Versuch, bei dem man die „wahre" Natur des Lichts entdecken will. Ein Versuch, der so aufgebaut ist, dass er feststellt, dass Licht sich wie eine *Welle* verhält, weist schließlich auch nach, dass Licht eine Welle *ist*. Wenn aber ein Experiment nachweisen will, dass Licht aus *Teilchen* besteht, dann wird freilich dieses Ergebnis herauskommen. In der Sprache der Quantenphysik lässt ein Beobachter eben durch seine Beobachtung eine ganze Welt von Möglichkeiten in eine einzige Möglichkeit „kollabieren".

Die Entsprechung dazu beim Menschen bezeichnet man als Bestätigungstendenz [engl.: *confirmation bias*]; sie besagt, dass wir *erhärtende*

Belege für unsere bestehenden Überzeugungen suchen (und finden) und anderes Beweismaterial ignorieren oder uminterpretieren. Ein Buddhist sieht in der Bestätigungstendenz einen Grundpfeiler, der die Illusion der Gewissheit aufrechterhält. Drew Western und ein Team von der *Emory University* haben mittels funktioneller Magnetresonanztomographie (fMRT) nachgewiesen, was während einer Bestätigung im Gehirn abläuft. Dazu führten sie vor der Wahl des US-Präsidenten im Jahr 2004 eine Untersuchung mit 30 Männern durch.[8] Die eine Hälfte der Versuchspersonen bezeichnete sich als überzeugte Republikaner, die andere als überzeugte Demokraten. Alle Versuchspersonen sollten nun Aussagen bewerten, die im Widerspruch zu ihrem bevorzugten Kandidaten standen, und dabei wurden ihre Gehirnwellen mit fMRT aufgezeichnet. Dabei ergab sich, dass das Gehirnareal, das mit logischem Denken in Verbindung gebracht wird (der dorsolaterale präfrontale Cortex), nicht beteiligt war, als sie die Aussagen bewerteten. Die aktivsten Gehirnbereiche waren diejenigen, die *Emotionen* verarbeiten (orbitofrontaler Cortex), die an Konfliktlösung beteiligt sind (anteriorer cingulärer Cortex) und die Urteile fällen über die moralische Verantwortlichkeit (posteriorer cingulärer Cortex).

Western fasste die Versuchsergebnisse so zusammen:

> *Keiner der Schaltkreise, die am bewussten logischen Denken beteiligt sind, war besonders aktiv. Im Wesentlichen scheint es so, als ob Partisanen das Kaleidoskop des Denkens drehen, bis sie zu den Schlussfolgerungen kommen, die sie haben wollen, und dann werden diese massiv bestärkt; dabei werden die negativen emotionalen Zustände eliminiert und die positiven aktiviert … Jeder, von Führungskräften und Richtern bis hin zu Wissenschaftlern und Politikern, argumentiert nach emotional beeinflussten Urteilen, wenn er ein Interesse daran hat, „die Fakten" zu interpretieren.*

Wir konstruieren unsere Welt und wir haben ein starkes Interesse daran, diese Konstruktion, die wir da erschaffen, aufrechtzuerhalten. Deshalb empfinden wir oft eine heimliche Befriedigung über das Missgeschick anderer, vorausgesetzt, wir sagten es vorher. Wir freuen uns nicht über ihr Missgeschick, sind aber zufrieden, dass wir mit unserer Vorhersage richtig lagen.

Der Konstruktivismus beinhaltet Handeln, weil Handeln nicht nur die Welt, sondern auch uns selbst verändert. Jedes Mal, wenn wir handeln, verändern wir die Welt und uns selbst. Vollständig verstehen können wir nur dann, wenn wir handeln. Coaching legt großen Wert auf das Handeln. Einsicht allein genügt nicht. (Nach buddhistischer Auffassung ist Erkenntnis die äußerste Illusion.) Coachs fordern ihre Klienten zum Handeln auf, damit sie so ihre Umstände und dadurch sich selbst verändern. Deshalb ist *Tasking* – kleine Handlungsschritte, auf die man sich mit dem Klienten verständigt – so wichtig beim Coaching.

Was ergibt sich daraus für das Coaching? Die Vision unserer Grenzen ist die Grenze unserer Vision. Wir sehen unsere *eigenen* Grenzen, nicht die Grenzen der Welt. Indem Sie immer weiter schauen, über den Horizont hinaus, den Sie sehen, sehen Sie den nächsten Horizont und den nächsten und den nächsten; und was geschieht da? Was sehen Sie? Ihren Hinterkopf. Je weiter wir blicken, desto mehr stoßen wir an unsere eigenen Grenzen. Um weiter zu sehen, müssen wir aufhören, unseren eigenen Weg zu blockieren.

Was bedeutet das für das Coaching? Es bedeutet, dass Coachs die Bestätigungstendenz ihrer Klienten in Frage stellen. Es bedeutet, dass Coachs ihre Klienten ständig auffordern, ihre wahrgenommenen Grenzen zu überschreiten, damit ihre Lebensumstände sich bessern und ihre Welt sich verändert. Darin muss der Coach auch Rollenvorbild sein. Die Grenzen des Coachings hängen in gewissem Maß von den Grenzen des Coachs ab. Coachs können ihre Klienten nur ganz schlecht darin unterstützen, eine Ebene zu erkunden, die sie als Coachs selbst noch nicht erreicht haben.

Untersuchungen zur Sprache

Sprache ist die Art und Weise, wie wir miteinander kommunizieren, und sie ist wahrscheinlich eine der bemerkenswertesten menschlichen „Erfindungen". Linguistische Untersuchungen der letzten zwanzig Jahre haben gezeigt, dass die Sprache im Prozess der Konstruktion unserer Wirklichkeit eine maßgebliche Rolle spielt. Sie schenkt uns große Freiheiten – doch dafür zahlen wir auch einen Preis. *Wie* wir mithilfe der Sprache unsere Erfahrungen mitteilen, das hängt eher von der Konstruktion der Sprache selbst ab als von der *Erfahrung*, die die Sprache erst auf den Plan rief. Wir erschaffen uns unsere Welt, *indem* wir über die Sprache kommunizieren, uns darüber austauschen, wie die Dinge zusammenhängen und was sie bedeuten.

Wir sehen, hören, fühlen, schmecken und riechen mit unseren Sinnen – allein dass wir dieses hier so schreiben, das ist schon ein Beispiel dafür, wie Sprache die Welt verzerrt: Was sind denn „Sinne"? Existieren sie als eigenständige Gebilde, getrennt von unserem Erleben? Sie sind sozusagen die „Kurzschrift" dafür, wie wir Erfahrungen wahrnehmen, sie sind Abstraktionen, die aus dem Strom der Welt herausgegriffen und so verwendet werden, als existierten sie schon vorher. Häufig verwechseln wir das Wort mit dem Gegenstand. Ich könnte etwa sagen: „Du hast mich glücklich gemacht", doch das ist nicht das Gleiche wie: „Du hast mir einen Kaffee gemacht" oder: „Du hast gemacht [bewirkt; wörtl. Übersetzung des englischen *made*], dass das Auto nach rechts abbog", obwohl die Sprachkonstruktion [im Englischen] gleich ist. Kaffee und Auto hatten keine Wahl, doch Menschen können ihre Gefühle wählen. Obwohl „du" das Subjekt dieses Satzes ist, geht es eigentlich um die *Erfahrung* des Sprechers. Das ontologische Coaching und insbesondere Coaching mit NLP haben umfassende Modelle dafür, wie unser Sprachgebrauch unsere Welt sowohl einschränkt als auch erweitert.

Wie wir die Welt erleben, das hängt von unseren Interessen ab, von unserer Aufmerksamkeit und Gesundheit. Wir registrieren nicht alles, was wir erleben; einiges bemerken wir nie, anderes vergessen wir sofort wieder. Wir interpretieren das, woran wir uns erinnern, und pferchen diese reichhaltige Sinneserfahrung in die Zwangsjacke Sprache, ein Wortgetröpfel, das Zeit und auch eine bestimmte Abfolge braucht, um Sinn zu ergeben.

Über die „Magie" der Sprache zu reflektieren ist ähnlich, wie über die Funktionsweise des Gehirns nachzudenken: Man braucht ein Gehirn, um über das Gehirn nachzudenken, und man braucht die Sprache, um Sprache zu analysieren. Die Sprache erzeugt wirklich einen „Zauber", einen Bann, und ihr Zauberwerk wird Sie immer davon abhalten, dieses Zauberwerk zu verstehen.

Viele Coachingklienten sind ihren eigenen verbalen Beschreibungen ihres Erlebens gleichsam ausgeliefert. Sie sind Diener, nicht Herren der Sprache. Wenn Coachingklienten ihre Geschichte erzählen, dann *wissen* Coachs *nicht* (und werden auch nie wissen), wie es „wirklich" war, weil die Erfahrung selbst für immer vorüber ist. Coachs hören ihren Klienten zu, wenn diese mittels Sprache ihre Erfahrung beschreiben, die *durch* die Sprache, *mit* der Sprache selbst geschaffen wurde. Coachs müssen hinter die Sprache hören, auf die zugrunde liegende Botschaft und auf den ganzen Menschen – die Körpersprache, den Tonfall, das Gesagte, das nicht Gesagte und das, *was nicht gesagt werden kann*.

Für Coach und Klient ist die Sprache Krankheit und Heilmittel gleichzeitig. Coachs weisen ausdrücklich oder stillschweigend darauf hin und benutzen ebenfalls Wörter, um neue, nützlichere Unterscheidungen zu treffen. Die Aufgabe des Coachs besteht darin, mit dem Klienten zusammen seine Worte zu reflektieren, damit dieser zu einer neuen Sichtweise gelangt und die Welt anders sieht. Umformulieren bedeutet neu sehen. Wenn wir die Wörter anschauen können, werden sie zu Objekten – anders ausgedrückt: zu etwas außerhalb von uns selbst – und sie kontrollieren uns nicht länger. Also kontrolliert uns auch nicht das, wofür sie stehen.

Die Sprache, die Klienten verwenden, spiegelt ihre Wirklichkeit wider. Manche Klienten beschreiben ihre Erfahrungen in der Passivform und sagen etwa: „Das ist mir gemacht worden und jenes ist mir widerfahren, ich hatte Pech …" Sie sehen sich selbst als herumgeschubst von Ereignissen und anderen Personen, ohne eigene Wahlmöglichkeit. Die Passivform („Das wurde gemacht") gibt den Sprecher nicht an; die Aktivform hingegen nennt den Sprecher („Ich habe das gemacht …"). Im Hebräischen besteht das Wort Glück [engl. *luck*] aus *zwei* Schriftzeichen; eines bedeutet „Ort", das andere bedeutet „Sprache". Das spiegelt eine interessante Vorstellung wider, nämlich dass das richtige Wort zur richtigen Zeit am richtigen Ort Glück bringt. Wenn Klienten oft Passivformen verwenden, haben sie vergessen, dass sie ihre Erfahrung selbst erschaffen haben; darauf wird ein Coach sie hinweisen und sie auffordern, darüber nachzudenken; vielleicht regt er sie auch an, die Aktivform zu verwenden und zu schauen, welchen Unterschied das ausmacht.

Wenn Sie eine neue Sprache lernen (und wir beide als Autoren haben Erfahrung damit – Andrea Lages mit Englisch und Spanisch und Joseph O'Connor mit Portugiesisch), lernen Sie, neue Unterscheidungen zu treffen und die Welt mit neuen Augen zu sehen. Das Erlernen einer neuen Sprache erschafft eine neue Sicht der Welt. Darauf werden wir in Teil III zurückkommen, wenn wir uns mit interkulturellem Coaching beschäftigen.

Die Verbreitung von Coaching

Unternehmens- und Lebenscoaching verbreiten sich rasch, ohne besonders charismatische Vertreter, die sie „verkaufen", und beide verbreiten sich hauptsächlich durch Mund-zu-Mund-Werbung. Welche gesellschaftlichen Trends haben dieses Wachstum gefördert?

> **Trends in der Gesellschaft,
> die zur Verbreitung von Coaching beitragen**
>
> Soziale Isolation
> Die Unabhängigkeit des Individuums
> Die Ausbreitung des Internets
> Beschleunigter gesellschaftlicher Wandel

Zum einen suchen Menschen in dem Maße nach Unterstützung, wie die traditionellen Formen der Unterstützung zusammenbrechen. Die Bedeutung der Familie ist in der westlichen Kultur zurückgegangen. Rollen verschwimmen und die typische Familie besteht nicht mehr länger aus zwei Elternteilen und ihren Kindern. Viele Menschen bekommen von ihrer Familie nicht mehr die Unterstützung, die sie brauchen.

Auch die organisierte Religion hat dramatisch an Boden verloren; sie bietet nicht mehr die Gewissheit und den Sinn wie früher. Menschen sind einem stärkeren Druck ausgesetzt und sehr viele wandern in die Großstädte ab. In den Industrienationen haben all diese Faktoren bei vielen Menschen das Gefühl der Isolation verstärkt. In der Vergangenheit haben sie sich vielleicht an ihren Pfarrer gewandt oder an Freunde – jetzt suchen sie einen Coach auf. Coaching ist eine Art, wie Menschen Sinn und Verbindung finden können, sowohl als Klienten wie auch dadurch, dass sie selbst Coachs werden.

DIE UNABHÄNGIGKEIT DES INDIVIDUUMS

Hier geht es um die „Ich"-Generation der westlichen Welt. Die Menschen wollen anerkannt werden und ihr Leben selbst steuern und kontrollieren. Das unabhängige Individuum, also die Persönlichkeit, die Macht über ihr eigenes Schicksal hat, ist eine verlockende Aussicht, und Coaching verspricht, dass wir dieses Ziel erreichen. Die Menschen wollen Zeit wie auch Geld in sich selbst investieren; sie sind es ihrem Gefühl nach wert. Sie können in sich selbst investieren, ohne als verschroben oder selbstsüchtig angesehen zu werden oder das Gefühl zu haben, etwas stimme nicht mit ihnen, was in Ordnung gebracht werden müsste. Die Menschen wünschen sich Erfüllung und haben das Gefühl, es stehe ihnen zu, glücklich zu sein. Sie wollen einen Sinn in ihrem Leben sehen. Nach einem Jahrhundert, das die *Leistungen* und Errungenschaften betonte, das das Selbst als ein *Instrument* ansah, etwas zu erreichen, wollen die Menschen jetzt sich selbst genießen, <u>Sinn in sich selbst finden</u> und nicht in ihren Leistungen. Das sieht man an dem Trend des „Herunterschaltens", bei dem Menschen etwa einen gut bezahlten Job verlassen und einen einfacheren, weniger gut bezahlten annehmen, in dem sie für sich selbst arbeiten und etwas tun, was sie erfüllt. Die Menschen wollen selbst am Steuer sitzen und nicht gelenkt werden.

Viele erreichen ihre beruflichen und monetären Ziele, fühlen sich aber dennoch nicht erfüllt. Etwas fehlt; sie wissen, dass sie zu mehr in der Lage sind und mehr erreichen können, deshalb suchen sie Coaching als Möglichkeit, ihr persönliches Potenzial zu verwirklichen. Der wachsende Wohlstand in den USA, in Europa, Asien und Australien bedeutet, dass sich die Leute Coaching auch leisten können.

Coaching entstand aus der Bewegung für innere Entwicklung und wird jetzt wie viele Kurse zur eigenen Entwicklung kommerzialisiert und präsentiert: „Sie verdienen es, Ihren Traum zu leben – jetzt!", so lautet eine verlockende Botschaft, die aus vielen Kanälen tönt, und Coaching hat davon profitiert: Der Coach ist nur für Sie da, für niemand anderen, um mit Ihnen an Ihrem Leben zu arbeiten, an Ihren Zielen, damit Sie die oder der werden, die oder der Sie sein wollen …

Ein weiterer Trend, der den Wunsch, etwas aus sich zu machen, steigert, ist die Art und Weise, wie das Alltagsleben immer „öffentlicher" wird. Im Laufe der letzten zehn Jahre hat der Staat eine enorme Macht erworben, alle Menschen zu beobachten und zu beeinflussen. Dieser Trend ist so stark, weil Regierungen versuchen, ihre Bürger zu kontrollieren; verstärkt wurde er zudem durch terroristische Akte und Drohungen sowie durch die Zunahme der organisierten Kriminalität mit den immensen Geldbeträgen, die dabei im Spiel sind. Die meisten Länder betrachten das Beschneiden ihrer Bürgerrechte als den unvermeidlichen Preis, den sie für Sicherheit zahlen müssen. Video- und Überwachungskameras sind allgegenwärtig. „Bitte lächeln, Sie werden gerade gefilmt!", so ist es in vielen Sprachen auf Millionen Gebäuden in aller Welt zu lesen. Ihr Telefonat mit Ihrer Bank wird routinemäßig aufgezeichnet, zur „Qualitätssicherung" oder zu „Ausbildungszwecken". Alle, die Bargeld auf ihr Bankkonto einzahlen wollen, werden argwöhnisch betrachtet und, wenn es sich um einen großen Betrag handelt, automatisch an den Staatsschutz gemeldet ...

Wir akzeptieren ein immer stärkeres Verschwimmen der Grenze zwischen öffentlich und privat, deshalb ist ein privater Raum für einen selbst umso kostbarer: Coaching ist vertraulich, zumindest bei professionellen Coachs, die sich an eine Reihe ethischer Prinzipien halten. In ähnlicher Weise nehmen auch virtuelle Welten im Internet immens zu und faszinieren immer mehr Menschen, etwa das *Second Life*[9], wo Sie sein können, wer immer Sie sein wollen, und Dinge tun können, die Sie in Ihrem „ersten Leben" nie machen würden. Virtuelle Welten sind eine Spielwiese, auf der die Menschen in Sicherheit experimentieren können. Auch beim Coaching können Menschen sich in einem sicheren und vertraulichen Rahmen selbst erforschen und erproben.

DAS INTERNET

Das Aufkommen des Internets fiel zeitlich genau mit dem von Coaching zusammen. Coaching begann, die Spitzentechnologie seiner Zeit zu nutzen – zunächst Telefon und Fax. Es wuchs und profitierte vom Internet, wie es anderen Bewegungen zur Selbstentwicklung nicht gelang. Ein hoher Prozentsatz der Akteure der Coachingszene betreibt im Internet Eigenwerbung. Einzelcoaching, Unternehmenscoaching und Coachingausbildungen werden über das Internet angeboten. Uns erreicht eine Flut von E-Mails mit unsinnigen Behauptungen, wonach Coachs in kürzester Zeit ein sechsstelliges Einkommen erzielen könnten. Zwar hat die Coachingszene sicherlich ihren Teil beigesteuert zu solchen lächerlichen Behauptungen, mit übertriebener Werbung und SPAM, wie das Internet sie hervorgebracht hat. Doch das Internet hat auch dazu beigetragen, dass „korrektes" Coaching sich international verbreitet hat wie bisher keine andere Methodik der Entwicklung für Menschen und Unternehmen.

Im Internet können Neuigkeiten sich zwar rasch verbreiten, doch es gibt keine Garantie, dass sie stimmen – Gerüchte und Ungenauigkeiten machen ebenso rasch die Runde. In den letzten fünf Jahren sind zahlreiche Untersuchungen durchgeführt worden, um dieser Tendenz entgegenzuwirken. Diese Studien haben Akademiker und Forschungsstellen durchgeführt und nicht etwa Coachs oder Coachingorganisationen, die ihre eigenen Ziele verfolgen. So können interessierte Menschen sich ein besseres Bild von Coaching machen.

Das Tempo der Veränderung

Das Internet ist sowohl Spiegelbild wie auch Motor für ein nie da gewesenes Veränderungstempo auf praktisch jedem Wissensgebiet in den letzten 30 Jahren. Viele haben das Gefühl, den Anschluss zu verpassen; die Welt, über die sie in der Schule etwas lernen oder gelernt haben, hat fast nichts mehr zu tun mit der Welt, die auf sie wartet, wenn sie die Schule verlassen. Lehrpläne für Schulen und Hochschulen werden mindestens ein Jahr im Voraus erstellt und sind deshalb häufig schon veraltet, wenn die Schüler und Studenten mit dem Lernen beginnen. Coaching bietet Hilfe „just in time", also genau dann und dort, wenn und wo sie gebraucht wird.

Das Tempo der Veränderungen stresst viele Menschen. Die Gesellschaft verlangt mehr und die Technologie suggeriert: Wir können in kürzerer Zeit noch mehr schaffen – und bald wird das zur Norm. Unklarheit und Paradoxa nehmen überhand und es gibt wohl eine Informationsfülle, doch oft lässt sich nur schwer herausfinden, was für die eigenen Fragen relevant ist. Geben Sie beispielsweise einmal „Coaching" bei einer Suchmaschine ein – als wir das taten, erhielten wir mehr als 78 Millionen Einträge!

In turbulenten Zeiten wird Wissen unsicher. Überzeugungen, religiöse wie weltliche, werden täglich in Frage gestellt. Und im Alltag haben wir mit Umständen zu tun, die uns betreffen, die wir aber nicht beeinflussen können. Wir müssen uns an kürzere Fristen anpassen und auf neue Situationen reagieren, ohne ein Modell zu haben, auf das wir zurückgreifen können. Anpassung und Erfolg hängen nicht mehr von dem ab, was Sie gelernt haben, sondern von Ihrer Lernfähigkeit und Ihrem Lerntempo. Es zählt nicht, was Sie getan haben, sondern Ihre Kreativität, weiterzumachen und auf vergangenen Erfolgen aufzubauen. Und weil das Internet die Welt „verflacht"[10], sind die Arbeitsplätze noch unsicherer; wir müssen rennen, um zumindest auf der Stelle zu treten. Ein Coach kann Menschen helfen, mit dieser Unruhe fertig zu werden.

Wirtschaftliche Gründe für die Verbreitung von Coaching

Warum hat sich Coaching in den neunziger Jahren so rasch von einer Unterstützung für Einzelpersonen zu einer Dienstleistung für die Industrie entwickelt? Erstens ruft ein rascher Wandel im Wirtschaftsleben besondere

Probleme hervor. Die Unternehmensberaterin Rosabeth Moss Kanter drückte es einmal so aus:[11] Zwischen den notwendigen *Entscheidungen* vergehe mehr Zeit als zwischen den *Überraschungen*, die sie notwendig machten. Deshalb herrscht am Arbeitsplatz Stress. Die Unsicherheit in Unternehmen übt zunehmenden Druck auf die Belegschaften aus, Überstunden zu machen und immer mehr zu leisten. Früher konnte vielleicht noch die Familie bei Stress am Arbeitsplatz Ausgleich und Unterstützung bieten, doch heutzutage sind Familien oft stark zersplittert. Geschäftsleuten, die sich an einen Berater oder Therapeuten wenden, haftet ein gewisses Stigma an. Das impliziert, etwas stimme nicht mit ihnen und müsse in Ordnung gebracht werden und sie arbeiteten nicht erfolgreich. Wohin sollen sie sich wenden, wenn sie Hilfe und Unterstützung brauchen?

Coaching kann Einzelpersonen helfen, mit Stress am Arbeitsplatz umzugehen; Stresscoaching ist derzeit einer der am schnellsten wachsenden Coachingbereiche. Die Australier etwa arbeiten weltweit durchschnittlich die meisten Stunden. Dort nimmt auch Coaching am stärksten zu. Ob das wohl Zufall ist?

Zeitdruck trägt wesentlich zu Stress bei. Die Fähigkeit, zu lernen und sich schnell anzupassen, ist wichtiger, als *schnell* arbeiten zu können. Coaching ist sehr speziell und punktgenau; es geht bei den entscheidenden Personen genau auf dieses Thema ein und hilft ihnen, kreativer zu sein und sich schneller anzupassen. Menschen müssen ständig lernen und Coaching kann auf ihre unterschiedlichen Lernstile leichter eingehen, als eine Ausbildung das kann. Von Managern wird vielfach schon erwartet, dass sie ihr Team coachen können – zusätzlich zu ihren anderen Aufgaben. Manchmal ist Coaching am Arbeitsplatz eine Methode, Zuständigkeiten von Managern an andere zu delegieren. Das hat zu vielen *firmeninternen* Coachingausbildungen geführt und dazu, dass Coaching häufig in betrieblichen Fortbildungseinrichtungen eingesetzt wird.

Menschen verpflichten sich heute nicht mehr ihrer Firma, sondern ihrer eigenen Karriere. Durchschnittlich dreimal wechseln Leute heute im Laufe ihres Arbeitslebens den Beruf. Paradoxerweise können Unternehmen ihre Mitarbeiter oft nur dann dazu bringen, bei ihnen zu bleiben, wenn sie sie fortbilden und mit Fertigkeiten ausstatten, wobei ihnen völlig bewusst ist, dass diese Fertigkeiten irgendwann auch konkurrierenden Unternehmen nutzen können. Bieten sie jedoch *keine* Entwicklungsmöglichkeiten an, dann gehen die Leute auf jeden Fall.

Die Verantwortlichen müssen ihr Unternehmen also attraktiv machen und auch die Mitarbeiter *halten*, die sie bereits haben. Fähige Kräfte einzustellen und auszubilden ist ausgesprochen teuer, und wenn Coaching ihnen diese Kosten ersparen kann, dann lohnt es sich. Die Kosten für das Bemühen, Ersatz zu finden und einzuarbeiten und die damit einhergehende Verschlechterung der Arbeitsqualität zu vermeiden, sind beträchtlich und machen Coaching zu einer lohnenden Investition. Coaching ist außerdem eine hervorragende Möglichkeit, wie ein Unternehmen seine Loyalität und Wertschätzung den Mitarbeitern gegenüber zeigen kann, nämlich indem es sie erfolgreicher macht. Damit signalisiert es dem Markt, dass es sich um seine Belegschaft kümmert.

Faktoren in der Wirtschaft, die zur Verbreitung von Coaching beitrugen

Die Unsicherheit in Unternehmen

Der Innovationsdruck

Der zunehmende Zeitdruck

Die Notwendigkeit von Personalentwicklung

Der Wunsch, Stellenneubesetzungen und Umschulungen zu vermeiden

Der Bedarf an neuen Fertigkeiten für Manager

Die Notwendigkeit, neue Fertigkeiten rasch zu lernen

Der Wunsch, die individuelle Entwicklung zeitlich passgenau abzustimmen

Coaching als Unterstützung für Aus- und Fortbildungen

Bedarf an Unterstützung für Spitzenkräfte

FLACHE ORGANISATIONEN

Flache Organisationen erfordern gezielte, punktgenaue individuelle Entwicklung. Manager brauchen ein viel umfassenderes Repertoire an Fertigkeiten und haben mit mehr und mit unterschiedlicheren Menschen zu tun. Frisch Beförderte müssen Neues lernen und neue Verantwortlichkeiten übernehmen und das muss noch dazu schnell gehen. Unternehmen nutzen Coaching, um Mitarbeiter dabei zu unterstützen, sich schneller und leichter umzustellen. Eine Spitzenkraft kann nicht einfach eine neue Stelle antreten und vom ersten Tag an ohne irgendeine Unterstützung auf höchstem Niveau arbeiten. Coaching ist ein flexibler, adäquat reagierender Ansatz zur Entwicklung von Führungskräften, der individuell angeboten werden kann. Viele Führungskräfte sind als Coachs oder Mentoren für jüngere Kollegen tätig.

Zunehmend wird Coaching auch eingesetzt, um Ausbildungen zu konsolidieren. Eine Untersuchung des *Chartered Institute of Personnel and Development* in Großbritannien (CIPD; dt. etwa: staatlich anerkanntes Institut für Personal und Entwicklung) ergab, dass Lernen am Arbeitsplatz (statt in einem Schulungsraum) zunehmend populärer wurde.[12] Coaching kann sich auf die Probleme am Arbeitsplatz konzentrieren und die Leistung dort verbessern. Wenn Mitarbeiter Kurse *außerhalb* ihrer Firma absolvieren, dann sind die Veränderungen meist wieder dahin, sobald sie an ihren Arbeitsplatz zurückkehren. Ihr Enthusiasmus und ihre neuen Ideen überleben die Mentalität des „weiter wie bisher" nicht. Recht bald (gewöhnlich nach wenigen Monaten) schwindet die neue Initiative zusammen mit der Energie der Kursteilnehmer und alles geht wieder so weiter wie *vor* der Schulung.

Die Führungsriege glaubt dann vielleicht (zu Unrecht), die Aus- oder Fortbildung sei schlecht gewesen; dann lassen sie sich vielleicht auf eine andere Art von Training ein und so geht der Kreislauf weiter. Deshalb liefern so viele Kurse ohne nachfolgende Unterstützung durch Coaching enttäuschende Ergebnisse; folgt auf eine Fortbildung hingegen ein Coaching, dann führt sie zu viel besseren Ergebnissen. Denn Coaching unterstützt die Teilnehmer dabei, die Ideen und die Motivation „warmzuhalten" sowie nach Wegen zu suchen, wie sie das System ändern können, statt von ihm „erdrückt" zu werden.

Kapitel 3

DIE BEDEUTUNG DER SPITZENKRÄFTE

In Zeiten, in denen Spitzenkräfte zwischen Unternehmen wie Fußballspieler gehandelt werden, erkennen die Verantwortlichen zunehmend, dass die Spitzenkräfte für den Unternehmenserfolg von erheblicher Bedeutung sind. Die Kosten für eine schlecht arbeitende Führungskraft sind beträchtlich. Topmanager müssen mit nur wenig Anleitung wichtige Entscheidungen treffen, bei denen es häufig um viel Geld geht. Sie haben nur wenige Menschen, denen sie vertrauen können, und man erwartet von ihnen, dass sie wissen, was zu tun ist, statt dass sie ihre Aufgaben lang und breit besprechen. An der Spitze ist es einsam und ein Coach für höhere Führungskräfte kann eine objektive und kritische Testperson, eine Art „Resonanzkörper" oder Gesprächspartner für die Auffassungen und Überlegungen einer Führungskraft darstellen. Externe Coachs werden zunehmend gesucht, um Führungskräfte bei der Entscheidungsfindung unterstützen.

Coaching hat sich dahin entwickelt, dass es die Nischen ausfüllt, die der umfassende Wandel im Wirtschaftsleben und in der Arbeitswelt hervorgerufen hat. Im nächsten Kapitel betrachten wir sechs der am weitesten verbreiteten Coachingmodelle und arbeiten das Wesentliche heraus, um das Herzstück des Coachings zu finden, die Methodik, die in jedem Modell mitwirkt.

Entwicklungscoaching
Integriertes Mentales Training und Positive Psychologie
Von Lars-Eric Uneståhl

Hintergrund

Coaching – und besonders Entwicklungscoaching – basiert auf derselben Philosophie und nutzt dieselben Prinzipien wie die Positive Psychologie und das Integrierte Mentale Training (IMT). Unterschiede bestehen eher in den Lern- und Entwicklungsmethoden. Coaching legt Wert auf Erfahrungslernen und Lernen durch Feedback; die Positive Psychologie betont das reflektierende Lernen und IMT betont das unbewusste Lernen. Die Positive Psychologie betrachtet Menschen als sich selbst organisierende, selbst gesteuerte, anpassungsfähige Wesen und möchte die Psychologie dazu anregen, sich auf zwei vernachlässigte Punkte zu konzentrieren, nämlich:

- normalen Menschen zu mehr Leistungsfähigkeit und Wohlbefinden zu verhelfen und
- mit Entwicklungsressourcen Probleme zu verhindern

Das Integrierte Mentale Training ist ein systematisches, langfristiges Training zum Entwickeln mentaler Fertigkeiten, Einstellungen und Prozesse. Es ist ein kognitives und *emotionales* Training und es bevorzugt Bilder statt Gedanken; es konzentriert sich auf Entwicklung und darauf, Ressourcen zu entdecken, statt Probleme zu lösen. Ich entwickelte IMT in den 1960er-Jahren, basierend auf meinen Untersuchungen über:

- veränderte Bewusstseinszustände
- Beziehungen zwischen Körper und Geist

Die Trainingsprogramme wurden in den siebziger Jahren in Zusammenarbeit mit verschiedenen schwedischen National- und Olympiamannschaften getestet und in den späten siebziger Jahren als

Ausbildung in Alltagsfertigkeiten ins schwedische Schulsystem aufgenommen. In den achtziger Jahren wurden sie in den Bereichen Gesundheit und Arbeit eingesetzt und seit den frühen neunziger Jahren nutzt ein breites Publikum sie als Methode für persönliche Entwicklung.

Weil Untersuchungen keinen Zusammenhang zwischen schulischem und universitärem Erfolg einerseits und Erfolg im Leben andererseits belegen, wurden Mentaltraining und Coaching die wichtigsten Methoden, abstraktes Wissen in konkrete Lebenskompetenz zu verwandeln.

Coaching sowie IMT sind zukunfts- und lösungsorientiert, sie sind auf Handeln ausgelegt und sie basieren auf Erfahrungen. Entwicklungscoaching ist die Kombination von IMT und Coaching, die wir im letzten Jahrzehnt erarbeitet haben.

Entwicklungscoaching versus Problemcoaching

Diese beiden Ansätze gehen von unterschiedlichen Annahmen aus. Das Problemcoaching nimmt an, dass der Klient alle Ressourcen hat, die er braucht, um das Problem zu lösen. Entwicklungscoaching geht davon aus, dass der Klient häufig neue Ressourcen, Fertigkeiten und Verhaltensweisen entwickeln muss, um sein Ziel zu erreichen. Entwicklungscoaching basiert auf der gleichen Veränderungsphilosophie, wie man sie auch beim Mentaltraining und in der Positiven Psychologie findet, doch die meisten Gesellschaftsbereiche folgen immer noch dem problemorientierten oder klinischen Modell. In diesem Modell wollen sich die Menschen wegen eines Problems oder einer Krise verändern. Entwicklungscoaching orientiert sich eher am Sport; das bedeutet, dass man mit dem gegenwärtigen Ergebnis zwar schon zufrieden sein kann, aber dennoch eine Verbesserung will, darauf hinarbeitet und dafür trainiert.

Beim Problemcoaching ist die Richtung der Veränderung „weg vom Problem", was beinhalten kann, dass sich das Ergebnis bisweilen noch verschlechtert (vom Regen in die Traufe …). Die emotionale Ausgangssituation ist überwiegend Unzufriedenheit, und manche

Klienten können einen starken Widerstand gegen Veränderung hegen, weil sie Veränderungsvorschläge als Kritik auffassen.

Beim Problemcoaching wird nach einem Fortschritt der neue Zustand aufrechterhalten – auf die Problemlösung folgt Inaktivität. Entwicklungscoaching betrachtet das Leben als eine Reise mit *ständiger* Verbesserung.

Beim Problemcoaching rufen die empfohlenen Veränderungen oft Widerstand hervor, weil sie als Vorwurf interpretiert werden, als Misstrauen und als Hinweis darauf, dass etwas „verkehrt" sei. Beim Entwicklungscoaching liegen innere und äußere Sicherheit nicht in der Komfortzone des Klienten, sondern in der Veränderung. Es bietet auch die nötigen Anreize und Herausforderungen, die für eine hohe Lebensqualität wichtig sind.

Coaching ist handlungsorientiert und basiert auf Lernen durch Tun. Das Stellen von Aufgaben [engl.: *tasking*] verschafft Erfahrungen, die durch Feedback zu angemessenen Veränderungen führen. Das Ziel beim Problemcoaching besteht darin, zu einem Zustand wie *vor* dem Problem zurückzukehren (meist mithilfe rückwärtsgerichteten Handelns) – Entwicklungscoaching hingegen arbeitet mit proaktiven Methoden, um eine Situation zu schaffen, die nicht nur besser ist als die momentane, sondern auch besser als diejenige vor dem Problem. Das schließt Problemlösung mit ein, doch an Problemen braucht man dafür gar nicht zu arbeiten.

Unser Gehirn lässt sich leicht von Problemgedanken und Problembildern umgarnen – und zwar hauptsächlich aus folgenden drei Gründen:

1. Das ist ein Überlebensmechanismus der Evolution.
2. Probleme haben emotionale Komponenten – Emotionen wie Angst nehmen unseren Kopf oder Verstand sehr leicht in Beschlag.
3. Probleme sind oft konkreter als Ziele.

Um diese Wahrnehmung zu verändern, arbeitet das Entwicklungscoaching daran, Angst und andere negative Emotionen abzubauen und Ziele eindeutig und anziehend zu machen. Dazu gehört es, zu lernen, *positiv* zu denken und zu reden und „Problemwörter" durch solche zu ersetzen, die die Entwicklung fördern.

Entwicklungscoaching und Psychokybernetik

Für noch größere Fortschritte kombiniert das Entwicklungscoaching die Aufgaben des Mentaltrainings mit einer Zielprogrammierung. Während das Problemcoaching oft endet, wenn die Ziele des Klienten eindeutig sind und auf seinen Werten basieren, übersetzt das Entwicklungscoaching die intellektuellen Ziele in Bilder, nach denen die Ziele integriert und programmiert werden. Das scheint einen automatischen Prozess in Gang zu setzen. Die Klienten geben oft an, kreativer zu sein und mühelos Lösungen zu finden, ohne bewusst Probleme zu lösen. Sie erreichen Ziele, ohne zu wissen, wie sie dahinkamen.

Zusammenfassung

Entwicklungscoaching und Selbstcoaching zur eigenen Entwicklung ergänzen die üblichen Coachingmethoden in vielerlei Hinsicht, etwa:

- Entwicklungscoaching arbeitet mit Klienten, die Probleme haben, genauso wie mit Klienten, die eine stetige Verbesserung wünschen. Entwicklungsziele schließen oft automatisch Problemlösungen mit ein.

- Entwicklungscoaching nutzt Aufgaben des Mentaltrainings als Hausaufgabe, um die Ressourcen zu finden und zu entwickeln, die man braucht, um anziehende Ziele zu erreichen.

- Entwicklungscoaching programmiert mithilfe der Vorstellungskraft Ziele und setzt so einen kybernetischen Prozess in Gang, als Ergänzung zum Handlungsplan und zur Hausaufgabe.

Dr. Lars-Eric Unestähl ist Präsident der *Scandinavian International University* und Professor für angewandte Psychologie und Mentaltraining. Er ist Autor von 18 Büchern und zahlreichen Forschungsartikeln. Auch hat er diverse Trainingsprogramme für die Entwicklung von Einzelpersonen, Teams und Organisationen ausgearbeitet.

Teil II

ÜBERBLICK

Coachingmodelle

Manchmal muss man weit reisen, um das Nahe zu entdecken.
                                                    URI SHULEVITZ

Als wir dieses Buch zu schreiben begannen, diskutierten wir, ob wir zuerst die wesentlichen Coachingmodelle vorstellen und die Synthese anhängen sollten oder ob wir mit der Synthese beginnen und dann die Modelle nacheinander besprechen sollten. Die erste Möglichkeit wäre induktiv: Man leitet ein allgemeines Modell von konkreten Beispielen ab. Die zweite Variante wäre deduktiv: Erst das Modell beschreiben und dann die Beispiele … Der Denkprozess, den wir durchliefen, war induktiv. Wir begannen mit den verschiedenen Coachingmodellen und leiteten daraus eine Reihe allgemeiner Prinzipien ab. Wir lasen viel, trafen und besprachen uns mit Coachs von Shanghai bis Sydney, von Seattle bis Santiago und erkannten, dass allen Coachingmodellen eine schemenhafte Form zugrunde liegt, die sie alle durchdringt.

Deshalb stellen wir Ihnen hier erst die Modelle vor und dann unsere Schlussfolgerungen, denn es ist stimmiger, wenn Sie den gleichen Prozess durchlaufen wie wir selbst. Sie können so auch die „Detektivgeschichte" verfolgen, die wir erlebt haben – wenngleich Detektivgeschichte vielleicht nicht die richtige Metapher ist, denn es wurde kein Verbrechen begangen … Vielleicht ist es eher eine Schatzsuche à la *Indiana Jones*. Gibt es den Schatz und haben wir ihn gefunden? Oder haben wir uns den Schatz ausgedacht, als wir uns auf die Suche machten, in dem Glauben, es gebe ihn? Das spielt keine Rolle! Eines war und ist sicher: Coaching funktioniert tatsächlich, all seine unterschiedlichen Methoden funktionieren und deshalb muss es ein Herzstück dieser Methodik geben.

In den nachfolgenden Kapiteln untersuchen wir sehr verschiedene Coachingmodelle, die zum Zeitpunkt des Schreibens unseres Manuskripts eine größere Rolle spielen und Coaching repräsentieren. Es gibt noch andere Modelle, doch derzeit sind sie weniger bedeutend. Alle sechs beschriebenen Modelle werden von vielen erfahrenen und engagierten

Überblick

Leuten angewandt, alle sind auf internationaler Ebene sehr einflussreich im Coaching und regen zu gutem Coaching an. Coachs arbeiten mit dem Modell, das für sie funktioniert; ein Coach muss mit dem Modell, das er anwendet, kongruent sein.

Naturgemäß sind alle diese Modelle in Wirklichkeit umfassender und differenzierter, als es unsere kurzen Übersichten zeigen können. Dennoch werden wir die Grundelemente zusammenfassen und über jedes einen adäquaten Überblick bieten. Wir haben uns um Objektivität bemüht und lassen jedes Modell für sich selbst sprechen; alle sollen gleichermaßen gehört werden. Allerdings *beschreiben* wir einfach nur die Modelle und versuchen dabei nicht, Ihnen beizubringen, wie man damit coacht.

Zunächst betrachten wir das *Inner Game*, das *GROW-Modell* und das *coaktive Coaching*. Wir haben diese drei in einer Gruppe zusammengefasst, weil sie gleichzeitig entstanden sind und vieles gemeinsam haben. Als Nächstes betrachten wir das Modell des integralen Coachings, danach das Coaching, das auf dem Neurolinguistischen Programmieren beruht (NLP-Coaching). Ein weiteres Modell basiert auf der Positiven Psychologie, dann folgt das Verhaltenscoaching und zuletzt das ontologische Coaching.

Kein Modell kann völlig richtig sein und keines ist falsch. Sie sind wie verschiedene Lichter – alle beleuchten die facettenreiche Disziplin Coaching, jedes aus einem anderen Blickwinkel und mit unterschiedlicher Helligkeit.

Wir stellen Ihnen erst die Modelle vor und fassen dann die ihnen gemeinsamen Hauptmerkmale von Coaching zusammen, die wir als wesentlich herausgearbeitet haben, sowie unsere weiterführenden Untersuchungen. Zunächst aber eine Sufi-Geschichte, die Ihnen Appetit machen soll auf das Folgende:

Nasreddin Hodscha, ein legendärer geistlicher Lehrer [und zugleich eine im islamischen Orient beliebte Witzfigur; Anmerkung des Verlags], von dem in vielen Sufi-Geschichten die Rede ist, wird zu seiner großen Überraschung zum Richter ernannt. In seinem ersten Fall soll er entscheiden, wem eine bestimmte Kamelherde gehört. Die Anhörung findet in einem getäfelten Gerichtssaal statt; er ist der einzige Richter, doch er hat einen erfahrenen Berater als nebenamtlichen Richter zur Seite. Alle Verwandten und Freunde beider Parteien sind zur Verhandlung gekommen und äußern lautstark ihre Sicht der Dinge.

Wie es so üblich ist, haben beide Kläger zehn Minuten Zeit, um ihren Fall ungestört dem Richter vorzutragen. Der erste Mann tritt vor und spricht sehr gewandt. Er schildert Nasreddin, wie er die Herde gekauft und sie seinem Freund als Sicherheit für ein Darlehen gegeben habe. Nun habe er sein Darlehen zurückgezahlt, doch sein früherer Freund (der jetzt nicht mehr sein Freund sei) habe die Kamele behalten. Er habe etliche Zeugen dafür, die das Geschehen beschwören könnten.

Nasreddin hört zu und ist beeindruckt. „Der Mann hat recht", flüstert er seinem Berater zu. „Vielleicht", erwidert dieser, „doch hör dir erst einmal den anderen Mann an."

Der zweite tritt vor und spricht ebenso gewandt. Er trägt vor, wie er die Kamele von seinem Freund zu einem fairen Preis gekauft habe. Er bestreitet, dass das ein Darlehen gewesen sei. Auch er führt Zeugen an.

Wieder ist Nasreddin beeindruckt. „Dieser Mann hat recht!", ruft er aus. „Aber Euer Ehren", zischt der Berater, „es können nicht beide recht haben."

Nasreddin schweigt einen Moment. „Richtig!" Er blickt zu Boden. „Die Wahrheit ist schwieriger, als es scheint …"

Überblick

Am Ende der Darstellung jedes Coachingmodells benutzen wir immer dasselbe Fallbeispiel (das uns durch das gesamte Buch begleitet), um Ihnen einen Eindruck davon zu vermitteln, wie das jeweilige Modell die immer *gleiche* Problematik angehen würde. Hier ist diese Fallgeschichte:

Unser Fallbeispiel

Brian ist ein 41-jähriger Manager in einer Kosmetikfirma. Als Koreaner, der in einer US-amerikanischen Firma, aber in deren Niederlassung in London arbeitet, hat er seinen Namen anglisiert, um besser hineinzupassen. Im College machte er einen Abschluss in Chemie, arbeitete drei Jahre lang in einer Apotheke, dann einige Jahre für verschiedene Pharmafirmen, bevor er leitende Führungskraft in seiner derzeitigen Firma wurde. Hier arbeitet er seit fünf Jahren und leitet ein Team von zehn Mitarbeitern, mit denen er ein neues Produkt entwickelt. Die Firma selbst gilt in der Kosmetikbranche wegen ihrer innovativen (wenngleich teuren) Produkte als führend.

Brian spielt Schach und liest viel, meist technische Texte, aber auch historische Romane. Er hat in den letzten fünf Jahren dreimal in einem Fitness-Studio angefangen, jedoch nie länger als zwei Monate durchgehalten und dann den Vertrag jedes Mal verfallen lassen.

In der letzten Zeit ist Brian unaufmerksam und fragt sich immer häufiger, ob er noch am richtigen Arbeitsplatz sei. Früher hat ihm seine Arbeit gefallen, jetzt aber nicht mehr. Er ist ständig müde und besonders *ein* Mitarbeiter aus seinem Team scheint ihm dauernd auf die Nerven zu gehen. Seiner Ansicht nach bewirbt sich diese Person um seinen Posten.

Letztes Jahr wurde Brian nicht befördert und nun ist er sich nicht sicher, ob er selbst kündigen oder sich noch einmal auf eine Beförderung vorbereiten soll. Er weiß nicht recht, ob er auf der Grundlage seiner derzeitigen Arbeit eine Beförderung verdient.

Brian wuchs in einer koreanischen Familie mit ausgeprägter Arbeitsethik auf. Er besuchte eine englische Schule und samstags zusätzlich eine koreanische und während der Woche hatte er Tennis- und Flötenunterricht.

Seit zwölf Jahren ist er mit Anne, einer Engländerin, verheiratet; sie haben zwei Kinder, der Junge ist acht, das Mädchen sechs Jahre alt. Seine Frau ist Zahnhygienikerin und arbeitet in einer Zahnarztpraxis vor Ort in Teilzeit. Wenn die Kinder älter sind, würde sie gern Vollzeit arbeiten. In letzter Zeit haben sie und Brian häufig gestritten, weil seine Arbeit immer mehr Zeit in Anspruch nahm; beide sehen sich fast nur noch an den Wochenenden.

Brian ist ruhig und sucht eher das Miteinander als die Konfrontation, doch wenn das nicht funktioniert, verliert er auch schnell die Beherrschung. Bisher hatte er sich gut unter Kontrolle, doch in letzter Zeit ist er ständig gereizt und fühlt sich gestresst. Seine Firma hat ein Coachingprogramm für Führungskräfte initiiert und er hat die Gelegenheit beim Schopf gepackt, mit einem Coach zu arbeiten. Er möchte sich weniger gereizt und gestresst fühlen. Er spielt mit dem Gedanken, sich eine andere Stelle zu suchen, fragt sich jedoch auch, ob es persönlich wie beruflich ein kluger Schritt wäre, das Unternehmen zu verlassen.

KAPITEL 4

Coaching in Europa und den USA: Inner Game, GROW-Modell und coaktives Coaching

Jeder hält die Grenzen des eigenen Gesichtsfelds für die Grenzen der Welt.

ARTHUR SCHOPENHAUER

Es war ein bedeutsamer Wendepunkt in der Geschichte des Coachings, als das Buch *The Inner Game of Tennis* von Timothy Gallwey auf den Markt kam.[1] Und die Methodik des *Inner Game* war eines der ersten Coachingmodelle, die den Sprung vom Sport in die Wirtschaft schafften. Was war *Inner Game* und warum war es so bedeutsam? Weil es auf den inneren und den äußeren Gegner einging. Die Wirtschaft wusste alles über den äußeren Gegner – die Konkurrenz –, doch bis dahin hatte sie nicht auf ihren inneren Gegner geachtet. In der Methodik des *Inner Game* geht es darum, wie man das Beste aus sich selbst herausholt; und für die Wirtschaft übersetzt heißt das: wie man aus den eigenen Leuten das Beste herausholt.

Das Modell des Inner Game

Die These des *Inner Game* ist folgende: Timothy Gallwey behauptete, der Spieler sei in zwei „Selbste" gespalten. Selbst 1 bezeichnete er als den „Befehlenden" und Selbst 2 als den „Ausführenden". Selbst 1 urteilt und kann sehr gut Fehler feststellen, mit Ihnen über diese Fehler reden und darüber, wie Sie sie unterbinden können. Selbst 1 ist der innere Gegner; es ist der Ego-Verstand, die Befangenheit und der Drang, zu kontrollieren. Selbst 2 ist unbefangen, die „Weisheit des Körpers", der ohne nachzudenken tut, was gut funktioniert, solange er gelernt hat, was er tun soll. Die *Beziehung zwischen diesen beiden* ist der entscheidende Punkt im *Inner Game*.

Als Autoren haben wir ein perfektes Beispiel für Selbst 1 und Selbst 2 erlebt. Selbst 1 ist der Lektor, Selbst 2 ist der Schriftsteller. Selbst 2 muss lernen und üben, doch die beste Art zu schreiben ist, ... einfach zu schreiben und die kreative Energie fließen zu lassen. Lassen Sie Selbst 2 seine Arbeit tun. Das ist leichter gesagt als getan. Das teilt Ihnen auch jedes Buch über kreatives Schreiben mit und alle bieten Ihnen hilfreiche Anregungen. Das Problem ist Selbst 1, der innere Lektor, der ständig stört. Selbst 1 möchte, dass der Text schon in der ersten Fassung perfekt ist; es versucht jeden Satz zu analysieren, während Sie ihn niederschreiben, und sagt Ihnen schon, was daran falsch ist, wenn Sie ihn noch nicht einmal beendet haben. Nur bei sehr wenigen Autoren steht schon die erste Fassung perfekt. Beim ersten Entwurf geht es vor allem darum, die Ideen zu Papier zu bringen, *ohne sie gleich zu korrigieren*. Erst *danach* sollte der Lektor zum Zuge kommen und Ordnung schaffen.

Falls das Selbst 1 (der Lektor) schon immer aktiv ist, dann *ringt* der Schriftsteller, wird selbstkritisch und gibt vielleicht auf. (Und vielleicht nennt er sein Problem „Schreibblockade".) Der Lektor ist unverzichtbar, doch er muss unter Kontrolle gehalten und darf erst zur richtigen Zeit „losgelassen" werden. Ein großer Teil des ersten Entwurfes mag „Mist" sein, doch Selbst 2 braucht die Erlaubnis, Mist zu schreiben und Fehler zu machen, sonst kann auch das „gute" Schreiben nicht fließen. Nur indem Sie sich gestatten, Fehler zu machen, kann Ihr eigenes Schreiben über Banalitäten hinausgehen.

Die zwei „Selbste" kann man auch als Pferd und Reiter betrachten. Der Reiter (Selbst 1) muss Ziel und Richtung angeben und dann Selbst 2 „machen lassen". Es ist nicht Aufgabe des Reiters, dem Pferd vorzuschreiben, wo genau es seine Hufe aufsetzen soll, doch genau das tun wir, wenn wir mit unserem bewussten Selbst 1 versuchen, Dinge zu tun, die wir am besten Selbst 2 überlassen.

Der chinesische Philosoph Dschuang Dsi schrieb darüber schon vor langer Zeit, nämlich um 350 vor Christus:[2] „Wenn du beim Wettschießen um Ziegel schießt, nutzt du all deine Fähigkeiten. Wenn du um modische Gürtelspangen schießt, dann *sorgst* du dich wegen des Ziels. Geht es um echtes Gold, bist du ein Nervenbündel. Deine Fähigkeit ist in allen drei Fällen die gleiche – weil dir aber *ein* Preis mehr bedeutet als der andere, gibst du äußeren Überlegungen mehr Gewicht. Wer zu sehr nach außen schielt, wird innerlich ungeschickt."

Selbst 1 macht einen Tennisspieler beispielsweise äußerlich wie innerlich linkisch. Lob und Komplimente des Coachs mögen im *äußeren* Spiel wirken, doch im inneren Spiel, im *Inner Game*, wirken sie nicht, weil der Klient dann versucht, den Erwartungen des Coachs gerecht zu werden und *mehr* Lob zu ernten. Lob ist eine ganz subtile Kritik; es impliziert, dass da irgendwo etwas schlecht ist (– obwohl Sie im Moment nichts schlecht machen). Selbst 1 klammert sich sofort daran und verwendet es.

Im *Inner Game* hat der Coach die Aufgabe, dem Spieler zu helfen, die zwei „Selbste" in sich zu programmieren, auf dass sie optimal zusammenarbeiten. In der Praxis bedeutet das, Selbst 1 im entscheidenden Augenblick, also wenn der Spieler die Schläge spielt, „beiseitetreten" zu lassen. Gallwey entwickelte ein einfaches Modell, um das wertende und urteilende Selbst zur Seite treten zu lassen.

SELBSTBEOBACHTUNG

Als Erstes müssen Spieler entscheiden, was sie erreichen, ändern oder verbessern wollen. Sie können ein ganz allgemeines Ziel haben – vielleicht wollen sie einfach besser spielen – oder ein ganz spezielles, etwa: ihren Aufschlag beim Tennis zu verbessern. Als Nächstes müssen sie beobachten, was im gegenwärtigen Moment geschieht, was sie davon abhält, ihr gewünschtes Ziel zu erreichen. Das erscheint einfach, ist aber schwierig umzusetzen, ohne dabei zu werten. Eine Wertung klebt diesem Moment ein Etikett auf; man sieht nicht mehr, was passiert, man sieht nur noch das Urteil: „gut" oder „schlecht". Es verschleiert, was gerade stattfindet; und wenn man nicht weiß, was geschieht, kann man es auch nicht ändern.

Ein offenes Gewahrsein gibt einem das beste Feedback. Dann wissen Sie, was in diesem Moment stattfindet. Wie bekommt man dieses offene Gewahrsein und dieses qualitativ hochwertige, objektive Feedback, wenn man es wirklich braucht? Das ist ein Schlüsselthema im Coaching. Der Coach muss objektives Feedback geben, doch – und das ist noch wichtiger – er unterstützt die Klienten darin, die Fähigkeit zu entwickeln, *sich selbst* dieses objektive Feedback zu geben. Die Klienten modellieren, sie ahmen nach, wie der Coach Feedback gibt, und infolge des Coachings ändert sich der Klient nicht nur aufgrund des Feedbacks, sondern auch, weil er sich selbst klarer wahrnehmen kann und sich deshalb weniger auf den Coach verlassen muss. Gutes Coaching hilft den Klienten, ihr eigener Coach zu werden.

Sie lernen die *Prinzipien* von Feedback, statt nur Feedback zu einem bestimmten Problem zu bekommen.

Die Rückmeldung muss objektiv sein und darf nicht werten oder urteilen. Der Coach muss das Selbst 1 des Spielers umgehen – was nicht leicht sein dürfte. Viele Menschen haben die feste Gewohnheit, sich bei allem, was sie tun, zu beurteilen. Gewohnheiten lassen sich nicht einfach brechen, denn sie wurden mit viel Mühe entwickelt. Brachialgewalt hilft da nicht; man muss sozusagen mentales Aikido anwenden, um sie zu umgehen. Wie störend Selbst 1 auch immer ist – es hat durchaus eine positive Absicht: Es versucht die Person darin zu unterstützen, Besseres zu leisten; allerdings ist es dabei nicht besonders erfolgreich.

Die meisten Tennislehrer raten ihren Schülern, genau auf den Ball zu achten. Doch die Lernenden *wissen* schon, dass sie den Ball anschauen sollten. Sie *versuchen* es, doch das Versuchen kommt dem genauen Anschauen in die Quere. Dann führen sie einen schlechten Schlag aus und folgern, dass sie nicht gut spielen. Das Problem besteht darin, dass der Satz „Schau den Ball genau an!" zu allgemein ist: Worauf genau achten? Wie? – Auch hat der Ball, den sie beobachten, während er so auf sie zuschießt, eine gewichtige Bedeutung für ihr Selbstwertgefühl.

Gallwey fand eine Methode, wie sie den Ball objektiv und urteilsfrei beobachten und damit Selbst 1 umgehen konnten. Dafür sollten sich seine Schüler auf die Nähte des herankommenden Balls konzentrieren, um den Spin zu erkennen. Diese Anweisung ist hervorragend, denn sie wirkt auf mehreren Ebenen. Erstens erfordert sie mehr Konzentration als üblich. Zweitens ist die Antwort eine *Beschreibung* und kein Urteil, weil sie *nicht* von dem Schlag abhängt, den der Schüler im Sinn hat. Sein Schlag wird ihn nicht vom gegenwärtigen Moment ablenken. Wenn er sich keine Gedanken macht über seinen Schlag und nur den Ball so aufmerksam wie möglich beobachtet, verbessert sich sein Schlag paradoxerweise. Und drittens gibt es eine unmittelbare Feedbackschleife zum Coach und Trainer, der den Spin des Balls ebenfalls beobachtet. Dieses urteilsfreie Gewahrsein unterstützt den Spieler automatisch darin, unbefangen zu reagieren – Selbst 2 ist mit im Spiel.

PROGRAMMIEREN

Als Nächstes muss der Spieler auf der Grundlage des Feedbacks anders handeln. Er muss etwas anders machen. Wenn er schon weiß, was es ist, dann muss er es *geschehen lassen*, ohne sich einzumischen. Es geschehen zu *lassen* heißt nicht, es aktiv zu *machen*; vielleicht muss er erst den Schlag lernen und üben. Dieses Lernen nennt Gallwey: Selbst 2 „programmieren"; er benutzt also denselben Begriff wie das Neurolinguistische Programmieren (NLP), das in Kalifornien zur gleichen Zeit populär wurde wie das *Inner Game*.

Gallwey schrieb, Selbst 2 lerne am besten durch Bilder und Vorbild. Der Spieler muss den Schlag des Profis sehen und sich in seiner Vorstellung ein Bild davon machen. Wie lässt sich das auf einen Coach übertragen, der mit Klienten an einer kognitiven Fähigkeit arbeitet? Auch hier wäre es wichtig, dass der Klient den Coach in der Sitzung die Fähigkeit *zeigen* sieht. Ein Coach muss Vorbild sein in den Fähigkeiten und Fertigkeiten, die er von seinen Klienten verlangt. Selbst 2 kann man programmieren, indem man genau sagt, was man will, und dann innere Bilder davon erzeugt, die die Aufmerksamkeit stark binden.

Wenn Sie wissen, was Sie wollen, und wenn Sie ohne Einmischung oder Urteil wissen, was Sie haben, und wenn Sie danach Selbst 2 mit Bildern programmiert haben, eben das zu tun, was Sie wollen, *dann* müssen Sie beiseite treten und es geschehen lassen.

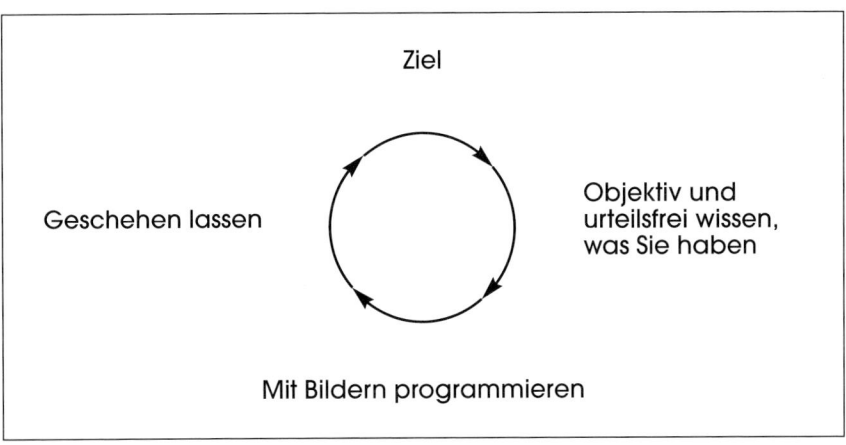

Der Prozess des *Inner Game*

Auf ihre eigenen Fehler reagieren Schüler in der Regel mit Selbstkritik, mit einem massivem inneren Dialog und mit Ermahnungen, es besser zu machen. Das ist Selbst 1, das mal wieder verrückt spielt und die Konzentration zunichtemacht. Konzentration ist eine mentale Fertigkeit, die man üben muss; Gallwey schrieb, Meditieren außerhalb des Tennisplatzes könne dabei helfen.

Die Methodik des *Inner Game* lässt sich auf alles anwenden. Ziele sind dann nichts mehr, was man *erreicht*. Sie sind die Möglichkeit, *sich selbst* zu beherrschen. Ein äußerer Gegner fordert uns dazu heraus, uns zu entwickeln. Nur indem er der beste Gegner ist, der er nur sein kann, wird dieser Gegner ein wahrer Freund. Für welches äußere Spiel Sie sich auch entscheiden, sei es Tennis, Golf, Management, Verkauf, Führungsqualitäten oder Coaching – Sie können es immer für das innere Spiel nutzen und sich entwickeln. Das Leben ist das größte Spiel überhaupt. Ein anderes einflussreiches Buch aus etwa der gleichen Zeit, das Gallwey anführt, ist *The Master Game* von Robert De Ropp, das 1968 erschien.[3] De Ropp behauptete, die Menschen suchten vorrangig nicht Reichtum, Annehmlichkeiten oder Ansehen; vielmehr suchten sie ein Spiel, das sich zu spielen lohne – und das hänge davon ab, wie man es spiele und was der Einsatz sei.

Beim *Inner Game* des Coachings ist der würdige Gegner der Klient.

DIE VERBREITUNG DES INNER GAME

Inner Game gelangte rasch nach Europa. In den sechziger Jahren trainierte der britische Profirennfahrer John Whitmore mit Timothy Gallwey. In den neunziger Jahren brachte er das *Inner Game* über den Atlantik nach Großbritannien und arbeitete die Prinzipien für die Wirtschaft um. Sein Buch *Coaching for Performance*[4] richtete sich an die Wirtschaft. Ziel war, die Unternehmensleistung durch Coaching zu verbessern, indem man das Potenzial der Menschen freisetzt und sie so zu höchster Leistung bringt. Coaching *lehrt* Menschen *nicht*, vielmehr hilft es ihnen, selbst zu lernen; mit einem kontrollierenden Führungsstil lässt es sich nicht vereinbaren. Alle Unternehmen wünschen sich gute Ergebnisse, doch über den Weg dahin sind sie uneins. Whitmore schrieb, eine wirklich gute Leistung übertreffe die erwarteten Standards bei weitem; es bedeute, sich die eigenen höchsten Standards zu setzen, die die Forderungen oder Erwartungen anderer weit übertreffen.

In seinem Buch betont Whitmore auch Gewahrsein und Verantwortung, um Klienten dabei zu unterstützen, ihre Bestleistung zu bringen. Gewahrsein hat mit dem Wissen zu tun, was um einen herum vorgeht, und Selbst-Gewahrsein bedeutet zu wissen, was in einem selbst vorgeht. Beide Formen werden eher durch Fragen als durch Aussagen oder Anweisungen gefördert. Wenn man Menschen zu etwas auffordert, brauchen sie nicht nachzudenken und das erhöht Gewahrsein, Motivation oder Kreativität nur geringfügig. Wirkungsvolle Fragen verbessern alle drei Elemente. Der Unternehmenscoach muss eine gleichwertige Frage finden für: „Wie ist der Spin des Balls?", damit Firmenklienten ihre innere und äußere Situation verstehen, objektiv und ohne zu werten. In seinem Beitrag zu diesem Buch entwickelt John Whitmore diese Ideen und erwähnt, wie Coaching in der transpersonalen Psychologie eingesetzt wird.

Das GROW-Modell

In *Coaching für die Praxis* wird das GROW-Modell als eine Grundlage für das Coachen vorgestellt. Ursprünglich stammt es von Graham Alexander, der Anfang der achtziger Jahre das *Inner Game* nach Europa brachte. GROW ist eine Abkürzung für *Goal* (Ziel), *Reality* (Realität), *Options* (Optionen, Wahlmöglichkeiten) und *What* (Was, in der Frage: „Was werden Sie tun?").

G steht für Goal (Ziel)

Ein Ziel ist ein Traum mit Substanz. Ein Ziel ist das, was Klienten wollen, und es beinhaltet eine Veränderung. Ein Leben ohne Ziele ist eine trostlose Wüste ohne Zukunft. Es gibt zwei Arten von Zielen. Das *Endziel* ist die abschließende Zielvorstellung, doch sie unterliegt nicht Ihrer Kontrolle. Zu viele andere Personen und größere Systeme wirken mit hinein. Das *Prozessziel* ist das Leistungsniveau, das Sie zum Erreichen des Endziels brauchen.

Wir alle haben einen Interessenbereich, also Dinge, die uns am Herzen liegen, in dem viele größere Systeme zusammenlaufen. Innerhalb dieses Interessenbereichs haben wir einen Einflussbereich, in dem wir handeln und Veränderungen bewirken können. Dazu ein Beispiel: Wir können uns Gedanken machen über den Zustand der Wirtschaft und das Lohnniveau, doch beide sind das Resultat vieler verschiedener Systeme: wirtschaftlicher, politischer wie kommunaler; sie sind auch Produkt der Gegend, wo wir leben und arbeiten, sowie industriespezifischer Faktoren. Doch wir können zur Wahl gehen, eine Handlung, die – so hoffen wir – einen Unterschied ausmacht. Wir können Einfluss nehmen, einer politischen Partei beitreten, Zeitungsartikel schreiben, versuchen, unsere Freunde von unserem Standpunkt zu überzeugen, und allgemein politisch aktiv werden. All das liegt in unserem Einflussbereich.

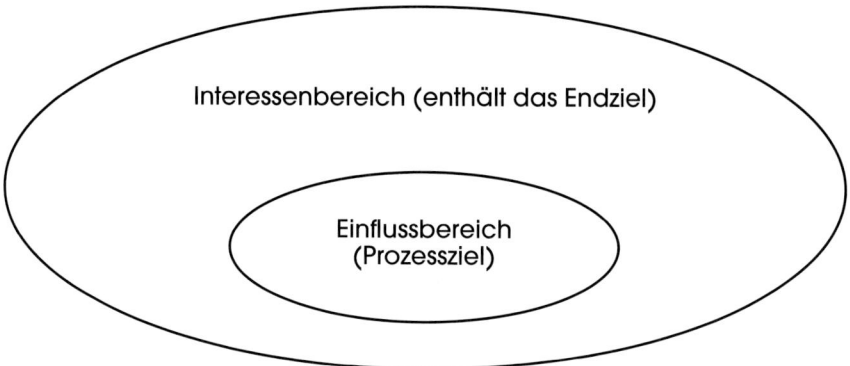

Einflussbereich und Interessenbereich – Endziel und Prozessziel

Ein Prozessziel liegt im Einflussbereich – es ist das Leistungsniveau, das Sie erreichen müssen, um an Ihr Endziel zu gelangen. Wenn Ihr Endziel darin besteht, in eine hochrangige Führungsposition befördert zu werden, müssen Sie Ihre Leistung auf dieses Niveau anheben. Whitmore sagt, das Endziel sei die *Inspiration* – das Prozessziel sei die *Spezifikation*. Wir würden ergänzen, dass das Prozessziel auch „Transpiration" bedeutet … Unternehmenscoaching steigert die Leistung, indem es Prozessziele auf der Leistungsebene ansetzt, die die betrieblichen Endziele erfordern.

Ziele zu setzen ist ein wesentlicher Teil des Geschäftslebens und man kann sie auf vielerlei Art formulieren. Viele Unternehmen verwenden das Kürzel **SMART** – S = spezifisch, M = messbar, A = abgestimmt, R = realistisch und T = terminiert (mit einer Frist festgelegt). Whitmore ergänzt noch das Kürzel **PURE** – also P für positiv formuliert, U für *understood* = verstanden, R = relevant und E = ethisch. Ziele müssten auch – so ergänzt er – eine Herausforderung darstellen, müssten legal, umweltverträglich, angemessen und dokumentiert sein.

Die Qualität der Fragen des Coachs ist immer wichtig. Whitmore erklärt, wenn ein Coach nur von der normalen Bewusstseinsebene aus Fragen stelle und von dort auch die Antworten erhalte, dann helfe er dem Klienten vielleicht, seine Gedanken zu strukturieren, doch er erforsche keine neuen und tieferen Bewusstseinsebenen.

R steht für Realität

Um etwas zu ändern, müssen Sie erst einmal wissen, was Sie haben, Sie müssen also Ihren Ausgangspunkt kennen. Dazu gibt es einen Witz:

> Ein Reisender wandert eine langweilige Landstraße entlang. Auf seinen Hut tropft unaufhörlich leichter Regen. Alle paar Minuten zieht er seine Landkarte heraus, dreht sie verzweifelt um und trottet weiter. Er hat sich eindeutig verirrt. Ein Einheimischer, der unter einem Baum Schutz gesucht hat, sieht ihn näher kommen. Der Reisende bemerkt ihn und eilt auf ihn zu. „Entschuldigen Sie", sagt er „ich will nach Metatown. Können Sie mir sagen, ob ich auf dem richtigen Weg bin?" Der Einheimische blickt zu Boden und reibt sich den Kopf. „Ach guter Mann, wenn ich nach Metatown wollte, dann würde ich sicher nicht von hier losgehen."

Doch Sie müssen von dort starten, wo Sie jetzt gerade sind, deshalb müssen Sie wissen, wo Sie sich befinden, und zwar ohne Wunschdenken, Urteile, Meinungen, Hoffnungen oder Ängste, die Ihren Blick trüben könnten. Der Coach hilft dem Klienten, seine aktuelle Wirklichkeit so objektiv wie möglich zu definieren.

Stellen Sie sich beispielsweise vor, ein Klient sagt: „Ich hatte beschlossen, am Freitagnachmittag ins Fitness-Studio zugehen, aber als es darauf ankam, ging ich doch nicht. Ich blieb zu Hause und schaute Fernsehen. Ich war müde." Diese Darstellung ist objektiver als folgende: „Ich wollte am Freitag wirklich ins Fitness-Studio gehen; ging aber nicht, weil ich zu faul war. Ich bin herumgesessen und habe ferngesehen. Mir fehlt es an Selbstdisziplin." Er schlägt eine Lösung vor (Selbstdisziplin), ohne die jeweiligen Gegebenheiten oder das Ziel anzuerkennen. Eine so abstrakte Selbstdisziplin ist immer schwer fassbar.

Je objektiver und präziser die Wirklichkeit beschrieben wird, desto mehr profitiert der Klient davon.

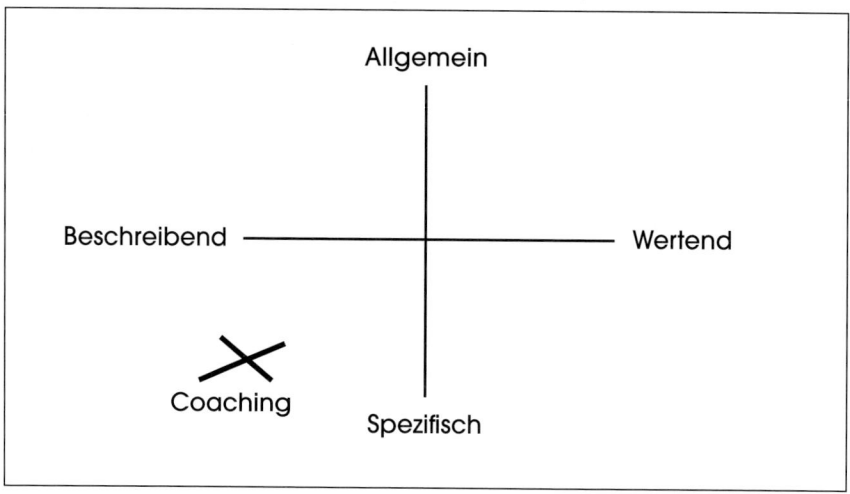

Die Begriffspaare im Schaubild

Je besser der Klient in beschreibenden und spezifischen Begriffen den Ist-Zustand versteht (links unten im Raster), desto besser wird das Coaching. Wenn Klienten sich in andere Quadranten des Rasters hinauswagen, muss der Coach sie zurückholen, damit sie wieder beschreibend und spezifisch werden.

Tennis ist ein körperlicher Sport, doch die Prinzipien des *Inner Game* lassen sich auf alle Tätigkeiten anwenden. Geist, Körper und Emotionen hängen zusammen. Gedanken transportieren Emotionen, Emotionen spiegeln sich im Körper wider und Körpergefühle lösen Gedanken aus. Eine Hochleistung stellt das Resultat von Verhalten dar, das Handeln von Menschen. Und dieses Handeln lösen ihre Gedanken und Emotionen aus. Das Hauptaugenmerk des Coachings ist das Denken. Whitmore schlägt vor, der Coach müsse am Körpergewahrsein arbeiten, geht darauf aber nicht weiter ein.

O STEHT FÜR OPTIONEN

Der Schritt Optionen bedeutet, Wahlmöglichkeiten zu sammeln, und nicht, die *richtige Antwort* zu finden. In diesem Moment wissen weder Coach noch Klient die richtige Antwort. Ziel dieser Phase ist, mehr Wahlmöglichkeiten zu erschaffen, was man tun könnte.

Diese Phase kann schwierig sein, falls Klienten negative Annahmen *darüber* hegen, was möglich ist, oder über ihre Fähigkeiten oder darüber, ob man sich auf andere verlassen kann. Die Klienten könnten auch an ihrem eigenen Einfallsreichtum zweifeln. Sie wissen nicht, ob ihre negativen Ideen stimmen, nehmen sie aber dennoch als gegeben an. Wichtig ist, dass der Coach auf einem Brainstorming besteht: Was könnten Sie tun – *wenn es keinerlei Einschränkungen gäbe*?

W STEHT FÜR „WAS WERDEN SIE TUN?"

Jetzt haben wir also ein *Ziel*, einen *Ist-Zustand* und einige *Möglichkeiten*. Im letzten Schritt ist zu entscheiden, was man unternimmt. In dieser Phase wird der Coach viel fragen, um das Handeln und seine Folgen abzuklären.

Sobald eine Handlung beschlossen ist, lautet eine Schlüsselfrage: „*Wann werden Sie das machen?"* Darauf gibt es zwei Arten von Antworten. Die eine ist ein genauer Zeitpunkt, etwa: „Das mache ich am Mittwoch." Die andere ist eine Frist, beispielsweise: „Ich weiß noch nicht genau, an welchem Tag, doch vor dem Wochenende."

„Bringt Ihr Handeln Sie Ihrem Ziel näher?" – das ist eine nützliche Frage. Wohl kaum wird das Ziel durch diese Handlung *ganz* erreicht. Sie sollte ein erster Schritt sein und der Klient muss das Ergebnis seines Handelns mit dem Endziel in Verbindung bringen. Diese Frage kann auch irgendwelche unerwarteten Nebenwirkungen zutage fördern.

„Auf welche Hindernisse könnten Sie stoßen?" – so lautet eine andere lohnende Frage. „Welche Unterstützung brauchen Sie und wie bekommen Sie sie?" ist eine praktische Nachfrage, damit der Klient aktiv Ressourcen sucht, falls er sie braucht.

Sobald sich die Klienten über ihren Handlungsplan im Klaren sind, kann der Coach sie bitten, ihr Engagement für ihr Handeln auf einer Skala von 1 bis 10 einzustufen. Lautet die Antwort nicht 10, so müssen Coach und Klient den Handlungsplan noch einmal unter die Lupe nehmen oder die Frist verlängern.

Kapitel 4

DER LERNZYKLUS NACH KOLB

Das GROW-Modell passt zum Lernzyklus nach Kolb, das seit 1984, als es vorgestellt wurde, ein Grundmodell des erfahrungsbasierten Lernens ist.[5]

In diesem Lernzyklus gibt es vier Schritte. Der erste ist die konkrete Erfahrung; auf ihr basiert der zweite Schritt – Beobachtung und Reflexion, damit der Lernende versteht, was stattgefunden hat, und die Erfahrung verallgemeinert. Diese Reflexionen werden in abstrakte Konzepte verarbeitet, Grundprinzipien, die das Geschehen zu steuern scheinen und die man heranziehen kann, um künftige Geschehnisse vorherzusagen. Der vierte und letzte Schritt besteht darin, eine *neue* Handlung zu planen, die Hypothese zu überprüfen und so den Zyklus erneut zu durchlaufen (doch mit mehr Wissen und Erfahrung).

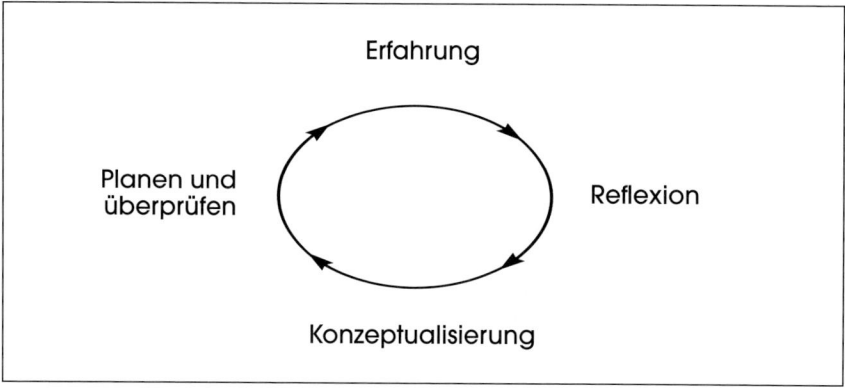

Lernzyklus nach Kolb

Nach Kolb engagiert sich der ideale Lernende vollkommen in jedem der vier Schritte. Er vertrat auch die Auffassung, dass die Menschen unterschiedliche Lernstile hätten und bei verschiedenen Schritten brillierten (und folglich bei anderen schwächer seien).

Wie passt das GROW-Modell zu diesem Zyklus? Ziele zu setzen ist die geplante Handlung. Die Wirklichkeit wird mit Reflexion und Beobachtung untersucht. Wahlmöglichkeiten entstehen durch die Konzeptualisierung und die Handlung ist das geplante Experiment, um die Hypothese zu überprüfen. Der Coachingprozess passt zum Kolb-Modell, jedoch nur, wenn der Klient auch handelt. Ohne Handeln gibt es kein Feedback und keine

Erfahrung, die man reflektierend überprüfen kann. Der Zyklus kommt zum Stillstand, ohne dass eine Runde abgeschlossen wurde.

Coaktives Coaching

Coaching entwickelte sich rasch und erreichte in den USA einen Stand, den ein anderes bedeutendes Buch zusammenfasste, nämlich *Co-active Coaching* von Laura Whitworth, Henry Kimsey-House und Phil Sandahl.[6] Die Einführung zu diesem Buch, das die Entwicklung des Coachings in Europa und den USA beeinflusst hat, schrieb John Whitmore. Es untersucht die besondere *Beziehung*, die das Coaching hervorruft, und geht stärker auf den Blickwinkel des Klienten ein. *Inner Game* und *Coaching für die Praxis* hingegen konzentrieren sich stärker auf den des Coachs. *Coaktives Coaching* überträgt die Coachingbeziehung in etliche verständliche Methoden, die Coachs anwenden können. Der Schwerpunkt verlagert sich von „ein wirkungsvoller Coach sein" hin zu „eine wirkungsvolle Beziehung entwickeln", mit dem Augenmerk auf dem Klienten. Und wie wirksam eine Frage ist, liegt nicht in der Frage selbst, sondern darin, wie sie auf den *Klienten* wirkt.

Das Buch beginnt mit der Sichtweise des Klienten. Coaching wird definiert als eine Beziehung von Möglichkeiten. „Stellen Sie sich eine Beziehung vor, in der sich die gesamte Aufmerksamkeit auf Sie richtet …, darauf, was Sie in Ihrem Leben wollen und was Ihnen hilft, das zu erreichen. … Stellen Sie sich eine Beziehung in Ihrem Leben mit einem Menschen vor, der sich für Ihre Ziele sogar noch stärker engagiert als Sie selbst. … Stellen Sie sich eine Beziehung mit jemandem vor, der Ihnen zu hundert Prozent die Wahrheit sagt. … Diese Coachingbeziehung ist geprägt von Vertrauen, Vertraulichkeit und Sicherheit."

Das Buch führt diese vier Eckpfeiler für coaktives Coaching an:

1. Der Klient ist von Natur aus kreativ, ressourcenreich und heil.
2. Coaktives Coaching geht auf das *ganze* Leben des Klienten ein.
3. Das Programm kommt vom Klienten.
4. Die Coachingbeziehung ist eine bewusst gestaltete Interessengemeinschaft.

Dann führt das Buch fünf Kontexte des Coachings auf: Zuhören, Intuition, Neugier, Handeln/Lernen und Selbstorganisation.

Zuhören

Zuhören ist nicht Hören. Hören ist ein passiver Vorgang. Hören findet statt, wenn Schallwellen auf Ihr Trommelfell treffen, sodass Ihr Gehirn das Geräusch wahrnimmt. Zuhören ist aktiv. Wenn Sie zuhören, sind Sie aufmerksam. Und es gibt verschiedene Ebenen des Zuhörens.

Zuhören auf der ersten Ebene nimmt alles *persönlich*. Was wir hören, verheddert sich in unseren Assoziationen und unserem Selbstgespräch. „Was bedeutet das für *mich*?" ist die einzige Frage, die wir auf dieser Ebene des Zuhörens stellen. „Welche brillante Frage könnte ich dem Klienten als nächste stellen?", denkt der Coach oft auf dieser ersten Ebene des Zuhörens.

Die zweite Ebene ist das *konzentrierte* Zuhören. Sie sind mit Ihrer Aufmerksamkeit bei den Klienten, was sie sagen und wie sie etwas sagen. Die Klienten führen, der Coach folgt ihnen.

Die dritte Ebene wird definiert als globales, also *umfassendes* Zuhören. Sie hören Ihren Klienten zu, sind sich aber auch Ihrer Umgebung, Ihrer eigenen Empfindungen und Gefühle bewusst. Auf dieser Ebene sind Sie offen, zu empfangen, was auch immer da ist. Sie mögen sich verletzlich fühlen, doch Sie haben dadurch auch einen besseren Zugang zu Ihrer Intuition als auf Ebene zwei, die im Denken keinen Raum lässt für Botschaften Ihres Unbewussten.

Während der Coach auf der tieferen Ebene zuhört, kann er in Worte fassen, was bei den Klienten stattfindet. Mit diesem Artikulieren zeigt er prägnant, worüber sich die Klienten Sorgen machen. Etwas dagegen zu unternehmen ist Aufgabe des Klienten. Mit gutem Zuhören können Coachs auch abklären, was ihre Klienten sagen. Viele Klienten reden um den heißen Brei herum und verheddern sich in metaphorischen Spinnennetzen, die sie weben. Manchmal lassen sie Informationen weg, springen zu Schlussfolgerungen oder urteilen überstürzt. Coachs bringen Klarheit, sodass ihre Klienten sich selbst besser verstehen; dadurch versteht auch der Coach sie besser und kann den Geschichten der Klienten folgen.

Intuition

Mit dem globalen Zuhören kommt die Intuition. Es ist interessant, Intuition als Instrumentarium im Coaching definiert zu sehen, denn den meisten Menschen erscheint die Intuition wie vage, unkontrollierte und ungesicherte Ideen. Sie kann ein Instrument sein und Coachs können lernen, sie zu nutzen und ihr zu vertrauen. Dann können ihre Klienten auch dahin kommen, ihrer eigenen Intuition zu vertrauen.

Was ist Intuition? Eine Botschaft aus der Tiefe. Eine Intuition ist eine Idee, die nicht von rationaler Hintergrundinformation gestützt wird, ja diese sogar bestreitet. Doch dadurch wird sie nicht falsch. Wenn Coachs umfassend zuhören, bekommen sie eine Fülle von Informationen, deren sie nicht gewahr sind oder auf die sie nicht bewusst reagieren. Diese Informationen werden auf einer unbewussten Ebene verarbeitet und die Schlussfolgerungen können im Bewusstsein auftauchen als Intuition oder Ahnung. Sie können ein „Bauchgefühl" sein, eine innere Stimme. Stimmen sie? Vielleicht. Doch das ist die falsche Frage. Bei der Intuition geht es nicht um richtig oder falsch, sie ist ein *Hinweis*. Wir können uns dafür entscheiden, ihr unsere Aufmerksamkeit zu schenken und sie in Worte zu fassen. Coachs drücken eine Intuition etwa so aus: „Ich habe so ein Gefühl, dass …", oder: „Ich habe so eine vage Idee, dass …", oder: „Es ergibt vielleicht nicht viel Sinn, doch denken Sie mal nach über …"

Neugier

Zuhören setzt Neugier voraus – genau die Einstellung für eine nicht bewertende Einschätzung der Realität. Coachs müssen neugierig sein, um ihre Klienten zu unterstützen, Ziele zu setzen und die Wirklichkeit zu erkennen. Coachs haben keine Antworten – die haben die Klienten. Wenn sich Coachs für ihre Klienten interessieren, dann interessieren sich diese auch für sich selbst. Mitunter nehmen sich Klienten selbst nicht ernst, vielleicht weil andere Personen sie nicht ernst nehmen. Die *Einstellung* des Coachs ist entscheidend, um Klienten zu helfen, ihre Geschichte zu erzählen. Zudem lässt Neugier wirkungsvolle Fragen auftauchen, die von Urteilen frei sind.

Action Learning (Aktionsbasiertes Lernen)

Man lernt aus dem Handeln und Coachs werden Klienten immer zum Handeln auffordern. Diese Handlungen werden oft Tasks, also Aufgaben oder Hausaufgaben genannt und zwischen Coach und Klient abgesprochen. Der Coach kann Vorschläge machen, doch letztlich muss sich der Klient der Aufgabe innerlich verpflichten und ist sowohl für die Aufgabe wie auch das Ergebnis verantwortlich. Die Aufgabe entspricht dem „W" im GROW-Prozess: „Was werden Sie tun?"

SELBSTORGANISATION

Jetzt richtet sich die Aufmerksamkeit auf den Coach. Coachs müssen bereit sein, ihren Part in der Coachingbeziehung zu übernehmen. Das ist kein Schritt im Coachingprozess, sondern gehört zur Vorbereitung des Coachs. Die Selbstorganisation umfasst zwei Aspekte:

Einmal muss sich der Coach dem Erfolg des Klienten verpflichten. Es hat keinen Sinn, vom Klienten Engagement zu fordern, wenn der Coach selbst zweifelt. Klienten werden diese Inkongruenz aufschnappen und das Coaching wird nicht funktionieren. Der Coach muss an das Potenzial seines Klienten glauben. Und er muss für sich selbst Grenzen setzen. Beispielsweise sollte er keine Klienten annehmen, die sich seiner Ansicht nach besser an einen Arzt, Therapeuten oder Mentor wenden sollten.

Den zweiten Teil der Selbstorganisation nennt man Clearing im Sinne von „Klärung, sich klären". Ein Coach muss seine eigenen ressourcenarmen oder negativen Gefühle aus dem Prozess heraushalten. Coachs, die auf der ersten Ebene zuhören, nehmen die Dinge persönlich. Sie reagieren auf die Äußerungen ihrer Klienten und stimmen zu oder widersprechen. Das ist für Klienten unerheblich. Es sind die Gefühle des Coachs; die Klienten triggern (unbeabsichtigt) deren Themen.

Sich selbst klären bedeutet, dass der Coach merkt, wenn das passiert, und die Gefühle ganz bewusst „beiseitestellt", um den Klienten wieder konzentriert zuzuhören. Das mag nur ein paar Sekunden in Anspruch nehmen. Doch gelegentlich reden Klienten über schmerzliche Themen auf eine Art, dass der Coach sich darin verstrickt. Vielleicht hatte er in seinem eigenen Leben die gleichen Probleme zu bewältigen. In solchen Fällen ist es sehr schwierig, die professionelle Distanz zu wahren, und es ist eine ethische Frage, die jeder Coach nur für sich selbst entscheiden kann, ob er diesen Klienten zu diesem Problem weiter coachen kann. Jedoch müssen Coachs die Emotionen klären, die aufgetaucht sind, vielleicht indem sie am Ende einer Sitzung tief atmen oder sich entspannen. Dieses Klären ist eine persönliche Fertigkeit für Coachs, ihren eigenen inneren Zustand zu handhaben; es ist kein direktes Coachingwerkzeug. Viele Coachs bereiten sich auf eine Sitzung mit einer kurzen Meditation vor oder mit einem Entspannungsritual und beenden sie auch so, um sicherzustellen, dass sie in einem optimalen Zustand weitermachen können und dass sie den letzten Klienten und seine Probleme hinter sich lassen, damit sie sich auf den nächsten konzentrieren können.

COACHING VON INNEN UND AUSSEN

Coaktives Coaching ergänzt das GROW-Modell. Dieses konzentriert sich auf das Vorgehen beim Coaching von *außen*. GROW beschreibt den Prozess und die Struktur der Vorgänge, während sich coaktives Coaching auf das *Innen* konzentriert. Es beschäftigt sich mit den Einstellungen und Fertigkeiten, die der Coach braucht, um das GROW- oder jedes beliebige andere Coachingmodell anzuwenden. Zuhören und Neugier gehören zu jedem Schritt, wohingegen die Selbstorganisation eine Feedbackschleife in Gang setzt, damit der Coach in einem möglichst ressourcenreichen Zustand bleibt.

Von außen betrachtet läuft der Prozess des coaktiven Coachings so ab:

- Den Klienten helfen zu erkennen, dass sie das Problem aus einer begrenzten Sichtweise betrachten.
- Den Klienten helfen, andere Blinkwinkel einzunehmen. (Das könnte im GROW-Modell einen interessanten Schritt für Optionen, Wahlmöglichkeiten darstellen – sich andere Sichtweisen zu einem Problem auszusuchen, keine Handlungen, um das Problem zu lösen.)
- Den Klienten helfen, sich in die verschiedenen Sichtweisen hineinzuversetzen, damit diese real werden und nicht nur eine theoretische Übung bleiben.
- Den Klienten helfen, *den* Blickwinkel auszuwählen, den sie für sich wollen.
- Den Klienten helfen, einen Plan zu erstellen, um die Situation anzugehen.
- Darauf achten, dass sich Klienten diesem Plan innerlich verpflichten.
- Die Klienten dabei unterstützen, aktiv zu werden.

Unser Fallbeispiel

Wir wollen Brians Situation kurz daraufhin anschauen, wie eine Kombination der Methoden *Inner Game*, GROW und coaktives Coaching ihn hauptsächlich unterstützen könnten. Wer ist Brians innerer Gegner? Es scheint der innere Aspekt zu sein, der ihn ablenkt, der ihn ärgerlich und gereizt macht und ihn seine Pläne nicht unbeirrt durchziehen lässt, etwa wenn er ins Fitness-Studio gehen will.

Die *Inner Game*-Methode würde Brian als Erstes auffordern, seine Situation objektiv und urteilsfrei zu betrachten. Ist er sehr selbstkritisch? Was sagen ihm seine inneren Stimmen? Was genau passiert, wenn er seinen Kollegen gegenüber gereizt ist? Hat er das Gefühl, dass er sie damit konfrontieren soll? Glaubt er, er solle sich stärker durchsetzen? Brian muss über seine Selbstkritik und Eigenbewertung hinausschauen und objektiv beschreiben, was stattfindet. Er muss sich darüber klar werden, was er will. Er muss für sich klären, ob er in der Firma bleiben oder gehen will, und wenn er gehen will, welche Stelle er dann genau für sich sucht.

Das GROW-Modell bestimmt diese Schritte näher. Was ist Brians Ziel? Was „drückt" ihn am meisten? Möchte er erst an seiner Müdigkeit und Gereiztheit arbeiten und schauen, ob sich die Situation verbessert, oder möchte er die Firma wirklich verlassen? Falls er die Firma wechseln will, muss er sich im Klaren sein, was für eine Stelle er will. Er muss die Realität seiner momentanen Situation objektiv und gezielt unter die Lupe nehmen. Dadurch wird es ihm wahrscheinlich besser gehen, denn so lässt seine Selbstkritik nach, die von seiner ausgeprägten Arbeitsethik und seinem Pflichtgefühl geschürt wird. Ein Coach wird ihm bei einem Brainstorming zu seinen Wahlmöglichkeiten in dieser Situation helfen und seine Ressourcen mit ihm ermitteln, sowohl persönliche Eigenschaften wie auch Freunde und seine Familie. Schließlich hilft der Coach ihm, gezielt zu handeln, um Abhilfe zu schaffen und die Hindernisse zu erkennen, die ihn blockieren könnten, und sie eines nach dem anderen anzugehen.

Coaktives Coaching würde Brian helfen, seine Neugier und Intuition zu entwickeln. Neugier für sich selbst – wie sieht er sich selbst?

Können ihn seine koreanischen Wurzeln irgendetwas lehren? Was sagt ihm seine Intuition zu dieser Situation, wenn er sie objektiv betrachtet und mit seiner Selbstkritik aufhört?

Vielleicht fühlt er sich als Opfer der Ereignisse statt als aktiver Protagonist. Welchen anderen Blickwinkel könnte er einnehmen? Künftiger Leiter der Firma? Ehemann? Vater? Führungskraft, die abgeworben werden soll? Welche Sicht will er einnehmen? Und schließlich würde ihm das coaktive Coaching, wie alle anderen Coachingansätze helfen, einen Handlungsplan zu erstellen, um die verschiedenen Aspekte der Situation anzugehen, ohne ihn zu einer Entscheidung zu drängen, solange er sich noch nicht sicher ist.

Reflexion über Coaching

Von John Whitmore

Coachen als Beruf wird erwachsen. Jetzt ist es an der Zeit, dass dieser Berufsstand sich eine Arbeit sucht – und diese ausübt. Coaching steht vor der Wahl, eine nebensächliche Dienstleistung oder beispielhaft für die Arbeitswelt zu werden. In den Jahren, als es sich entwickelte, blickte es nach innen; jetzt ist es an der Zeit, sich nach außen zu wenden und auf dem Weg voranzugehen. Es hatte einen sehr guten Start. Es hat die richtigen Referenzen, da es in der Entwicklung die nächste Welle der „praktischen" Psychologie darstellt. Jetzt muss Coaching ins Management, ins Bildungswesen und in Führungspositionen integriert werden, damit sich dort die Arbeitsweise und dadurch die Effizienz wandeln.

Coachs haben lange die Ansicht vertreten, ein Coach müsse immer die Agenda der Klienten respektieren und sich immer daran ausrichten; in der Praxis tun sie das auch oft oder versuchen es. Doch ein Coach beeinflusst immer sowohl den Prozess als auch den Coachee, allein durch seine Präsenz und die Größe seiner Visionen. Eine Analogie: Als wir Skifahren à la *Inner Game* lehrten, forderten wir die Lernenden immer auf, zu tun, was sie wollten, allerdings ganz bewusst, doch aus Sicherheitsgründen begrenzten wir das Gebiet, in dem sie unterwegs waren. Genauso ist es beim Lebenscoaching und beim Coaching am Arbeitsplatz. Je größer unsere Vision, umso größer die Spiel- und Lernwiese für unsere Klienten.

Deshalb halte ich es für alle ehrgeizigen Coachs für zwingend erforderlich, mit transpersonalen Techniken arbeiten zu lernen, doch das können sie nicht, wenn sie sich nicht selbst auf ihrem eigenen transpersonalen Weg befinden. Transpersonal bedeutet „über das Persönliche hinaus" und ist ein ganzheitlicher Ansatz, der Spiritualität in die persönliche Entwicklung mit einbezieht. Das ist das „innere Zeug", doch Coachs müssen auch mit den Entwicklungen in der *äußeren* Welt Schritt halten, die sich in ständigem Wandel befindet. Wie können wir einzelnen Klienten helfen, wenn wir kein tiefes

Verständnis der individuellen und kollektiven Entwicklung haben, die die Menschheit gerade durchläuft und wie sie sich in gesellschaftlichen Veränderungen zeigt?

Ich empfehle dieses Buch, weil es dem Leser gute Dienste dabei leistet, Coaching im Gesamtzusammenhang zu sehen, doch ich möchte die Bedeutung des größeren Bildes betonen und diesen Punkt ergänzen. Historisch gesehen waren die meisten uns vertrauten Kulturen vertikale hierarchische Macht- oder Vermögensstrukturen oder beides. In vielen Teilen der Welt hat der Wandel in Richtung eines flacheren Modells gesellschaftlicher Verhaltensweisen eingesetzt, in dem viel mehr Menschen die Verantwortung für sich selbst übernehmen und die Gelegenheit haben, Entscheidungen zu treffen. Die Menschheit hat auf ihrem kollektiven gesellschaftlichen Entwicklungsweg diesen Punkt erreicht. Er berührt jeden Lebensbereich fast unmerklich: Bildungswesen, Management, Psychotherapie, Kindererziehung, darstellende Künste und Sport, doch Coaching ist der erste und einzige Beruf, der die Prinzipien umfasst, nach denen wir künftig alle leben werden. Als solches hat der Beruf eine große Chance und eine große Verantwortung.

Unternehmen, der Staatssektor und Führungspositionen in der Politik durchlaufen einen ähnlichen Prozess, doch sie hinken noch ungefähr ein Jahrzehnt hinterher. Die Verbindungen und Ähnlichkeiten zwischen Coaching einerseits und dem Annehmen der eigenen Macht und dem Vorangehen andererseits nehmen zu. Coachs helfen nicht nur dabei, neue Führungskräfte zu „erschaffen", sondern werden auch selbst zu Führungspersönlichkeiten. Die Führungspersönlichkeiten der Zukunft brauchen mehr als die Cleverness, die einige der heutigen Anführer haben: Sie müssen auch *bewusst* sein, was heute nur sehr wenige sind. Das erfordert ständiges Lernen auf der inneren und äußeren Ebene. Coachs können für diesen Prozess fortwährend Unterstützung initiieren und anbieten.

Ein hervorragender Coach zu sein, das wird zu einer immer größeren Herausforderung, doch es ist möglicherweise noch viel lohnender, denn wir haben die Aufgabe übernommen, eine sehr bedeutsame Zeit gesellschaftlichen Wandels ins Leben zu rufen.

> Ja, Coaching hat eine großartige Zukunft, wenn wir alle den Mut haben, ins gesellschaftliche Leben hinauszugehen, unsere eigene Macht anzunehmen und den Glauben an uns selbst aufrechtzuerhalten.

Sir John Whitmore ist Vorstandsvorsitzender von *Performance Consultants International Limited*. Er hat fünf Bücher über Sport, Führungsqualitäten und Coaching geschrieben, von denen *Coaching für die Praxis* das bekannteste ist.

Seiner Ansicht nach besteht der Sinn einer Organisation darin, die besten Führungsqualitäten, gesellschaftliche Verantwortung und andere soziale Kompetenzen in verschiedenen Ländern und Kulturen zu verbreiten – zugunsten einer lebenswerten Zukunft für uns alle.

KAPITEL 5

Integrales Coaching

Was wir sehen, hängt hauptsächlich davon ab, was wir suchen.
Sir John Lubbock

Unser zweites Modell ist das integrale Coaching. Das Wort „integral" hat die Bedeutungen integrierend oder integriert, einschließend, ausgeglichen, vollständig oder umfassend. Die damit bezeichnete Qualität nehmen heute zwar Coachs aller Richtungen für ihr Coachen in Anspruch, doch der Begriff „integrales Coaching" wird eng mit dem System des integralen Modells verknüpft. Es geht hauptsächlich von der Arbeit des Schriftstellers und Philosophen Ken Wilber aus und wurde von ihm und anderen seit den achtziger Jahren entwickelt.[1, 2, 3, 4] Viele Coachs bauen ihre Methodik und Arbeit auf dieses System oder eine Variante davon auf – das integrale Modell bietet viele hilfreiche Unterscheidungen für das Coaching.

Damit die Klienten optimal vom Coaching profitieren, müssen sie die Unterscheidungen des integralen Modells verstehen, deshalb werden wir zunächst einige wichtige Punkte kurz beschreiben und dann darstellen, wie man sie beim Coaching nutzen kann.

Das integrale Modell erhebt den Anspruch, ein umfassendes Modell zu sein und Mensch, Gesellschaft und Kultur mit einzuschließen. Es geht vom einfachen Konzept der Sichtweisen aus. Es gibt drei Sichtweisen oder Blickwinkel oder Perspektiven, die wir in jeder Situation haben können – und diese Unterscheidungen kommen in fast allen Sprachen vor, sodass sie tief im menschlichen Geist verankert zu sein scheinen.

- Die erste Sichtweise ist „Ich". Das ist der Blickwinkel des Beobachters, des Sprechers; diese Sicht kennen wir als die erste Person.
- Die zweite Sichtweise ist „Du", die angesprochene Person. Sie ist bekannt als die zweite Person.
- Die dritte Perspektive ist „er/ihn", „sie/ihr" oder „es" – die Person oder das, worüber gesprochen wird, bekannt als die dritte Person.

Wenn ich mit Ihnen spreche, dann möchte ich mein Verständnis mit Ihnen teilen. Falls Sie mir zuhören und mich verstehen, dann bilden Sie und ich ein „Wir". „Wir" sind Sie und ich in gegenseitigem Verständnis. Unter anderem diesen gemeinsamen Punkt will der Coach mit dem Klienten erreichen. Das heißt, er muss zum Klienten als einer anderen Person sprechen, einem „Du/Sie" – jemandem, der zwar anders ist als „Ich", aber gleichwertig. Nur dann kann der Coach eine Verbindung herstellen und den Raum der Möglichkeiten zwischen ihm selbst und dem Klienten ausloten. Das ist etwas ganz anderes, als jemanden wie eine dritte Person zu behandeln, denn wenn jemand anderes ein „es" wird, dann herrscht Trennung und kein Verständnis und die oder der andere wird ein Mittel zum Zweck, statt Selbstzweck zu sein.

Im integralen Modell ist die Sichtweise der ersten Person mit der Ästhetik verknüpft, mit der Schönheit, die im Auge des Betrachters liegt. [Wortspiel im engl. Original: *eye* für Auge und „*I*" für Ich klingen gleich. – Anmerk. d. Übers.] Der Blickwinkel der zweiten Person ist mit der Moral verknüpft: wie wir andere behandeln. Derjenige der dritten Person ist mit der objektiven Wahrheit verknüpft, der Welt „dort draußen", die wir mit den Wissenschaften untersuchen. Die drei Sichtweisen hängen also mit dem Guten, dem Wahren und dem Schönen zusammen.

Aus diesen drei Blickwinkeln entwickeln die Vertreter des integralen Modells dann ein Modell mit vier Quadranten. Es gibt eine erste Person Einzahl („ich") und die erste Person Mehrzahl („wir"), die die zweite Person mit einschließt. Und es gibt eine dritte Person Einzahl („es") und eine dritte Person Mehrzahl („sie"). Jede dieser Sichtweisen lässt sich von innen und von außen betrachten. So erhalten wir ein Modell mit vier Quadranten.

Individuelle Sichtweise von innen (oben links)

Links oben ist der innere persönliche Quadrant; Sie betrachten sich selbst von innen, wie Sie sich subjektiv wahrnehmen. Das ist das Reich Ihrer Überzeugungen, Werte, Ziele, Gefühle, Hoffnungen und Träume, wie Sie diese erleben. Diesen Quadranten besiedelte die humanistische Psychologie. Nur Sie können *so* verstehen, weil Sie diesen privilegierten Standpunkt haben. Coachs streben danach, diesen Quadranten in einen geordneteren und behaglicheren Lebensraum zu verwandeln.

Integrales Coaching

	Innen	Außen
Individuelle Sichtweise	Innen – individuelle subjektive Realität. „Ich", wie ich mich selbst sehe. Ziele, Werte und Ideen, wie ich sie wahrnehme. Bewusstseinszustände.	Außen – individuelle objektive Realität. „Es", „er" oder „sie", von außen betrachtet. Wissenschaft. Behaviorismus.
Kollektive Sichtweise	Gemeinsames Verständnis. „Wir", von innen heraus verstanden. Kultur. Gemeinsame Werte. Weltanschauung.	Soziale Systeme. Sozialwissenschaften. Von Menschen geschaffene Umgebungen. Soziologie.

Das integrale Modell – die vier Quadranten

Individuelle Sichtweise von außen (oben rechts)

Das Quadrat oben rechts ist die oder der Einzelne, von außen betrachtet. Das ist das, was Sie sehen, hören und fühlen können – die konkrete Realität, wie wir sie üblicherweise verstehen. Es ist der Quadrant der dritten Person, des „es", „er" oder „sie", von außen betrachtet. Es ist der Bereich des beobachtbaren Verhaltens; der Behaviorismus untersucht die Menschen von dieser Warte aus. So untersuchen wir die Welt mit den empirischen Wissenschaften. Alles, was wir im linken oberen Quadranten als subjektive Erfahrung erleben, hat eine Entsprechung oben rechts, die wir untersuchen können. Gehirnzustände lassen sich als Alpha- und Thetawellen beschreiben und mittels EEG messen. Stimmungen und Emotionen kann man über Hormon- und Neurotransmitterspiegel nachvollziehen. Das innere Gefühl zu lügen zeigt sich über einen Lügendetektor.

Heilmittel des rechten oberen Quadranten wie Medikamente kann man bei Depressionen und psychischen Erkrankungen einsetzen, ebenso Psychoanalyse und kognitive Therapie (beides sind Mittel aus dem linken oberen Quadranten). Wir wissen, dass wir unseren inneren Zustand beeinflussen können, indem wir anders denken; und wir wissen, wir können unseren inneren Zustand verändern, indem wir Medikamente einnehmen. Ja, wir können ihn sogar ändern, indem wir etwas anderes essen. Eine Möglichkeit macht die anderen nicht unwirksam. Jedes Phänomen oben links hat einen Aspekt, der sich oben rechts objektiv beobachten lässt. Keine Sichtweise ist falsch; sie schauen nur von einer anderen Stelle aus.

Meist beurteilen wir uns nach unseren Absichten, die oben links anzusiedeln sind. „Das wollte ich nicht, ich hatte keine böse Absicht." Andere Menschen beurteilen uns nach unserem Verhalten, dem Quadranten oben rechts: „Schau, was du mir angetan hast." Sie können unsere Absichten nicht beurteilen, weil sie sie nicht sehen können.

Kollektive Sichtweisen (unten links und unten rechts)

Die unteren Quadranten sind Sichtweisen von mehr als einer einzelnen Person. Es sind die kollektiven Quadranten. Unten links ist die kollektive Sicht von innen, der Bereich gemeinsamen Verständnisses und geteilter Gefühle, der „Wir"-Quadrant, der Quadrant der Kultur.

Unten rechts befindet sich das gesellschaftliche System – wir sehen es von außen und mit ihm beschäftigen sich die Sozialwissenschaften. In diesen Abschnitt gehören das Finanzsystem sowie Systeme familiärer Beziehungen.

Alles auf der rechten Seite kann man sehen; alles auf der linken Seite muss interpretiert werden.

Coaching mit den Quadranten

Das folgende Beispiel soll den Unterschied zwischen den Quadranten veranschaulichen: Vor zwei Jahren hielten wir in Dänemark im Rahmen einer Coachingausbildung ein Seminar in einem wunderbaren Hotel, das mitten in einem Kiefernwald nördlich von Kopenhagen liegt. Wir waren ein wenig aufgeregt, weil es unser erstes Seminar in Dänemark war. Wir wollten, dass es gut lief, das war uns wichtig. (Unsere Gedanken, Gefühle und Werte gehören in den Quadranten oben links.) Joseph O'Connor hatte in der ersten Nacht Kopfschmerzen aufgrund des Jetlags und war unruhig. Er entspannte sich mithilfe einer Visualisierung (oben links), die zwar etwas half, aber später nahm er doch eine Aspirin (oben rechts).

Aus unserer Sicht lief das Training gut, auch die Teilnehmer gaben uns ein sehr positives Feedback. Das Seminar wurde auf Video aufgezeichnet und wir schauten es uns später an. Das schriftliche Feedback und das Videoband stellen eine Aufzeichnung des Kurses im Quadranten oben rechts dar. Alle Seminarunterlagen, Papiere, die Computerausstattung und die Projektoren, die in der Ausbildung zum Einsatz kamen, gehören ebenfalls in den oberen rechten Quadranten.

Wir sind uns völlig im Klaren darüber, dass das Gesellschaftssystem Dänemarks ganz anders ist als das brasilianische, wo wir leben. Die Menschen sind zurückhaltender, sie wollen mehr Zeit zur Reflexion, sie zeigen ihre Emotionen weniger offen und sind pünktlicher. Wir hörten zwar die dänische Sprache, verstanden sie aber nicht. Einige der dänischen Witze, die übersetzt wurden, erschienen uns nicht besonders lustig, und einige unserer Scherze kamen bei den dänischen Teilnehmern nicht an. All das hängt mit der Kultur zusammen und gehört in den unteren linken Quadranten. Die Art, wie der Kurs organisiert war, die Struktur der Übungen für die Teilnehmer und die Gesamtorganisation der Ausbildung gehören in den Quadranten unten rechts.

Jede menschliche Erfahrung hat Aspekte in allen vier Quadranten. Aus Sicht des integralen Coachings stellt sich die Frage, welchem Quadranten man seine Aufmerksamkeit schenkt und in welchem man handelt. Angenommen, uns würde jemand coachen, den bestmöglichen Kurs zu halten, was würde er dann erwägen?

- Sollten wir uns klar sein über unsere Ziele und Werte und uns mit einer Entspannungsübung vorbereiten? (Oben links) Selbstverständlich.

- Sollten wir sicherstellen, dass alle Geräte funktionieren, und darauf achten, dass unser Verhalten und unsere Körpersprache mit unseren Worten übereinstimmen? (Oben rechts) Natürlich. Auch der interessanteste Kurs kann Menschen zum Einschlafen bringen, wenn ein langweiliger Kursleiter monoton spricht.

- Sollten wir dafür sorgen, dass klar ist, wie das Training abläuft, wie die Assistenten arbeiten, wann die Pausen sind und wie es mit der Bezahlung aussieht? (Unten rechts) Gewiss.

- Und vielleicht sollten wir das nächste Mal ein paar Wörter Dänisch lernen, um Rapport herzustellen, und unsere dänischen Gastgeber über wichtige Werte in der dänischen Kultur befragen oder uns ein wenig über dänischen Humor informieren. (Unten links) Eine ausgezeichnete Idee. Ein Coach, der nach dem integralen Modell arbeitet, würde auf all das achten.

Die vier Quadranten lassen sich natürlich auch im Unternehmenscoaching anwenden. Derzeit gibt es vier maßgebliche Theorien über Unternehmensführung. Theorie X betont das Verhalten der Einzelpersonen (oben rechts). Theorie Y hebt die Motivation des und der Einzelnen hervor (oben links.) Eine weitere beschäftigt sich mit der Unternehmenskultur (unten links) und eine mit den Abläufen in Geschäftssystemen (unten rechts). Jede Theorie konzentriert sich ganz eindeutig auf einen der vier Quadranten. Welche hat recht? – Falsche Frage. Die Antwort lautet: alle. Welche ist zurzeit die wichtigste? Das hängt vom Unternehmenskontext ab.

Auch Coachingfragen lassen sich in die vier Quadranten einteilen. Wenn wir beispielsweise einen Klienten darin coachen, besser zu verkaufen, könnten wir mit dem integralen Ansatz folgende Fragen stellen:

- Was ist Ihnen wichtig an diesem Ziel?
- Wie werden Sie sich fühlen, wenn Sie es erreicht haben?
- Welche Ihrer Eigenschaften werden Ihnen dabei helfen? (Bis hierher lauter Fragen aus dem Quadranten oben links)
- Was machen Sie dann anders?
- Können Sie mir zeigen, wie Sie dann auf Kunden zugehen?
- Haben Sie diese Studie über die Eigenschaften eines guten Verkäufers gelesen? (Lauter Fragen aus dem Quadranten oben rechts)
- Wie definiert dieses Unternehmen einen guten Verkäufer?
- Wie passt Ihr Ziel zu den Visionen und Werten Ihrer Firma?
- Wie sieht Ihr Chef Ihre Ziele? (Lauter Fragen für den unteren linken Quadranten)
- Nach welchem System charakterisieren Sie Ihre Kunden?
- Wie organisieren Sie Ihre Vertriebskanäle?
- Wie bleiben Sie in Kontakt mit anderen Abteilungen? (Lauter Fragen aus dem Quadranten unten rechts)

Im integralen Lebenscoaching könnten Coach und Klient darüber reden, wie sie ausgewogen daran arbeiten, dass sich der Klient in allen vier Quadranten entwickelt. Die Arbeit zum Quadranten oben rechts könnte eine Diät beinhalten, auch Yoga oder Vitamintabletten. Zur Arbeit am linken oberen Quadranten könnten Visualisierungen, Meditation und Affirmationen gehören. Ein Klient könnte sich ehrenamtlich in Bildungseinrichtungen engagieren, reisen oder sich mit Kultur beschäftigen – alles im Quadranten unten links; für den Quadranten unten rechts könnte er an seinen Beziehungen arbeiten und sich in seiner Gemeinde engagieren sowie sich um seine Karriere und seine Finanzsituation kümmern.

Die Quadranten sind nur ein Aspekt des integralen Modells, das sich auch noch mit Zuständen, Stufen, Linien und Typen beschäftigt. Diese gehören zu allen Quadranten.

Zustände

Mit „Zuständen" sind hier vorübergehende Bewusstseinszustände gemeint, die sich ständig ändern. Es gibt drei natürliche Zustände, die wir alle kennen: Wachzustand, Träumen und Tiefschlaf. Diese Zustände sind nicht scharf voneinander getrennt, sondern gehen ineinander über. Viele Menschen sind zwar formell wach, doch so tief in ihre eigene Realität versunken, dass sie auf ihre eigenen Ideen reagieren und nicht auf das, was um sie herum stattfindet – sie sind in einer Trance. Jede und jeder wacht gelegentlich sozusagen in seine Umgebung hinein auf. Stimmungen sind ebenfalls Zustände. Sie sind die Summe all dessen, was in einem Menschen in jedem Quadranten stattfindet, ihn beeinflusst und ein bestimmtes Gefühl hervorruft: glücklich, traurig, aufgeregt, ängstlich etc. Es gibt energiegeladene und depressive Zustände. Im ontologischen Coaching sind Stimmungen wichtig. Wir neigen zu Lieblingsstimmungen, in die wir geraten, und nicht alle davon sind angenehm; je intensiver wir uns ihnen hingeben, desto leichter kommen wir auch in sie hinein. Wir folgen dem Weg des geringsten Widerstandes.

Ein Coach, der nach dem integralen Modell arbeitet, könnte mit Klienten in den verschiedenen Quadranten arbeiten, um ihre Stimmung zu verändern, wenn diese unangenehm ist oder die Klienten selbst oder andere negativ beeinflusst. Es gibt noch viel mehr Zustandsarten; dazu gehören auch Gipfelerfahrungen [*peak experiences*], bei denen wir einen flüchtigen Einblick in wunderbare Emotionen und Möglichkeiten jenseits unserer gewöhnlichen Gefühle erhaschen – wie bei einem plötzlichen Windstoß, der für einen Moment den Vorhang öffnet, sodass die Morgensonne auf unser Gesicht scheinen kann. Diese Gipfelerfahrungen untersucht die Positive Psychologie ausführlich.

Stufen

In der Abbildung ist in jedem Quadranten ein diagonal verlaufender Pfeil zu sehen. Denn das integrale Modell geht davon aus, dass es in jedem Quadranten Entwicklungsstufen oder Entwicklungsebenen gibt. Einzelpersonen und die Gesellschaft als Ganzes durchlaufen bestimmte Ebenen. Entwicklung und Veränderung finden in allen Quadranten statt und diese stellen, so nimmt man an, eine stetige Verbesserung dar. Die Stufen zeigen sich nacheinander und erfordern Zeit. Sobald man eine Stufe erreicht hat, bleibt man auf ihr.

Kulturen (unten links) durchlaufen in ihrer Entwicklung verschiedene Weltanschauungen. Der Anthropologe Jean Gebser[5] klassifiziert die Entwicklung von Kulturen so: archaisch, magisch, mythisch, mental und integral. Sie entwickeln sich also parallel zum menschlichen Denken.

Die gesellschaftlichen Strukturen (unten rechts) haben sich von der Sammler-und-Jäger-Zeit über die des Ackerbaus bis hin zum industriellen Zeitalter weiterentwickelt. Heute stehen wir am Beginn des Informationszeitalters. Im Quadranten oben rechts werden unsere Sprache, unsere Wissenschaft und unser Verhalten immer koordinierter und komplexer. Das Zeitalter der Biotechnologie scheint jetzt zu Ende zu gehen.

Die Spiraldynamik [*Spiral Dynamics*] ist ein wichtiges Modell der Stufen, das sich in den herrschenden individuellen und gesellschaftlichen Werten zeigt; sie wird im integralen Coaching herangezogen sowie für Unternehmensberatung und das Planen politischer Szenarien. Am besten ist dieses Modell nachzulesen in dem Buch von Don Beck und Christopher Cowan[6] und auf der zugehörigen Website.[7] Das Modell selbst wurde auf der Grundlage der Pionierarbeit des Psychologen Clare Graves entwickelt.[8, 9]

In unserer Innenwelt (oben links) durchlaufen wir, während wir heranwachsen, mehrere eindeutig definierte Bewusstseinszustände, bevor wir abstrakte Konzepte verallgemeinern und erfassen können. Reife bedeutet auch, die Sichtweise anderer Menschen zu erkennen und zu respektieren. Das führt zu ethisch-moralischer und sozialer Entwicklung. Zumindest können wir sagen, dass ein Mensch drei Stufen durchläuft: die egozentrische (alles auf sich selbst beziehen), die konventionelle (gesellschaftliche Verhaltensnormen lernen und sich daran halten) und die post-konventionelle (alle Menschen im Blick haben, nicht nur die eigene gesellschaftliche Gruppe). Jede Stufe schließt die darunterliegende mit ein und ist komplexer als die vorherige.

Beim Denken in Stufen gibt es zwei Formen der Veränderung: Die erste ist transaktional. Das bedeutet, man wird auf derselben Stufe kompetenter und kommt besser zurecht. Die folgende Metapher bietet sich dafür an: Sie sind mit Ihrer Wohnung unzufrieden und wollen etwas ändern. Bei einer transaktionalen Veränderung stellen Sie die Möbel um und kaufen vielleicht einige neue, erweitern vielleicht um einen Raum, bleiben aber in derselben Wohnung.

Die zweite Form der Veränderung ist transformational. Hier gehen Sie eine Stufe höher – was Ihnen zahlreiche Möglichkeiten eröffnet, die vorher nicht bestanden. In unserer Metapher entspricht sie einem Umzug. Sie können ein paar Möbel mitnehmen, doch die neue Wohnsituation wird nie so sein wie die alte. Entwicklungsstufen im Erwachsenenalter sind wichtig und wir werden in Teil III ausführlich darauf eingehen, denn das integrale Modell unterscheidet zwar die Stufen, doch das Coaching vernachlässigt meist die bedeutsamen Folgen.

Entwicklungslinien

Integrales Coaching betrachtet auch Entwicklungslinien. Wir alle erkennen, dass wir in einigen Bereichen weit entwickelt sind, in anderen nicht. Die meisten Menschen entwickeln ihre Talente unausgewogen – zum Beispiel der archetypische Streber, der in seinem Kopf lebt und dabei seine körperliche Gesundheit vernachlässigt, oder ein Sportler, der die meiste Zeit trainiert und dessen soziale Kontakte zu kurz kommen. Ein häufiges Beispiel ist der Geschäftsmann, der in seinem Beruf zur Spitze gehört und dabei den Kontakt zu seiner Familie verliert. Das sind Extreme; manchmal wählen Menschen sie bewusst und ein andermal scheint es einfach so zu kommen.

Howard Gardner[10] brachte als Erster das Konzept multipler Intelligenzen ins Gespräch. Heute findet ausgehend von der Arbeit Daniel Golemans die *emotionale* Intelligenz die meiste Beachtung[11] – vor 20 Jahren hingegen beherrschte die *intellektuelle* Intelligenz die Diskussion. Es gibt verschiedene Formen von Intelligenz; wir entwickeln sie alle mehr oder weniger. Wenn jemand sehr viel von einer Intelligenzform hat, bezeichnet man ihn oder sie üblicherweise als „talentiert" auf diesem Gebiet. Beispiele dafür sind Musikalität, Körperintelligenz und mathematische Intelligenz. Der integrale Ansatz führt fünf Hauptintelligenzen auf, doch Klienten könnten auch an anderen arbeiten, wenn sie wollen. Die fünf wichtigsten sind:

1. Die kognitive Linie – die Fähigkeit, klar und wirkungsvoll zu denken

2. Die moralische Linie – die Fähigkeit, sich in den anderen hineinzuversetzen und mit anderen in einer Gesellschaft zu leben   *Empathie*

3. Die emotionale Linie – die Fähigkeit, mit Emotionen positiv umzugehen und sie positiv auszudrücken

4. Die zwischenmenschliche Linie – die Fähigkeit, mit Menschen auszukommen, gut zu kommunizieren, gemocht zu werden und vertrauenswürdig zu sein

5. Die psychosexuelle Linie – die Fähigkeit, glückliche und gesunde sexuelle Beziehungen zu haben und die sexuelle Energie für einen selbst und andere stimmig zu integrieren

All diese Formen sind wichtig. Beim integralen Coaching geht es häufig darum, Klienten auf ihren „schwachen" Gebieten ins Gleichgewicht zu bringen und ihre Entwicklung zu fördern.

Coach und Klienten können ein Psychogramm der wichtigen Linien im Leben eines Klienten erstellen. Dabei stufen die Klienten selbst ein, wie weit sie den jeweiligen Bereich ihrem Gefühl nach entwickelt haben. Sie können daran arbeiten und die Ergebnisse lassen sich mittels Psychogramm messen. Hier das Beispiel eines Psychogramms:

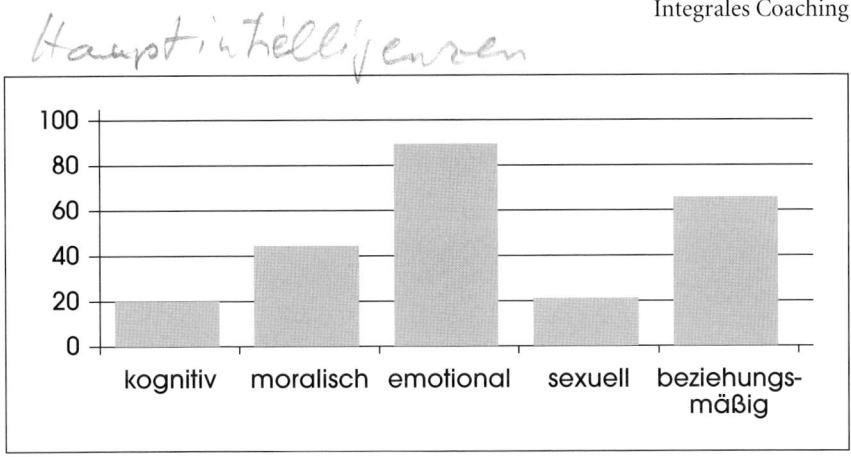

Psychogramm

Das Psychogramm zeigt Potenziale. Was gilt es zu entwickeln? Das ist das Psychogramm eines Klienten, der mit seinem Gefühlsleben sehr zufrieden ist, mit seinem Sexualleben weniger. Auch seine kognitive Linie könnte nach seinem Empfinden weiter entwickelt sein. Ein Coach, der nach dem integralen Ansatz arbeitet, könnte mit einem Psychogramm auch ermitteln, wie weit dieselben Linien entwickelt sind, und dabei *verschiedene* Kriterien zugrunde legen, nicht nur die subjektive Zufriedenheit (die nur im linken oberen Quadranten misst). Integrales Coaching zielt auf ein Gleichgewicht ab, deshalb geht es nicht nur darum, die schwächeren Linien zu entwickeln, sondern auch darum, alle Linien in besseres Gleichgewicht und mehr Harmonie zu bringen.

Die Entwicklungslinien verlaufen in Stufen. Ein Beispiel: Die emotionale Linie entwickelt sich durch die egozentrische Stufe; bei allen Kindern geht es emotional um die Befriedigung der eigenen Bedürfnisse. Daran schließt sich die konventionelle Stufe an, auf der sie mit den unmittelbaren Mitgliedern ihrer Familie und Gemeinschaft empfinden; darauf folgt das postkonventionelle Stadium, in dem sie für *alle* Sorge tragen, wo auch immer diese sind.

Wichtig ist zu bemerken, dass man auf jeder Stufe dieser Entwicklungslinien einen Zustand haben kann; Zustände sind vorübergehend, doch eine Stufe dauert an. Sobald man eine Entwicklungsstufe erreicht hat, verfügt man zuverlässig über sie und rutscht in der Regel nicht zurück (außer vielleicht in Extremsituationen). Beispielsweise kann man einen Zustand intensiver Liebe zur Musik erleben, selbst wenn man selbst kein Instrument spielt oder erlernt, aber man hat nicht das Gipfelerlebnis, Konzertpianist zu sein, denn das erfordert viele Stunden des Übens und ist eine Stufe, kein Zustand.

Typen

Als Typ bezeichnen wir eine bestimmte Art, etwas zu tun. Wir sagen etwa, jemand sei extrovertiert, wenn er sehr gesellig ist, mit Menschen gut auskommt und gern mit anderen weggeht. Es gibt viele Typ-Modelle. Die wichtigsten psychometrischen Tests beschreiben verschiedene Typen (etwa Disc[12], MBTI[13], Birkman[14]). Typen beschreiben Handeln auf unterschiedliche Art und Weise; es handelt sich nicht um eine fixe und unveränderliche Identität. Weder bei Typen noch in den Stufen bei Typen findet Entwicklung statt. Kein Typ ist besser als ein anderer; er ist lediglich anders. Typen können uns verstehen helfen, wie verschieden Menschen denken, besonders im Wirtschaftsleben.

Ein Typ betrifft alle und er ist sehr wichtig – das Geschlecht. Es gibt zunehmend mehr und einflussreichere Literatur zur Entwicklungsbiologie und über das unterschiedliche Denken von Männern und Frauen, ihre unterschiedlichen Werte und Interessen. Daher können wir sagen: Es gibt eindeutig männliche und weibliche Typen oder Denk- und Verhaltensweisen. Besonders Carol Gilligan[15] hat über den weiblichen Typ geschrieben und seinen Wert hervorgehoben, als die Geschichtsschreibung noch die männliche Art, Dinge zu tun, überbetonte.

Über einige Unterschiede zwischen männlichen und weiblichen Typen ist man sich einig. Männliches Denken neigt dazu, abstrakt zu sein, objektiv und deduktiv, das heißt, es arbeitet sich vom Allgemeinen zu den speziellen Beispielen vor. Männliches Denken konzentriert sich eher auf Autonomie, Gerechtigkeit und Rechte. Männer neigen zu Individualismus, Frauen zu Beziehungen. Weibliches Denken konzentriert sich stärker auf Menschen, auf Erfahrungen und ist induktiv, geht also vom Einzelfall zum allgemeinen Prinzip. Weibliches Denken befasst sich mit Beziehungen, Fürsorge und Verantwortlichkeit. Männer verletzen Gefühle, um Regeln zu befolgen, während Frauen Regeln brechen, um Gefühle zu schonen.

Männlich und weiblich sind zwei gleichwertige und unterschiedliche Typen. Ausgewogenheit und Harmonie sind wichtig; für jeden Typ ist es gefährlich und pathologisch, ins Extrem zu gehen. In jedem Lebensbereich kann man zu „männlich" sein, sich selbst abtrennen und sich nur mit Prinzipien und Abstraktionen befassen. Das führt zu extremer Selbstsucht, zu Herrschaft statt Stärke, zu Entfremdung und Angst davor, sich einzulassen, statt Unabhängigkeit. In diese Falle können Frauen und Männer geraten, häufiger jedoch passiert das Männern. Wer zu weit in die andere Richtung geht, wird zu sehr weiblich – man lässt sich zu leicht von Menschen und ihren Emotionen beeinflussen, was dazu führt, dass man sich in den Anliegen anderer verliert. Auch das kann Männern und Frauen in jedem Lebensbereich passieren.

Coaching ist zwar eine säkulare Angelegenheit, doch der integrale Ansatz befasst sich auch mit der Spiritualität des Menschen – unserem grundlegenden Interesse und damit, wie wir auf der tiefsten Ebene anderen Menschen und der Welt begegnen. Wir haben festgestellt, dass Selbst-Gewahrsein in allen Coachingansätzen einen hohen Wert und eine wichtige Fertigkeit darstellt. Im integralen Coaching würde der Coach fragen: „Welchen Selbst sind Sie gewahr?" Sind Sie sich auf der materiellen Ebene des physischen Körpers bewusst? Oder der feinen mentalen Ebene oder der Seele auf der Kausalebene? Was für ein Bewusstsein bezeichnet jede von ihnen? Viele Klienten wenden sich an einen Coach, der nach dem integralen Modell arbeitet, um in ihrer spirituellen Entwicklung weiterzukommen.

Zusammenfassung

Das integrale Modell wurde nicht als Coachingmodell entwickelt – Coaching ist nur eine Anwendungsmöglichkeit davon. Wir haben hier die Implikationen herausgearbeitet, die uns wichtig erscheinen. Es wurde als Weltsicht entwickelt, als Handlungsrahmen, deshalb eignet es sich als Struktur, von der aus man Coaching untersuchen kann. In seiner Essenz kultiviert der integrale Ansatz Körper, Geist und Seele im Menschen und ebenso in der Kultur und in der Natur. Wichtig ist, dass der Klient das Modell und seine Unterscheidungen versteht, damit er es nutzen kann; ein Teil der Coachingarbeit wird also darin bestehen, das Modell zu erklären, damit der Klient es vollständig erfasst.

Das integrale Coaching trifft auch einige geschlechtsspezifische Unterscheidungen, deshalb kann sich das Coaching für einen Mann von dem für eine Frau unterscheiden. Auf dieses Thema kommen wir in Teil III zurück. Wer seine spirituelle Entwicklung voranbringen möchte, könnte sich einen Coach suchen, der nach dem integralen Modell arbeitet.

Zu den Grundelementen des integralen Coachings gehört, verschiedene Blickwinkel einzunehmen und ins Gleichgewicht zu bringen. Ein Coach wird mit den Klienten an den Linien, Stufen und Zuständen arbeiten, wo sie das größte Potenzial haben, in der Erwartung, dass die Klienten dadurch glücklichere, vollständigere und erfülltere Menschen werden.

Unser Fallbeispiel

Ein Coach, der nach dem integralen Modell arbeitet, würde Brians Schwierigkeiten und Ziele umfassend betrachten und schauen, wie diese sich in sein Leben einfügen. Zuerst könnte er erfassen, wie ausgewogen sein Leben in den einzelnen Quadranten ist. Brian spielt gern Schach und liest gern (das sind eher introspektive Beschäftigungen); er vernachlässigt körperliche Betätigung. Der Coach würde mit Brian umfassende Übungen planen, um ihn auf verschiedenen Gebieten zu unterstützen. Eine Entspannungs- und Meditationsübung könnte seine Gereiztheit und seine Launen lindern; sie gehört in den Quadranten oben links. Derzeit treibt Brian keinen Sport und ernährt sich auch nicht gesund, was zu seinem Energiemangel und seiner Reizbarkeit beitragen könnte. Eine einfache körperliche Betätigung wie regelmäßiges Laufen zu beginnen und vielleicht zwei Mal pro Woche mit seiner Familie zu Abend zu essen könnte hier nützen. Der Coach könnte sich auch nach Brians koreanischem Hintergrund erkundigen – was er darüber weiß, wie er ihn wertschätzen könnte und welche Ressourcen Brian jetzt daraus ziehen könnte.

Der Coach würde Brian anhalten, seine Stimmungen genauer wahrzunehmen und auf sie zu achten, ohne dass er anfangs etwas ändert. Der Coach würde mit ihm seine verschiedenen Intelligenzformen einstufen und wertschätzen. Brians kognitive Intelligenz ist ausgeprägt, doch seine emotionale und seine zwischenmenschliche Intelligenz sind schwächer. Mit einigen Übungen könnte er seine eigenen Stimmungen und die Gefühle anderer Personen besser verstehen. Auch könnte er leichter mit seinen Arbeitskollegen kommunizieren, wenn er ein paar Kommunikationsfertigkeiten lernen würde. Der Coach würde darauf abzielen, Brians Schwachpunkte auszugleichen, und dabei darauf achten, dass Brian Folgendes klarer wahrnimmt: sich selbst, seine Emotionen, andere Personen, deren Emotionen und wie er mit ihnen umgehen kann. Aus diesem neuen Gleichgewicht heraus und durch die Übungen würde Brian wahrscheinlich klarer erkennen, was er in Bezug auf seine Arbeitssituation wirklich will.

KAPITEL 6

Coaching mit NLP

Realität ist das, was nicht verschwindet, wenn du aufhörst, daran zu glauben.

PHILIP K. DICK

Das Neurolinguistische Programmieren (NLP) wurde Mitte der siebziger Jahre des 20. Jahrhunderts an der Universität von Santa Cruz (Kalifornien) begründet. John Grinder, außerordentlicher Professor für Linguistik, und Richard Bandler, der dort Mathematik studierte, waren fasziniert von dem Phänomen des Talents, von besonderen Begabungen. Wie kommt es, dass manche Menschen in einer bestimmten Hinsicht sehr gut sind, obwohl sie vielleicht nur wenig formale Ausbildung darin genossen haben, während andere selbst nach vielem Üben noch kämpfen und ringen müssen? „Das ist Begabung, Talent", lautet die einfache Antwort, doch das ist eine Beschreibung, keine Erklärung. Bandler und Grinder begannen außergewöhnliche Menschen zu modellieren, um herauszufinden, *wie* diese ihre Ergebnisse erzielten.[1,2,3,4] Sie studierten Fritz Perls, den innovativen Psychologen und Begründer der Gestalttherapie.[5] Sie beobachteten eingehend Virginia Satir, die Pionierin der systemischen Familientherapie.[6] Und sie befassten sich ausführlich mit Milton Erickson, der eine Richtung für Hypnotherapie begründete, die immer noch seinen Namen trägt – die Erickson'sche Hypnotherapie.[7]

Bandler und Grinder untersuchten auch die Videoaufzeichnungen von Carl Rogers und Eric Berne, die die Transaktionsanalyse ins Leben riefen.[8] Außerdem wurde ihr Denken stark beeinflusst von ihrem Nachbarn in Santa Cruz, Gregory Bateson.[9] Bateson war Gründungsmitglied der bahnbrechenden Macy-Konferenzen zur Systemtheorie in den fünfziger Jahren; und er leistete wichtige Beiträge zu Kybernetik, Psychiatrie und Systemtheorie. Alle außer Milton Erickson hatten in Esalen gelehrt. Aus den Studien zu diesen Persönlichkeiten wurde NLP „geboren". NLP ist ein weiteres Kind des *Human Potential Movement* (siehe oben) und hat sehr ähnliche Wurzeln wie das Coaching. NLP-Coachs versuchen die Innenwelt des Klienten zu verstehen. Dafür nutzen sie viele Methoden, die durch das Modellieren herausragender Persönlichkeiten entwickelt wurden.

NLP wird allgemein definiert als die Beschäftigung mit der Struktur subjektiver Erfahrung und gehört als solches in den linken oberen Quadranten des integralen Modells. Inneres Erleben ist nicht zufällig. Sie können sich selbst und andere verstehen, indem Sie die innere Welt von Zielen, Überzeugungen und Werten untersuchen. NLP behauptet, dass jeder genauso denken lernen könne wie besonders talentierte Menschen und dadurch bessere Ergebnisse erziele.

Das NLP verbreitete sich in den siebziger und frühen achtziger Jahren, also zur gleichen Zeit wie das *Inner Game*, von Kalifornien aus. NLP-Ausbildungen förderten Kommunikationsfertigkeiten, und weil die ursprünglichen Vorbilder überwiegend auf dem Gebiet der Psychotherapie tätig waren, verbreitete sich auch die NLP-Therapie. Heute gibt es weltweit NLP-Institute und NLP-Angebote.

NLP-Fertigkeiten passen gut zu Coaching, weil NLP in seinem Namen drei auch für Coaching wichtige Elemente birgt: „Neuro" steht für den Verstand, unser Denken. „Linguistisch" steht für die Sprache, für die Art, wie wir Sprache benutzen, um andere und uns selbst zu beeinflussen. „Programmieren" hat nichts mit Computern zu tun, sondern damit, wie wir unser Handeln strukturieren, um unsere Ziele zu erreichen. Kurz gesagt untersucht NLP, wie die Sprache unser Denken und damit unser Handeln beeinflusst. NLP behauptet, man könne Veränderungen von drei Richtungen her angehen: indem man die Art ändert, wie jemand über ein Thema spricht, oder die Art, wie jemand über ein Thema denkt, und schließlich die Art, wie sich jemand verhält. NLP arbeitet mit einigen Unterscheidungen, die auch beim Coaching nützlich sind.

Sichtweisen

Eine der Grundideen des NLP betrifft die unterschiedlichen Perspektiven, Wahrnehmungspositionen genannt:

1. Die erste Position ist Ihre *eigene* Sichtweise, sie umfasst Ihre Werte, Ziele, Überzeugungen, Interessen und Vorlieben. Die erste Position ist die des „Ich".

2. Die zweite Position beschreibt, wie – Ihrer Vorstellung nach – eine andere Person denkt und fühlt. Auf dieser Position beruhen Empathie und Rapport. Wenn Sie sich in die zweite Position hineinversetzen, sprechen

Sie für die Person, deren Sichtweise Sie einnehmen. Auch die Physiologie und den Tonfall dieser Person nehmen Sie an, wenn Sie sie kennen.

3. Die dritte Position ist die systemische, die sowohl die erste wie die zweite anschauen kann. Es ist eine objektive Sicht der Beziehung zwischen erster und zweiter Person, die Sie einnehmen können, ohne sich mit einer der anderen zu identifizieren. Jede Position hat einen anderen Blickwinkel mit eigener Physiologie und Sprache.

NLP-Coachs unterstützen Klienten durch die erste Position darin, mit ihren authentischen Werten und Zielen in Kontakt zu kommen. Mithilfe der zweiten Position können Klienten die Sichtweise anderer Personen verstehen, besonders in Beziehungsproblemen. Die dritte Position wird als objektive Position herangezogen, von der aus Klienten verschiedene Beziehungen beurteilen, sich selbst „von außen" betrachten und sich selbst coachen können. Die dritte Position hilft Klienten auch, ihren jeweiligen Zustand spezifisch, anschaulich und ohne Wertung zu beschreiben.

Man kann die erste, zweite und dritte Position auch als unterschiedliche Typen betrachten. Manchen Menschen liegt die erste Position mehr. Sie verleiht ihnen persönliche Stärke, kann sie aber auch selbstsüchtig und wenig einfühlsam gegenüber den Belangen anderer machen. Andere Menschen haben eine starke zweite Position. Das macht sie sehr empathisch; doch sie könnten dann die Forderungen anderer ständig als wichtiger erachten als ihre eigenen Bedürfnisse. Wieder andere haben eine starke dritte Position; diese verleiht ihnen Klarheit, Objektivität und analytische Fähigkeiten, führt aber zu mangelndem Mitgefühl. NLP zielt darauf ab, alle drei Positionen zu entwickeln und in ein Gleichgewicht zu bringen. Es unterstützt Klienten dabei, ein Problem aus den verschiedenen Wahrnehmungspositionen anzuschauen, damit sie zu einem umfassenderen Verständnis gelangen.

Rapport

Der Begriff Rapport beschreibt das Vertrauen und die wechselseitige Einflussnahme in einer Beziehung – und ist damit ganz entscheidend beim Coaching. Im NLP geht man davon aus, dass man Rapport herstellt durch *Matching* – indem man die zweite Position einnimmt und sich so an sein Gegenüber angleicht. Die Absicht der zweiten Position liegt darin, andere aus ihrer Sicht zu verstehen; *eine* Möglichkeit, das zu erreichen, bietet das

Matching, also das Übernehmen einiger Verhaltensaspekte des Gegenübers. Menschen mögen Menschen, die so sind wie sie selbst. Sie fühlen sich wohler mit Personen, die sich an ihre Körpersprache, ihren Tonfall und ihren Sprachrhythmus angleichen. (Angleichen ist eher ein „Tanz", kein präzises Nachmachen, das sehr störend wäre.) Menschen passen sich in ihrer Körpersprache und ihrem Tonfall unbewusst ihrem Gegenüber an. Das hat William Condon mit seiner Arbeit in den sechziger Jahren gezeigt.[10] Er analysierte kurze Videosequenzen von je zwei Personen, die miteinander sprachen, und stellte fest, dass die Gesten einheitlicher und der Gesprächsrhythmus auf beiden Seiten ähnlicher wurden. Das haben mittlerweile viele Forscher bestätigt.

Rapport ist für Coachs eine wichtige Fähigkeit und ein NLP-Coach kann seinen Klienten diese Fertigkeiten beibringen, sodass sie besser kommunizieren.

Neurologische Ebenen

Das Konzept der neurologischen Ebenen wird im NLP umfassend angewandt; es stammt aus den Schriften des NLP-Trainers Robert Dilts.[11] In seinem Beitrag zu diesem Buch beschreibt und veranschaulicht er anhand der neurologischen Ebenen die verschiedenen Arten des Coachings. (Vgl. Seite 127 ff.)

Die erste neurologische Ebene ist die Umgebung – Ort, Zeit, Menschen und Gegenstände, die man sehen kann. Im integralen Modell entsprechen dem die beiden rechten Quadranten. Um auf dieser Ebene Rapport herzustellen, müssen Sie beispielsweise für das Umfeld angemessen gekleidet sein, um den realistischen Erwartungen anderer Menschen zu entsprechen. Diese Ebene befasst sich auch mit der Psychogeografie. Psychogeografie bedeutet bzw. beschäftigt sich damit, wie wir den Raum nutzen, um Beziehungen darzustellen; dieses Wissen ist für Coachs sehr wichtig. Sitzt der Coach dem Klienten gegenüber, ist die Psychogeografie „Opposition". Der Coach beabsichtigt das zwar nicht, doch der Klient könnte sich unbehaglich fühlen. Personen, die einander gegenübersitzen, könnten entgegengesetzte Ansichten repräsentieren. Nebeneinander oder in einem 90-Grad-Winkel zueinander zu sitzen fühlt sich im Allgemeinen besser an. Auch haben die meisten Menschen eine unbewusste Vorliebe dafür, an der Seite eines anderen zu sein. Der Grund dafür spielt keine Rolle; der NLP-Coach wird den Klienten auf *der* Seite sitzen lassen, die dieser bevorzugt. Dem Klienten eine angenehme Umgebung zu bieten, das beinhaltet mehr, als einen Stuhl hinzustellen und das Handy abzuschalten.

Die zweite neurologische Ebene ist das Verhalten – das, was Menschen *tun*. Verhalten ist von außen sichtbar und resultiert aus den Gedanken und Emotionen eines Menschen. Sich in Körpersprache und Tonfall anzugleichen ist ein Beispiel für das *Matching* von Verhalten. Im integralen Modell würde Verhalten dem oberen rechten Quadranten zugeordnet.

Die dritte Ebene ist diejenige von Leistungsvermögen, Potenzial, Fähigkeiten – das Maß an Fertigkeiten und das Verhalten, das zuverlässig, automatisch und gewohnheitsmäßig gezeigt wird. Eine Fertigkeit kann man nur an einem Verhalten ablesen. Coachs müssen beispielsweise die Fähigkeit haben, mit dem Thema jedes Klienten angemessen umzugehen, sonst verlieren sie rasch den Rapport.

Die vierte neurologische Ebene ist die der Überzeugungen oder Glaubenssätze und Werte. Glaubenssätze sind Prinzipien, die unsere Handlungen steuern – unsere Modelle der Welt. Sie vermitteln uns Sicherheit, wenn wir das Gefühl haben, wir könnten vorhersagen, was geschieht. Glaubenssätze sammeln wir durch Erfahrungen und sie eröffnen sowie begrenzen die Erfahrungen, die wir uns selbst gestatten. Werte sind das, was uns wichtig ist; sie sind unsere tiefste Motivation. Auf dieser Ebene bedeutet *Matching*, die Glaubenssätze und Werte von Klienten zu respektieren, ohne ihnen notwendigerweise zuzustimmen. Glaubenssätze und Werte gehören im integralen Modell in den Quadranten oben links.

Die fünfte Ebene ist die der Identität – Ihr Selbstgefühl und das, was Ihre Mission im Leben ausmacht. Auf dieser Ebene bedeutet Rapport, dem Klienten als einzigartigem Individuum zuzuhören und sich ihm so zuzuwenden, dass er sein Problem leichter formulieren kann.

Die sechste neurologische Ebene geht über die Identität hinaus. Sie ist weniger gut definiert als die anderen Ebenen und umfasst Ethik, Religion und Spiritualität sowie unseren Platz in der Welt und die Verbindung zu anderen.

NLP-Coachs arbeiten ganz unterschiedlich mit den neurologischen Ebenen. Erstens helfen Sie Klienten, ihre verschiedenen Arten von Ressourcen Revue passieren zu lassen, und zwar diejenigen, die sie haben, und solche, die sie brauchen. Zweitens kann man die neurologischen Ebenen als

Rahmen nutzen, damit Klienten die Ebene ihrer Probleme festmachen und erkennen, auf welcher sie handeln müssen. Sie können etwa mehr Informationen brauchen oder Unterstützung auf der Umgebungsebene; vielleicht wird ihr Ziel von anderen wichtigen Personen nicht unterstützt.

- Vielleicht haben sie die notwendigen Informationen, wissen aber nicht, was sie damit anfangen sollen (Verhalten); dann müssen sie mit ihrem Coach einen Handlungsplan formulieren.
- Vielleicht haben sie die Informationen und wissen auch, was zu tun ist, können es aber nicht. Also müssen sie die entsprechende Fertigkeit lernen.
- Es könnte auch sein, dass sie die Informationen haben *und* wissen, was zu tun ist, aber sie halten es für unmöglich oder es ist ihnen nicht wichtig genug. Coach und Klient arbeiten dann an den Glaubenssätzen und Werten des Klienten, die ihn behindern könnten.
- Wenn schließlich alle Ebenen berücksichtigt sind, passt ein Ziel möglicherweise nicht zum Selbstverständnis oder zu den spirituellen Überzeugungen des Klienten ... Die neurologischen Ebenen bieten dem Coach einen Rahmen für seine Arbeit und stellen Rapport her.

Nachdenken über das Denken

Wenn wir auf das Außen achten, nutzen wir unsere fünf Sinne – Sehen, Hören, Riechen, Schmecken und Berühren –, um die Welt zu verstehen. NLP behauptet nun, dass wir beim Denken dieselben Sinne mental benutzten. Wenn Sie Ihr Denken in diesem Moment überprüfen, werden Sie wahrscheinlich feststellen, dass es eine Mischung aus Hören und Visualisieren ist. (Sie „hören" diese Worte hier, während Sie sie für sich wiederholen.) Wenn wir Sie bitten, sich einen Strauß blauer Blumen vorzustellen, machen Sie sich wahrscheinlich ein Bild davon. Fordern wir Sie auf, sich eine Tasse starken Kaffees vorzustellen, dann wird Ihr Gedächtnis Ihnen wohl den Geschmack und den Geruch von Kaffee in Erinnerung rufen. Die Qualität unseres Denkens wird dadurch beeinflusst, wie gut wir unsere Sinne (in der NLP-Fachsprache Repräsentationssysteme genannt) innerlich nutzen.

Im Coaching lässt sich das vielfältig anwenden. NLP geht davon aus, dass wir alle ein *bevorzugtes* Repräsentationssystem haben; mit anderen Worten: Wir denken bevorzugt entweder in Bildern, in Tönen (Lauten,

Geräuschen) oder mit Gefühlen. Das bedeutet, dass wir manches gut können, anderes nicht. Verlassen sich Klienten beispielsweise stark auf ihr *visuelles* Repräsentationssystem, dann achten sie stark auf das, was sie *sehen* – sie hören aber vielleicht nicht aufmerksam zu. Coachs unterstützen Klienten dabei, das zu erkennen und an den weniger entwickelten Systemen zu arbeiten; so helfen sie ihnen, flexibler zu denken. Für manche Berufe braucht man *einen* besonders gut entwickelten Sinn, nicht nur im Außen, sondern auch im Denken. Musiker etwa müssen genau zuhören, doch sie müssen Töne auch *innerlich* deutlich hören, um in der Musik Fortschritte zu machen. NLP-Coaching unterstützt Klienten dabei, ihr Denken zu „verfeinern" und so bessere Ergebnisse zu erzielen.

NLP behauptet ferner, dass wir immer mit einer bestimmten *Abfolge* von Repräsentationssystemen denken, lernen und entscheiden. NLP-Coachs können genau ermitteln, *wie* Klienten ihre Entscheidungen treffen, und sie darin unterstützen, eine bessere Entscheidungsstrategie zu finden, sodass sich all ihre Entscheidungen qualitativ verbessern. Die meisten Menschen nehmen ihre Denkmuster und Strategien als gegeben hin; sie setzen voraus, jeder denke genauso und diese Muster seien unveränderlich. NLP-Coachs können ihnen da zu einer neuen Sicht verhelfen, zu einem Blickwinkel, von dem aus sie ihre eigenen Denkprozesse reflektieren und sie verbessern können.

Wie erkennen NLP-Coachs die Denkweise ihrer Klienten? Indem sie deren Körpersprache beobachten (besonders die unwillkürlichen Augenbewegungen); diese liefert ihnen Hinweise darauf, *wie* Klienten denken (in Bildern, Tönen oder Gefühlen), aber nicht, *was* sie denken. NLP-Coachs achten auch auf die Wörter, die ihre Klienten gebrauchen. Wörter spiegeln Gedanken direkt wider, deshalb verwendet jemand eine visuelle Metapher etwa mit der Aussage: „Ich sehe bei diesem Problem kein Land." So *denkt* der Klient auch über das Problem. Der Coach kann dann im gleichen Repräsentationssystem antworten („Lassen Sie uns mal schauen, ob wir den Horizont ein wenig erweitern können."), um Rapport herzustellen; dadurch unterstützt er den Klienten darin, anders zu denken und so das Problem zu lösen.

Kapitel 6

[handschriftliche Notiz: assoziieren – ich erlebe – Positives / dissoziieren – ich beobachte – Negatives]

Die inneren Merkmale des Denkens

Wenn Klienten ihre Sinne innerlich nutzen, müssen sie im Inneren die gleichen Unterscheidungen treffen wie für das Außen. Innere Bilder beispielsweise haben Farben, eine Größe, eine Entfernung und Helligkeit, genau wie äußere Bilder. Innere Töne haben einen Rhythmus, eine Tonhöhe und Lautstärke, und innere Empfindungen beinhalten etwa Wärme, Druck und Richtung. Wenn Klienten die Merkmale ihres Denkens verändern, dann ändern sie auch die Bedeutung dessen, was sie denken. Diese Merkmale bezeichnet man als Submodalitäten.

Eine der wichtigsten Submodalitäten ist die, ob ein Gedanke assoziiert oder dissoziiert ist. Wenn Sie sozusagen *in* dem Gedanken sind, so sind Sie assoziiert. Stellen Sie sich vor, Sie essen eine Frucht: Sie erleben die Empfindungen und den Geschmack, als wären sie real. Sind Sie aber *außerhalb* des Gedankens, so heißt das im NLP dissoziiert: Sie sehen sich selbst (sozusagen von außen) in einer Situation; dadurch gewinnen Sie einen inneren Abstand zu dem Ereignis; deshalb haben Sie nicht die gleichen Empfindungen, als wenn Sie *darin* wären. Oder stellen Sie sich vor, wie jemand anders eine Frucht isst – dann erleben Sie den Geschmack *nicht*; Sie sind von der Erfahrung dissoziiert.

NLP-Coachs können es mit diesen Instrumenten ihren Klienten erleichtern, aus Erfahrungen zu lernen. Eine frühere negative Erfahrung etwa kann der Klient dann aus der dissoziierten Position bewerten, damit er die unangenehmen Gefühle nicht erneut erleben muss. *Einmal* genügt! So lassen sich Erfahrungen im Rückblick objektiv betrachten und man kann aus ihnen lernen. Handelt es sich hingegen um eine *erfreuliche* Erfahrung, so unterstützt der Coach den Klienten dabei, sich in die Erinnerung zu assoziieren. Zur Steigerung der Motivation ermuntern NLP-Coachs ihre Klienten, über das erwünschte Ziel so nachzudenken, als hätten sie es schon erreicht, damit sie *in* dem Bild sind und assoziiert, denn so erleben sie all die guten Gefühle, die damit verbunden sind.

Manche Klienten haben Probleme mit ihrer Zeiteinteilung; in solchen Fällen hilft der Coach, die Zeit dissoziiert zu betrachten – dann werden sich die Klienten der verstreichenden Zeit bewusst, statt *im Moment* assoziiert zu sein.

Sprache

Mithilfe von Wörtern kommunizieren wir unsere inneren Bilder, Geräusche und Gefühle an andere Menschen. Doch unsere Gedanken sind nicht unsere Erfahrungen und unsere Worte sind nicht unsere Gedanken, deshalb werden unsere Erfahrungen möglicherweise stark verzerrt, wenn wir darüber reden. Wir vergessen oder missverstehen manche Geschehnisse, doch Wörter können als Realität erscheinen, selbst wenn sie nur ein schwacher Abklatsch davon sind. Wörter sind von der tatsächlichen Erfahrung in doppeltem Sinne weit entfernt – zum einen von der Erfahrung selbst und zum anderen auch von der mentalen Repräsentation der Erfahrung –, doch unsere Urteile und Beschreibungen bekommen ein gewisse Qualität von Wahrheit. Nach Alfred Korzybskis bekannter Aussage ist die Landkarte nicht das Gebiet, das sie zeigt, doch Klienten halten ihre Landkarte (ihre Äußerungen über, Erinnerungen an und Interpretationen von Geschehnissen) sehr wohl für das Gebiet (für reale objektive Ereignisse, über die sich alle Beteiligten einig sind). Die Sprache ist also das Rohmaterial, aus dem wir für uns und andere unsere Realität erschaffen. NLP hat mit Coaching diesen konstruktivistischen Ansatz gemeinsam.

Das NLP kennt ein Set von Unterscheidungen, bekannt als das „Meta-Modell", das für die Arbeit mit Klienten nützlich ist. Das Meta-Modell ist sozusagen ein Sprachmodell über Sprache; es verdeutlicht die Sprache mithilfe der Sprache. Es besteht aus einer Serie von Fragen, mit denen die Klienten „entwirren" können, wie sie über Erfahrungen sprechen. Wenn Klienten ihre Probleme in Worte fassen, dann manipulieren und verdrehen sie diese vielleicht auf vielerlei Art. Deshalb müssen NLP-Coachs den „Wortsalat" entwirren, den Klienten produzieren, bevor sie sie im Handeln unterstützen. Sie helfen den Klienten, die Sprache von der Erfahrung zu lösen und eine bessere Landkarte für ihre Probleme zu finden.

Dazu ein Beispiel: *Ein* Muster des Meta-Modells hinterfragt die Urteile, die der Klient fällt, mit der Frage, *wer* das so bewertet und nach welchen Kriterien. Viele Klienten beurteilen sich selbst (meist negativ); das können NLP-Coachs damit in Frage stellen. Manche Klienten fühlen sich emotional der Gnade anderer ausgeliefert; sie nehmen keine Wahlmöglichkeiten wahr, wenn sie sich wütend oder traurig oder ressourcenarm fühlen, sondern empfinden sich wie eine herumgestoßene Billardkugel. Es gibt zwar die Newton'schen Bewegungsgesetze, aber nicht die Newton'schen „Emotionsgesetze". [Wortspiel im Original: *laws of motion – laws of*

emotion] Die Klienten sagen vielleicht, jemand habe sie wütend „gemacht", doch das ist nur eine Redensart. Niemand kann jemand anderen zwingen, wütend zu sein. NLP-Coachs unterstützen Klienten darin, ihre Gefühle zu *wählen*.

Und zu guter Letzt plagen sich viele Klienten in ihrem Leben mit einer Zentnerlast von „sollte" und „sollte nicht". Sie fühlen sich zerrissen, verpflichtet, und wollen doch irgendwie ausbrechen; sie haben die Anweisungen anderer internalisiert und erleben sie als ihre eigenen. In diesen Fällen können Klienten gemeinsam mit dem NLP-Coach überdenken, was sie wirklich tun wollen. Miteinander können sie Verpflichtungen in Ziele und Anforderungen in Wünsche umwandeln.

Klienten wollen ihre Ziele erreichen, doch da tauchen Hindernisse auf, sonst würden sie sich nicht an einen Coach wenden. Diese Hindernisse befinden sich gewöhnlich im Kopf des Klienten, nicht in der äußeren Welt. Klienten haben einschränkende Glaubenssätze über sich selbst, ihre Ressourcen und über andere Menschen. Genau wie alle anderen Coachingmethodiken behandelt NLP Glaubenssätze nicht als Wahrheit (selbst wenn sie dem Klienten so erscheinen), sondern als die derzeit besten Mutmaßungen auf der Grundlage früherer Erfahrungen. Diese einschränkenden Glaubenssätze wirken wie sich selbst erfüllende Prophezeiungen. Wenn wir etwas glauben, dann befolgen wir das; deshalb bekommen wir nie ein Feedback, mit dem wir es hinterfragen könnten, denn wir handeln immer so, als wäre es wahr. Alle glauben an die Schwerkraft, deshalb versuchen wir nicht, ohne fremde Hilfe zu fliegen, denn dieses „Feedback" wäre sehr schmerzhaft, wenn nicht sogar tödlich. Doch Überzeugungen oder Glaubenssätze über uns selbst, über andere oder darüber, wie Männer und Frauen miteinander umgehen sollten, unterscheiden sich grundlegend von Annahmen über die Schwerkraft. Sie wurden erlernt oder von Bezugspersonen in der Kindheit oder im Jugendalter übernommen und stimmen nicht. Sie werden wahr, wenn wir so handeln, als wären sie es. Glaubenssätze sind erlernt, deshalb können wir sie *verlernen*. Wir kommen nicht mit all den Ängsten und Einschränkungen auf die Welt, die wir in unser Erwachsenenleben mitschleppen. NLP-Coachs helfen, einschränkende Glaubenssätze anders zu sehen, Rückmeldung dazu zu bekommen und sie zu ändern, falls wir das wollen.

Beim Coaching geht es um Veränderung und NLP unterscheidet zwei Arten von Veränderungen: die *einfache* und die *generative*.

Eine *einfache* Veränderung findet auf den Ebenen Verhalten oder Fähigkeiten statt. Manager beispielsweise erlernen eine neue Fertigkeit, wissen dann auch genau, wann sie sie anwenden können und wann nicht, und werden dadurch effizienter und effektiver. Jubel ringsum! Eine solche *einfache Veränderung* lässt sich etwa mit der nachfolgenden Grafik darstellen.

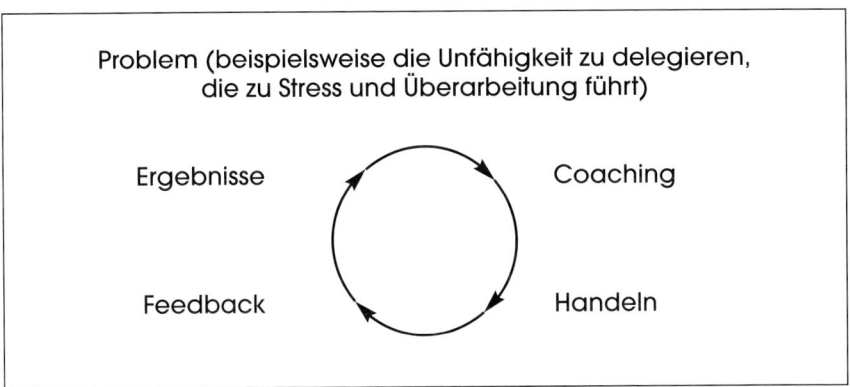

Ablauf einer einfachen Veränderung

Das Beispiel geht also von einem *Problem* aus: Stress und Überarbeitung, verursacht durch die Unfähigkeit zu delegieren. Der Manager *delegiert* dann (mit der Unterstützung des Coachs). Er beobachtet sein Feedback, erzielt andere (bessere) Ergebnisse und das Problem nimmt ab, bis alle „happy" sind ... Die Arbeit des Coachs ist damit abgeschlossen.

Die zweite Art von Veränderung wirkt auf der neurologischen Ebene der Glaubenssätze und Werte. Angeleitet vom Coach hinterfragen Klienten ihre Glaubenssätze und entwickeln nicht nur eine neue Fertigkeit; denn ein einschränkender Glaubenssatz *hindert* sie vielleicht am Lernen.

Dies kann man als Doppelschleife bezeichnen, weil Coachs die Klienten darin unterstützen, Rückmeldung zu ihrem *Glaubenssatz* zu bekommen, nicht nur zu ihrem Handeln. Der Coach wird nicht versuchen, die Überzeugung zu *widerlegen* oder anzuzweifeln, sondern dem Klienten helfen, durch kleine Handlungsschritte besseres Feedback zu bekommen. Hinter einem lange bestehenden Problem steht immer ein einschränkender Glaubenssatz. Coaching in Form dieser Doppelschleife löst nicht nur das Problem, sondern verändert auch das Denken, aufgrund dessen das Problem überhaupt entstand und das es seither aufrechterhält.

Meta-Programme

Mit „Meta-Programmen" sind im NLP die Arten gemeint, wie wir unsere Erfahrungen filtern. Wir können unmöglich *alle* Sinneserfahrungen verarbeiten und darauf reagieren – es sind zu viele. Deshalb achten wir gewohnheitsmäßig nur auf ganz bestimmte, auf andere nicht. Es gibt verschiedene Muster von Meta-Programmen. Die bekanntesten sind „proaktiv" (ein proaktiver Mensch *initiiert* Handeln) und „reaktiv" (ein reaktiver Mensch analysiert und wartet darauf, dass andere den ersten Schritt tun).

Ein weiteres Meta-Programm heißt „allgemein" (damit konzentriert man sich zunächst auf den Überblick und taucht dann erst in die Details ein) im Gegensatz zu „spezifisch" (dabei geht man von den Einzelheiten aus und entwickelt daraus das große Bild). Manche Menschen achten eher auf Ähnlichkeiten, andere eher auf Unterschiede. Meta-Programme haben nichts mit der Identität zu tun und kein Muster ist „besser" als ein anderes; es kommt immer darauf an, was man erreichen will. NLP-Coachs erkennen die Meta-Programm-Muster ihrer Klienten und verstehen, warum diese so handeln, wie sie handeln; und sie coachen so, dass die Klienten am meisten davon profitieren.

Anwendungsmöglichkeiten für NLP-Coaching

NLP wurde nicht speziell für Coaching entwickelt, es wird ausgiebig in der Therapie genutzt. Doch Coaching bietet gute Einsatzmöglichkeiten für viele NLP-Tools und teilt mit dem NLP zahlreiche gedankliche Wurzeln. Was trägt NLP zum Coaching bei? NLP ist pragmatisch und konzentriert sich darauf, *wie* man etwas macht und *was* man macht.

Zunächst kann man NLP nutzen, um gute Coachs zu modellieren. Was unterscheidet die *besten* Coachs von anderen? NLP untersucht deren Denkmuster, Sprache, Werte und Glaubenssätze und kann so Nützliches zur Coachausbildung beitragen.

Zum zweiten lässt es sich einsetzen, um auf jeder neurologischen Ebene Rapport mit den Klienten herzustellen; und zwar dadurch, dass man auf die Psychogeografie achtet, sich respektvoll an Körpersprache und Tonfall angleicht und Werte und Glaubenssätze respektiert. Sich in der Sprache anzugleichen baut Rapport auf. Wenn Klienten mit einer visuellen Metapher über ein Problem sprechen, etwa: „Ich sehe keinen Weg nach vorn.",

Paraphrasieren

äußert sich der Coach ebenfalls mit visueller Ausdrucksweise zu dem Problem. So versichert der Coach den Klienten, dass er ihre Denkweise respektiert. NLP-Coaches arbeiten mit einer Technik, die man als *Backtracking* bezeichnet. Das heißt, sie spiegeln dem Klienten seine Aussagen zurück, mit den gleichen Schlüsselwörtern und Gesten. Ein *Backtrack* ist eine zusammenfassende Wiederholung, keine Umschreibung – diese würde die Aussage des Klienten verzerren, weil der Coach dabei seine eigenen Worte verwendete, und diese hätten für den Klienten vielleicht nicht die gleiche Bedeutung.

Mithilfe des Meta-Modells lassen sich auch sehr gut die Annahmen an die Oberfläche bringen, die hinter Fragen verborgen sind. Beispiel: „Was bedeutet es für Sie, *falls* Sie dieses Ziel erreichen?" – das ist eine mögliche Frage, doch das „falls" drückt stillschweigend Ungewissheit aus. Die Variante „Was bedeutet es für Sie, *wenn* Sie dieses Ziel erreichen?" impliziert Gewissheit und unterstützt aus Sicht des NLP den Klienten darin, sich gedanklich auf das Erreichen des Ziels zu konzentrieren; damit kann er die Frage leichter beantworten. „Haben Sie irgendwelche Ressourcen?" ist eine geschlossene Frage, sie setzt keine Ressourcen voraus. „Welche Ihrer Ressourcen wären in dieser Situation die besten?" ist hilfreicher, weil diese Formulierung die Klienten auf ihre vorhandenen Ressourcen lenkt.

NLP-Coachs können ahnen, dass die Art und Weise, wie Klienten über ein Problem denken, die Lösung behindert; deshalb können sie sie auffordern, andere Repräsentationssysteme zu benutzen. Sich „Bilder" von der Zukunft zu machen kann im Einzelfall nützlicher sein, als ein „Gefühl" zur Zukunft zu entwickeln, und das Bild wird auf jeden Fall präziser sein.

NLP arbeitet mit dem Konzept des „Ankers". Ein Anker kann beispielsweise ein Anblick, ein Ton oder Geräusch oder Gefühl sein, das mit einer bestimmten Reaktion oder Emotion in der Vergangenheit verknüpft ist und dadurch das gleiche Gefühl in der Gegenwart auslöst. Dieses kann positiv oder negativ sein. Wir alle haben schon erlebt, dass ein vertrauter Geruch eine Erinnerung wachruft oder dass uns ein bestimmtes Musikstück an eine bestimmte Zeit erinnert. (Die meisten Paare kennen ein bestimmtes Lied, das sie an ihre erste Begegnung erinnert.) Ebenso kann uns ein Tonfall zusammenzucken lassen, weil er uns an jemanden erinnert, den wir nicht mögen. Manchmal wird unsere Beziehung zu einem Menschen nicht durch die Art geprägt, wie dieser jetzt ist, sondern dadurch, dass er uns an jemanden aus unserer Vergangenheit erinnert. Mit NLP-Coachs können Klienten erkennen, welche Anker es derzeit in ihrem Leben gibt und ob diese ressourcenarme Zustände hervorrufen. Falls ja, können sie sie mithilfe des Coachs durchschauen, sodass deren Wirkung nachlässt. Mit dem Wissen um Anker können Coachs für die Klienten auch Gedächtnisstützen erstellen (häufig Strukturen genannt), damit sie an eine Aufgabe, einen Handlungsschritt oder eine veränderte Sichtweise denken, die sie zum Vorwärtsgehen brauchen.

Unser Fallbeispiel

Ein NLP-Coach könnte Brian auf vielerlei Art und Weise helfen. Erstens könnten sie die verschiedenen Wahrnehmungspositionen ausprobieren. Hat Brian eine starke erste Position? Ist er sich im Klaren über seine Überzeugungen und Wünsche? Zweitens: Wie empathisch ist er? Wie gut kann er in die zweite Position gehen? Brians Probleme mit seinen Mitarbeitern und seiner Frau lassen vermuten, dass das sein Schwachpunkt sein könnte. Ein NLP-Coach würde Brian sich in der zweiten Position in seine Frau, seine Kinder und Arbeitskollegen hineinversetzen lassen, um sie und ihre Sichtweise besser zu verstehen. Dadurch bekommt er bessere Angaben, auf die er seine Entscheidungen für die Zukunft gründen kann. Der Coach würde Brian auch auffordern, metaphorisch aus dem Problem herauszutreten und es aus der dritten Position zu betrachten. Von da aus kann er sich selbst coachen, weil er sich ressourcenreicher fühlt.

Ein NLP-Coach könnte die neurologischen Ebenen heranziehen, damit Brian sein Problem besser versteht. Hat er die Ressourcen, die er auf den verschiedenen Ebenen braucht? Weiß er, was er wissen muss? Weiß er, was er tun muss? Hat er die Fertigkeiten dazu? Was ist ihm an seiner derzeitigen Stelle wichtig? Was verspricht er sich von einem anderen Arbeitsplatz? Können seine spirituellen Überzeugungen für ihn in dieser Situation eine Ressource darstellen? Wenn er die Schwachpunkte ausgemacht hat, kann er aktiv werden und sie ausgleichen.

Von einem NLP-Coach könnte Brian auch einige Rapportfertigkeiten lernen, etwa sich in Körpersprache und Tonfall an sein Gegenüber anzugleichen, um seine Beziehungen zu verbessern. Mit dem

Coach könnte er seine Entscheidungsstrategie erkennen. In der NLP-Fachsprache bezeichnet Strategie die individuelle Abfolge von Repräsentationssystemen, die zu einem Ergebnis führt; mit anderen Worten: eine spezifische Sequenz innerer Bilder, Laute und Gefühle. Wie ist Brians Entscheidungsstrategie? In welchen Sequenzen denkt er? Dient ihm das? Eine schlechte Entscheidungsstrategie führt zu dürftigen Entscheidungen, denn sie berücksichtigt nicht alle notwendigen Informationen in der richtigen Reihenfolge.

Brian könnte lernen, dissoziiert auf seine Auseinandersetzungen zurückzublicken und aus ihnen zu lernen, und er könnte alle Anker in seinem Umfeld identifizieren, die in ihm ressourcenarme Zustände auslösen, wie etwa Ärger oder Gereiztheit. Sobald er sich dieser Anker bewusst ist (es könnte ein Tonfall sein oder eine bestimmte Situation), kann er sie meiden und kann dadurch flexibler reagieren. Brian wird vielleicht das Meta-Programm „spezifisch" verwenden und eher reaktiv sein – ein NLP-Coach könnte ihn dabei unterstützen, das größere Bild anzuschauen und in seinem Leben proaktiver zu werden.

NLP und Coaching (mit großem „C")

VON ROBERT DILTS

Im Allgemeinen meint *Coaching* den Prozess, einzelne Menschen oder Teams dabei zu unterstützen, Bestleistungen zu erzielen. Coaching lockt die Stärken der Menschen hervor, hilft ihnen, persönliche Hürden und Grenzen zu umgehen, sodass sie ihr Bestes erreichen; und es erleichtert ihnen, sich besser in Teams einzubringen. Erfolgreiches Coaching erfordert also, sowohl auf die Aufgaben als auch auf die Beziehungen Wert zu legen.

Coaching betont *generative* Veränderungen und konzentriert sich darauf, spezifische Ziele zu definieren und zu erreichen. Coachingmethodiken sind ziel-, nicht problemorientiert. Meist fokussiert man sich gezielt auf die Lösung und entwickelt dafür neue Denk- und Handlungsstrategien, statt zu versuchen, Probleme und alte Konflikte zu lösen. Problemlösung oder vorübergehende Linderung eines Problems sind eher der Beratung und der Therapie zuzuordnen.

Ursprünge des Coachings

„Coach" war von der Wortbedeutung her ursprünglich ein Gefährt, das eine oder mehrere Personen von einem Ausgangsort zu einem Wunschort brachte. Die Bedeutung von Coaching im pädagogischen Sinne geht auf die Vorstellung zurück, dass ein Tutor Studenten durch ihre Prüfungen „schleust" oder „befördert". Im Sport ist ein Coach jemand, der Sportler in den Grundlagen eines Wettkampfsports unterweist, sie trainiert und die Strategie vorgibt. Die Arbeit als Coach besteht hier darin, andere auszubilden (durch Unterweisen oder Vormachen) und zu begleiten.

In der Vergangenheit strebte man beim Coaching üblicherweise das Verbessern einer Leistung an, meist einer speziellen Verhaltensleistung. Ein erfolgreicher Coach dieser Art (wie etwa ein Lehrer für Stimmbildung und Sprechen [*voice coach*], ein Ausbilder für Schauspieler [*acting coach*], ein Basketballtrainer [*pitching coach*]) beobachtet das Verhalten einer Person, gibt Tipps und leitet sie an, unter speziellen Umständen und in bestimmten Situationen besser zu sein. Durch sorgfältiges Beobachten und Feedback entwickelt die Person ihre Verhaltenskompetenz weiter.

Die Coaching-„Revolution"

Seit den achtziger Jahren hat sich die Bedeutung des Konzepts Coaching verallgemeinert und erweitert. Coaching in Unternehmen umfasst vielfältige Möglichkeiten, Menschen darin zu unterstützen, bessere Leistungen zu erzielen und persönliche Beschränkungen zu überwinden. Organisationen haben erkannt, dass die Grenzen der Mitarbeiter ein Unternehmen einschränken. Im Unternehmenscoaching wird häufig auf mehrere Arten gecoacht. Beim *Projektcoaching* geht es um die bessere strategische Leitung eines Teams, sodass dieses ein möglichst gutes Ergebnis erzielt. *Situationscoaching* konzentriert sich speziell auf die Leistungssteigerung oder -verbesserung in einer bestimmten Situation. *Übergangscoaching* hilft Menschen beim Wechsel von *einem* Arbeitsplatz oder *einer* Rolle zu einem bzw. in eine andere.

Lebenscoaching ist ein anderer rasch wachsender Bereich. *Lebenscoaching* unterstützt Menschen dabei, persönliche Ziele zu erreichen, die häufig von Berufs- oder Unternehmenszielen unabhängig sind. Ähnlich wie das Übergangscoaching ermutigt Lebenscoaching Menschen dazu, vielfältige Probleme zu meistern, die beim Übergang von einem Lebensabschnitt zum nächsten auf sie zukommen.

Coaching mit großem „C" und mit kleinem „c"

Eindeutig bieten Persönlichkeitscoaching, Coaching für Führungskräfte und Lebenscoaching Unterstützung auf etlichen unterschiedlichen Ebenen an: für Verhaltensweisen, Fähigkeiten, Überzeugungen, Werte, Identität und sogar für die spirituelle Ebene. Diese neuen und allgemeineren Formen des Coachings – Coaching für Führungskräfte und Lebenscoaching – könnte man als Coaching mit einem großen „C" bezeichnen.

Coaching mit kleinem „c" [im Englischen] konzentriert sich stärker auf die Verhaltensebene und bezeichnet den Prozess, eine andere

Person darin zu unterstützen, eine bestimmte Verhaltensleistung zu erreichen oder zu verbessern. Die Methoden solcher Coachingformen kommen hauptsächlich aus dem Sporttraining; sie helfen uns, Ressourcen und Fähigkeiten klarer wahrzunehmen und bewusste Kompetenz zu entwickeln.

Coaching mit großem „C" unterstützt Menschen dabei, wirksam Ziele auf verschiedenen Ebenen zu erreichen. Es betont die evolutionäre Veränderung und konzentriert sich daher darauf, Identität und Werte zu stärken sowie Träume und Ziele Wirklichkeit werden zu lassen. Es beinhaltet somit die Fertigkeiten des Coachings mit kleinem „c", aber auch noch vieles mehr.

Professionelles Coaching mit NLP

[So lautet der deutsche Titel seines Buches *From Coach to Awakener*, das Robert Dilts hier in der Überschrift zitiert. – Anm. d. Übers.] Die Fertigkeiten und *Tools* des Neurolinguistischen Programmierens (NLP) fördern auf einzigartige Weise erfolgreiches Coaching. Das NLP richtet sein Augenmerk auf wohlformulierte Ziele, es modellierte ursprünglich Persönlichkeiten, die herausragende Leistungen zeigten, es kann Schritt für Schritt Prozesse initiieren, die Spitzenleistungen fördern; dadurch wird es zu einer wichtigen und wirkungsvollen Ressource für Coachs aller Spielarten von Coaching.

Zu den häufig genutzten NLP-Fertigkeiten, *Tools* und Techniken für erfolgreiches Coaching gehören: wohlformulierte Ziele setzen, mit inneren Zuständen umgehen, unterschiedliche Wahrnehmungspositionen einnehmen, *Moments of Excellence,* also innere Topzustände erkennen, Ressourcen auskundschaften und konstruktives Feedback geben.

Zu den Aufgaben des Coachs gehört, die notwendige Unterstützung und den notwendigen geschützten Raum zu bieten, damit Klienten sich erfolgreich entwickeln, wachsen und weitergehen können auf all diesen Ebenen des Lernens und der Veränderung. Je nach Situation und Bedürfnis des Klienten kann der Coach aufgefordert sein, ihn auf *einer* oder auf *allen* diesen Ebenen zu unterstützen; dazu muss der Coach gegebenenfalls eine von mehreren möglichen Rollen übernehmen, wie ich sie in meinem Buch *Professionelles Coaching mit NLP* beschrieben habe.[11]

Geleiten und betreuen

Anleiten, geleiten, begleiten und betreuen – diese Umschreibungen der Tätigkeit des Coachs beinhalten, dass er Unterstützung anbietet im Hinblick auf die *Umgebung*, in der die Veränderung stattfindet. Geleiten bedeutet, einen Einzelnen oder eine Gruppe auf den Weg vom gegenwärtigen zum erwünschten Zustand zu führen. Das setzt voraus, dass der Begleiter schon dort war und den besten Weg (oder zumindest überhaupt einen Weg) zum gewünschten Zustand kennt. Zu den Aufgaben des Betreuenden, des Sachwalters, der sich der Anliegen des Klienten annimmt, gehört es auch, ein sicheres und förderliches Umfeld zu bieten. Dafür achtet er auf die äußeren Umstände und stellt sicher, dass das Nötige vorhanden ist und dass von außen keine unnötigen Ablenkungen oder Störungen kommen.

Traditionelles Coaching

Das traditionelle Coaching (mit kleinem „c") konzentriert sich auf die Verhaltensebene und bedeutet, einem anderen Menschen zu helfen, eine spezielle *Verhaltens*leistung zu erlernen oder zu verbessern. Die Coachingmethoden auf dieser Ebene stammen in erster Linie aus dem Sporttraining; sie fördern das bewusste Erkennen von Ressourcen und Fähigkeiten und die Entwicklung bewusster Kompetenz. Dabei geht es darum, durch aufmerksames Beobachten und Feedback die Fähigkeiten der Menschen hervorzuholen und zu stärken und ihnen die gute Zusammenarbeit mit anderen Teammitgliedern zu erleichtern. Ein erfolgreicher Coach in diesem Bereich beobachtet das Verhalten von Menschen, gibt Tipps und leitet sie an, wie sie sich in speziellen Situationen und unter bestimmten Umständen verbessern können.

Lehren

Das Lehren hilft Menschen, *kognitive Fertigkeiten und Fähigkeiten* zu entwickeln. Lehren will Menschen fördern, ihre Kompetenz und

„Denkfähigkeit" im jeweilgen Lerngebiet zu erweitern. Beim Lehren geht es um den Erwerb allgemeiner kognitiver Fähigkeiten, weniger um bestimmte Leistungen in speziellen Situationen. Ein Lehrer hilft, neue Denk- und Handlungsstrategien zu entwickeln. Beim Lehren liegt die Betonung eher darauf, Neues zu lernen, als darauf, die bisherige Leistung zu verbessern.

Mentoring

Ein Mentor leitet andere an, die eigene unbewusste Kompetenz zu entdecken und innere Widerstände und Störungen zu überwinden; dafür *glaubt* der Mentor an sein Gegenüber und bestätigt dessen positive Absichten. Mentoren tragen dazu bei, die *Glaubenssätze* und *Werte* eines Menschen positiv zu formen, indem sie zur inneren Weisheit dieses Menschen in Resonanz gehen, sie freisetzen oder aufdecken, häufig durch ihr eigenes Vorbild. Diese Art von *Mentoring* verinnerlichen die „Schützlinge" oft, sodass der Mentor äußerlich nicht mehr anwesend zu sein braucht. Die Menschen können dann in vielen Situationen „innere Mentoren" als Lebensberater und Begleiter in sich tragen.

Sponsoring

Eine „Patenschaft" [engl.: *sponsorship*] übernehmen bedeutet, das Wesen oder die *Identität* eines anderen Menschen zu erkennen und anzuerkennen. Beim Sponsoring geht es darum, das Potenzial in anderen zu suchen und zu wahren; das Augenmerk liegt dabei auf der Entwicklung der Identität und der zentralen Werte. Effektives *Sponsoring* rührt daher, dass man sich innerlich verpflichtet, etwas zu fördern, was schon in einem Menschen oder einer Gruppe vorhanden, aber noch nicht in vollem Umfang manifestiert ist. Das erreicht man, indem man ständige Botschaften aussendet wie etwa Folgende: *Sie existieren. Ich sehe Sie. Sie sind wertvoll. Sie sind wichtig/besonders/einzigartig. Sie sind willkommen. Sie gehören hierher. Sie können etwas beitragen.* Ein guter Sponsor in diesem Sinne schafft eine Atmosphäre, in der andere handeln, sich entwickeln und hervortun können. Sponsoren bieten die Bedingungen, Kontakte und Ressourcen, die der gesponsorten Gruppe oder Person gestatten, sich auf ihre eigenen Fähigkeiten und Fertigkeiten zu konzentrieren und diese zu entwickeln und anzuwenden.

Erwecken

Erwecken geht über Coaching, Lehren, *Mentoring* und *Sponsoring* hinaus und schließt die Ebene der *Vision,* der *Mission* und des *Lebenssinns* mit ein. Ein „Aufwecker" [*awakener*] unterstützt andere, indem er die Erfahrungen und Umstände schafft, die das Beste hervorbringen, was diese anderen unter Liebe, Selbst und Seele verstehen. Ein Aufwecker weckt andere durch seine Integrität und Kongruenz. Er bringt die Menschen in Kontakt mit ihrer eigenen Mission und Vision, indem er seine Vision und Mission voll und ganz verkörpert.

Zusammenfassung

Kurz gesagt besteht das übergeordnete Ziel von Coachs darin, ihre Klienten darin zu unterstützen, Fertigkeiten zu lernen und Instrumente der Veränderung auf den unterschiedlichen Ebenen anzuwenden. Mit diesen Fertigkeiten und Instrumenten sollen sich Klienten die Zukunft erschaffen können, die sie sich wünschen, und die notwendigen Ressourcen aktivieren, damit sie diese Zukunft erreichen. Der Coach hat dabei die Funktion, die Klienten dazu anzuleiten, die notwendigen Fertigkeiten und Methoden selbst anzuwenden. Indem die Klienten jedes Instrument aus ihrem „Werkzeugkasten" immer geschickter einsetzen, werden sie immer unabhängiger von ihrem Coach. Dadurch werden sie nachhaltig dazu ausgerüstet, ein erfüllteres und erfolgreicheres Leben zu führen.

Robert Dilts ist einer der führenden Entwickler, Trainer und Berater im Bereich des Neurolinguistischen Programmierens (NLP), seit John Grinder und Richard Bandler dieses 1975 entwickelten. Dilts lernte persönlich bei Dr. Milton H. Erickson und Gregory Bateson. Er hat bisher 18 Bücher über NLP geschrieben.

KAPITEL 7

Coaching mit der Positiven Psychologie

Frage dich selbst, ob du glücklich bist, und du hörst auf, es zu sein.
JOHN STUART MILL

Die Positive Psychologie tritt in die Fußstapfen von Maslows Psychologie der Selbstverwirklichung. Sie konzentriert sich primär auf die Sicherung der Grundlagen von seelischer Gesundheit, Glücklichsein und Wohlbefinden, statt sich mit *Problemen* zu befassen; deshalb betrachtet sie das Modell der seelischen Gesundheit aus einem anderen Blickwinkel als viele andere Systeme der Psychologie. In den üblichen Modellen werden Verhaltens- und emotionale Probleme diagnostiziert, behandelt und geheilt. Dann kehrt der Patient wieder in die Normalität zurück. Das passt nicht zu Coaching, das das „Normale" zum Ungewöhnlichen machen will. (Coaching auf der Grundlage der Positiven Psychologie wird auch oft als *Authentic Happiness Coaching* oder AHC bezeichnet.)

Die Positive Psychologie untersucht, wie es dazu kommt, dass wir positive Emotionen empfinden, und was wir tun können, um diese häufiger zu erleben. Sie modelliert Menschen, die glücklich und erfüllt sind, und untersucht dann, *wie* diese Menschen mehr und anhaltende positive Emotionen in ihr Leben integrieren. Dann kann der Coach andere darin unterstützen, es ebenso zu machen. Diese Fragen haben die verschiedenen Zweige der Psychologie bisher generell vernachlässigt.

Die Positive Psychologie wurde vor allem von Martin Seligman entwickelt[1]; sie beschäftigt sich hauptsächlich mit drei Gebieten: Das erste sind positive Emotionen. Das zweite sind positive Charakterzüge, Stärken und geistige, körperliche oder spirituelle Tugenden, die positive Emotionen begünstigen. Das dritte sind positive Einrichtungen, die die Charakterzüge unterstützen. Diese Disziplin basiert auf gut validierten wissenschaftlichen Studien.

Coaching mit Positiver Psychologie heißt, die grundlegenden Stärken und Werte der Klienten zu erkennen und zu kultivieren, damit sie sie privat und beruflich nutzen können. Die Positive Psychologie geht davon aus, dass wir im Allgemeinen glücklicher und erfüllter sein wollen. Dazu müssen wir positive Emotionen kultivieren *und* mit den negativen fertig werden. Negative Emotionen sind eine Abwehr gegen äußere Bedrohungen; sie sind ein Signal zum Handeln und fordern uns auf, uns aus einer Gefahrensituation zurückzuziehen, aber sie machen uns nicht glücklich. Sie helfen uns, unser Leben ins Gleichgewicht zu bringen, indem sie uns von Gefahren wegführen oder indem wir eine Störung „reparieren". Menschen, die einen Coach aufsuchen, machen ihre Sache im Allgemeinen ganz gut; sie wollen ihr Potenzial noch besser verwirklichen und wissen, dass sie nicht krank zu werden brauchen, damit es ihnen danach besser geht. Glücklichsein ist nicht nur die Abwesenheit von Leid, genauso wenig wie Gesundheit das Nichtvorhandensein von Krankheit ist.

Hoffnung und Optimismus

Was passiert, wenn Klienten Coachs konsultieren, die nach der Positiven Psychologie arbeiten? Als Erstes ermittelt der Coach, wie die Person über ihre Erfahrungen denkt und empfindet und wie sie den Geschehnissen Sinn verleiht. Sinn kann man Ereignissen auf zweierlei Arten zuschreiben; Seligman und seine Kollegen an der *Pennsylvania University* bezeichneten sie in den achtziger Jahren als Attributionsstile.[2] Es sind der optimistische und der pessimistische Stil, von denen jeder aus drei Komponenten besteht.

Erstens: Menschen, die pessimistisch denken, geben sich selbst die Schuld für ein Missgeschick und machen sich Vorwürfe. Sie nehmen es persönlich. Und wenn etwas Gutes geschieht, dann machen sie genau das Gegenteil und schreiben es dem „Glück" zu, einer Instanz, die außerhalb ihrer Kontrolle liegt.

Zweitens denken sie, eine schlimme Situation halte an. Passiert hingegen etwas Gutes, halten sie das nicht für dauerhaft. Drittens glauben sie, eine schlechte Erfahrung greife um sich und betreffe viele andere Lebensbereiche. Ist die Erfahrung jedoch positiv, dann erwarten sie von ihr keine so tief greifende Wirkung.

Dazu ein Beispiel: Ein Pessimist streitet mit einem Freund. Er macht sich selbst Vorwürfe und glaubt, die Freundschaft sei aus und vorbei und sein Freund werde vielen von dem Streit erzählen. Falls er jemanden kennenlernt und sich mit der Person anfreundet, wird er das darunter abspeichern, wie nett dieser andere Mensch ist, doch wahrscheinlich werde das nicht so bleiben und überhaupt ändere das nichts an seiner Lebensqualität. Manche Leute halten Pessimismus für irgendwie „realistischer". „Rechne mit dem Schlimmsten, dann wirst du nicht enttäuscht", so ihr Credo. Doch Pessimismus ist nicht „realistischer" als Optimismus.

Der optimistische Stil ist genau das Gegenteil. Ein Optimist wird sich für negative Situationen nicht die Schuld anlasten, die positiven wird er sich als sein Verdienst anrechnen. Er sieht schlimme Situationen als vorübergehend und gute als dauerhaft an. Ein unangenehmes Geschehnis sehen Optimisten als isolierte Begebenheit, doch eine gute Erfahrung betrachten sie als sich auf alles auswirkend, sodass sie ihnen auch in anderen Lebensbereichen hilft.

Diese zwei Stile sind Tendenzen und die Menschen neigen entweder eher zur einen oder etwas mehr zur anderen Seite; aber Extreme findet man selten.

Optimistischer Attributionsstil	**Pessimistischer Attributionsstil**
Persönlich Rechnet sich selbst gute Ereignisse an, aber schilt sich nicht für negative Situationen	*Persönlich* Gibt sich selbst die Schuld für negative Erfahrungen, aber rechnet sich die guten nicht als Verdienst an
Zeitdauer Glaubt, Gutes halte an, Schlechtes jedoch nicht	*Zeitdauer* Glaubt, negative Situationen blieben bestehen, gute hingegen nicht
Auswirkung Glaubt, gute Dinge wirkten sich auf das übrige Leben aus, doch negative Erfahrungen beeinflussten andere Lebensbereiche nicht	*Auswirkung* Glaubt, negative Erfahrungen wirkten sich auf das übrige Leben aus, doch gute hätten keinen Einfluss auf andere Lebensbereiche

Optimisten sehen die Ursachen positiver Ereignisse als dauerhaft, schlimme Ereignisse als vorübergehend. Das bedeutet, dass sie sich von schlimmen rasch erholen und die warme Glut guter Ereignisse länger bewahren. Sie haben *spezielle* Erklärungen für schlimme Geschehnisse, aber allgemeine für positive Erlebnisse. Sie lassen ihre Triumphe in viele Lebensbereiche einströmen, ein Versagen sperren sie weg. Optimismus und Pessimismus sind hier als Extrempositionen beschrieben. Die meisten Menschen bewegen sich irgendwo in der Mitte.

Welchen Unterschied macht das aus? Einen großen! Eine Studie der *Harvard University*[3], die über 35 Jahre lief, ergab Folgendes: Im Allgemeinen waren Männer, die in ihren Zwanzigern schlimme Begebenheiten optimistisch erklärten, später im Leben (mit über 40) gesünder als Männer mit pessimistischen Erklärungen. Die Gesundheit der pessimistischen Gruppe war deutlich schlechter, was sich durch keine andere Variable erklären ließ (Lebensweise, Rauchen, Essgewohnheiten etc.). Fazit: Optimisten hatten eine um 19 Prozent höhere Lebenserwartung. Die Ergebnisse waren statistisch signifikant; die Wahrscheinlichkeit, dass dieser Zusammenhang zufällig zustande kam, betrug eins zu tausend. Es gibt toxische und schädliche Gedankenmuster ebenso, wie es giftige und schädliche Lebensmittel gibt. Wenn man bedenkt, dass Optimismus ebenso realistisch ist wie Pessimismus, dann lohnt es sich offensichtlich, optimistisch zu denken (und dabei geeignete Schritte zu unternehmen, um unnötige Risiken abzudecken).

Zu Optimismus und seiner Begleiterin, der Hoffnung, ist schon viel geforscht worden. Sie bieten mehr Widerstand gegen Depressionen, wenn tatsächlich Schlimmes geschieht, sie führen zu besseren Leistungen im Beruf, besonders in anspruchsvollen Jobs. Und das Beste: Im Gegensatz zur landläufigen Meinung sind sie erlernbar. Ein Coach der Positiven Psychologie unterstützt seine Klienten darin, optimistischer zu denken. Das hilft ihnen bei allen auftretenden Problemen und nützt ihnen langfristig.

Seligman beschreibt einen einfachen Prozess, mit dem sich pessimistisches Denken erkennen und in Frage stellen lässt.[1] Er nennt ihn das ABCDE-Modell:

A = Ach und Weh [Unglück, engl.: *adversity*]
B = Bewertungen [*beliefs*]
C = Konsequenzen [*consequences*]
D = Disput [*disputation*]
E = Energiesteigerung [*energization*]

ACH UND WEH

Ach und Weh bezeichnet die *Erfahrung*, vor allem falls diese negativ war. Inwiefern stellte sie eine Herausforderung dar? Angenommen, Sie haben beispielsweise eine Coachingsitzung, fühlen sich nicht sonderlich inspiriert und der Klient scheint keine Fortschritte zu machen. Am Ende der Sitzung sagt er, seinem Gefühl nach habe die Sitzung keinen Fortschritt gebracht.

Diese Äußerung kann man aus vielen Blickwinkeln betrachten. Es ist einfach, vom Ereignis zur Erklärung zu hüpfen, von der Erklärung zum Urteil zu springen und zu schlussfolgern: Das war eine schlechte Coachingsitzung. Oder gar: Sie sind ein schlechter Coach … Das wäre die klassische pessimistische Folgerung.

BEWERTUNGEN

Was halten Sie von dem Geschehenen?

War es Ihre Schuld?

Wird Ihre nächste Sitzung genauso schlecht sein?

Lässt Ihre Leistungsfähigkeit nach?

Wird der Klient das Coaching fortsetzen?

KONSEQUENZEN

Was sind die Folgen der pessimistischen Bewertung? Vielleicht Unsicherheit beim Coaching und die Sorge, dass dieser Klient das Coaching abbricht und allen Freunden und wichtigen Geschäftspartnern davon erzählt. Vielleicht kommen dann keine Geschäftsklienten mehr nach. Vielleicht brauchen Sie etwas mehr Supervision.

DISPUT

Der Disput ist der entscheidende Schritt. Betrachten Sie das Ereignis samt Begleitumständen gewissenhaft und objektiv, ebenso die Bewertung und die möglichen Folgen. Nehmen Sie Ihren pessimistischen Teil ins Kreuzverhör; entlassen Sie ihn nicht aus dem Zeugenstand, bevor er sich nicht gerechtfertigt hat. Welche Beweise haben Sie dafür? Welche anderen Erklärungen gibt es? Ein Ereignis hat nicht nur eine einzige Ursache; es ist immer eine Kombination von Umständen. Sie könnten sich zum Beispiel daran erinnern, dass Sie die vorige Nacht nicht gut geschlafen hatten und vor der Sitzung nicht ganz auf dem Damm waren. Außerdem machten Sie sich Gedanken über das Zeugnis Ihres Sohnes; er scheint im letzten Halbjahr nicht mehr so gut zu sein. Das war eine nagende Sorge und Sie vergaßen Ihr kurzes Entspannungs- und Klärungsritual vor der Sitzung, weil die Sitzung zuvor länger dauerte. Die Sorge um Ihren Sohn muss unter der Oberfläche noch gebrodelt haben. Es wäre unrealistisch zu erwarten, dass Sie unter diesen Umständen in Bestform sind. Erinnern Sie sich außerdem, dass der Klient bisher mit dem Coaching zufrieden war. Jeder hat mal einen schlechten Tag; Sie haben schon früher Sitzungen wie diese erlebt, vielleicht einmal im Monat, doch kaum als ein Muster.

Was ergibt sich daraus? Sie sind ein Mensch. Auch Sie haben mal einen schlechten Tag. Selbst wenn der Klient das Coaching abbricht, wird das ebenso viel über *sein* Engagement aussagen wie über *Ihres*. Pessimistisches Denken ist unvernünftig.

ENERGIESTEIGERUNG

Die negative Überzeugung und das pessimistische Denken in *Zweifel* zu ziehen setzt Energie frei. Was können Sie daraus lernen? Sie brauchen nicht perfekt zu sein, Ihre Leistung schwankt von Zeit zu Zeit; das ist natürlich. Wenn sie unter das Normalmaß sinkt, dann steigt sie auch wieder darüber. Vielleicht hatten Sie diese Woche mit einem anstrengenden Klienten eine hervorragende Sitzung, die ihm zu bemerkenswerten Erkenntnissen und einem großen Durchbruch verhalf. Könnte das bedeuten, dass Sie gerade ein besserer Coach werden und er Sie seinen Geschäftskontakten empfiehlt?

Sie arbeiten meistens gut und bisweilen hervorragend, doch es ist nützlich, Ihre Leistung zu verfolgen und Muster zu erkennen. In der nächsten Sitzung mit dem problematischen Klienten könnten Sie zu Beginn das letzte Gespräch Revue passieren lassen und fragen, was er darüber denkt, und dann von dort aus weitermachen. Sie können auch Ihre Aufzeichnungen über die Sitzung noch einmal durchgehen und schauen, welche besseren Fragen Sie hätten stellen können. Coaching geht nicht immer vorwärts und aufwärts. Es gibt kleine Umwege und Hindernisse und genau die machen die Durchbrüche noch angenehmer!

Dieser ABCDE-Prozess ist leicht zu lernen und er hilft Klienten nicht nur, mit einem Problem umzugehen, sondern auch ihre Denkgewohnheiten zu ändern. Ein längeres Leben gilt in der Regel nicht als Nutzen aus dem Coaching, doch vielleicht ist es einer.

Das Glücksgefühl

Glück im hier gemeinten Sinne von Glücksgefühl ist ein Zustand, den wir unser ganzes Leben lang auf unterschiedliche Art und Weise suchen, trotz aller Probleme, Schwierigkeiten, Krankheiten und Tragödien. Es gibt keine feststehende Formel für dieses Glücksgefühl. Leo Tolstoi begann seinen Roman *Anna Karenina* mit dem Satz: „Glückliche Familien sind alle gleich; doch jede unglückliche Familie ist auf ihre eigene Art unglücklich." Diese Idee taugt zwar für interessante Romane, doch sie stimmt nur zur Hälfte. Jeder einzelne Mensch und jede Familie ist auch auf einzigartige Weise glücklich.

Seligman unterscheidet drei Wege zu diesem Glückszustand:

- über die Emotionen
- über die Verbindung mit einer inneren oder äußeren Aktivität
- über persönliche Bedeutung

Alle Menschen sind bekanntlich anders, haben unterschiedliche Fähigkeiten und Bedürfnisse und sind auf ihre eigene Art glücklich. Authentisches Glücksgefühl bedeutet, auf die eigene Art glücklich zu sein. Der Coach hilft Ihnen dabei, indem Sie mit ihm Ihre Stärken und Potenziale ermitteln und entwickeln. Dieses Glücksgefühl hat nichts mit Hedonismus zu tun. Hedonisten wollen so viel *Vergnügen* wie möglich. Doch Glücksgefühl ist nicht gleich Vergnügen. Was aber ist dieses Glücksgefühl genau und können wir es messen?

Die Glücksformel

Glück empfinden und glücklich sein sind Wörter mit vielen Facetten. Zwar hält jeder diesen Zustand für erstrebenswert, schätzt ihn und strebt danach, doch ist er nur schwer zu fassen und zu definieren. Bis Mitte der neunziger Jahre ging man allgemein davon aus, dass die Fähigkeit, glücklich zu sein, bei der Geburt wie ein Thermostat eingestellt sei. Manche Menschen seien einfach von Natur aus glücklicher als andere, daran sei nicht viel zu rütteln. Gute oder schlimme Ereignisse änderten zwar vorübergehend den Grad, doch dann gehe das Niveau wieder auf den voreingestellten Wert zurück. Mittlerweile wissen wir jedoch, dass das Glücksempfinden nicht völlig unseren Genen unterliegt.

Hier ist die Glücksformel der Positiven Psychologie:

$$H = S + C + V$$

[Das **H** steht dort für *happiness*, S für *set point*, C für *circumstances* oder *conditions of life*, V für *voluntary activities*. Anmerk. d. Verlags. Für unseren deutschen Kontext übersetzen wir sie wie folgt:]

$$G = S + L + A$$

Das **G** steht für unser langfristiges, vertrautes Glücksniveau. Wir alle erleben einmal besonders glückliche Momente, doch sie halten nicht immer lange an.

S ist unser Sollwert oder Sollbereich. Er ist großenteils genetisch festgelegt. Wir gewöhnen uns an neue Umstände und was uns früher glücklich machte, wird nach einer gewissen Zeit Teil der Normalität. Dann setzen wir uns neue Ziele, die uns, so hoffen wir, glücklich machen. Und das machen sie auch – eine Zeitlang. Wir erlangen all die guten Dinge, die in unser Leben treten, wir genießen sie und halten sie dann für selbstverständlich.

L steht für unsere Lebensbedingungen oder Lebensumstände. Wir können unsere Lebensbedingungen ändern, doch das ist nicht einfach. Mit Geld kann man Glück nicht kaufen. In den wohlhabenden Nationen, in denen jeder ein soziales Sicherheitsnetz hat, wirkt sich ein höheres Einkommen kaum auf das Maß an Glücksempfinden aus. Selbst die reichsten Menschen in den USA sind angeblich nur ein klein wenig glücklicher als der Durchschnitt. Alter, Bildungsstand, Klima, Rasse und Geschlecht scheinen mit dem Glücksgefühl nichts zu tun zu haben. Lebensumstände kommen von außen; dauerhaftes Glücksempfinden kann nur von innen kommen – und das können wir sehr wohl kontrollieren.

A steht für all das, was wir willentlich tun können, für absichtsvolle Aktivitäten, die unsere Akzeptanz fördern und unserer Kontrolle unterliegen. Optimistische Denkmuster zum Beispiel können wir uns willentlich aneignen, um unseren Glückspegel zu erhöhen. Doch Glücksempfinden hat auch etwas Paradoxes an sich. Es ist ein Zustand und man kann nur im gegenwärtigen Moment glücklich sein. Es ist kein Besitz, den Sie mit sich herumtragen können, sodass Sie morgen mit ihm aufwachen, wenn Sie ihn gestern hatten. Je mehr Sie ihn festzuhalten suchen, desto vehementer entzieht er sich Ihnen. Dieser Zustand gleicht einem schüchternen Freund, den Sie in Ihr Haus locken müssen. Falls Sie fest zupacken und ihn über die Schwelle zerren wollen, läuft er weg und hält sich fern.

Vergnügen

Die Positive Psychologie unterscheidet zwischen Glücksgefühl, Vergnügen und Freude (im Sinne von Erfüllung, Zufriedenheit). „Wie kann ich glücklich werden? Was kann mich glücklich machen?" – das sind mehrdeutige Fragen. Glücksgefühl besteht aus zwei verschiedenen Elementen: Vergnügen und Freude (Zufriedenheit, Erfüllung). Vergnügen ist eine Sache unserer Sinne, es ist unmittelbar und emotional. Es fühlt sich gut an (obgleich ihm gelegentlich Schuld und andere negative Emotionen folgen). Das reine Vergnügen von Sex, Lachen, einem heißen Bad oder einer kalten Dusche, einem mitreißenden Musikstück oder einem Stück Schokolade ist wundervoll. Die kognitive Wertschätzung kann das Vergnügen noch steigern, etwa indem man der Musik lauscht oder Wein kostet. Ergänzen Sie die Liste der Vergnügungen nach Ihrem Belieben. Zumindest diese elementaren, sinnlichen Vergnügungen unterscheiden sich von Mensch zu Mensch nur wenig, weil unsere Körper biologisch alle ähnlich sind und in Bezug auf Schmerz und Vergnügen gleich „verschaltet". Vergnügen ist unbefangen; man stellt es nicht in Frage oder versucht es zu analysieren, und falls doch, dann verschwindet es.

Das Problem ist, dass das Vergnügen auf die Dauer abnimmt. Es unterliegt dem Gesetz des bei Wiederholung abnehmenden Ertrags. Das erste Glas Wein mag köstlich schmecken, doch die Geschmacksknospen registrieren das zehnte nicht mit dem gleichen Vergnügen. Jedes Vergnügen beeinträchtigt das nachfolgende. Wir gewöhnen uns an Vergnügen; oft brauchen wir einen immer stärkeren Reiz, um das gleiche Vergnügen zu empfinden – die Grundlage von Süchten. Vergnügungen müssen eingeteilt und gewürdigt werden, damit sie ihre ganze Wirkung entfalten. In diesem Sinne kann ein Coach den Klienten beibringen, Vergnügungen ganz auszukosten.

Freude, Erfüllung und der Flow-Zustand

Vergnügen ist meistens *passiv*; man lehnt sich zurück und genießt. Wirkliche Erfüllung hingegen erleben wir durch Aktivitäten, die uns in ihren Bann ziehen. Sie fordern uns ganz, und falls Vergnügen mit im Spiel ist, bemerken wir das nicht immer bewusst. So entsteht der sogenannte Flow-Zustand. Man befindet sich in einem Flow-Zustand, wenn man sich der jeweiligen Aktivität völlig hingibt und ganz auf sie einlässt. Die Tätigkeit hat eine Bedeutung und vermittelt ein Gefühl von Sinn. Coaching mit Positiver Psychologie hilft Klienten, Sinn und Zweck zu empfinden, indem es sie unterstützt, mehr Flow-Zustände zu erleben. Mit dem Flow-Zustand hat sich vor allem Mihaly Csikszentmihalyi beschäftigt.[4] Es ist kein Zustand der Gnade, den nur wenige Auserwählte erlangen können, sondern etwas, was jeder unter den „richtigen", passenden Umständen immer wieder einmal erlebt. Man kann ihn kultivieren und genau dabei hilft das Coaching mit Positiver Psychologie.

Was sind die Elemente dieses Zustandes?

1. Innere Klarheit – Alles erscheint klar; da gibt es keine Zweifel.
2. Vollkommen im gegenwärtigen Moment sein – Befangenheit ist kaum vorhanden. Sie sind da, aber Sie sind sich nicht bewusst, dass das „Sie" sind. Sie sind Teil des Lebensflusses. In dem Augenblick, in dem Sie denken: „Mensch, toll, ich bin im Flow-Zustand", sind Sie schon draußen. „Flow" [Fließen oder Im-Fluss-Sein] ist eine andere Bezeichnung für das, was Sportler „die Zone" nennen [engl.: *zone*, sinngemäß: Zone des Erfolgs]. Sportler in der „Zone" sind in Bestform, denken aber nicht darüber nach, wie gut oder schlecht sie agieren, sondern reagieren einfach in jedem Moment auf das, was geschieht. Sie werden leer, sodass ihre Fertigkeiten durch sie hindurchfließen können. Das ist genau *der* Zustand, den das *Inner Game* zu fördern sucht.

   Man empfindet im Flow-Zustand ein starkes Gefühl des Steuerns, des Schaltens und Waltens, und dieses Gefühl des Tuns fließt in das Getane ein; da ist Handeln, aber kein Handelnder.

3. Im Flow-Zustand hat man nicht das Gefühl, dass die Zeit vergeht. Es kann viel Zeit verstreichen, doch man ist so in den Zustand vertieft, dass es einem nur wie ein paar Sekunden oder Minuten erscheint.

Diese Merkmale (innere Klarheit, im gegenwärtigen Moment sein und Zeitverzerrung) ergeben sich aus dem Flow-Zustand – man kann sie nicht steuern. Man kann nicht versuchen, sie zu „machen". Zwei Aspekte in Bezug auf den Flow-Zustand kann der Klient allerdings kontrollieren und der Coach kann ihn dabei unterstützen.

Da ist einmal der Punkt, ein Gleichgewicht zwischen Fähigkeiten und Herausforderungen für die Klienten herzustellen. Der Flow braucht ein hohes Maß an Fähigkeiten, das auf ein hohes Maß an Herausforderung trifft. Dabei ist der Grad beider, den der Klient wahrnimmt, kein absolutes Maß. Hält der Klient die Aufgabe für zu groß, so kommt er nicht in den Flow-Zustand, sondern gerät in Angst. Hält er jedoch seine Fertigkeiten für mehr als angemessen, dann langweilt er sich.

Der andere Aspekt des Flow-Zustands, den Klienten steuern können, ist ihre Motivation. Niemand kommt in einen Flow-Zustand, wenn er etwas macht, was er ungern tut. Coachs helfen Klienten, Tätigkeiten zu finden, die sie wertschätzen und um des Tuns willen genießen. Ein Flow-Zustand kann nicht „eingekauft", erzwungen oder herangezerrt werden. Man muss ihn einladen und anlocken.

Folgendermaßen können Coachs ihren Klienten helfen, Flow und Erfüllung zu finden:

- Indem sie ihnen unmittelbares Feedback über ihr Tun geben und ihnen herauszufinden helfen, wie und wo sie eindeutiges Feedback von anderen bekommen. Diese Rückmeldungen sollten unterstützend und positiv sein, aber auch nicht im Übermaß, denn zu viel positives Feedback wirkt kontraproduktiv.

- Indem sie die Klienten dabei unterstützen, ihre Erfahrungen zu reflektieren: Womit verbringen sie ihre Zeit? Was tun sie? Wenn Zeit Geld ist, worin investieren sie? Nehmen sie sich wirklich Zeit für Aktivitäten, die sie wertschätzen und die sie glücklich machen?

- Indem sie die Sichtweise des Klienten zu seinem Maß an Fähigkeiten und Herausforderung respektieren und ihn dabei unterstützen, zwischen beiden das richtige Gleichgewicht zu finden – wobei sie ihn immer ein wenig über seine Komfortzone hinaus anstupsen, aber nie so weit, dass er Angst hat, zweifelt oder frustriert ist.

- Vielleicht der wichtigste Punkt: Indem sie Klienten auf ihren – vielleicht stark wertenden – inneren Dialog aufmerksam machen. Viele Klienten gehen hart mit sich ins Gericht und geben sich in der Privatsphäre ihres Kopfes ständig negatives Feedback, das alles von außen kommende zunichte machen kann. Die Klienten müssen sich ihrer Selbstgespräche bewusst werden und sie so unterstützend wie nur möglich gestalten.

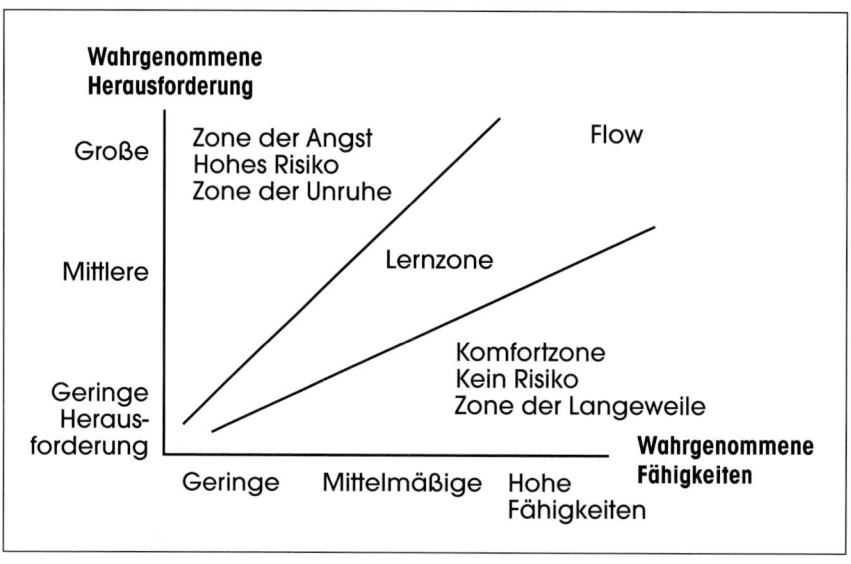

Flow, Fähigkeiten und Herausforderung

Werte, Tugenden und Stärken

Coaching nach der Positiven Psychologie zielt vor allem darauf ab, dass sich Klienten mit dem verbinden können, was ihnen wichtig ist und worin sie gut sind. Chris Peterson und Martin Seligman haben eine Klassifizierung von Charakterstärken entwickelt, die man unter *Values in Action Survey* kennt [VIA; dt. etwa: Erfassung der Werte in Aktion].[5] Eine Charakterstärke bezeichnet die Fähigkeit, sich so zu verhalten, zu denken oder zu fühlen, dass man optimal handelt, um seine Ziele zu erreichen und Bestleistungen zu erzielen.

Grundlegende Tugenden, die fast alle Kulturen und bedeutenden religiösen Traditionen befürworten
Weisheit
Mut
Menschenfreundlichkeit
Gerechtigkeit
Mäßigung
Transzendenz

Coachs können mit Klienten diese Klassifizierung durchgehen, damit sie ihre Charakterstärken erkennen. Dann arbeiten beide gemeinsam daran, diese Stärken zu entwickeln und die Eigenschaften stärker im Alltag einzusetzen. Es gibt 24 Stärken, die sich von den sechs Grundtugenden ableiten, die alle bedeutenden Religionen und Kulturen wertschätzen. Es sind Weisheit, Mut, Menschenfreundlichkeit, Gerechtigkeit, Mäßigung und Transzendenz. Diese Grundtugenden kann man entwickeln, sie haben ihren Wert in sich selbst. Ihre persönlichen Stärken können Sie mit dem VIA-Test kostenlos im Internet ermitteln.[6]

Positive Psychologie und Teams

Die Positive Psychologie lässt sich in der Wirtschaft vielfältig einsetzen. Menschen wollen an ihrem Arbeitsplatz zufrieden und glücklich sein, sich als Teil eines Teams fühlen und Freude an ihrer Arbeit haben. Wenn sie ihre Stärken in ihre Arbeit einbringen, verbessert sich ihre Leistung. Positive Emotionen geben den Menschen Energie und motivieren sie, kreativer zu arbeiten. M. Losada untersuchte die Resultate von 60 Teams in Unternehmen.[7] Er stellte fest, dass positive Gefühle stark beeinflussen, wie Teams arbeiten und welche Ergebnisse sie erzielen. In den Meetings maßen die Forscher das Verhältnis zwischen der Anzahl positiver (also bestätigender oder unterstützender) Aussagen und der Anzahl negativer (also missbilligender und kritischer) Äußerungen. Die Teams wurden nach ihrer Effektivität und der Kundenzufriedenheit eingestuft und bekamen eine hohe, mittlere oder niedrige Punktzahl. Folgende Ergebnisse kamen dabei heraus: Bei den Teams, die gute Leistungen erzielten, kam auf drei positive, unterstützende Aussagen ungefähr eine negative, missbilligende. Je schlechter das Verhältnis zwischen positiven und negativen war, desto schlechter schnitt das Team ab. Nur weil mehr unterstützende Aussagen gemacht wurden, hieß das nicht, dass es keine Kritik oder Schwierigkeiten gab; diese sind offensichtlich wichtig, um ein Team zu Bestleistungen anzuspornen.

Eine spätere Studie ergab, dass es auch zu viel des Guten geben kann.[8] Kommen auf eine negative mehr als zwölf positive Bemerkungen, so arbeitet das Team nicht gut, die Mitglieder werden unflexibel und achtlos. Das hat Konsequenzen für Coachs, die mit Teams in Unternehmen arbeiten, und für Lebenscoachs. Unterstützen Sie Ihre Klienten, aber nur bis zu einem gewissen Punkt. Zu viel Unterstützung macht Menschen reaktionsträger und weniger proaktiv.

Zusammenfassung

Coachs aus der Positiven Psychologie arbeiten mit den Klienten an deren Stärken und Werten; sie unterstützen sie, durch ihre natürlichen Stärken Bestleistungen zu erzielen. Sie helfen Klienten, optimistisch zu denken, und stellen ihnen dafür auch Aufgaben; so potenzieren sie positive Emotionen, die Klienten handeln engagierter und zielstrebiger. Beispielsweise können Klienten durch eine Übung positive Emotionen steigern, indem sie sich eine Weile Zeit nehmen für ihre Lieblingsbeschäftigung. Die Klienten genießen dann den Moment, gehen ganz in der Tätigkeit auf und wertschätzen dieses Vergnügen auf neue Art. Das können sie regelmäßig in ihr Leben integrieren. Die Positive Psychologie zieht Konzepte heran, die bis vor wenigen Jahren als zu subjektiv für Studien galten (etwa Glücksempfinden, Flow-Zustand und Charakterstärken), und nutzt sie pragmatisch und penibel, um Menschen zu einem erfüllteren Leben zu verhelfen.

Unser Fallbeispiel

Wie würde ein Coach Brian mit der Positiven Psychologie helfen?

Als Erstes würde er Brian auffordern, sich auf seine Stärken und Leistungen zu konzentrieren statt auf das, was schiefgelaufen ist – ohne abzustreiten, dass die Dinge besser stehen könnten. Klienten wie Brian lassen oft zu, dass akute Probleme ihre Stimmung völlig trüben, sodass sie ihre Stärken und Errungenschaften aus den Augen verlieren. Das erzeugt eine ressourcenarme Stimmung, die zu weiterem Unglücklichsein und weiteren Problemen führt. Der Coach würde mit Brian an dessen Hoffnung arbeiten; dafür würde er ihm erstens zeigen, was er tun kann, und ihm erkennen helfen, wie er selbst zu der Situation beiträgt; zweitens würde er mit ihm einen eindeutigen Handlungsplan für den Weg zum Erfolg erstellen.

Dann sollte Brian seinen Optimismus einstufen, wobei der Coach ihn unterstützt, seine Situation positiv zu sehen. Der Coach würde Brian durch den ABCDE-Prozess führen, damit er die aktuellen Schwierigkeiten als isolierte erkennen kann, die sich in Kürze lösen lassen. Er würde ihm behilflich sein, jegliches vorwurfsvolle Selbstgespräch zu erkennen, das vielleicht in seinem Kopf abläuft. Er würde ihn formulieren lassen, was seinem Wunsch nach geschehen soll, und mit ihm schauen, wie er das direkt erreichen kann, sodass die Veränderung dauerhaft ist und andere Lebensbereiche positiv beeinflusst. Der Coach würde mit ihm die momentanen Probleme anschauen – um seine Glaubenssätze dazu zu erfahren sowie die Konsequenzen dieser Ansichten und um diejenigen in Frage stellen, die ihn ressourcenarm und unglücklich machen –, damit Brian positiv und hoffnungsfroh weitergehen kann.

Der Coach würde die Dynamik in und seine Zusammenarbeit mit seinem Team unter die Lupe nehmen, um festzustellen, ob sich das positive, unterstützende Feedback erhöhen ließe. Er würde Brian Wege finden lassen, sich nützliches Feedback von anderen einzuholen, denn Brians Probleme lassen vermuten, dass er ziemlich isoliert ist und dass es ihm schwerfällt, um gute Rückmeldungen zu bitten und sie zu bekommen.

Das Coaching würde Brians Wertvorstellungen ermitteln und ihm helfen, seine persönlichen Stärken zu kultivieren. Was ist ihm wichtig am Schachspielen? Am Lesen? An seiner Familie, seiner Frau, seinen Kindern? Was liegt ihm wirklich am Herzen? Was verschafft ihm das meiste Vergnügen und die meiste Freude und Erfüllung? Der Coach würde Brian ermuntern, mehr Möglichkeiten zu finden, diese Dinge in sein Leben einzubauen. Er würde ihm die Hausaufgabe stellen, regelmäßig einigen angenehmen und erfreulichen Tätigkeiten nachzugehen.

Brian würde anhand des VIA-Tests seine Charakterstärken ermitteln. Auf dieser Grundlage würde der Coach Brian herausfinden helfen, wie er seine Stärken nutzen und mit genau diesen Ressourcen etwas bewegen könnte. Und schließlich würde der Coach Brian erkennen helfen, wie er mit seinen Stärken über seine Zukunft entscheiden könnte.

Von der Klinischen zur Positiven Psychologie
Mein Weg zum Coaching
Von Carol Kauffman

Als ich den Beruf des Coachs und die akademische Disziplin Positive Psychologie entdeckte, fühlte ich mich wie ein Vogel, der aus einem Käfig freigelassen wird. Endlich hatte ich intellektuelle Bezugssysteme und unterstützende Kollegen, mit deren Hilfe ich die künstlichen Beschränkungen überwinden konnte, die innerhalb der Klinischen Psychologie unglücklicherweise geschaffen worden sind. Bald taten sich für mich wie für die Menschen, mit denen zu arbeiten ich das Privileg habe, neue Möglichkeiten auf.

Es gehört zu meinem Beruf als Psychologin, mich eingehend mit dem Schmerz meiner Klienten zu befassen und der Spur der Tränen zu folgen, hin zu innerer Heilung, zur Besserung der zwischenmenschlichen Beziehungen und zu einem besseren „Funktionieren". Die Arbeit lohnt sich. Es ist zweifellos wichtig, Menschen sozusagen auf dem Weg von −10 nach 0 zu helfen. Doch ich sehnte mich danach, weiterzugehen, einen Fortschritt von 0 hin zu +10 aufkeimen zu lassen. Die Gelegenheit dazu fand ich in der Positiven Psychologie und im Coaching. Im Gegensatz zur Klinischen Psychologie verfolgt Coaching die „Spur der Träume" und gestaltet mit bei der Reise in Richtung optimaler Leistung und Befriedigung im Leben. Auf diesem Weg findet oft Heilung statt, doch sie ist ein Nebeneffekt davon, dass Menschen ihre Stärken entdecken, mehr Freude empfinden und sich wieder in ihre Arbeit, in ihr Leben und in sich selbst „verlieben".

Wie viele Therapeuten, die Coachs wurden, schwenkte ich schon früh in meiner Laufbahn in Richtung Coaching, ohne dass ich genau ausmachen konnte, was der „üblichen Psychologie" fehlte. Meine erste Arbeitsstelle als Forschungsassistentin trat ich 1974 an. Ich leitete eine Studie mit Kindern, die alle ein hohes Erkrankungsrisiko hatten und deren Mütter alle (sehr) psychotisch waren. Während des ersten Gesprächs mit meinen neuen Vorgesetzten erkundigte ich mich: „Warum achten wir nur auf das, was mit diesen Kindern nicht stimmt? Kann ich auch Kinder untersuchen, denen es trotz der Psychose ihrer Mutter gut geht?"

Diese aufgeschlossenen Professoren von Harvard gestatteten mir mit meinen damals 21 Jahren, diese Arbeit an ihre laufende Untersuchung anzuhängen. Jahre später waren meine Befunde die signifikantesten Ergebnisse aus dieser sechs Jahre dauernden Untersuchung. Meine Professoren traten in den Hintergrund, sodass ich als erste Autorin angeführt wurde. Zu meiner Überraschung wurde der Artikel über die Superkinder psychotischer Mütter in der Zeitschrift *American Journal of Psychiatry* veröffentlicht.[1]

Als Klinische Psychologin spezialisierte ich mich dann auf Traumata. Ich arbeitete Vollzeit in meiner Privatpraxis und unterrichtete am *McLean Hospital*, einem Lehrkrankenhaus der *Harvard Medical School*. Mein frühes Interesse an den Stärken der Menschen erlosch nie. In den Dutzenden von Seminaren und Hunderten von Forschungssitzungen, an denen ich teilnahm, war mir immer bewusst, dass uns die Sprache für das fehlte, was bei den Menschen „stimmte". Wir sprachen nur über das, was verkehrt oder krank war oder fehlte. Wenn ich Stärken und menschliches Potenzial erwähnte, tolerierten die Kollegen das zwar, interessierten sich aber nicht dafür. Ohne theoretischen Rahmen und Hunderte von Studien, die diesen Rahmen untermauern, hatten meine Bemerkungen nur wenig Gewicht. Ich wurde als Psychologin angesehen, die auf die Sonnenseite schaute, doch die wurde nicht als wichtig erachtet. Zwar gab es in der psychologischen Fachliteratur Untersuchungen zu Widerstandsfähigkeit (Resilienz) und Kreativität, doch diese entsprachen definitiv nicht der herrschenden Meinung.

Das änderte sich im Januar 2000, als die Positive Psychologie offiziell ins Leben gerufen wurde und der *American Psychologist* eine Sonderausgabe über optimales „Funktionieren" herausbrachte. Ich erinnere mich noch lebhaft an diesen Moment. Ich liebte meine Klienten, doch mein Beruf entmutigte mich. Ein Exemplar dieses Heftes, das einem Kollegen gehörte, erregte meine Aufmerksamkeit.

Auf dem Titelblatt stand „Special Issue on Optimal Human Functioning" (dt. etwa: Sonderausgabe über das optimale Funktionieren der Menschen). Ich stand allein in der Poststelle und begann zu lesen. Die (oben erwähnte) Käfigtür klappte auf ...

Die Positive Psychologie ist eine Wissenschaft, die Coaching in vielerlei Hinsicht unterstützen kann. Sie wird definiert als empirische Untersuchung positiver individueller Charakterzüge, positiver subjektiver Erfahrungen und positiver Strukturen.[2] Eine andere Definition, die sich ganz eng an Coaching anlehnt, besagt: „Die Positive Psychologie untersucht die Bedingungen und Prozesse, die zum Aufblühen und optimalen Funktionieren von Menschen, Gruppen und Strukturen beitragen."[3] Was bietet Coaching, wenn nicht das?

Die Positive Psychologie hat den Rahmen geliefert, den es brauchte, damit Psychologen die menschlichen Stärken ernst nehmen können. Mittlerweile bestätigen Hunderte von Untersuchungen Coaching als „echten Beruf". Für mich war es wichtig, eine wissenschaftliche Grundlage für die Art von Arbeit zu haben, für die ich mich immer interessiert habe. Wir sind nicht mehr auf uns selbst angewiesen. Heute bestätigen hervorragende Studien die Vorteile eines auf Stärken basierenden Ansatzes und verlässliche Daten weisen auf die langfristigen Vorteile positiver Affekte hin. Untersuchungen haben ergeben, dass ein bestimmtes Verhältnis zwischen positiven und negativen Erfahrungen Kreativität und Wohlbefinden stimuliert.[4] Sie haben auch ergeben, dass bestimmte Bedingungen den Flow-Zustand begünstigen und Menschen in die „Zone für Bestleistungen" bringen.[5, 6] Mittlerweile haben wir verschiedene Beurteilungsmethoden der Positiven Psychologie[7] und wir haben empirische Untersuchungen, die die Wirksamkeit von Coaching und positiven Interventionen nachweisen.[8] Die Wissenschaft kann nun – zusätzlich zur Kunst – das Herzstück des Coachings sein.[9, 10]

Wie bringe ich nun all das zusammen? Ich arbeite daran.[11] In meiner Arbeit mit Klienten wende ich die Grundsätze der Positiven Psychologie in fünf Schritten an. In einem Workshop oder vor einer Gruppe stelle ich diese Schritte strukturiert mit den dazugehörigen Interventionen vor. Häufiger allerdings wende ich ein weniger strukturiertes und stärker vom Klienten gesteuertes Modell an. Die Interventionen sind dann oft indirekt und in Form von wirkungsvollen Fragen, Nachfragen oder Bitten in den Coachingprozess eingeflochten. Direkt oder indirekt gehe ich auf folgende Bereiche ein:

- Den Blickwinkel grundlegend revidieren
- Positive Einschätzung
- Das Wohlbefinden steigern
- Hoffnung nähren
- Spitzenleistungen erreichen

Es ist hier nicht genug Raum, gründlich darauf einzugehen, doch nachstehend sei der wissenschaftliche Hintergrund dazu kurz erklärt.

Den Blickwinkel grundlegend revidieren

Wir sind darin geschult – und wahrscheinlich so „verschaltet" –, dass wir uns auf das konzentrieren, was an uns und anderen *verkehrt* ist. Unser Gehirn verarbeitet ungelöste Probleme (wie etwa Fehlschläge) viel anschaulicher als gelöste (wie Erfolge und positive Erfahrungen). Untersuchungen belegen, dass wir kreativer werden, wenn wir diesen einseitigen Blickwinkel grundlegend ändern; dann denken wir in großen Bildern, wir werden produktiver und fühlen uns wohler.

Positive Einschätzung

Die Forschung zeigt auch, dass sich das Wohlbefinden verbessert, dass Depressionen abnehmen und das Selbstwertgefühl sich erhöht, wenn man seine Stärken zum Ausdruck bringen und einsetzen kann. Es gibt zahlreiche Möglichkeiten, folgende Eigenschaften einzuschätzen: unsere Stärken (VIAStrengths.org; AuthenticHappiness.org)[12], Optimismus[13], Glücksempfinden, Lebenszufriedenheit, Mut, Ausdauer und Hoffnung.[14] Mit diesen großartigen Instrumenten können wir unsere Fortschritte auf dem Weg zu unseren Zielen ermitteln und aufzeichnen.

Das Wohlbefinden steigern

Fredricksons Untersuchungen[14, 15, 16] zeigen, dass positive Erfahrungen weit über die Momente hinauswirken, in denen man sich gut fühlt. Schon einige wenige positive Erfahrungen mehr lassen uns besser „funktionieren", weil sie unser Repertoire an Gedanken, Fertigkeiten und Verhaltensweisen erweitern und ausbauen. Eine Meta-Analyse von über 250 Untersuchungen ergab auch, dass Glücksempfinden zu Erfolg führt – nicht umgekehrt – und dass Glücklichsein uns auch gesünder und leistungsfähiger machen kann.[17]

Hoffnung und Ausdauer entwickeln

Auf unzählige Beweise gestützt[18, 19] besagt die Theorie der Hoffnung, dass Hoffnung aus zwei Komponenten bestehe: aus Handlungsfähigkeit (bzw. der Überzeugung, dass man fähig ist, als lohnend empfundene Ziele zu erreichen) und aus dem Wissen um die Wege (bzw. einem Verständnis dafür, welche Schritte notwendig sind, um die Ziele zu erreichen). Beides zu haben ist ideal. Manche Menschen vertrauen vielleicht ihren Fähigkeiten, Ziele zu erreichen, unerschütterlich, doch sie haben keine Ahnung, wie sie sie erreichen können. Andere wissen dagegen haargenau, welche Schritte es braucht, um von Punkt A zu Punkt B zu kommen, sie aber vertrauen ihren Fähigkeiten nicht genug, diese Schritte zu unternehmen. Aus dem Datenmaterial ergibt sich, dass die Hoffnung sportlichen, akademischen und beruflichen Erfolg stark beeinflusst. Mittlerweile stehen uns viele Strategien zur Verfügung, mit denen wir unsere Hoffnung steigern können.[18]

Spitzenleistungen erzielen

Einst dachten wir, Flow-Zustände seien ausschließlich Olympionikern vorbehalten, doch in Wirklichkeit sind sie uns allen möglich. Zahllose Untersuchungen enthüllten die Umstände, die den Flow-Zustand begünstigen. *Ein* Schlüssel ist die Ausgewogenheit zwischen Fähigkeiten und Herausforderungen. Hoch entwickelte Fertigkeiten auf eine Tätigkeit anzuwenden, die einen nicht fordert, sorgt für Langeweile. Umgekehrt gilt: Ohne die notwendigen Fähigkeiten zur Bewältigung vor einer gewaltigen Herausforderung zu stehen, das löst Angst aus. Mit zahlreichen Coachingtechniken, die an beiden Seiten der Gleichung ansetzen, lassen sich Flow-Zustand und Spitzenleistungen begünstigen.

Anfangs mögen diese Schritte abschreckend erscheinen. In der Praxis machen der Austausch und das Ausprobieren Spaß, sind aufregend und sorgen für viele wunderbare „Aha"-Momente. Inneres Wachstum und Lachen sind oft inbegriffen. Es belebt, die Grundlagen der Positiven Psychologie in die Coachingpraxis mit einzuflechten. Das kann uns selbst und unsere Klienten verwandeln.

Dr. Carol Kauffman hat eine Coachingpraxis und ist Assistenzprofessorin an der *Harvard Medical School*, wo sie Positive Psychologie lehrt und das *Coaching Psychology Institute* gründete. Sie ist Mitherausgeberin einer Sonderausgabe über Positive Psychologie für den *International Coaching Psychology Review* und wird eine neue Zeitschrift mit herausgeben: *Coaching: International Journal of Theory, Research and Practice*. Weitere Informationen finden Sie unter:
www.PositivePsychologyCoaches.com
und unter
www.CoachingPsychologyInstitute.com

Kapitel 8

Verhaltenscoaching

Die kürzeste Entfernung zwischen zwei Punkten ... befindet sich gerade im Bau.

NOELIE ALTITO

Verhaltenscoaching lenkt unsere Aufmerksamkeit von den inneren Zielen, Werten und der Motivation der Klienten auf ihr äußeres Verhalten. Das englische Wort für Verhalten (*behaviour*) stammt aus dem Mittelenglischen (*be* und *have*) und bedeutet: sich auf eine bestimmte Art betragen. Verhalten ist das, was Menschen tun und sagen, wie sie auf Ereignisse hin agieren und reagieren. Falls Leute über Monate hinweg gecoacht würden und immer noch genauso handelten wie vorher, dann würde man die Wirksamkeit des Coachings anzweifeln. Erfolgreiches Coaching zeigt sich immer als verändertes Verhalten. Mithilfe von Coaching können Menschen die Dinge anders handhaben; die Ergebnisse zeigen sich in ihren *Handlungen*, die die äußere Welt beeinflussen. Diese Handlungen sind von außen sichtbar; nicht jedoch die Gedanken und Emotionen dahinter; sie muss man schlussfolgern. Verhaltenscoaching konzentriert sich auf das Verhalten, nicht auf das Denken und die Emotionen, denen es entspringt.

Coaching verändert auch die *innere* Welt der Klienten, ihre Werte, Emotionen und ihr Denken. Es gibt keine äußere Verhaltensänderung ohne innere, subjektive Veränderungen. Verändertes Denken und Fühlen führt zwangsläufig zu anderem Handeln. Jedes Coaching beeinflusst das Verhalten, jedoch konzentrieren sich nicht alle Coachingansätze vornehmlich auf das Verhalten. Das Verhaltenscoaching basiert auf der Annahme, dass Verhalten erlernt ist und dass Gelerntes auch wieder verlernt, neu gelernt oder abgewandelt werden kann.

Das Verhaltenscoaching strebt nach langfristigen Verhaltensänderungen, die man mit anerkannten Techniken der Verhaltenswissenschaften messen kann. Zu den Verhaltenswissenschaften gehören Disziplinen wie Soziologie, Anthropologie und verschiedene Bereiche der Psychologie (Persönlichkeitspsychologie, Klinische Psychologie und Betriebspsychologie). Die Entwicklungspsychologie gehört nicht dazu, denn dieses Gebiet beschäftigt sich mit Veränderungen im Laufe der Zeit und ihren Zusammenhänge. Verhaltenscoaching richtet sein Augenmerk auf das Verhalten selbst, nicht darauf, was es bedeutet oder wodurch es hervorgerufen wurde.

Dazu braucht es eine Möglichkeit, Verhalten vor und nach der Veränderung zu messen, sonst lässt diese sich unmöglich evaluieren. Eine Veränderung ist klar und eindeutig, wenn man sie messen kann. Man kann nichts verändern, was man nicht messen kann, und man kann nicht messen, was man nicht sehen kann. Der Verhaltenscoach betrachtet eine Veränderung von außen. Sie muss sichtbar sein und gemessen werden.

Verhaltenscoaching in der Wirtschaft

Verhaltenscoaching wird meist in Unternehmen eingesetzt. Die Wirtschaft verlangt Hochleistung und hohe Leistungen ergeben nur Sinn, wenn sie gemessen und mit anderen Leistungsniveaus verglichen werden können. Wenn sich die Leistung einer Person verbessert, profitiert das ganze Unternehmen davon. Verhaltenscoaching wird als Mittel eingesetzt, die Leistung Einzelner zu steigern und so die Leistung des ganzen Unternehmens. Infolge ihres Coachings am Arbeitsplatz lernen Menschen dazu und entwickeln sich; dieses Lernen und dieses innere Wachstum müssen dazu beitragen, dass das Unternehmen effektiver und effizienter wird, sodass es die Unternehmensziele erreicht, seine Vision, seine Mission, seine Werte erweitert und seine Profitabilität vergrößert. Coaching, das dazu führt, dass jemand enttäuscht die Firma verlässt, wird nicht als Erfolg angesehen (obwohl es unter den jeweiligen Umständen das beste Ergebnis sein kann). Coaching, das dazu führt, dass jemand glücklicher ist, ohne seine Arbeitsleistung zu verbessern, ist ebenso wenig als Erfolg zu werten.

Verhaltenscoaching wird meist bei Managern und höheren Führungskräften eingesetzt, damit sie leichter Fertigkeiten entwickeln, persönliche Blockaden beseitigen und nützliche und dauerhafte Veränderungen in Beruf und Privatleben vollziehen. Die Modelle des Verhaltenscoachings basieren auf konkreten, bewährten Modelling- und Managementprinzipien und sollten zu objektiv messbaren Ergebnissen führen. Die Veränderungen der Klienten müssen in einen Handlungsplan übersetzt werden, der zu einem kontinuierlichen Entwicklungsplan für sie bei ihrer Arbeit gehört.

Die wichtigsten Vertreter des Verhaltenscoachings sind Suzanne Skiffington und Perry Zeus, die diesen Ansatz in zahlreichen Büchern untersuchen.[1]

Als übergeordnetes Ziel des Verhaltenscoachings definieren die Autoren: Menschen helfen, ihre Leistungsfähigkeit und ihr Glücksgefühl zu steigern, und zwar am Arbeitsplatz, im Bildungswesen, in Gesundheitseinrichtungen und in der größeren Gemeinschaft. Sie entwerfen eine Methodik mit sechs Schritten für Interventionen aus dem Verhaltenscoaching in der Wirtschaft. Diese Schritte sind: Aufklärung, Informationssammlung, Aktionsplanung, Verhaltensänderung, Messung und Evaluation (Auswertung). Das Modell zielt darauf ab, Verhalten zu verändern, und darauf, Verhaltensfeedback zu bekommen, damit man den Fortschritt messen und das Ergebnis auswerten kann; die Grundlage dafür bilden Verhaltensänderungen, mit denen Unternehmensziele erreicht werden. Diese Methodik beschäftigt sich hauptsächlich mit der Struktur des Coachings und seiner äußeren Gestaltung, damit es optimal wirkt. Als solches gehört Verhaltenscoaching in den Quadranten oben rechts im integralen Modell.

Schritt 1: Aufklärung

Der Coach muss die Klienten informieren, was Coaching bewirkt und wie es evaluiert wird. Er muss die Erwartungen der Klienten klären (die der einzelnen Mitarbeiter und die des Unternehmens) und alle irrigen Vorstellungen über Coaching ausräumen. Oft wird in diesem Schritt der Coachingbedarf analysiert.

Hier taucht auch das Thema Vertraulichkeit auf. Sie ist unabdingbar. Coach und Klient müssen zusammenarbeiten und der Klient muss sich sicher sein, dass seine Äußerungen nicht seinen Vorgesetzten zugetragen werden. Falls der Klient das für wahrscheinlich hält, wird er nicht frei seine Meinung sagen und wahrscheinlich Informationen zurückhalten. Der Coach darf von der Geschäftsleitung nicht unter Druck gesetzt werden. Wenn Coachs als Schachfiguren des Managements gesehen werden und die Klienten glauben, dass ihre Vorgesetzten von ihren Äußerungen erfahren, wird das Coaching wirkungslos bleiben. Der Coachingprozess schlägt von Anfang an fehl, falls Coachs nicht das Vertrauen ihrer Klienten gewinnen. Coachs müssen einen Weg finden, die Vertraulichkeit der einzelnen Klienten zu wahren und gleichzeitig ihren Vertrag und ihre Verpflichtung gegenüber dem Unternehmen zu erfüllen. Hierin liegt ein Konfliktpotenzial, weil Klient und Auftraggeber nicht identisch sind. Die Firma engagiert den Coach, damit er mit einem Manager im Unternehmen arbeitet, und dieser ist der Klient. Coach, Klient und Unternehmen müssen sich darüber von

Anfang an verständigen. Dafür gibt es im Wesentlichen zwei Herangehensweisen:

- Coach und Klient einigen sich darauf, dem Vorgesetzten regelmäßig einen schriftlichen Bericht zukommen zu lassen, und diesen Bericht bekommt der Klient immer zu sehen und er zeichnet ihn ab.
- Die Rückmeldung an das Unternehmen sind die Verhaltensänderungen des Klienten und die verbesserten Unternehmensergebnisse, vorausgesetzt, man hat sich auf einen Weg geeinigt, diese zu messen.

Das Unternehmen braucht nicht in allen Einzelheiten zu wissen, was in den Sitzungen stattfindet, sondern nur das daraus resultierende Verhalten, denn dafür zahlt es.

SCHRITT 2: INFORMATIONSSAMMLUNG

Der Coach braucht Informationen über den derzeitigen Zustand des Unternehmens und darüber, was er als Coach erreichen soll. Er braucht Informationen über die Klienten, mit denen er arbeitet, etwa welche Verhaltensweisen diese ändern sollen, um ihre Leistungsziele zu erreichen.

Zusammen mit dem Unternehmen definiert der Coach den Umfang des Programms, die Anzahl der Klienten, die Anzahl der Sitzungen und den Zeitplan. Auch muss man sich darüber verständigen, wie die Wirkung des Coachings gemessen werden soll. Coachs müssen viele verschiedene Personen konsultieren, die mit ihren Klienten zu tun haben – Kollegen, direkte und höhere Vorgesetzte und gelegentlich Kunden, je nach Umfang des Coachings. Der einzelne Klient, sein Team und Unternehmensfaktoren sind zu berücksichtigen.

Informationen sammelt man in bzw. durch Interviews, Gesprächsgruppen, direkte Beobachtung und Befragungen. Auch psychometrische Tests kann man heranziehen. Die Psychologie hat schon viel zu Persönlichkeitsmodellen geforscht und mit diesen Studien kann man einzelne Klienten einschätzen.

Informationen sind sinnlos, wenn sie nicht in einen Zusammenhang gebracht werden und einen Zweck erfüllen; nur dadurch werden sie zu *nützlichen* Informationen. Zweck dieser Informationserhebung ist es, die Stärken und Schwächen im Verhalten von Einzelnen und Teams zu ermitteln, sofern sie mit den Kompetenzen zusammenhängen, die nötig sind, um persönliche, Team- oder Unternehmensziele zu erreichen. Eine Kompetenz ist eine bestimmte, im Unternehmenskontext definierte Fertigkeit, die erforderlich ist, um persönliche und vom Unternehmen definierte Firmenziele zu erreichen. Die Einschätzung sollte ermitteln, wie man die Stärken des Klienten am besten zum Vorschein bringt und wie man auf seine Schwächen eingeht. Ferner sollte sie Messmethoden vorschlagen, anhand derer man den Erfolg des Coachings bestimmen kann.

Beim Unternehmenscoaching gilt es auf vier wichtige Beziehungen zu achten:

- Der einzelne *Klient* und der *Coach*. Das ist die sichtbarste und offenkundigste Beziehung und entscheidend ist, dass sie effektiv zusammenarbeiten.
- Der *Coach* und die *Personalabteilung* (oder welche Abteilung des Unternehmens auch immer den Coach verpflichtete). Der Coach muss den Unternehmenskontext des Coachings voll und ganz verstehen.
- Der *Klient* und die *Personalabteilung*. Klienten müssen wissen, warum sie gecoacht werden und was von ihnen erwartet wird; die Personalabteilung muss davon überzeugt sein, dass die Klienten das Optimum aus dem Coaching herausholen.
- Der *Klient* und sein *Linienvorgesetzter*. Der Linienvorgesetzte muss den Klienten verstehen und während des Coachings unterstützen. Er kann auch hinzugezogen werden, um die Zielvorgaben für das Coachingprogramm mitzubestimmen.

Diese Schritte sind eine wichtige Vorbereitung für jegliche Intervention in Unternehmen – sei es in Form von Coaching, Beratungen oder Schulungen.

FRAGEN AUF EINER ODER AUF MEHREREN EBENEN

Das Verhaltenscoaching hat ein Fragemodell für die Datenbeschaffung. Fragen nach Art einer Einfachschleife sprechen ein Problem an und untersuchen es, ohne sich in die Gründe zu vertiefen, warum es aufgetreten ist. Fragen von der Art einer Doppelschleife erkunden, warum es zu den Problemen kann und welche Faktoren sie beeinflussen.

Fragen im Sinne einer Dreifachschleife untersuchen die Annahmen und Werte des Unternehmens, die zum Problem beigetragen haben können.

Es sind die eher systemischen Fragen, die das Verhalten Einzelner zum Unternehmen als System und den Unternehmensergebnissen in Beziehung setzen.

Diese Fragenarten ähneln den Modellen des Einfach- und des Doppelschleifen-Coaching im NLP-Coaching.

SCHRITT 3: AKTIONSPLANUNG

Sobald der Coach weiß, welches Verhalten verändert werden soll, stellt sich die Frage, wie man das am besten macht. Das Verhalten muss konkret und beobachtbar sein. Es kann darum gehen, ein *neues* Verhalten zu entwickeln, oder darum, ein bereits vorhandenes zu verbessern. Die neue Verhaltensweise stellt mit den dazugehörigen Ergebnissen das Ziel dar; dafür wird dann ein Handlungsplan erstellt. Dieser hat oft die Form eines persönlichen Entwicklungsplans (*personal development plan*, PDP) – ein Protokoll der erledigten Aufgaben und der erzielten Ergebnisse. Er bietet die Grundlage, über die Coach und Klient reflektieren können, und dient zudem als Nachweis für die Wirksamkeit des Coachings. Auf welchen Handlungsplan sich Coach und Klient auch verständigen, er muss konkret, schriftlich und von beiden gemeinsam erstellt sein.

Ein wichtiger Bestandteil der Planungsphase besteht auch darin, zu prüfen, ob es irgendwelche Faktoren im Unternehmen gibt, die das zu verändernde Verhalten bestärken. Das könnten schwierige Vorgesetzte sein, ungute Beziehungen, unwirksame Verfahren, mangelnde Führungsqualitäten oder mangelhafte Kommunikationssysteme. Der Coach könnte in seinem Bericht darauf hinweisen (– in diesem Fall hätte er mehr die Rolle eines Beraters). Und letztlich muss Verhalten, das beibehalten werden soll, bestärkt werden. Was sind die „Belohnungen" für das neue Verhalten? Inwiefern lohnt sich das neue Verhalten für den Klienten?

SCHRITT 4: VERHALTENSÄNDERUNG

Jetzt kann der Coach das Coaching mit seinem Klienten beginnen. Verhaltenscoachs steuern und verändern Verhalten mit vielerlei Techniken:

- Von *Modelling* spricht man, wenn Klienten jemanden beobachten und nachahmen, der das erwünschte Verhalten bereits zeigt.

- Klienten werden auf alle Auslöser (Anker) eines unerwünschten Verhaltens hingewiesen, sodass sie diese abbauen können oder sie zumindest so deutlich erkennen, dass die Anker ihre Macht verlieren.
- Das Üben mit Feedback und Rollenspiel kann nützen. Klienten überprüfen ihre eigene Leistung und nehmen ihre Fortschritte wahr. Letztendlich müssen Klienten von ihrem Coach unabhängig sein und das neue Verhalten beibehalten. Jede dauerhafte Veränderung erfordert Ausdauer, Üben und Wiederholen, wenn sich alte Gewohnheiten wandeln und durch neue ersetzt werden sollen.
- Verhaltenscoachs arbeiten auch mit Stichwörtern – Erinnerungen, um ein bestimmtes Verhalten zu stoppen und durch ein anderes zu ersetzen. Beispiele dafür könnten ein neuer Bildschirmschoner auf dem Computer sein, Post-it-Haftzettel oder Bilder auf dem Schreibtisch. Im NLP-Coaching bezeichnet man das als „Anker", im coaktiven Coaching als „Strukturen".
- Und natürlich sind auch *Fragen* eine geeignete Technik. Eine solche Frage könnte etwa sein: „Was werden Sie jetzt anders machen?" Sie richtet sich stärker auf das Verhalten als eine kognitive Frage, die auf eine Erkenntnis abzielt, wie etwa: „Warum glauben Sie, haben Sie das getan?", oder als eine Frage zu Emotionen, wie etwa: „Wie fühlen Sie sich diesbezüglich?"

DIE ENTWICKLUNGSPIPELINE

Verhaltenscoachs arbeiten auch mit der Vorstellung einer Entwicklungspipeline.[4] Das sind die notwendigen und hinreichenden Bedingungen für eine Verhaltensänderung. Sie besteht aus fünf Komponenten, die sich alle auf den Klienten und seine Gedanken zu und Reaktionen auf das Coaching beziehen.

- Die erste Komponente ist die *Einsicht*. Sie bezeichnet den Grad, zu dem Klienten verstehen, welche Bereiche sie entwickeln müssen, was zu ändern ist und inwiefern ihr derzeitiges Verhalten für sie nicht funktioniert.
- Die zweite Komponente ist die *Motivation*. Wie wichtig ist die Veränderung? Wie hängt sie mit ihren Werten zusammen? Das entscheidet, wie viel Zeit und Energie Klienten in die Veränderung zu investieren bereit sind.

- Der dritte Bestandteil ist die *vorhandene Kompetenz*. Haben die Klienten schon die speziellen Fertigkeiten, die es braucht, um die Veränderung zu vollziehen und ein höheres Leistungsniveau zu erreichen? Falls nicht, müssen diese Kompetenzen entwickelt und geübt werden.
- Die vierte Komponente sind *Übungsgelegenheiten*. Die Klienten müssen nicht nur motiviert sein, sondern brauchen auch Gelegenheiten, die Fertigkeiten zu üben und anzuwenden. Das kann ein Schulungsprogramm erfordern.
- *Rechenschaftspflicht* ist der fünfte Bestandteil. Werden die Klienten Feedback bekommen über ihre Fortschritte und ihre Verhaltensänderung? Wem gegenüber sind sie rechenschaftspflichtig? Was sind die persönlichen Konsequenzen der Veränderung? Gibt es eine für sie interessante Belohnung? Hat es negative Folgen, wenn sie sich nicht ändern?

Diese fünf Komponenten sind alle notwendig und mithilfe dieses Modells kann der Coach die Grenzen der Klienten erkennen. Ein Klient kann beispielsweise sehr einsichtig und kompetent, aber nur wenig motiviert sein, dann muss der Coach an den Werten des Klienten arbeiten. Vielleicht muss er auch mit dem Unternehmen zusammenarbeiten, um sicherzustellen, dass der Klient etwas für sich Wertvolles bekommt. Andere Klienten sind vielleicht einsichtig, wissen aber nicht, was sie tun sollen; dann ist an der Kompetenz zu arbeiten. Da sich dieses Modell auf *die* Bereiche konzentriert, die der Klient für seine Veränderung entwickeln muss, vermeidet es der Coach, Zeit zu verschwenden, und stellt sicher, dass das Coaching auf alle seine Klienten individuell zugeschnitten ist.

RASTER FÜR ZIELE, FÄHIGKEITEN, WAHRNEHMUNGEN UND STANDARDS (GAPS-GRID)

Ein weiteres nützliches Instrument beim Verhaltenscoaching ist das GAPS-Grid; mit ihm kann man Einsichten gewinnen, Motivation entwickeln und Informationen über den derzeitigen Zustand des Klienten sammeln. GAPS ist die Abkürzung für die englischen Begriffe *goals and values, abilities, perceptions* und *standards* oder *success factors,* also für Ziele und Werte, Fähigkeiten, Wahrnehmungen und Standards oder Erfolgsfaktoren.

Das linke obere Feld in der Tabelle (Seite 163) gibt an, wie der Klient sich selbst sieht, sowie die Fertigkeiten, die er hat und braucht. Im Feld oben rechts stehen die Ziele und Werte, beide aus der Sicht des Klienten.

	Der Ist-Stand des Klienten	**Was der Klient erreichen möchte**
	Fähigkeiten	Ziele und Werte
Sichtweise des Klienten	Welche Fertigkeiten hat der Klient? Welche Ressourcen hat der Klient? Welche Fertigkeiten und Ressourcen braucht er? Was sind die Stärken des Klienten? Was sind die Schwächen des Klienten? Wie verhält er sich derzeit? Was ist zu ändern?	Welche Ziele hat der Klient? Was ist dem Klienten wichtig? Was motiviert den Klienten? Was demotiviert ihn? Was inspiriert ihn? Wie steht er dazu, Risiken einzugehen?
Sichtweisen anderer	Wie sehen andere Personen den Klienten? Auf welchen Gebieten halten sie den Klienten für stark? Auf welchen Gebieten halten sie ihn für schwach? Welchen Faktoren schreiben sie den bisherigen Erfolg des Klienten zu? Welche Zukunft sehen sie für den Klienten?	Wie wirkt sich das Verhalten des Klienten auf andere aus? Wie wird sein Erfolg gemessen? Welchen Standards muss er entsprechen? Was erwarten seine Vorgesetzten?

Unten links ist das Feld, das beschreibt, wie andere wichtige Personen den Klienten sehen (etwa Kollegen, Kunden oder Vorgesetzte). Die Standards stehen unten rechts – was anderen wichtig ist und wie sie Erfolg messen. Zu jedem Feld kann man Fragen stellen.

Dieses Raster ist besonders hilfreich, wenn Erkenntnis und Motivation des Klienten zweifelhaft sind. Coach und Klient füllen alle Felder gemeinsam aus. Die rechten Felder sind wichtig. Die Ziele und Werte verdeutlichen, was Klienten wichtig ist, was sie motiviert und welches Leistungsniveau sie erreichen wollen. Die Standards veranschaulichen, was man von ihnen erwartet. Oft wird der Coach den Klienten helfen müssen, die Antworten für das Feld unten rechts zu finden. Die linke Spalte definiert den derzeitigen Zustand und bietet andere Sichtweisen dessen, was im Coaching stattfinden soll.

Schritt 5: Feedback und Messung

Der Coach muss den ganzen Prozess über Feedback sammeln, um sicherzustellen, dass er mit seinem Coaching auf dem richtigen Weg ist. Was geschieht infolge des Coachings?

Die Klienten müssen ihre Fortschritte anhand ihres persönlichen Entwicklungsplans überprüfen. Das Feedback muss konkret sein und den Messkriterien entsprechen, auf die man sich zu Beginn des Programms verständigt hat. Die Berichte von Kollegen und Vorgesetzten werden in die Messung ebenfalls mit einbezogen.

Schritt 6: Auswertung

War das Coachingprogramm erfolgreich? Hat es „gebracht", worauf man sich im ersten Schritt geeinigt hatte? Ohne Messen kann man nicht auswerten. Das Verhaltensergebnis für den Einzelnen oder das Team muss mit der Unternehmensleistung verknüpft werden. Hier einige Beispiele für Fragen, die man bei diesem Schritt beantworten muss:

- Haben die Klienten ihr Verhalten geändert?
- Verhält sich als Folge davon auch das Team anders?
- Wie geht es den Klienten mit der Veränderung?
- Haben die Klienten das neue Verhalten beibehalten?

- Hat die Verhaltensänderung zu der gewünschten Leistungssteigerung bei den Klienten geführt?
- Hat die Verhaltensänderung zu den gewünschten Unternehmenszielen geführt?

Messen und auswerten kann man auf unterschiedlichen Ebenen:

- Subjektives Gefühl des Klienten
- Zunahme von Wissen und Fertigkeiten
- Verhaltensänderungen
- Unternehmensergebnisse

Die beiden letzten sind im Verhaltenscoaching die wichtigsten. Vielleicht wird auch die Kapitalrendite berechnet (ROI) oder der Nutzen von Bildungsmaßnahmen nachgewiesen (Veränderungscontrolling; ROE). Weitere Einzelheiten zu diesen Messungen finden Sie in Teil III.

Verhaltenscoaching und Motivation

Das Verhaltenscoaching geht von einigen Vorannahmen aus: Veränderung tritt auf, indem man das Verhalten beeinflusst, und Verhalten kann geprägt werden. Menschen werden aktiv, wenn etwas für sie Wichtiges zur Debatte steht. Der Coach hat die Aufgabe, die Klienten zu motivieren, zu beraten und ihnen Rückmeldung zu geben. Klienten ändern sich, wenn sie motiviert dazu sind. Motivation ist notwendig, um Verhalten zu verändern, und Motivation ist unsichtbar. Motivation ist eine abstrakte Idee, doch das Gefühl ist konkret. Sie ist eine Bereitschaft, etwas zu tun oder sich zu verändern – aus einem bestimmten Grund. Verhaltenscoachs untersuchen die Anreize, aufgrund derer Menschen sich verändern wollen. Wie funktionieren sie?

- Der Anreiz kann von außen kommen. In einem Unternehmen bedeutet das meist, jemand trägt Ihnen etwas auf; darauf basiert die sogenannte Theorie X. (Theorie X besagt, dass die meisten Menschen nicht arbeiten wollen und Anstöße von außen brauchen.)
- Der Anreiz kann auch von innen kommen. Die Energie zum Handeln kommt dann aus Ihrem Inneren, weil Sie etwas wollen und es als wichtig empfinden. Darauf beruht die sogenannte Theorie Y. (Theorie Y behauptet, dass Menschen von Natur aus motiviert sind und selbstständig arbeiten, wenn man sie sich selbst überlässt.)

Beide Theorien sind richtig, aber unvollständig. Die psychologische Forschung bestätigt nicht die eine auf Kosten der anderen. Es hängt vom Kontext und von der Person ab. Der eine mag hauptsächlich auf Motivation von außen ansprechen, jemand anders meist auf innere Motivation reagieren, doch auch die Tätigkeit spielt eine Rolle. Positive innere Motivation entspringt den Werten der Klienten, dem, was ihnen wichtig ist, etwa Anerkennung, Herausforderung oder Karriereaussichten. Coachs müssen wissen, wie ihre Klienten auf Anreize von außen reagieren, und sie müssen wissen, welche Werte innere Anreize bieten.

Oft müssen Coachs ihre Klienten dazu anleiten, um das zu bitten, was ihnen wichtig ist. Wenn Menschen nicht bekommen, was sie wollen, demotiviert sie das. Doch wenn die Geschäftsleitung nicht weiß, was die Mitarbeiter wollen, dann kann man von ihnen auch nicht erwarten, dass sie das „bringen".

Umfragen belegen, dass für Vorgesetzte zu den stärksten Anreizen zählt, dass ihre Leistung anerkannt wird. Am meisten motiviert dabei, wenn diese Anerkennung von jemandem kommt, den sie respektieren. Mehr Verantwortung und mehr Geld sind ebenfalls Anreize. Geld an sich hat keinen Wert, doch man kann damit Dinge von Wert kaufen, nicht nur Computer und Flachbildfernseher, sondern Wichtigeres wie Sicherheit und Freiheit. Mit Geld allein kann man keine Kreativität kaufen oder eine Hochleistung sicherstellen.[5]

Ein Verhalten, das belohnt wird, hat die Tendenz, sich zu wiederholen. Verhalten, das zu negativen Ergebnissen führt, wird eher nicht wiederholt, vorausgesetzt, die betreffende Person sieht den Zusammenhang zwischen dem Verhalten und den Folgen. Der Klient muss die Belohnung auch als solche wahrnehmen. Beispielsweise ist die „Belohnung" dafür, ein schwieriges Projekt rechtzeitig abzuschließen, ein noch schwierigeres Projekt mit einer knapperen Frist. Das ist aus Sicht des Klienten keine Belohnung.[6]

Motivation steuert Verhalten und das Verhaltenscoaching muss den ganzen Menschen beachten, obwohl es sich auf das Verhalten konzentriert. Emotionen und Denken führen zu Handeln und das Handeln verändert Denken und Emotionen. Menschen sind keine Maschinen, die nach dem Reiz-Reaktions-Schema funktionieren. Sie sprechen auf Anreize an, die sie wertschätzen.

ZUSAMMENFASSUNG

Coachs schaffen bei ihren Klienten das Bewusstsein, dass sie sich ändern müssen; sie steigern ihre Motivation und ihr Engagement, die erwünschten Ziele zu erreichen. Klient und Coach arbeiten einen Handlungsplan aus und der Coach gibt dem Klienten Rückmeldung zu den erreichten Ergebnissen.

Viele Interventionen in Unternehmen sind nicht dauerhaft; die Klienten können in einem sie nicht unterstützenden Umfeld die Veränderungen nicht beibehalten, selbst wenn sie es wollen. Um ihr Verhalten zu ändern und bessere Resultate zu erzielen, müssen Klienten ihre neuen Erkenntnisse durch Üben umsetzen, damit sie neue Gewohnheiten entwickeln. Ohne eindeutige praktische Schritte und förderliche Übungsmöglichkeiten werden alte Gewohnheiten rasch wieder die Oberhand gewinnen. Das Gelernte wird nur dann dauerhaft angewandt, wenn das zugrunde liegende emotionale Engagement vorhanden ist: „Möchte ich mich wirklich verändern?" Und das ist in jedem Coachingmodell eine Schlüsselfrage für den Klienten.

Unser Fallbeispiel

Verhaltenscoaching würde an Brian als Klienten anders herangehen und sich stärker auf seine Leistung am Arbeitsplatz konzentrieren. Es würden Beratungen zwischen Brian und seinem Vorgesetzten, der Personalabteilung, die das Coaching vereinbarte, und dem Coach stattfinden. Brian könnte dann klären, was er sich vom Coaching erwartet, und er würde sich mit seinem Coach darauf verständigen, welches Verhalten Brian ändern müsste und wie sich das auswirken würde. Wahrscheinlich würde sich Brian darauf konzentrieren, seine Launen zu ändern und mit seinem Team effektiver zusammenzuarbeiten. Dann müsste er sich entscheiden, ob er dem Coach seine Zweifel wegen eines möglichen Stellenwechsels anvertrauen soll. Der Coach würde nicht versuchen, ihn zum Bleiben zu überreden, sondern würde sicherstellen wollen, dass Brian sicher weiß, dass diese Entscheidung für ihn richtig ist – falls er tatsächlich bleibt.

Der Coach würde andere Fragen stellen, zum Beispiel: Welchen Problemen und Themen sieht sich Brian an seinem Arbeitsplatz gegenüber? Warum ist es zu diesen Problemen gekommen? Was empfindet

Brian in Bezug auf seine Arbeit? Gibt es vonseiten der Firma Annahmen zu Brians Problemen? Erwarten seine Arbeitgeber zu viel von ihm? Warum wurde er bei der Beförderung übergangen? Hat er in der Vergangenheit ein klares Feedback über seine Leistung bekommen? Wie werden hier Teams zusammengestellt? Führt die Art der Teambildung zu Konflikten?

Der Coach würde Brian bei seiner Arbeit mit seinem Team helfen und ihn darin unterstützen, seine Vorgesetzten um Hilfe zu bitten, wenn er sie braucht. Brian fällt es schwer, um Hilfe zu bitten; vielmehr macht er unter Druck unermüdlich weiter, bis ihm der Kragen platzt. Dieses Muster würde er mit seinem Coach abzustellen suchen.

Welche Anreize hat Brian in seiner Arbeit? Was schätzt er wert? Warum hat er diese Stelle? Gemeinsam mit dem Coach könnte er erkunden, was ihn zu seiner Arbeit motiviert und was er braucht, um sie als positiv zu empfinden. Will er befördert werden? Was bedeutet ihm das? Mehr Anerkennung? Eine Gehaltserhöhung? Im Moment fehlt Brian die Motivation, so viel ist klar.

Brian erkennt seine Situation sehr genau, aber er muss Kommunikationsfertigkeiten lernen und braucht Gelegenheiten zum Üben. Sein Coach würde ihm die Fertigkeiten zeigen, die er braucht, um sein Team zu leiten, und ihn durch Rollenspiel und Feedback unterstützen. Gemeinsam würden sie die Auslöser für alle ressourcenarmen Stimmungen identifizieren und sie beseitigen. Brian würde an seinem persönlichen Entwicklungsplan arbeiten und an einem GAPS-Grid, damit er versteht, was man von ihm erwartet und was ihm wichtig ist.

Das Coaching würde Brian helfen, besser zu arbeiten und zu klären, ob er an seinem derzeitigen Arbeitsplatz bleiben oder wechseln soll.

Kapitel 9

Ontologisches Coaching

Fischreusen sind da um der Fische willen; hat man die Fische, so vergisst man die Reusen. Hasennetze sind da um der Hasen willen; hat man die Hasen, so vergisst man die Netze. Worte sind da um der Gedanken willen; hat man den Gedanken, so vergisst man die Worte. Wo finde ich einen Menschen, der die Worte vergisst, auf dass ich mit ihm reden kann?

Dschuang Dsi

Das ontologische Coaching geht von Grundwahrheiten aus, nicht vom Verhalten. Die Ontologie, eine philosophische Disziplin, ist die Lehre vom Sein. Das Wesen und die Beschaffenheit der Existenz – das ist ja nicht gerade etwas, worüber wir jeden Tag nachdenken, aber etwas, was wir jeden Tag leben. Das ontologische Coaching nimmt diese ungeprüften Vorstellungen auf und bringt sie beim Coaching in die „erste Reihe": Ontologisches Coaching konzentriert sich auf das, was es als „die Art" des Klienten „zu sein" bezeichnet, also nicht auf sein Verhalten. Diese „Seinsweise" oder „Wesensart" wird definiert als das dynamische Wechselspiel zwischen Sprache, Emotionen und Physiologie.[1] Sie steuert unser Verhalten und ruft unsere Gefühle, unsere Worte und unser Handeln hervor. Ontologisches Coaching zielt darauf ab, die Wesensart des Klienten zu verändern. Im Gegensatz zu NLP und dem integralen Ansatz wurde das ontologische Coaching speziell als Coachingmodell entwickelt und es hat seine eigene Terminologie.

Fernando Flores verwendete als Erster den Begriff „ontologisches Coaching" und er war der Hauptbegründer dieses Konzepts. Flores war Minister in der chilenischen Regierung unter Präsident Salvador Allende, als diese Regierung 1973 mit dem Militärputsch unter Leitung von General Pinochet gestürzt wurde. Er saß im Gefängnis, bis *Amnesty International* seine Freilassung erwirkte. Flores ging in die USA, arbeitete dort als Berater und entwickelte seine Gedanken über Organisationen[2] und die Kerngedanken des ontologischen Coachings. Er führt sie weiter aus in dem Interview, das nach diesem Kapitel abgedruckt ist. Flores' Ansichten über Systeme sowie über Struktur und Funktion der Sprache sind stark beeinflusst von dem chilenischen Biologen Humberto Maturana.[3] In den achtziger Jahren tat Flores sich mit zwei anderen Chilenen zusammen, nämlich mit Julio Olalla – einem Regierungsjuristen, der auch mit Präsident Allende zusammenarbeitete und unter Pinochet ins Exil geschickt wurde – und Rafael Echeverria.[4] Die beiden letzteren gründeten 1990 ihr eigenes Unternehmen. Das ontologische Coaching ist in Spanien und den spanischsprachigen Ländern Südamerikas stark vertreten, besonders in Argentinien und Chile.

Die grundlegenden Schritte des ontologischen Coachings sind folgende:

1. Die Coachingbeziehung aufbauen
2. Das Anliegen des Klienten, das behandelt werden soll, und das Ausmaß der „Störung" in seinem Leben ermitteln
3. Sprache, Stimmungen, Emotionen und Physiologie untersuchen, mit denen der Klient seine Wesensart zum Ausdruck bringt
4. Dem Klienten helfen, zu ändern, was ihn daran hindert, sich nutzbringend mit der „Störung" zu befassen

Die Coachingbeziehung

Das ontologische Coaching betrachtet den Klienten als „legitimerweise anders". Was heißt das? Es heißt, dass der Coach genau hinhört, worauf es seinen Klienten *wirklich* ankommt, und das ist nicht notwendigerweise das, was sie *erreichen* wollen. Der Coach akzeptiert die Klienten so, wie sie eben sind. Durch unterschiedliche Gesprächsarten entwickeln sie ein gemeinsames Verständnis.

Zuhören

Das Zuhören spielt im ontologischen Coaching eine zentrale Rolle. *Hören* ist rein auditiv – die Schallwellen treffen auf das Trommelfell. *Zuhören* gibt den Tönen Bedeutung. Zuhören heißt: der Person hinter den Worten Aufmerksamkeit schenken.

Sprachliche Kommunikation wird von mindestens zwei Menschen gestaltet, sie ist eine *Kombination* aus Sprechen und Zuhören. Gesprochene Sprache existiert nicht, wenn niemand zuhört. Zählen also Ihre Worte überhaupt etwas, wenn niemand anders sie hören kann? Ja, denn es ist *immer* jemand da, der zuhört – Sie selbst. Unser innerer Dialog hat einen Sprecher und einen Zuhörer und die Privatgespräche, die in unserem Kopf ablaufen, prägen die Art, wie wir andere beobachten und ihnen zuhören.

Zuhören ist nicht passiv, sondern ein aktiver Vorgang, der Sprache real, wirklich [wirk-sam] macht und dem Gesagten Sinn verleiht. Die Bedeutung, die wir dem Gesagten geben, hängt vom Sprecher ab und vom Kontext, in dem jemand spricht. (Wenn jemand auf einer *Theaterbühne* „Feuer!" schreit, verlassen die Zuschauer nicht sofort das Gebäude …)

Wie NLP betrachtet auch das ontologische Coaching Wörter nicht als unschuldige Träger einer festgelegten Bedeutung. Was Wörter für den *Sprecher* bedeuten, das kann sich von ihrer Bedeutung für den *Zuhörer* stark unterscheiden – und tut das wahrscheinlich auch. Im ontologischen Sinne hören wir *immer* zu, denn wir interpretieren immer selbst. In der Kommunikation mit anderen gleichen wir die Interpretationen an, wir koordinieren die Bedeutung, die jeder von uns dem Gesagten gibt.

Ein Coach, der nach dem ontologischen Modell arbeitet, ist aufgefordert, sich selbst während des Zuhörens drei Fragen zu stellen:

- Wie höre ich gerade zu und welche Bedeutung gebe ich dem Gesagten?
- Warum höre ich so zu und welche Anliegen habe ich?
- Was sind die Anliegen meiner Klienten, die sie auf diese Weise ausdrücken?

Die „Störungen" und Anliegen der Klienten

Im ontologischen Coaching meint der Begriff „Anliegen" [engl.: *concern*] etwas, was man für wichtig hält; andere Coachingmodelle bezeichnen das als „Wert". Sinn und Erfüllung in unserem Leben kommen daher, dass wir uns um unsere Anliegen kümmern, und sie verdienen zusätzliche Aufmerksamkeit, wenn wir ein Problem haben.

Nach der Sichtweise des ontologischen Coachings wenden Klienten sich an einen Coach wegen einer „Störung" [engl.: *breakdown*] und diese definiert der Klient, nicht der Coach. Mit Störung ist hier eine Unterbrechung im Lebensfluss gemeint; diese Beschreibung stammt aus den Schriften des deutschen Philosophen Martin Heidegger, der 1976 verstarb.[5] Für Heidegger ist unser Leben großenteils „durchsichtig". Das heißt, man bemerkt es nicht, wie eine durchsichtige Glasscheibe; man sieht hindurch, ohne zu merken, dass sie da ist. Ein Beispiel dafür ist körperliche Gesundheit. Wir merken nicht, dass wir gesund sind, bis eine Krankheit sich bemerkbar macht. Solange das Leben durchsichtig ist, handeln wir gewohnheitsmäßig. Wir entwickeln Gewohnheiten dafür, wie wir uns verhalten, worauf wir unsere Aufmerksamkeit richten und wie wir denken. Solange diese Gewohnheiten gut funktionieren, ist alles in Ordnung. Begegnen wir jedoch einer Situation, mit der wir nicht umgehen können, dann ist das Leben weniger durchsichtig und wir erleben eine „Störung". Die Gewohnheiten sind dieser Situation nicht angemessen.

Störungen lassen uns unser gewohntes Denken und Handeln in Frage stellen. Dabei braucht eine Störung nicht negativ zu sein. Ein neuer Partner, eine neue Partnerin, eine Beförderung am Arbeitsplatz oder starke Eindrücke aus einem Buch, das wir gerade lesen – das alles können Störungen sein, wenn sie unsere Lebensgewohnheiten in Frage stellen. Eine Störung kann aber natürlich auch negativ sein: eine Trennung, ein Streit oder der Verlust des Arbeitsplatzes ... Und eine Störung kann schließlich neutral sein, aber immer noch unser Handeln erfordern; Beispiel: Wir müssen eine Entscheidung treffen, wissen aber nicht, wie wir am besten vorgehen sollten.

Normalerweise beheben wir eine Störung so schnell wie möglich, damit unser Leben wieder durchsichtig wird; manchmal ist das allerdings nicht möglich. Manche Menschen werden mit Katastrophen spielend fertig, anderen genügt schon eine kleine Unruhe oder Unregelmäßigkeit in ihrer Routine und schon geraten sie (und dadurch alle anderen in ihrem Umfeld) sozusagen aus der Fassung. Störungen sind Aufrufe zum Handeln und zugleich Hilferufe. Wenn eine Störung auftritt, *leidet* der Klient; er weiß nicht, was er tun soll, und bittet um Hilfe. Beim ontologischen Coaching muss die Störung besprochen werden, damit man sie überdenken und beheben kann.

Die Sprache

Die Sprache bedeutet in diesem Coachingmodell viel mehr als nur die Worte, die wir wechseln. Die Sprache ist eine „Technologie", mit der wir etwas vollbringen können. Sprache umfasst Sprechen *und* Zuhören und sie ist das Instrument, durch das wir unser Handeln mit anderen koordinieren. Der Gebrauch der Sprache macht einen wesentlichen Teil des Menschseins aus. Wenn wir sprechen, geben wir unsere Entscheidungen bekannt und übernehmen die Verantwortung dafür. Das ontologische Coaching nimmt die Sprache sehr ernst, ähnlich wie NLP das tut, aber auf andere Art und Weise. NLP achtet genau auf die gesprochenen Worte, das ontologische Coaching hingegen betrachtet Sprache als Handeln – als verbindliche Zusage für die Zukunft. Mithilfe des ontologischen Coachings können Klienten erkennen, wie sie durch ihre Sprache unabsichtlich Begrenzungen und Probleme erzeugen und aufrechterhalten. Es zeigt ihnen, wie sie mithilfe der Sprache eine bessere „Realität" erschaffen können. Auf diese Weise untersucht und löst es einige Aspekte ihrer Wesensart, die wirkungsvolles Handeln behindern.

Das ontologische Coaching definiert sechs verschiedene grundlegende „Sprechakte". Fernando Flores entwickelte sie aus der Arbeit John Searles, eines Philosophieprofessors an der Universität von Berkeley (Kalifornien).[6] Diese grundlegenden Sprechakte sind Wörter in Verbindung mit der damit einhergehenden Körpersprache und Emotion. Wie gut wir diese Sprechakte nutzen, das bestimmt, wie gut wir uns um unsere Anliegen kümmern und mit Störungen in unserem Leben umgehen.

Eine *Deklaration* [engl.: *declaration*] ist ein solcher Sprechakt; sie ist eine Tatsachenbehauptung, die Autorität besitzt und über die man sich einig ist; als solche bestimmt sie die Zukunft. Ein Richter spricht beispielsweise im Gerichtssaal ein Urteil – schuldig oder unschuldig. Das ist eine Deklaration. Ein Pfarrer erklärt zwei Menschen für verheiratet – eine Deklaration. Ein Schiedsrichter hält auf dem Fußballfeld eine rote Karte in die Höhe – eine weitere Deklaration. Jede Aussage, die in ihrem Kontext Autorität hat, ist gültig. (Die Frau des Schiedsrichters wird *zu Hause* nicht auf die rote Karte achten, denn das ist nicht der Bereich, in dem der Schiedsrichter Autorität besitzt – als Schiedsrichter ...) Die Autorität und die Gültigkeit der Deklaration bestehen darin, dass Menschen, die diese akzeptieren, zuhören. Sonst handelt es sich um eine *Meinung*, die nicht besser oder schlechter ist als jede andere.

Deklarationen sind machtvoll und brauchen Autorität, um auf andere zu wirken. Allerdings kann jeder Deklarationen über sich selbst äußern. Ein persönliches Ziel zu formulieren ist eine Deklaration. Ein Ziel öffentlich zu verkünden (etwa: „Ab heute höre ich auf zu rauchen."), das bewirkt, dass es im Zuhören anderer existiert. Allerdings halten wir uns nicht immer an unsere persönlichen Deklarationen. Oft sind sie bloße Hoffnungen. Ein ontologisch orientierter Coach hilft den Klienten, die Autorität in ihrem eigenen Leben zu werden; dazu unterstützt er sie darin, Deklarationen über sich selbst zu machen und sie einzuhalten.

Behauptungen [*assertions*] sind sachliche Aussagen zu unseren Beobachtungen. Die Behauptungen können wahr sein – dann nennen wir sie Tatsachen. Damit Tatsachen wahr sind, muss die Gesellschaft diesbezüglich übereinstimmen. Sind Menschen sich über Behauptungen einig, dann werden sie gemeinsam tätig. Ein Beispiel für eine Behauptung wäre: „Ich treffe dich am Bahnhof, um den Zug um neun Uhr zu erwischen." Behauptungen können missverstanden und dennoch eingehalten werden: Der Zug könnte beispielsweise um zehn Uhr abfahren, dann müssten mein Freund und ich eine Stunde am Bahnsteig warten. Oftmals halten Menschen Behauptungen für wahr, obwohl sie widersprüchliche Informationen haben. „Noch ausstehende Behauptungen" sind Vorhersagen, über die erst noch entschieden wird oder die erst noch befolgt werden müssen.

Bewertungen [*assessments*] sind Urteile und Einschätzungen. Das Urteil („gut" oder „schlecht") kommt von uns, nicht von dem, was wir beobachten. „Ich bin ein ehrlicher Mensch" ist eine Einschätzung unserer selbst. „John ist ein ehrlicher Mensch" ist eine Bewertung über John. Es scheint so, als sei John das Subjekt dieser Aussage, doch das ist die Illusion der Sprache. Eine Einschätzung sagt etwas über den Einschätzenden aus; sie geht von seinen Normen aus. Mit dem Satz „Ich bin ehrlicher als John" bewerte ich uns beide. Jeder Vergleich und alle Eigenschaften oder Attribute, die nicht als allgemeine Tatsachen anerkannt sind, sind Bewertungen. Die oder der Einschätzende bestimmt die Kriterien seiner Bewertung, keine größere gesellschaftliche Realität.

Wir bewerten ständig uns selbst und andere. Woher haben wir unsere Selbsteinschätzung? Nun, von den Autoritätspersonen in unserer Kindheit und von bedeutsamen Lebenserfahrungen. Dann mögen wir negative Selbstbewertungen für wahre Behauptungen halten. Doch negative Selbsteinschätzungen vergiften die Seele, positive hingegen geben uns Selbstwertgefühl und Selbstvertrauen.

Ein Coach, der nach dem ontologischen Modell arbeitet, kann seine Klienten fördern, indem sie die negativen Selbstbewertungen unter die Lupe nehmen. Das geht etwa über das „Begründen" [*grounding*]; gemeint ist damit das Nachforschen, wie und warum der Klient bewertet. Nehmen wir als Beispiel an, ein Klient plane, regelmäßig Sport zu treiben. Er erzählt seinem Coach davon, wie er in der Vergangenheit wegen mangelnder Ausdauer damit scheiterte. Zum Schluss meint er seufzend, er habe einfach nicht genug Disziplin. Das ist eine negative Selbstbewertung. Um diese Aussage zu „begründen", könnte der Coach mit ihm folgende fünf Fragen klären:

1. „Welchen Zweck verfolgt diese Bewertung?" Eine ähnliche Frage wäre: „Wie hilft Ihnen diese Meinung, das zu erreichen, was Ihnen im Leben wichtig ist?" Die Frage zielt auf die Zukunft ab, wohingegen Einschätzungen auf Informationen aus der Vergangenheit beruhen. Die Bewertung kann tatsächlich etwas Positives bewirken, zumindest aus Sicht des Klienten, doch darum geht es bei der Frage nicht.

2. „Auf welche speziellen Bereiche spielen Sie an?" Diese Frage stellt die Verallgemeinerung in Frage. Die negative Bewertung fällt ein sehr allgemeines Urteil, das über den ursprünglichen Zusammenhang hinausgeht (regelmäßiger Sport), und umfasst das ganze Leben des Klienten. Das herauszustellen ist wichtig.

3. „Nach welchen Maßstäben?" Ein Urteil muss sich aus einer zugrunde gelegten Norm ergeben, doch die Norm, der Maßstab ist nicht die Bewertung. Haben die *Eltern* das gesagt? Was macht Disziplin für den Klienten aus und wie entscheidet er, dass sie ihm fehlt? Ist Disziplin eine Eigenschaft, die man entweder ganz oder gar nicht hat?

4. „Gibt es irgendwelche wahren Behauptungen, die diese Bewertung untermauern?" Es müssen sachbezogene Aussagen sein, nicht weitere Bewertungen. „Weil ich faul bin" wäre nur eine weitere Bewertung. „Weil ich letzte Woche ins Fitness-Studio gehen wollte, aber stattdessen vor dem Fernseher landete" ist eine Behauptung, doch jetzt sind wir auf der Verhaltensebene und wir können zur letzten Frage übergehen:

5. „Welche wahren Behauptungen sprechen gegen diese Bewertung?"

Es kann viele wahre Behauptungen geben darüber, wann der Klient bei bestimmten Aktivitäten Disziplin an den Tag legte. Und sie sind sehr leicht zu finden, wenn man erst einmal die Maßstäbe aus der dritten Frage ermittelt hat.

Um Bewertungen zu „begründen", muss man gründlich und streng sein und die Verantwortung für die eigene Meinung übernehmen; das „Begründen" ist eine nützliche Vorgehensweise für alle wichtigen Bewertungen, gleich ob positiv oder negativ. Es ähnelt dem ABCDE-Prozess beim Coaching mit Positiver Psychologie.

Eine *Bitte* ist ein weiteres grundlegendes Sprachmuster. Mit einer Bitte ersucht man jemanden, eine Handlung in der Zukunft auszuführen. Wenn Sie eine Bitte aussprechen, legen Sie sich fest, dass sie etwas von jemandem machen lassen möchten. Wenn hinter der Bitte genügend Autorität steht und die andere Person das Gefühl hat, sie habe keine andere Wahl, als mitzumachen, dann wird die Bitte zur Deklaration.

Viele Menschen können nicht gut Bitten äußern oder fürchten sich sogar davor. Sie machen Andeutungen („Mensch, ist dieses Zimmer schmutzig!") oder sie äußern die Bitte nur indirekt („Ich wünschte, hier würde jemand saubermachen!"). Es gibt noch andere unklare Arten, um etwas zu bitten, etwa nicht genau zu sagen, was erledigt werden soll, wann das geschehen soll und nach welchen Maßstäben. Das sind Rezepte für Enttäuschung und Groll. Wenn Sie eine Bitte aussprechen, dann sollten Sie auch überprüfen, ob die Person sie verstanden hat, und das nicht stillschweigend voraussetzen. Einige Klienten erwarten, dass andere Menschen ihre Gedanken lesen und ihre unausgesprochenen Bitten erfüllen. („Wenn du mich wirklich lieben würdest, wüsstest du, wie ungern ich mich in einem unordentlichen Zimmer aufhalte.") Ein ontologisch arbeitender Coach bestärkt Klienten darin, klare, einfache und wirkungsvolle Bitten zu äußern; dadurch bekommen die Klienten das Gefühl, dass sie gehört und wertgeschätzt werden, statt dass sie anderen für ihre Missgeschicke die Schuld in die Schuhe schieben.

Genauso wichtig ist, dass Klienten mit den Bitten anderer umgehen können. Dafür gibt es fünf Möglichkeiten:

- Sie können die Bitte annehmen; so entsteht ein Versprechen.
- Sie können ablehnen.
- Sie können einen Gegenvorschlag machen, wann oder wie die Handlung durchzuführen ist.
- Sie können ein ausweichendes Versprechen geben („Ich werde es versuchen"); das bedeutet meist ein Nein, das Sie sich aber nicht direkt zu sagen trauen.
- Und schließlich können Sie lügen und etwas zusagen, ohne dass Sie vorhaben, es einzuhalten; dann stimmt Ihre *innere* Sprache nicht mit Ihren äußeren Worten überein. Dann sind Sie nicht aufrichtig und damit nicht vertrauenswürdig.

Eine Bitte in Kombination mit einer Deklaration der Akzeptanz ist ein *Versprechen*, ein weiterer grundlegender Sprechakt. Ein Versprechen ist eine Zusage, etwas in der Zukunft zu tun, und setzt voraus, dass die Person zuverlässig und in der Lage ist, das Versprechen zu halten. Wenn Sie eine Bitte äußern und Ihr Gegenüber zustimmt, dann wird er handeln und das Versprechen betrifft Sie beide.

Ein *Angebot* ist ein Versprechen mit Bedingungen, abhängig von einer Deklaration der Akzeptanz Ihres Gegenübers. („Ich werde das nur gegen Bezahlung machen.") Wenn Sie ein Angebot machen und es wird angenommen, dann handeln *Sie*, aber das Versprechen schließt Sie beide ein.

Grundlegende Sprechakte im ontologischen Coaching	
Deklaration	Aussage einer Autorität, die eine künftige Handlung bestimmt
Behauptung	Tatsachenaussage über die Vergangenheit aus der Beobachtung Zur Tatsache wird sie, weil mehrere Menschen darin übereinstimmen.
Bewertung/ Einschätzung	Urteil oder Würdigung, die davon herrühren, wie jemand die Welt interpretiert
Bitte	Frage an eine andere Person, ob sie etwas Bestimmtes tun kann
Angebot	Zusage unter bestimmten Bedingungen
Versprechen	Gegenseitige Verpflichtung zum Handeln Versprechen bestehen aus einer Bitte und deren Annahme oder aus einem Angebot und dessen Annahme.

Kapitel 9

Gespräche

Ein Gespräch hat im ontologischen Coaching eine besondere Bedeutung. Es ist nichts Triviales. Das englische Wort dafür, *conversation,* stammt von den lateinischen Wurzeln *con* = „zusammen mit" und *versare* = „wenden, drehen". So kann man eine Konversation als einen verbalen „Tanz" betrachten. Ein Gespräch mit einem anderen Menschen wirkt sich aus auf unsere Stimmungen, Emotionen und auf unsere Physiologie, während wir sprechen, zuhören und beobachten. Durch Gespräche können wir Handlungen mit anderen koordinieren, Ereignissen Sinn verleihen, die Zukunft gestalten und Beziehungen verbessern. Das ontologische Coaching unterscheidet mehrere Gesprächsarten.

Die erste Art ist ein Gespräch aus Geschichten und persönlichen Bewertungen. Mit dieser Gesprächsart will man Ereignisse verstehen und sie mit einem (hoffentlich) mitfühlenden Zuhörer „durchsprechen". Die zweite Art sind *klärende* Gespräche; hier werden Erkenntnisse und Erfahrungen aus einem Ereignis formuliert und mitgeteilt. Dann gibt es Gespräche über mögliche Handlungen, um künftige Szenarien zu kreieren und zu sondieren; in anderen Gesprächen geht es um Beziehungen oder Leistungen. Bisweilen wissen wir jedoch nicht, was wir sagen sollen, dann haben wir vielleicht ein Gespräch über mögliche Gespräche.

Ein Coach, der nach dem ontologischen Modell arbeitet, muss, vor allem in Unternehmen, kalkulieren können, welche Art von Gespräch nötig ist und mit wem. Mangelnde Klarheit oder schlechte Entscheidungen bedeuten, dass die erforderliche Gesprächsart noch nicht stattgefunden hat.

Das ontologische Coaching schlägt vor, dass wir unsere eigenen persönlichen *Geschichten* erfinden, die definieren, wer wir sind und wie wir handeln; der ontologisch orientierte Coach unterstützt seine Klienten dabei, genau auf diese Geschichten zu achten, die sie sich in ihren Selbstgesprächen erzählen. Wir werden auch in unpersönliche Geschichten oder *Erzählungen* hineingeboren, die uns in unsere Kultur und Gemeinschaft einbinden und die unseren Sprachgebrauch und unsere Ideen prägen. Da gibt es die christliche Erzählung, die islamische Erzählung, die kulturelle Geschichte verschiedener Länder; diese Geschichten sind größer als wir; sie gab es schon bei unserer Geburt und es wird sie noch geben, wenn wir nicht mehr leben. Nicht nur durch Innenschau, sondern auch durch die Geschichte [*history*] lernen wir uns selbst kennen. Heidegger drückt es so aus: „Die Sprache ist das Haus des Seins."

Unsere Beziehungen und Netzwerke mit anderen bestimmen stärker vorher, wer wir sind, als wir glauben. Das ontologische Coaching unterstützt die postmodernen Vorstellungen: Für die Definition unserer Individualität sind die Kultur und ein gemeinsames Verständnis wichtig. Unsere Sprache und unsere Gemeinschaft bilden die Luft, die wir atmen, ohne sie wahrzunehmen. Wir werden definiert durch unsere Beziehungen zu anderen. In welchem Zusammenhang Coaching und postmodernes Denken stehen, wird in Teil III des Buches eingehender besprochen.

Stimmungen und Emotionen

Ontologisch arbeitende Coachs untersuchen nicht nur die Sprache ihrer Klienten, sondern achten auch auf Stimmungen, Emotionen und Körperhaltung. Emotionen sind Energie [*energy in motion*]; Emotionen bringen Sie in Bewegung. Gespräche finden nicht in einem emotionalen Vakuum statt. Die Wörter, die wir verwenden, und die Gespräche, an denen wir uns beteiligen, kommen von unseren Anliegen und Interessen, deshalb zeigen sich Emotionen immer auch in unseren Gesprächen.

Stimmungen sind vorherrschende emotionale „Tonlagen", vergleichbar mit der Tonart eines Musikstücks oder dem Licht in einem Bild. Sie machen, dass wir zu bestimmten Handlungen neigen, und unterstützen unser Selbstwertgefühl. Manche Menschen pflegen bestimmte Stimmungen, um sich anderen überlegen zu fühlen, etwa Zynismus, der als Raffinesse gilt, oder Stimmungen, die jemanden als unterlegen hinstellen, wie Groll und Frustration.

Das ontologische Coaching unterscheidet sechs Grundstimmungen. Groll, Resignation und Angst sind die drei negativen Stimmungen, jedoch können sie uns sehr positiv handeln lassen. Gemeinsam ist ihnen, dass sich die Energie der oder des Fühlenden nach innen zusammenzieht. Die entsprechenden positiven Stimmungen sind Frieden, Optimismus und Staunen, die die Emotion nach außen bringen und mit der Welt verbinden. Ein ontologisch ausgerichteter Coach ermuntert seine Klienten, über ihre Emotionen Tagebuch zu führen, um die wechselnden Stimmungen zu verfolgen und zu erkennen, welche Art von Stimmung vorherrscht.

Auch die Physiologie spielt beim ontologischen Coaching eine wichtige Rolle. Unsere Stimmungen, Emotionen und Gewohnheiten, die körperlichen wie die geistigen, sind „verkörpert"; sie schreiben ihre Botschaften in unser Gesicht und unsere Körperhaltung. Menschen, die sich ständig ärgern (bei denen also der Groll vorherrscht), zeigen dies in ihrem Gesichtsausdruck, denn die Muskeln sind so an eine bestimmte Anspannung gewöhnt, dass der Ausdruck zur Gewohnheit wird. Ihre Emotionen spiegeln sich in jedem Moment in ihrem Gesicht wider und wenn es im Laufe der Zeit zu viele Momente mit *einer* Emotion gibt, dann ätzt sich diese für immer ein. Jemand, der in ständiger Angst lebt, wird diese in seinem Tonfall zum Ausdruck bringen, in der Körperhaltung und seinem Umgang mit anderen. Deshalb wird ein ontologischer Coach oft – natürlich mit der Zustimmung des Klienten – den Körper ausrichten, sodass die Körperhaltung mit der Veränderung übereinstimmt, die der Klient in Worten und Emotionen vollziehen will. Die Wesensart des Klienten wird sich nicht ändern, wenn er nicht auch dauerhaft anders denkt, fühlt und seine Körperhaltung ändert. Ontologisch arbeitende Coachs behaupten, eine kognitive Erkenntnis allein könne nur schwer eine Veränderung bewirken, falls jemand noch problematische Emotionen und Stimmungen körperlich mit sich herumtrage. Sie werden ihre Klienten auffordern, stärker auf ihre Körperhaltung und ihren Gesichtsausdruck zu achten, und ihnen zeigen, wie diese ihre Stimmungen und ihr Denken widerspiegeln.

Ein besserer Beobachter

Was bewirkt ontologisches Coaching sonst noch? Es verhilft dem Klienten dazu, ein besserer *Beobachter* zu werden. Der Begriff stammt aus Humberto Maturanas Theorie des Erkennens. Unsere innere Struktur der Sinne bestimmt, wie wir Dinge sehen und wie wir somit auf das reagieren, was wir für die „Realität" halten. Die Struktur des menschlichen Auges etwa lässt die Welt auf eine bestimmte Art erscheinen. Jedes Auge erfasst ein Bild aus einem anderen Winkel und die zwei getrennten Bilder werden im Gehirn verarbeitet. Das Gehirn verbindet sie zu *einem* Bild, das mehr ist als die Summe seiner Teile. Es ermöglicht räumliches Sehen – eine erhöhte Wahrnehmung von Tiefe. Gute Sehkraft auf nur noch *einem* Auge ermöglicht kein vollständiges räumliches Sehen; dann erscheint die Welt anders, obwohl es die innere Struktur des Sehvermögens ist, die sich verändert hat.

Das Auge der Stubenfliege vermittelt ihr ein facettenreiches Bild. Wie ist die Welt wirklich? Wie viele Dimensionen hat sie? Wir wissen es nicht, nur dass die Welt unendlich vielfältig erscheinen kann, je nachdem, wer sie anschaut. *Was* wir sehen, hängt davon ab, *wie* wir sehen; und *wie* wir sehen, hängt davon ab, wer wir sind und welche Annahmen wir hegen: „Wie ein Laib Brot aussieht, das hängt davon ab, wie groß dein Hunger ist." Beobachten heißt interpretieren und wir sehen die Dinge nicht so, wie sie wirklich sind, sondern wie *wir* sind. Diese grundlegende Idee des Konstruktivismus durchdringt das ontologische Coaching. Wir können nichts verändern, was wir nicht wahrnehmen. Deshalb will dieses Coachingmodell Menschen zu erfolgreicheren Beobachtern zu machen, die ihre eigenen Vorstellungen hinterfragen können.[7]

Lernen erster Ordnung findet statt, wenn wir beobachten, wie wir uns verhalten und wie sich das auf unsere Ziele auswirkt:

Beobachtung ⟶ Verhalten ⟶ Ziele

Lernen zweiter Ordnung findet statt, wenn wir uns beim Beobachten beobachten:

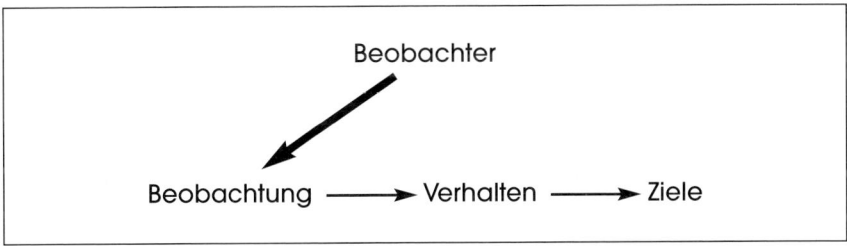

So können wir unsere Beobachtungen und damit unsere Gewohnheiten hinterfragen. Das ist kein Entwicklungsmodell – der neue Beobachter ist keine andere Seinsebene; er ist dieselbe Person mit wirkungsvolleren Unterscheidungen.

WAS MACHT EIN ONTOLOGISCH AUSGERICHTETER COACH?

Er hilft Klienten, mit ihren Störungen fertig zu werden. Er unterstützt sie dabei, ihre Wesensart zu ändern, und zwar durch die Arbeit an Stimmungen, Emotionen, Physiologie und Sprache, sodass sie in ihrem Leben weiterkommen. Er hilft ihnen, ihre Anliegen zu erkennen, auf ihre Sprechakte zu achten und zu entscheiden, welche Gespräche sie brauchen. Coachs fördern Lernen; sie dienen ihren Klienten, indem sie auf deren Bedürfnisse, Interessen und Anliegen achten und darauf reagieren. Ein Coachinggespräch ist hier ein Weg, der der Wesensart des Klienten neue Möglichkeiten eröffnet.

Unser Fallbeispiel

Ein ontologisch arbeitender Coach würde zuerst die Störung in Brians Leben und Arbeit feststellen. Was plagt ihn? Was sind seine Anliegen? Was sind die ihm wichtigsten Werte und inwiefern gefährden die aktuellen Umstände in seinem Leben diese Werte? Dann würde sich der Coach darauf konzentrieren, die Dinge zu ändern, die Brian abhalten, schöpferisch und positiv mit der Störung umzugehen.

Gemeinsam würden sie Brians Sprache untersuchen – besonders seine Bewertungen über sich selbst und andere, etwa seine Arbeitskollegen, seine Frau und seine Familie. Wahrscheinlich schätzt Brian sich selbst und seine Mitarbeiter häufig negativ ein, deshalb würde der Coach ihm helfen, diese Bewertungen zu „begründen": Was bezweckt er damit? Vielleicht verhelfen sie ihm kurzfristig zu einem besseren Gefühl, doch insgesamt vermitteln sie ihm das Gefühl, Opfer zu sein. Welchen Bereich decken sie genau ab? – Die Tatsache, dass Brian Schwierigkeiten mit einer Person hat, bedeutet nicht, dass seine sozialen Beziehungen gestört sind. Nach welchen Standards beurteilt er sich und andere? Welche wahren Behauptungen stützen seine negativen Bewertungen oder widersprechen diesen? Was läuft gut in seiner Arbeit?

Der Coach könnte mit Brian auch ermitteln, welche Art von Gesprächen er mit seinem Vorgesetzten, seinen Kollegen und seiner Frau führt. Vielleicht braucht er ein Gespräch über mögliche Gespräche mit seinem Chef über seine Unzufriedenheit am Arbeitsplatz. Wahrscheinlich muss Brian lernen, Bitten auszusprechen, damit er bekommt, was er will, und damit seine Anliegen berücksichtigt werden. Mithilfe des Coachs würde Brian sich klare Ziele in Form von positiven Deklarationen über die Zukunft setzen. Coach und Klient würden einander versprechen, dass sich Brian innerlich verpflichtet, auf seine Ziele hinzuarbeiten.

Welche Stimmungen und welche Physiologie gehören zu Brians Wesensart? Welche Stimmung erlebt er am häufigsten? Es klingt nach Groll und Angst. Ein ontologischer Coach würde ihn auffordern, seine Emotionen in einem Tagebuch zu notieren: wann sie auftreten und was sie hervorruft. Der Coach würde Brian für seine Körperhaltung und seine Redewendungen sensibilisieren und dafür, wie sie seine Wesensart zum Ausdruck bringen und welche Botschaften sie anderen vermitteln. Beide könnten daran arbeiten, dass Brian seine Körperhaltung verbessert und sich seiner Körpersprache stärker bewusst ist. Das würde sein verändertes Denken und seine neuen Stimmungen festigen.

Und schließlich würde der Coach mit Brian die Geschichte der koreanischen Kultur betrachten, die Brian gerade lebt. Was bedeutet es, Koreaner zu sein? Wie wurde er erzogen? Welche Erwartungen hegt er? Wie passt dieser Teil seiner Geschichte in seine umfassendere Lebensgeschichte? Dadurch könnte er seine Geschichte besser verstehen, sodass er sich „ganz" fühlen würde.

Interview mit Fernando Flores

Januar 2007

Würden Sie uns ein wenig über Ihren Hintergrund erzählen und darüber, wie Ihr Interesse an Coaching geweckt wurde?

Lassen Sie mich mit meinem Hintergrund beginnen. Meinen ersten Abschluss machte ich in Chile, wo ich Wirtschaftsingenieurwesen studierte. Nach Ende meines Studiums machte ich rasch Karriere und landete schließlich in einem Job im chilenischen Wirtschafts- und Finanzministerium. Diese Arbeit endete, als General Pinochet die Regierung mit einem Militärputsch stürzte.

Dann saß ich drei Jahre in einem Militärgefängnis. Schließlich kam ich frei und ging nach Kalifornien, um zu lehren; dort war ich in Stanford wissenschaftlicher Mitarbeiter im Institut für Informatik.

Während meiner Inhaftierung stieß ich immer wieder auf Erkenntnisfragen, die mich interessierten. Bei Francisco Varela studierte ich die Kognitionswissenschaften und dann begann mein persönlicher Kampf mit der cartesischen Ontologie, wie ich es nenne. Um es kurz zu machen: 1978 begann ich mein interdisziplinäres Studium in Berkeley, an der Universität von Kalifornien. Ich studierte Philosophie, was mir schwerfiel, da ich vom Ingenieurwesen herkam. Doch die Leute um mich herum waren sehr nett und ich absolvierte das Studium in Rekordzeit.

Als Vater von fünf Kindern musste ich dringend Arbeit finden. Ungefähr zu dieser Zeit, glaube ich, habe ich eine neue Art erfunden, Kommunikation zu verstehen; das war sehr, sehr wichtig für Unternehmen und für das Management. Ich bin sicher, dass ich damals einen Durchbruch erzielte, den seither viele in diesem Fach anerkennen, doch zu dieser Zeit musste ich meinen Lebensunterhalt verdienen.

Wann haben Sie denn Ihr neues Verständnis von Kommunikation entwickelt?

Ich würde sagen, ungefähr Juni 1978. Ich erinnere mich noch ganz genau an einen Tag, an dem ich mich mit einigen Freunden über Fußball unterhielt. Wir waren uns einig, welche Freude und welches Wissen Spieler haben. Stellen Sie sich jetzt einen Journalisten vor, der vor und nach dem Spiel Kommentare abgibt; er hat keinerlei Auswirkung darauf, wer das Spiel gewinnt. Der Trainer kann zwar das Spiel verfolgen und darüber reflektieren, vorher und nachher, doch seine Hauptaufgabe ist, dass die Spieler während des Spiels „am Ball bleiben", nicht hernach.

In einem Coachinggespräch merken Sie, dass Ihnen etwas keine Ruhe lässt, doch hier blicken Sie nicht so sehr auf eine frühere Erfahrung, sondern eher auf potenzielle Möglichkeiten; nicht so sehr auf Informationen, sondern auf das reine Engagement.

Die Menschen begannen mir mitzuteilen, dass sie sehr gute Erfahrungen machten, als sie diese Thesen ausprobierten. Deshalb erweiterte ich die Theorie nach und nach und entwickelte dann das Konzept, dass Menschen in große Schwierigkeiten kommen, weil sie Behauptungen mit Bewertungen verwechseln.

Worin sehen Sie den Unterschied zwischen einer Behauptung und einer Bewertung?

Ich bin Fernando Flores aus Chile – das ist eine Behauptung. Sie ist eindeutig und kann richtig oder falsch sein. Doch nehmen Sie an, ich hätte Ihnen gesagt: „Ich bin ein sehr guter Coach." – das ist eine Bewertung. Die Aussage hat auch die Komponente einer Behauptung (dass ich ein Coach bin), doch zu sagen, ich sei ein guter Coach, ist eine Bewertung. Die Art von Zusage, die ich Ihnen mit dieser Bewertung mache, ist ganz anders als die der Aussage: „Ich bin Fernando Flores."

Ein guter Coach auf welchem Gebiet? Ich bin zweifellos kein guter Basketball-Coach. Und außerdem: Woher weiß ich, dass ich ein guter Coach bin? Das kann ich nur bestimmen, indem ich aktiv werde und die Kriterien definiere, nach denen diese Tätigkeit „guter Coach" Sinn ergeben soll.

Lassen Sie mich „Unsinn reden" ontologisch definieren. Als Coach müssen Sie Menschen beibringen, ihrem eigenen Unsinn zuzuhören. Lügen sind nämlich überall sehr leicht auszumachen, und wenn Sie ein Lügner sind, dann wissen Sie, dass Sie lügen. Aber wenn Sie Unsinn reden, dann sind Sie sich dessen nicht bewusst. Doch anderen Menschen fällt es auf. Wie merken Sie, dass Sie Unsinn reden? Besonders seit es in unserer Kultur zur Gewohnheit geworden ist?

Der Unterschied besteht darin, dass ein Lügner weiß, dass er Sie täuscht, doch jemand, der Unsinn redet, weiß das nicht. Genauso kann es bei Versprechen sein. Falls Sie ein ehrlicher Mensch sind, decken sich Ihre Absichten und Ihre Versprechen. Wenn Sie ein Lügner sind, dann will Ihr Versprechen täuschen; Sie wissen, dass Sie das Versprechen nicht einhalten werden. Doch wenn Sie Unsinn reden, dann haben Sie die grundlegenden Absichten und Sie sind guten Willens – und das macht es gefährlich.

Coaching hat damit zu tun, Menschen Ehrlichkeit beizubringen; das kann ein moralischer Druck sein. Ein guter Coach muss sehr geduldig und mitfühlend sein und dem Klienten die Zeit geben, diese Ehrlichkeit zu entwickeln. Das ist sehr befreiend für diesen Menschen.

Sie müssen ein guter Zuhörer sein, aber nicht nur allgemein zuhören; Sie müssen auf die Absichten hinter den Worten des Klienten lauschen. Da gibt es das Phänomen Blindheit. Ein Coach wird den Einzelnen auf die Folgen gesellschaftlicher Blindheit hinweisen. Lassen Sie mich ein kulturelles Beispiel anführen: Für Lateinamerikaner ist Zeit etwas anderes als für andere. Die Amerikaner sind sehr ungeduldig; sie wollen auf den Punkt kommen, weil sie glauben, im Leben gehe es darum, zu handeln. Doch es gibt Momente, in denen man warten sollte. Da könnte etwas sein, was Sie hören sollten …

Wir halten das ontologische Coaching für interessant, weil es den Emotionen und dem Körper, der Physiologie, besonderes Augenmerk schenkt. Wie denken Sie darüber?

Zwischen ontologischem Coaching und ontologischem Design besteht ein Unterschied. Das betrifft nicht nur die und den Einzelnen, sondern hat auch mit der Struktur der Medien zu tun, der jeweiligen

Umgebung, und das ist sehr wichtig, wenn Sie beispielsweise nach Stimmungen fragen.

Nehmen Sie die Umgebung einer Kirche. Sie hat eine bestimmte Stimmung. Wenn Sie das Gegenteil davon wollen, stellen Sie sich eine Bar oder einen Nachtklub vor. Der Ort prägt und verändert die Stimmung, und meiner Ansicht nach wissen Architekten und Musiker viel über Stimmungen und wie sie diese durch ihre Tätigkeit prägen.

Dann können Sie in der Situation eine emotionale Veränderung vollziehen, die sich auf den Körper auswirkt. An Säugetieren kann man das sehr deutlich sehen; Hunde zum Beispiel – die Art, wie sie ihre Ohren bewegen oder aufmerksam dastehen. Wenn die Gefahr vorüber ist, nehmen sie wieder ihre entspannte Haltung ein. Kleine Kinder machen das Gleiche. Ich bezeichne das als „Einsatzstimmung" [*operation mood*]. Doch eine Stimmung ist emotional und absichtsvoll im Sinne der Art und Weise, wie Sie orientiert sind. Freude empfinden Sie, wenn Sie etwas Verschollenes wiederfinden. Gute Coachs haben eine natürliche Fähigkeit, Stimmungen deutlich wahrzunehmen, und sie müssen jegliche Bildung verlernen, die ihnen das nicht gestattet.

Meine Arbeit wendet sich an ganze Unternehmen und kann den Geschäftsablauf verbessern. Das macht meine Methodik einzigartig und deshalb kann ich große Unternehmen coachen.

Uns interessiert, wie sich die jeweilige Kultur auf Coaching auswirkt. Halten Sie es für wichtig, dass Menschen verstehen, wie man in unterschiedlichen Kulturen coacht oder wie man interkulturell coacht?

Nach meinem Eindruck verstehen die meisten Menschen, mit denen ich gesprochen habe, Coaching nicht besonders gut und können auch nicht besonders gut kommunizieren. Sie wiederholen eine Formel, die sie von jemandem lernen können. Coachs zerbrechen sich den Kopf über Vertrauen und Selbstvertrauen.

Aus meiner Sicht ist Vertrauen die eigene Fähigkeit, so aufrichtig zu sein, dass andere Menschen sich Ihnen gegenüber öffnen und etwas zusagen, was sie anderen nicht zusagen würden. Meist machen die Menschen negative Erfahrungen in Bezug auf Vertrauen und so schwinden viele Möglichkeiten.

Mit Selbstvertrauen ist es das Gleiche. Wir häufen einen Packen negativer Bewertungen über uns selbst an und oft haben wir nicht die Kraft oder den Mut, mit der Situation umzugehen, mit der wir uns konfrontieren müssten. Denn was unser Selbstvertrauen und unser Vertrauen beschädigt, hat häufig mit Begebenheiten aus der Vergangenheit zu tun, die wir nie sorgfältig untersucht haben. Das ist das Problem, wenn man nach starren Regeln lebt.

Wie sehen Sie die Zukunft des Coachings?

Ich glaube, Coaching erregt großes Interesse, besonders mit dem, was über das Internet stattfindet. Wir müssen die Möglichkeiten und Grenzen des Online-Coachings ausloten. Und ich brenne schon darauf herauszufinden, wie das Web die interkulturelle Kommunikation fördern kann. Als Senator hatte ich schon viele Gelegenheiten, über Coaching nachzudenken, und ich hoffe, ich kann in dieser Art weitermachen.

Dr. Fernando Flores entwickelte in den achtziger Jahren des 20. Jahrhunderts die Grundlage des ontologischen Coachings und beschäftigt sich mit Anwendungsmöglichkeiten der Philosophie, mit Software-Entwicklung, Management und menschlicher Entwicklung.

Er ist Doktor der Philosophie und hat in den USA und in Chile mehrere Unternehmen gegründet. Mit 29 Jahren wurde er Minister. Er hat zahlreiche Bücher und Aufsätze geschrieben. Seit 2002 ist er Senator in der chilenischen Regierung.

KAPITEL 10

Ein integriertes Modell

Es gibt nichts Praktischeres als eine gute Theorie.
                                                           KURT LEWIN

Eine Theorie ist in erster Linie eine Form von Erkenntnis, eine Art, die Welt zu betrachten, und keine Form von Wissen, wie die Welt ist.
                                                           DAVID BOEHM

In der kleinen Geschichte zu Beginn von Teil II ließen wir unseren Protagonisten Nasreddin Hodscha verwirrt zurück, verwirrt von den verschiedenen Darstellungen, die er in seinem Gerichtssaal gehört hatte. Die Geschichte ist noch nicht zu Ende:

Sein Berater, der sehr versiert ist in aristotelischer Logik, meldet sich noch einmal zu Wort: „So können Sie es nicht belassen, Euer Ehren!", zischt er. „Nur einer von beiden kann die Wahrheit sagen!"

„Das Problem ist nicht die Wahrheit", erwidert Nasreddin. „Das Problem ist das Vertrauen."

Die englischen Wörter *truth* = Wahrheit und *trust* = Vertrauen, stammen von derselben Wurzel ab, wie Sie vielleicht schon vermuten. Wir vertrauen dem, was wir für wahr halten. Das bringt uns zum Kern des Coachings – dem Vertrauen, das zwischen Coach und Klient und zwischen Coach, Klient und der Methodik entsteht.

In diesem Kapitel stellen wir Ihnen unser integriertes Modell vor, die Quintessenz, die wir aus den anderen Modellen herausgearbeitet haben. Unserer Ansicht nach stellt es das Herzstück des Coachings dar und wir benutzen es in unserer Praxis und unseren Ausbildungen. Es geht uns hier nicht um die „beste Vorgehensweise", die immer auch an ihre Zeit gebunden ist. Wir haben vielmehr diejenigen Elemente herausdestilliert, die notwendig und hinreichend sind, damit Coaching funktioniert; wir haben sozusagen die Kernmethodik aus dem breiten, chaotischen Strom herausgepickt, den Coaching in der Praxis darstellt. Wir haben diese

Elemente jahrelang in vielen verschiedenen Ländern erprobt und glauben, dass sie diesen Praxistest bestanden haben.

Welche Elemente müssen also in solch eine Kernmethodik einfließen? Wir greifen hier zurück auf die vier Betrachtungsweisen in den Quadranten des integralen Modells und wenden Sie auf Coaching an. (Vgl. Seite 97)

Die 4 Quadranten des Coachings

	Innen	Außen
Individuelle Sichtweise	Die Ziele, Denkgewohnheiten und Werte des Coachs und des Klienten. Die subjektiven Erwartungen des Coachs, des Klienten und anderer relevanter Personen.	Verhalten von Coach und Klient. Körpersprache und gesprochene Sprache. Die Psychogeografie der Coachingsitzung.
Kollektive Sichtweise	Die Beziehung zwischen Coach und Klient, wie beide sie wahrnehmen. Die gemeinsamen Erwartungen und die daraus resultierende Synergie.	Die äußeren Systeme, die die Coachingsitzungen tragen, das Unternehmen als Rahmen, Logistik, Wirtschaftssystem etc.

Erst einmal ist da im Feld links oben der subjektive Bereich: Was geht im Kopf des Klienten vor? Was geht gerade im Kopf des Coachs vor? Wie muss der Coach denken? Was für Überzeugungen, Werte und Ziele funktionieren für Coach und Klienten?

Oben rechts haben wir das äußere Verhalten von Coach und Klient in der Beziehung und die stattfindenden Veränderungen: Wie wirkt sich das auf ihre Leistung aus?

Im Feld unten links sind die Systeme und Strukturen: Wie wird das Coaching angeboten? Welche Systeme und Vorgehensweisen sind nötig, damit es erfolgreich in ein Unternehmen eingeführt werden kann?

Was muss geschehen? Welche Personen müssen zurate gezogen werden? Welchen Rahmen gilt es abzustecken und wie soll man mit Erwartungen umgehen?

Und zum Schluss noch das Feld unten rechts für Beziehungen: Welche Art von Beziehung müssen Coach und Klient entwickeln? Wie wird die Beziehung entwickelt und was findet darin statt? – Damit Coaching Erfolge zeigt, sind alle vier Felder zu berücksichtigen.

Eine Methodik enthält eine Reihe von Unterscheidungen. In jedem Beruf können sich die jeweiligen Fachleute anhand dieser Unterscheidungen verständigen, die Welt auf eine bestimmte Art sehen und auf der Grundlage dieser Weltsicht handeln. Coaching als Beruf ist noch im Entstehen; aus unserer Sicht sind unsere Anregungen ein Ausgangspunkt, um einige für diesen Beruf geeignete Unterscheidungen einzuführen. Wir glauben, Coaching wird zu einem Beruf, weil der Wissenszweig und die Methodik sich mit dem Namen und dem Tun decken. Das trifft auf Berufe allgemein zu, zum Beispiel auch auf das Rechtswesen und die Psychologie.

Grundlegende Prozesse beim Coaching

Coaching ist eine Methodik für Veränderung. In allen seinen Modellen gibt es drei grundlegende Schritte.

Zentrale Prozesselemente des Coachings

1. Den Klienten unterstützen und seine Aufmerksamkeit lenken
2. Dem Material des Klienten Bedeutung geben und darüber auf eine Art reflektieren, die über sein Denken hinausgeht
3. Den Klienten zum Handeln anleiten

Der erste Prozess besteht also darin, den Klienten zu unterstützen und seine Aufmerksamkeit zu lenken. Das bewirkt der Coach durch seine Fragen und die Art seiner Aufmerksamkeit dem Klienten gegenüber. Coachs sehen, was ihre Klienten tun, was sie sagen, was sie nicht sagen, wofür sie die Verantwortung übernehmen können und wofür nicht.

Beim zweiten Prozesselement geht es darum, Bedeutung und Reflexion anzubieten. Dieser Prozess fügt die Aussagen der Klienten (Sprache) und ihr Tun (Verhalten und Körpersprache) in ein Coaching-„Modell" ein, das Coachs im Kopf haben. Aus diesem Modell heraus gibt der Coach Feedback und spiegelt dem Klienten eine andere, hoffentlich hilfreiche Sichtweise zu seinem Problem zurück. Das Coachingmodell im Kopf des Coachs muss ergiebig genug sein, um das vielfältige „Material" zu erfassen, das der Klient mitbringt. Je umfassender das Modell, desto besser das Coaching.

Der dritte Prozess unterstützt Klienten beim Handeln. Sie handeln dann anders als bisher und anders als beabsichtigt. Ihr bisheriges Tun basierte auf Gewohnheiten und setzte diese Gewohnheiten endlos fort. Die neuen Handlungsweisen verhelfen zu einem anderen Feedback und führen zu Veränderung.

Alle Coachingmodelle stellen verdeckt oder offen drei Grundfragen. Diese Fragen basieren auf einer Vorstellung davon, was es heißt, Mensch zu sein, und was Coach und Klient für sich in ihrer Beziehung für möglich halten:

- Wo interveniert der Coach, um den Veränderungsprozess *in Gang zu setzen*?
- Worauf sollten Coach und Klient ihre Aufmerksamkeit richten?
- Welche Resultate wollen Coach und Klient erreichen und wie werden sie diese messen?

Der Ausgangspunkt

Menschen sind vielschichtig – kognitiv, emotional, körperlich und spirituell – und der Coach muss alle Ebenen im Kopf behalten bei seiner Entscheidung, wo er anfangen und wo er intervenieren soll. Alle Ebenen hängen zusammen und die Veränderung auf *einer* Ebene wird auch andere Ebenen verändern; doch die Veränderungen müssen in die vom Klienten gewünschte Richtung gehen und dauerhaft sein. Alle Coachingmethoden mögen sich in ihrem bevorzugten Ausgangspunkt unterscheiden, weil jede von ihnen *andere* Aspekte des Klienten und des Kontextes als besonders relevant erachtet.

Meist setzt Coaching auf der intellektuellen Ebene an und fordert den Klienten auf, anders über das Problem zu denken. Ein anderes Denken führt zu anderem Verhalten, zu anderen Emotionen und zu einer anderen Ausdrucksweise. Im Allgemeinen beginnen Coachs *nicht* auf der emotionalen Ebene und versuchen auch nicht, Emotionen hervorzurufen, vor allem keine negativen, die mit dem Problem zusammenhängen. Doch sie achten sehr wohl auf Emotionen. Selten beginnen sie auch auf der körperlichen Ebene, das bleibt Fachleuten überlassen, die Körperhaltung und Körpersprache genau betrachten. Ontologisch ausgerichtete Coachs arbeiten allerdings gelegentlich mit Körperhaltung und Körperausdruck der Klienten. Verhaltenscoachs setzen oft auf der Verhaltensebene an, was wenig überrascht. NLP-Coachs und ontologische Coachs achten höchstwahrscheinlich stärker auf die Sprachmuster der Klienten.

Zwischen kognitivem und Verhaltenscoaching gibt es kein Gerangel. Sie passen zusammen, weil ein anderes Denken zu anderem Verhalten führt und umgekehrt. Diese beiden Ansätze unterscheiden sich in ihrem Ausgangspunkt und Fokus, nicht aber im Ergebnis. Verhaltenscoaching hat seinen Schwerpunkt in den beiden rechten Quadranten des integralen Modells, kognitives Coaching dagegen in den linken. Verhaltenscoaching und kognitives Coaching nehmen unterschiedliche Blickwinkel ein, eine *ausgewogene* Sicht wird beide einbeziehen.

Coaching ist ein helfender Beruf, in dem es um das Lernen und die Entwicklung von Menschen geht. Für Coach und Klienten gilt es, Möglichkeiten auszumachen und umzusetzen. Der Klient möchte sich ändern, doch der Prozess berührt auch den Coach und bezieht ihn mit ein. Die Veränderung geschieht durch die Art der Beziehung, die zwischen beiden entsteht.

Eine gründliche, umfassende Betrachtung darüber, wie Coaching funktioniert, muss natürlich sowohl den Klienten berücksichtigen als auch den Coach sowie die Beziehung zwischen beiden. Das heißt:

- Die subjektive Welt des Coachs
- Die subjektive Welt des Klienten
- Die Beziehung zwischen Coach und Klient (wo die beiden subjektiven Welten sich begegnen)
- Verhalten und Sprache des Coachs
- Verhalten und Sprache des Klienten
- Die äußeren Umstände und die Gestaltung des Coachings

(Wir gehen hier davon aus, dass Coach und Klient den gleichen kulturellen Hintergrund haben; auf interkulturelles Coaching gehen wir in Teil III ein.)

Die verschiedenen Coachingmodelle betonen unterschiedliche Teile des Prozesses. Die Beziehungen und das Gleichgewicht zwischen diesen Teilen bestimmen die Methodik in der Praxis. Wir beginnen mit dem Coach, betrachten dann die Coachingbeziehung und zuletzt den Klienten.

Die Rolle des Coachs

Coachs gestalten die Coachingbeziehung mit ihren Klienten zusammen, deshalb können sie nicht völlig objektiv sein. Sie sind innerhalb des Systems; sie haben jedoch ihre eigenen Ideen über das Coachen und die Art des Problems der Klienten. Coachs können *nicht vermeiden,* ihre eigenen Vorstellungen in die Coachingbeziehung mit einfließen lassen. Sie sind keine perfekten Spiegel, die nur die Vorstellungen des Klienten widerspiegeln; das ist nicht nur nicht möglich, es ist auch gar nicht wünschenswert. Coach und Klient *müssen* die Situation aus unterschiedlichen Blickwinkeln sehen, sonst gibt es keinen Fortschritt.

FRAGEN STELLEN

Was macht der Coach? Er stellt hauptsächlich Fragen. Der Coach hat die *Fragen,* der Klient die *Antworten.* In keinem Coachingmodell liefert der *Coach* die Antworten oder versucht, das Problem zu lösen. Die Qualität der Fragen wird die Qualität der Antworten, die Beziehung und die Ergebnisse beeinflussen. Die Ideen des Coachs führen zu Hypothesen über den Klienten und sein Problem. Seine Fragen überprüfen diese Annahmen. Und diese sind *nicht* die Lösungen für die Probleme. Es sind Vermutungen darüber, wie der Klient gerade denkt, welche möglichen blinden Flecke er haben könnte und welchen Blickwinkel er gerade einnimmt.

Richtig Fragen stellen zu können ist die erste Kernfähigkeit beim Coaching. Fragen unterstützen die Klienten, lenken ihre Aufmerksamkeit und überprüfen die Annahmen des Coachs über die Situation. Darin sind sich alle Coachingmodelle einig; NLP-Coaching und ontologisches Coaching befassen sich eingehend mit dem linguistischen Aspekt von Fragen. Fragen sind die Hauptintervention des Coachs. Doch was ist so besonders an Fragen?

Fragen erfüllen zahlreiche für den Coachingprozess wichtige Funktionen: Fragen sind unwiderstehlich. Ob die Klienten schließlich zustimmen oder widersprechen, bejahen oder verneinen – sie müssen nachdenken. Eine Frage ist ein Scheinwerferlicht, mit dem der Coach die dunklen Bereiche im Denken des Klienten beleuchtet. Wenn sich Klienten an einen Coach wenden, dann haben sie keine Antworten. Es ergibt insofern keinen Sinn zu behaupten, dass der Klient *alle* Antworten habe; doch wir können sagen, dass die Antworten in der Beziehung entstehen; weder Coach noch Klient hatten sie vorher.

> In einer Zen-Geschichte schaut ein Mann sich nachts angestrengt unter einer Straßenlaterne um. Ein Passant bleibt stehen und schaut, was er da macht.
>
> „Was suchen Sie?", fragt er.
>
> „Meine Schlüssel", erwidert der Mann.
>
> „Kann ich Ihnen helfen?", fragt der gute Samariter und gemeinsam suchen sie im Laternenlicht die Straße ab.
>
> „Ich finde sie nirgends", sagt er nach ungefähr fünf Minuten. „Wo genau haben Sie sie verloren?"
>
> „Ach, verloren habe ich sie dort drüben", entgegnet der Mann und deutet auf eine Stelle in ungefähr 20 Meter Entfernung.
>
> „Warten Sie mal", meint der helfende Fremde, „wenn Sie sie dort drüben verloren haben, warum suchen Sie sie dann hier?"
>
> „Weil es da drüben dunkel ist", antwortet der Mann. „Dort sehe ich nichts. Hier ist Licht, deshalb suche ich hier."

Genau das machen Klienten; sie suchen an ihnen *bekannten* Stellen nach Antworten. Die Fragen eines Coachs wirken wie Licht, damit Klienten dort suchen können, wo sie vorher nicht hinschauten. Wenn wir die Metapher weiterführen, dann zieht ein Coach keinen Schlüssel aus seiner Tasche und gibt ihn dem Klienten. Ebenso wenig bietet er an, in das Haus des Klienten einzubrechen.

Fragen verhelfen dem Klienten zu neuen Sichtweisen und eröffnen Möglichkeiten. Auch verändern Fragen die Emotionen. Eine Frage nach einer guten Erfahrung wird positive Emotionen hervorrufen. Eine Frage über unangenehme Erfahrungen löst negative aus. Mithilfe von Fragen können Klienten in unterschiedliche Richtungen denken und verschiedene Blickwinkel einnehmen.

Eine Frage zu stellen ist Verhalten; es ist sichtbar und hörbar. Welche Einstellung brauchen Coachs, um wirkungsvoll und nutzbringend zu fragen?

> **Der Coach**
>
> ... stellt Fragen aus einer Haltung des Respekts, des Engagements und des Nichtwissens.

Erstens muss die Frage unvoreingenommen sein. Coachs dürfen ihre Klienten nicht beurteilen; das tun die Klienten meist schon selbst. Die Fähigkeit des Coachs, seinen Verstand zum Schweigen zu bringen, das innere Selbstgespräch abzustellen und ganz auf die Klienten konzentriert zu bleiben, gehört im koaktiven Coaching zur Selbstorganisation.

Zweitens müssen Coachs ihre Klienten respektieren, zumindest in dem Bereich, in dem sie sie coachen. Sie brauchen sie nicht zu bewundern, sie brauchen nicht mit ihnen übereinzustimmen, aber sie müssen ihre Klienten als Menschen respektieren.

Drittens müssen sich Coachs ihren Klienten innerlich verpflichten. Über das Engagement des *Klienten* für den Coachingprozess ist schon viel geschrieben worden, doch auch Coachs müssen ihren Klienten verpflichtet sein. Ist das nicht der Fall oder zweifeln sie an der Fähigkeit ihrer Klienten, dann spüren die Klienten das und die Beziehung leidet darunter. Aufgrund des Engagements des Coachs sind seine Fragen ehrlich und nicht manipulativ. Ein Coach sollte nie eine Frage stellen, auf die er die Antwort schon weiß, oder eine, an deren Antwort er ein eigenes Interesse hat. Und Coachs sollten nie so fragen, dass sie ihre Klienten dadurch in eine bestimmte Richtung drängen. Ein Coach mag versucht sein, so zu fragen, dass er den Klienten auf eine Antwort lenkt, die der Coach für eine Lösung hält, und so den Klienten zu dem Irrglauben verleiten, er selbst sei ohne fremde Hilfe darauf gekommen. Das funktioniert nicht, die Klienten fühlen sich manipuliert. Die Antwort ist nicht die des Klienten, wie interessant sie auch sein mag. Wenn Coachs eine aus ihrer Sicht nützliche Idee haben, tun sie viel besser daran, das ihren Klienten geradeheraus zu sagen, statt zu versuchen, die Klienten in diese Aussage „hinzumanipulieren". Klienten möchten sich nicht gerne wie Bauchrednerpuppen fühlen.

Ist der Coach ehrlich, so ruft das auch bei seinen Klienten Ehrlichkeit hervor. Klienten wollen ihrem Coach gefallen, ihren Coach beeindrucken, ihren Coach gut über sie denken lassen. Deshalb mögen sie sich versucht fühlen, ihre Antworten ein wenig zu „drehen", damit sie in gutem Licht erscheinen. Wenn Coachs die Klienten bereits respektieren und wenn sie ehrlich sind, dann ist das für ihre Klienten weniger ein Problem. Klienten neigen dazu, die Eigenschaften, die sie an ihrem Coach erleben, zu modellieren. Und Coachs müssen geben, was sie erhalten wollen. Jede Eigenschaft, von der ein Coach will, dass der Klient sie zeigt, muss der Coach selbst zuerst an den Tag legen. Ein Klient lernt durch das Beispiel sowie durch Verstehen und Handeln.

Und schließlich müssen Coachs aus einer Haltung der Neugier und des Nichtwissens heraus fragen. Der Coach kennt die Antworten nicht und weiß auch nicht mehr als der Klient. Die Klienten sind die Experten für ihr eigenes Leben und Coachs wissen nicht, wo die Schlüssel für die Situation verborgen sind.

Alle Fragen enthalten ein paar Annahmen; wichtig ist, dass die Fragen des Coachs Annahmen über die Motivation, die Ressourcen und den letztendlichen Erfolg des Klienten enthalten.

Die Fragen der Klienten und die „Mu"-Antwort

Was ist mit den Fragen, die Klienten selbst stellen? Die können in die falsche Richtung weisen und auf einschränkenden Annahmen zur Situation basieren.

Bisweilen wird ein Coach auf die Fragen oder das Problem des Klienten antworten mit einer Anmerkung über die Annahmen des Klienten. Eine Zen-Geschichte veranschaulicht das.

> Ein Zen-Schüler kehrt den Hof im Kloster, als der Meister herauskommt, um zu schauen, was er macht. Aus Angst, mit dem Stock geschlagen zu werden, beschließt der Schüler, ihm mit einer Frage zuvorzukommen. In dem Hof liegt ein räudiger Hund, der im Schatten herumlungert und an Küchenabfällen nagt, die ihm jemand in den Staub geworfen hat.
>
> „Meister", sagt der Schüler, „hat der Hund eine Buddha-Natur?"
>
> Der Meister blickt ihn an und erwidert: „Mu."

Was bedeutet „Mu"? Es bedeutet, „Ich gebe deine Frage zurück." Es bedeutet, der Meister akzeptiert die Annahmen hinter der Frage nicht und antwortet deshalb nicht mit Ja oder Nein. Er dekonstruiert, „zerlegt" die Frage. Das müssen Coachs auch oft tun. Klienten kommen mit Fragen, Problemen und Themen und wissen nicht, was sie tun sollen. Sie stellen die falschen Fragen. Der Coach antwortet mit „Mu".

Eine Haltung des Coachs, die geprägt ist von Respekt, Engagement und Nichtwissen, ruft die besten Fragen hervor und gestattet dem Klienten, die besten Antworten zu finden. Diese Haltung rührt von den Überzeugungen des Coachs über Menschen her, von einer Modellvorstellung davon, was es bedeutet, Mensch zu sein.

DIE ÜBERZEUGUNGEN DES COACHS

Welche Art von Überzeugungen müssen Coachs in ihrem Handeln verkörpern?

Erstens sollten Coachs die menschliche Natur von einer positiven Warte aus betrachten, die auf der humanistischen Psychologie basiert. Sie müssen glauben, dass ihre Klienten nicht vollständig feststecken, dass sie da herauskommen wollen, das Maximale aus sich herausholen wollen und dass sie dazu fähig sind. Coachs arbeiten nicht mit psychisch Kranken, deshalb sind die Klienten in der Regel engagiert und wollen das Beste aus sich machen. Es wird zwar Hindernisse geben, doch die sind nicht unüberwindlich. Um das Beste aus einem Menschen hervorzulocken, muss man auch davon überzeugt sein, dass das Beste da ist. Dies gilt für *alle* Klienten, von der höchsten Führungskraft bis etwa zu Menschen ohne Berufsausbildung.

Coachs müssen dieselben Prinzipien auch auf sich selbst anwenden, also glauben, dass sie es immer noch besser können, dass sie ihre Grenzen noch nicht erreicht haben und dass sie mit dem Klienten gemeinsam unterwegs sind – vielleicht ein Stück voraus, doch auf derselben Straße.

Zweitens müssen Coachs für wahr halten, dass wir alle unsere eigene Wirklichkeit kreieren und sie dann *aufrechterhalten*. Jede und jeder ist einzigartig, und um jemandem zu helfen, seine Welt zu verändern, gibt man ihm *nicht* eine bessere – man hilft ihm, sich *selbst* eine bessere zu erschaffen. Klienten haben ihre Situation „aufgebaut", also können sie sie auch wieder zerlegen.

Drittens müssen Coachs davon ausgehen, dass eine Wahl zu haben besser ist, als keine Wahl zu haben. Den Klienten sind die Wahlmöglichkeiten ausgegangen oder die, die sie haben, scheinen sie nicht an ihr Ziel zu bringen. Aufgabe des Coachs ist, die Klienten dabei zu unterstützen, mehr und bessere Wahlmöglichkeiten zu entwickeln.

Und schließlich müssen sie an ihre eigenen Coachingfähigkeiten und ihre Coachingmethodik glauben, welche das auch sein mag. Falls Coachs daran zweifeln, wie sollen ihre Klienten ihnen da vertrauen? Ihr Glaube an sich selbst kann so wichtig sein wie die jeweilige Methodik, mit der sie arbeiten.

Überzeugungen eines Coachs

- Eine optimistische Sicht der menschlichen Natur
- Wir gestalten unsere Realität – was wir gestalten, konstruieren, können wir auch wieder dekonstruieren.
- Eine Wahlmöglichkeit zu haben ist besser als *keine* Wahlmöglichkeit zu haben und es gibt immer mehrere Wahlmöglichkeiten.
- Die Überzeugung, dass seine Coachingfertigkeiten und seine Methodik funktionieren

Die Coachingbeziehung

Die eigentliche Arbeit wird geleistet durch die *Beziehung*, die Coach und Klient miteinander aufbauen und gestalten. Alle Modelle betonen die Wichtigkeit dieser Beziehung, die zwei Aspekte umfasst – den äußeren (die rechten Quadranten im integralen Modell) und den inneren (die linken Quadranten).

Die äusseren Merkmale – Unterstützungssysteme

Wie sehen die praktischen Vereinbarungen aus? Wie geht man mit Erwartungen um? Wie verhalten Coach und Klient sich in ihren Sitzungen? – Diese äußeren Faktoren sind bedeutsam und entsprechen im integralen Modell dem Quadranten unten rechts. Nicht einmal die fähigsten Coachs können ihre Fertigkeiten nutzen, wenn die „Logistik" nicht stimmt. Das Verhaltenscoaching achtet am stärksten auf die genaue Koordination des Coachingablaufs, auf den Umgang mit Erwartungen sowie darauf, dass Mess-Systeme eingerichtet werden und dass Coach und Klient im Unternehmenscoaching zusammenpassen. Die äußeren Systeme und die äußere Kommunikation müssen funktionieren zwischen Coach, Klient und anderen relevanten Personen und Instanzen (etwa der Personalabteilung), um die bestmögliche Beziehung zu begünstigen.

Im Lebenscoaching müssen sich Coach und Klient ebenfalls auf praktische Details verständigen, die die Beziehung fördern: darauf, wann und wie lange das Coaching stattfinden soll, sowie auf Mittel, Kosten und Ort. Diese Inhalte haben mit dem äußeren System zu tun, das die Coachingbeziehung stützt.

Unterstützungssysteme der Coachingbeziehung

- Die äußeren Rahmenbedingungen für Kommunikation und Koordination müssen geklärt bzw. geschaffen sein.
- Die praktischen Punkte wie Termine, Ort, Kosten und Dauer müssen geklärt sein.
- Die Umgebung muss für die Sitzungen geeignet sein.
- Die Psychogeografie muss stimmen.

Der andere äußere Aspekt der Coachingbeziehung sind die äußeren Umstände und das Verhalten von Coach und Klient *in der Sitzung*. Der Raum sollte bequem und freundlich eingerichtet sein und die Sitzungen sollten ungestört ablaufen. NLP-Coaching legt besonderen Wert darauf, dass der Coach Rapport herstellt: durch Blickkontakt, durch seine Körperhaltung und indem er seinen Tonfall angleicht. Die Psychogeografie des Raumes (die Sitzposition von Coach und Klient) spielt ebenfalls eine Rolle. Der Abstand zwischen Coach und Klient muss der jeweiligen Kultur entsprechen. (Sie sitzen in lateinamerikanischen Ländern näher beieinander, als das in Großbritannien oder den USA der Fall ist.)

Coach und Klient sitzen gewöhnlich in einem Winkel zwischen 90 und 120 Grad zueinander. So können sie während des Gesprächs den gewünschten Blickkontakt halten, ohne sich direkt gegenüberzusitzen (– das wäre eine Psychogeografie der „Opposition"). Und so können beide auch leicht zeichnen, schreiben oder gestikulieren.

DIE INNEREN MERKMALE

Was sind die inneren Merkmale der Coachingbeziehung? Sie entsprechen dem linken unteren Quadranten des integralen Modells.

Zunächst ist *Rapport* nötig – eine Beziehung, in der beide Partner offen dafür sind, sich vom anderen beeinflussen zu lassen. Das NLP-Coaching kennt viele Techniken, mit denen Coachs über Matching leicht Rapport aufbauen können. Die Beziehung wird außerdem verbessert, indem der Coach den Klienten respektiert, ihm zuhört und unvoreingenommen auf ihn zugeht.

Um einen Begriff aus dem ontologischen Coaching zu gebrauchen: Die *Wesensart* des Coachs trägt ebenfalls zur Beziehung bei. Gute Coachs zeigen starke *Präsenz*. Sie sind unvoreingenommen und offen für ihre Klienten da. Sie haben keine eigenen Ziele für die Klienten. Und genau das macht die Beziehung besonders und wirkungsvoll. Es gibt viele Coachingtechniken, doch sie werden *im Rahmen dieser Beziehung* eingesetzt – sie können sie nicht *ersetzen*.

Zuhören gestaltet die Beziehung und ist eine entscheidende Fertigkeit in allen Coachingmodellen; besonderen Stellenwert hat es im ontologischen und im koaktiven Coaching. Durch sein Zuhören ermuntert der Coach den Klienten, sein Thema möglichst klar auszusprechen. Auch der Klient muss zuhören, doch das Zuhören des Coachs hat eine Offenheit, die dem

Klienten Raum bietet, seine Geschichte zu erzählen. Wenn jemand nicht zuhört (wie es etwa auf Partys der Fall ist, wenn Ihr Gegenüber umherschaut, ob vielleicht noch ein interessanterer Gesprächspartner in der Nähe ist …), dann zweifeln Sie an sich selbst und das Gespräch ist nur schwer in Gang zu halten. Nur wenn das Zuhören gewährleistet ist, kann sich das ontologische Coaching auf die Gesprächsarten konzentrieren, die zwischen Coach und Klient stattfinden können.

Beim Zuhören kann sich die Intuition des Coachs „einschalten" – das ist beim coaktiven Coaching besonders wichtig. Intuition ist die Fähigkeit, hilfreiche Ideen zu bekommen ohne eine logische Begründung, mit der sie normalerweise einhergehen. Diese Ideen kommen aus dem Unbewussten, das *alle* Informationen verarbeitet, die Coachs beim Zuhören aufschnappen. Findet Zuhören nicht statt, dann gibt es auch keine Informationen zu verarbeiten und deshalb auch keine Intuition.

Beim Zuhören gleichen sich Coachs automatisch und ganz von selbst teilweise an die Körpersprache ihrer Klienten an. Das gehört zu den Grundfertigkeiten des Menschen, die der Forscher William Condon in den sechziger Jahren als Erster dokumentierte.[1]

Körpersprache und Tonfall gehen immer mit bestimmten Emotionen einher. Wenn sich Coachs also an ihre Klienten auf natürliche Weise angleichen, dann „matchen" sie auch winzige Bewegungen der Gesichtsmuskulatur – und diese verraten ihnen, was die Klienten fühlen. Coachs müssen *entspannt* sein, sonst unterbinden ihre eigenen angespannten Gesichtsmuskeln das natürliche Angleichen (falls sie sich „abmühen", die Klienten zu verstehen) und damit auch ihre intuitiven Wahrnehmungen.

Coachs können auch dann nicht zuhören, wenn in ihrem Kopf ständig ihr eigener innerer Dialog abläuft, teils deshalb, weil dieser intuitive Botschaften behindert. Eine innere „Stille" halten zu können ist deshalb eine wichtige Fähigkeit beim Coachen, denn damit kann der Coach eine Haltung des „Nichtwissens" einnehmen. Auch das trägt zu seiner Präsenz bei.

Engagement, die innere Verpflichtung (*commitment*), ist ein weiteres Element, das allen Coachingmodellen gemeinsam ist. Damit ist gemeint: sich einer Sache konsequent widmen, mit Hingabe, Einsatz, Verbindlichkeit. Coach wie Klient sind der Beziehung verpflichtet, denn hier finden die Veränderungen für beide statt. Beide können noch viele andere Verpflichtungen in ihrem Leben haben und das Coaching muss zu diesen passen – ein weiterer Aspekt der äußeren Gestaltung der Beziehung.

> **Die inneren Merkmale der Coachingbeziehung**
> Rapport
> Zuhören
> Engagement

Wie Coaching funktioniert

Was geschieht in dieser Beziehung? Wie finden die Veränderungen statt? – Aus unserer Sicht funktioniert Coaching aufgrund drei entscheidender Kriterien, die die Klienten zu Veränderung und Erfolg führen.

- Fähigkeit, neue Blickwinkel einzunehmen
- Fähigkeit, neue Unterscheidungen zu treffen
- Fähigkeit, damit *aufzuhören*, sich mit einigen einschränkenden Aspekten ihrer selbst zu identifizieren. Die Klienten können dann *solchen* Aspekten gegenüber *objektiv* sein, denen sie vorher *unterworfen* waren.

Der Coach entwickelt diese Fähigkeiten durch:

- Fragen
- Direkte Aussagen und Interpretationen
- Indem er dem Klienten die Fähigkeit direkt oder indirekt vorlebt (Modelling)

> **Elemente des Coachens,**
> **die bei Klienten zu Veränderungen führen**
> 1. Neue Blickwinkel einnehmen
> 2. Unterscheidungen treffen
> 3. Damit aufhören, sich mit beschränkenden Aspekten seiner selbst zu identifizieren

1. Neue Blickwinkel einnehmen

Mit Blickwinkel meinen wir hier so viel wie Sichtweise oder Perspektive. Coachs sehen die Probleme ihrer Klienten immer mit *anderen* Augen als diese selbst, weil sie nicht verstrickt sind; deshalb können sie eine andere Interpretation anbieten. Klienten suchen meist Antworten und finden keine. Sie müssen dann an einer anderen Stelle suchen – oder vielleicht an der gleichen Stelle, aber aus einer anderen Richtung ... Indem Coachs den Klienten einen neuen Blickwinkel anbieten, eröffnen sie ihnen die Möglichkeit, ihre Erfahrungen von einem anderen Standpunkt aus zu betrachten und eine andere Wahlmöglichkeit zu erkennen, die sie vorher nicht sahen.

Eine gute Metapher im Zusammenhang mit Perspektiven und Blickwinkel ist der „blinde Fleck": An *einer* Stelle auf der Netzhaut beider Augen zieht der Sehnerv zum Gehirn, deshalb befinden sich dort keine lichtempfindlichen Zellen. Wenn auf diese Stelle des Auges ein Bild trifft, können Sie es nicht sehen.

Machen Sie doch einmal folgendes Experiment. Schauen Sie aus zirka 15 Zentimetern Entfernung mit beiden Augen auf den schwarzen Punkt unten. Schließen Sie nun Ihr rechtes Auge und blicken Sie mit Ihrem linken direkt auf den Punkt. *Schauen Sie dann weiter geradeaus* und bewegen Sie die Seite gleichzeitig langsam nach links. An *einer* Stelle wird der Punkt verschwinden, weil sein Bild auf den blinden Fleck Ihres linken Auges trifft ...

●

Der blinde Fleck

Ein ganz bestimmter Blickwinkel bringt also den Punkt zum Verschwinden, aber wenn Sie Ihren Blickwinkel verändern, dann erscheint der Punkt wieder. Ein Coach kann einem Klienten nicht sagen: „Sie haben einen blinden Fleck!" Der Klient würde sonst zurückfragen, wo dieser denn sei. Ein Klient wird nur dann erkennen, dass er einen blinden Fleck hat, wenn er seinen Standpunkt, seinen Blickwinkel verändert. Dann braucht man es ihm nicht zu sagen.

Im integralen Coaching beispielsweise sind die vier Quadranten Perspektiven, ebenso die Zustände und Stufen, Linien und Ebenen. Das NLP-Coaching hat ein eindeutiges Modell der Perspektiven: Sie können alles aus der ersten Position betrachten (von Ihrem eigenen Standpunkt aus – wie sich etwas auf Sie auswirkt), von der zweiten Position aus (vom Blickwinkel einer anderen Person) und von der dritten Position (der systemischen, die beide einschließt). Das *Inner Game* bot eine andere Art an, den *Ball* zu beobachten, als Metapher, um die Objektivität und Unvoreingenommenheit der Klienten zu fördern. Coaching mit der Positiven Psychologie hat Optimismus und Pessimismus. Im Verhaltenscoaching bietet das GAPS-Grid vier wichtige Blickwinkel. In einem weiteren Rahmen betrachtet bieten die verschiedenen Coachingmodelle selbst verschiedene Sichtweisen oder Perspektiven und wir empfehlen allen Coachs, *zwischen den verschiedenen Modellen zu wechseln*, um ihre Klienten voranzubringen! Die jeweilige Kultur stellt ebenfalls einen Blickwinkel dar und an eine bestimmte Kultur gebunden zu sein kann andere hilfreiche Sichtweisen trüben.

Klienten mögen manche Blickwinkel zurückweisen oder nicht nutzen. Das spielt keine Rolle. Eine neue Sichtweise kann sehr hilfreich sein; dadurch lernt der Klient, zwischen den Perspektiven hin- und herzuwechseln – eine Fertigkeit, die nützlicher ist als jede einzelne Sichtweise.

Es genügt nicht, wenn Klienten den neuen Blickwinkel intellektuell gutheißen. Sie müssen in ihn „hineinschlüpfen", sie müssen handeln, als ob er wahr wäre, selbst wenn sie vielleicht nicht völlig daran glauben. Das ist der Unterschied zwischen dem bloßen *Wissen* um den blinden Fleck und der Tatsache, *zu sehen*, was man vorher nicht gesehen hat.

2. UNTERSCHEIDUNGEN TREFFEN

Coaching gibt Klienten hilfreiche Unterscheidungen an die Hand – und es entwickelt ihre Unterscheidungs*fähigkeit*, ein viel wertvolleres Können als jede einzelne Unterscheidung. Der Klient kann dann seine Konzepte anders und feiner unterscheiden.

Wir erschaffen unsere Welt, indem wir unterscheiden und abgrenzen. Durch mehr und erfüllendere Unterscheidungen wird unsere Welt größer, prächtiger und detailreicher. Ein neues Wort eröffnet eine neue Unterscheidung (oder Abgrenzung, Definition) – vorausgesetzt, es handelt sich nicht um „alten Wein in neuen Schläuchen". Coachs unterstützen ihre Klienten darin, ihre Erfahrungen zu differenzieren und ihre Welt neu zu erschaffen. Die Fähigkeit, neu zu unterscheiden, ist eine kognitive, die Coachs ihren Klienten vorleben können, damit sie sie lernen.

Wenn Sie unterscheiden, dann schaffen Sie einen Vordergrund und einen Hintergrund. Unterscheiden kann man etwas nur dann, wenn man darauf achtet; sonst ist es unsichtbar und geht im Hintergrund auf. Klienten sind üblicherweise auf ihr Problem fixiert, es steht im Vordergrund. Coachs fordern sie auf, genauer hinzuschauen.

Hier einige Beispiele: Beim Erlernen einer neuen Sprache trifft man viele neue Unterscheidungen, wie wir in einem Abschnitt über interkulturelles Coachen weiter unten noch genauer untersuchen werden. Eine Sichtweise ist eine Unterscheidung. Nur wenn sie für Sie ein Konzept darstellt, können Sie sie nutzen. Für manche Leute sind alle Flaschen mit vergorenem Traubensaft „Wein". Sie sortieren nach persönlicher Vorliebe und Abneigung. Mithilfe eines Weinseminars können sie zwischen verschiedenen Weinsorten, Namen und Geschmacksnuancen unterscheiden. In der Musik bedeutet differenzieren, Nuancen von Tönen, Tonarten und der Struktur hören zu können – das steigert Ihr Hörvergnügen. Bildung im Sinne von Wissen bedeutet, auf einem (von einem Lehrer bestimmten) Fachgebiet differenzieren zu können. Durch Coaching können Sie Ihre eigenen Erfahrungen differenzieren.

Sobald Sie etwas unterscheiden, können Sie es sehen, verstehen, darüber reden und es analysieren. Die verschiedenen Coachingmodelle differenzieren unterschiedlich. Ein NLP-Coach unterscheidet die verschiedenen Augenbewegungen, die auf verschiedene Denkarten hinweisen. Unsere Augen unterliegen nicht der Schwerkraft; sie rutschen nicht in der Augenhöhle nach unten, wenn wir sie nicht benutzen. Sie bewegen sich umher und das empfinden wir als selbstverständlich. Sobald man die Augenbewegungen anderer Menschen beobachtet, erkennt man ein Muster.

Das ontologische Coaching unterscheidet zwischen verschiedenen Sprechakten und Gesprächsarten. Coaching mit Positiver Psychologie unterscheidet zwischen Vergnügen und Freude/Erfüllung sowie zwischen Kerntugenden.

Ein Beruf entwickelt seine eigenen Unterscheidungen. Um coachen zu können, müssen Sie verschiedene Unterscheidungen beherrschen, und diese erzeugen einen Fachwortschatz. Diese Terminologie will es Coachs erleichtern, sich untereinander zu verständigen und verständlich über komplexe Konzepte zu reden. Wenn die Unterscheidungen eines Berufs sperrig werden und eher verwirren als klären, werden sie zu Jargon.

Mit Coachingvokabular können Coachs anhand von Unterscheidungen Hypothesen über Erfahrungen ihrer Klienten formulieren. Und mithilfe dieser Unterscheidungen können Klienten ein anderes Modell ihrer eigenen Erfahrung entwickeln (oft indem sie sie aus einem anderen Blickwinkel betrachten). Sie können beispielsweise beginnen, proaktiv zu sein, statt sich als Opfer zu fühlen und auch so zu handeln.

Coaching kennt Unterscheidungen, …

- die der Coach in seiner Methode verwendet (spezielles Vokabular).
- die der Coach verwendet, um den Klienten zu verstehen („den Klienten modellieren").
- die der Coach anwendet, um das Problem des Klienten zu verstehen.
- die der *Klient* anwendet, um sein Problem zu verstehen (und die nicht helfen).
- die der Klient aufgrund des Coachings in Bezug auf seine Erfahrungen trifft.

---

3. Aufhören, sich mit einschränkenden Aspekten zu identifizieren

Wir alle unterscheiden zunächst einmal zwischen „Ich" und „Nicht-Ich". Mit zunehmender Reife legen wir unsere ausschließliche Egozentrik ab, die Welt wird größer und wir erkennen unseren Platz in der Welt. Und zwar indem wir uns abgrenzen, indem wir erkennen, was „Ich" ist und was „Nicht-Ich". Wenn Sie sich mit etwas *identifizieren*, dann sind Sie dem unterworfen oder ausgesetzt: Es *ist* Sie. Sie können es nicht sehen, wie Sie auch Ihr eigenes Auge nicht sehen können. Gegenüber allem, von dem Sie sich abgrenzen, können Sie objektiv sein; Sie können es analysieren und bewerten. Es wird Teil Ihrer Welt. Die wichtigste Fähigkeit für Klienten besteht darin, ihr eigenes Denken zu reflektieren. Erst dann können sie zwischen Denken und Überzeugung unterscheiden. Wir sind alle der Konditionierung durch unsere Kultur ausgesetzt, doch das stellt kein Problem dar, außer wenn wir in einer anderen Kultur leben oder arbeiten wollen. Wie heißt es so schön: „Man muss zwei Kulturen kennen, um die eigene zu kennen."

Ein einfaches Beispiel ist die Situation, wenn wir einem emotionalen Zustand ausgesetzt sind. Ist etwa jemand wütend, dann nimmt ihn die Emotion ganz in Beschlag. Er denkt dann nicht: „Oh, ich bin wütend. Möchte ich wütend sein? Es gefällt mir nicht. Ich frage mich, was ich dagegen tun kann …" Wenn er so denken könnte, wäre er in diesem Moment nicht seinem Ärger ausgeliefert. Er hätte einen Abstand zwischen der Emotion und sich selbst geschaffen, er hätte den Ärger zu einem Objekt gemacht, das er beobachten, über das er nachdenken und entscheiden könnte. Wir stehen unter dem Bann von allem, dem wir ausgeliefert sind, deshalb können wir uns ohne fremde Hilfe nur schwer davon abgrenzen. Man „hat" es nicht, sondern „es hat einen".

Für das Coachen hat das bedeutsame Konsequenzen. Coachs können nicht über Denkgewohnheiten reflektieren, in denen sie selbst gefangen sind. Deshalb können sie auch Klienten nicht helfen, eine Vorstellung zu verändern, der sie selbst aufsitzen. Auf der unbewussten Ebene werden sie dem Klienten einfach zustimmen und ihr Augenmerk auf andere Aussagen des Klienten richten. Die Vorstellungen und der Entwicklungsstand des Coachs begrenzen seine Fähigkeit, bestimmte Dinge zu sehen. Die Genauigkeit des Modells, das sich der Coach vom Klienten macht, spiegelt die Genauigkeit seines eigenen Denkens wider. Und die Genauigkeit des Modells, das er *entwickelt*, spiegelt die neuen Sichtweisen und Unterscheidungen wider, die er dem Klienten anbieten kann.

Alle Coachingmodelle unterstützen Klienten darin, sich von den einschränkenden Vorstellungen und Denkgewohnheiten zu distanzieren, die die Störung oder das Problem in ihrem Leben hervorgerufen haben oder aufrechterhalten. Im Verhaltenscoaching bezeichnet man sie als „einschränkende Vorstellungen", im NLP als „einschränkende Glaubenssätze" und im ontologischen Coaching als „eingeschränkte Art zu sein". Sie deuten alle auf das Gleiche – eine Vorstellung, der der Klient unterliegt, die ihn behindert. Diese Vorstellungen aufzuzeigen oder dem Klienten zu helfen, sie zu erkennen, ist ein wesentlicher Teil des Coachings. Rationale, logische Argumente allein wirken da nicht. Man kann Klienten keine Überzeugung

Ein integriertes Modell

ausreden. Viele Überzeugungen haben eine emotionale Komponente und helfen dem Klienten, mit der Welt zurechtzukommen.

Was können Coachs tun? Als Erstes lenken sie die Aufmerksamkeit auf die einschränkende Idee. Damit können Klienten sie (falls sie das wollen) von außen betrachten. Dann können sie alle Auswirkungen und Folgen anschauen, die ein Handeln auf dieser Grundlage mit sich bringt. Und schließlich könnten sich Coach und Klient auf eine Aufgabe für den Klienten verständigen, mit der er die Grenzen dieser Vorstellung testet und Feedback bekommt.

Dazu ein Beispiel von einer unserer Ausbildungssitzungen. Wir sprachen über Ziele und darüber, dass es wesentlich zum Coaching gehört, sich Ziele zu setzen. Ein Teilnehmer sagte: „Ich dachte immer, man bekommt, was einem gegeben wird." Das war eine so interessante Aussage, dass wir sie mit ihm genauer untersuchten. Er begann, sie kritischer unter die Lupe zu nehmen. Sie enthielt den positiven Aspekt, dass andere großzügig sein konnten und dass die Aussage Großzügigkeit begünstigte; doch im weiteren Gespräch erkannte er, dass diese Vorstellung sein Leben einengte. Die

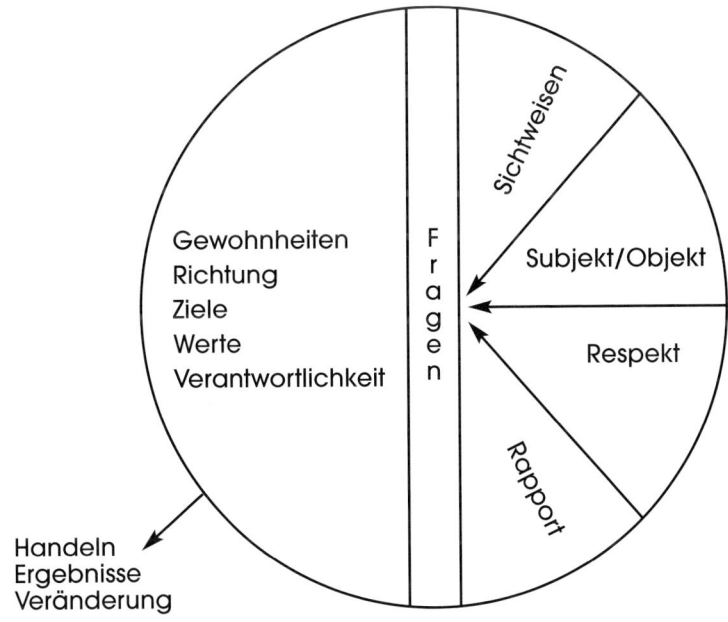

Modell des Coachings: Sichtweise des Coachs

Vorstellung lautete nämlich vollständig so: „Man bekommt *nur* das, was einem gegeben wird." Wenn das seine Wahrheit war, dann war es für ihn reine Zeitverschwendung, sich Ziele zu setzen, weil es zu nichts führte.

Er erkannte nach und nach, wie diese Vorstellung ihn davon abgehalten hatte, sich Ziele zu setzen; auch hatte sie ihn passiv gemacht, wenn ihm das, was geschah, nicht gefiel. Ja, diese Überzeugung schien sich sogar auf seine Berufswahl ausgewirkt zu haben (er arbeitete im Sozialamt und half Menschen, die Geld oder Sozialleistungen brauchten). Im Laufe der nächsten Tage erkannte er, dass er dieser Vorstellung voll und ganz aufgesessen war, und nach reiflichem Nachdenken beschloss er, dass er das nicht mehr wollte; sie entsprach nicht mehr dem Menschen, der er werden wollte.

Der Klient

Was bringt der Klient in die Coachingbeziehung mit ein? Sich selbst und sein Problem, den Wunsch zur Veränderung und den Wunsch, in einigen Lebensbereichen bessere Ergebnisse zu erzielen. Das Schlüsselwort ist hierbei „Wunsch". Die Klienten wollen etwas. Sie bringen ihre Wünsche, Bedürfnisse und ihr Verlangen nach einer neuen Richtung mit. Sie bringen auch ihre Werte und ihre Verhaltens- und Denkweisen mit. Sie bringen ihre Körperlichkeit mit, ihre Körpersprache und ihren Körperausdruck, ihre Emotionen und Stimmungen, die von ihren Problemen herrühren oder zu diesen beitragen können. Sie bringen ihre Wesensart mit, charakteristische Körperhaltungen und ihre Körpersprache. Ein ontologisch arbeitender Coach könnte seine Klienten unterstützen, ihre Körperhaltung anzupassen; doch kein anderes wichtiges Coachingmodell setzt direkt an der Physis an. Alle Modelle behandeln den Klienten jedoch als ein Ganzes, deshalb werden alle Veränderungen im Denken und Fühlen letztlich auch den Körper beeinflussen und verändern.

Was der Klient mitbringt:

- seine Ziele und die gewünschte Richtung
- seine Werte
- seine Denk- und Verhaltensgewohnheiten

ZIEL UND RICHTUNG

Die Klienten wollen etwas, was sie noch nicht haben. Vielleicht steht eine Entscheidung an oder sie treten eine neue Stelle an – es muss ein Problem, eine Störung, Unruhe, Unklarheit, ein Ungleichgewicht in ihrem Leben geben, die bzw. das sie lösen wollen. Vielleicht fordert ein aktuelles Problem sie heraus oder sie wollen an ihrer Vision und Lebensplanung arbeiten. Ein wesentlicher Teil des Coachings besteht darin, Klienten genau definieren zu lassen, was sie wollen.

Ziele sind ein wichtiger Bestandteil aller Coachingmodelle und Ziele zu klären gehört zu den Hauptaufgaben eines Coachs. Im Verhaltenscoaching sind die Ziele wahrscheinlich ein bestimmtes Leistungsniveau oder Führungsqualitäten, die an Unternehmensziele geknüpft sind. Im NLP-Coaching denkt man sehr differenziert über Ziele nach. Das ontologische Coaching nutzt Gespräche über einen möglichen Handlungsplan, um Ziele zu klären; im GROW-Modell steht der Buchstabe G für *goal* (= Ziel) an erster Stelle. Es gibt lang- und kurzfristige Ziele, abstrakte und konkrete, spezifische und allgemeine, Lern- und Prozessziele, sogar miteinander rivalisierende und einander widersprechende. Es gibt viele Arten von Zielen und es kann Klienten sehr helfen, die Unterschiede der verschiedenen Modelle des Zielsetzens zu kennen.

Doch beim Coaching geht es nicht nur darum, Ziele zu erreichen. Coachs nehmen nicht einfach nur die Wünsche ihrer Klienten her und helfen ihnen, sich diese zu erfüllen. Mitunter ist das Ziel, das sie in eine Coachingsitzung mitbringen, nicht wirklich ein Ziel, sondern ihre Lösung für ein anderes Problem. Coachs helfen Klienten, das Ziel zu bewerten, zu schauen, wie es zu ihren anderen Lebenszielen passt und wie es sich mit ihren Werten deckt. Sie helfen ihnen, verschiedene Blickwinkel einzunehmen und neue Unterscheidungen zu treffen. Dabei kann sich das ursprüngliche Ziel ändern; manchmal steht hinter dem ersten Ziel ein anderes Ziel. Klienten können andere und verschiedene Wege entdecken, sich ihre Wünsche zu erfüllen. Probleme können sich von selbst auflösen, geklärt und gelöst werden.

Ein Ziel ist eine besondere Art von Unterscheidung, die sich auf Ideen und Werte rund um das Thema persönliche Leistung stützt. Einigen Klienten mag es einschränkend erscheinen, über Ziele nachzudenken. Sie brauchen eine bessere Unterscheidung, mit der sie über ihr Leben nachdenken können. Nicht alle Kulturen denken in Zielen. Sogar Klienten aus Nordamerika oder Europa, wo die Ethik persönlicher Leistung stark ausgeprägt ist, sind nicht unbedingt zielorientiert. Wir sprechen lieber davon, eine Richtung einzuschlagen. Eine Richtung einzuschlagen kann ein Ziel beinhalten, muss es aber nicht. Im Fußball ist ein Ziel, den Ball ins Netz zu befördern. Um bei der Metapher zu bleiben: Viele Klienten wollen Tore schießen und möchten, dass der Coach ihnen hilft, den Ball ins Tor zu schießen – und zwar einen bestimmten Ball in ein bestimmtes Tor. Andere Klienten sind sich vielleicht nicht sicher, wo das Tor ist, oder ihr Tor verschiebt sich, während sie darauf zurennen. Statt also zu versuchen, den Ball ins Tor zu jagen, entscheiden sie, wohin sie rennen wollen, und der Coach unterstützt sie, so schnell sie wollen in die gewünschte Richtung zu rennen. Während des Laufens entdecken sie vielleicht viele andere Dinge, die sie mit dem Ball machen wollen, statt ihn ins Tor zu befördern; vielleicht entdecken sie andere, unterschiedliche Tore/Ziele. Beziehungsweise sie entscheiden sich, dass sie überhaupt nicht Fußball spielen wollen. Welches Spiel sie wirklich spielen wollen, ist eine viel umfassendere Frage. Coachs unterstützen Klienten dabei, ihre Richtung im Leben zu wählen und zu bewerten und ein Spiel zu finden, das zu spielen sich für sie lohnt.

WERTE

Alle Coachingmodelle stimmen darin überein, dass die Klienten die Werte – was ihnen wichtig ist – in die Coachingbeziehung mitbringen. Im ontologischen Coaching bezeichnet man sie als „Anliegen". Wie Klienten über ihre Werte denken, analysiert man im NLP-Coaching mithilfe der Submodalitäten. Im Verhaltenscoaching sind Werte der Schlüssel für intrinsische Motivation. Von allen möglichen Zielen, die Menschen haben könnten, oder Richtungen, die sie einschlagen könnten, ziehen sie *einige* den anderen vor. Wie treffen sie diese Wahl? Sie wählen nach dem, was ihnen wichtig ist, was sie erregt. Werte geben einer Richtung Energie; andernfalls gibt es keinen Grund, irgendwo hinzurennen.

Werte kann man nicht sehen, hören oder anfassen; meist werden sie in abstrakten Wörtern wie „Liebe", „Ehre", „Respekt", „Gesundheit", „Freundschaft", „Ehrlichkeit" und „Integrität" ausgedrückt. Und doch bringen gerade diese ganz abstrakten Begriffe die Menschen in Bewegung und Farbe in ihr Gesicht. Menschen kämpfen für ihre Werte.

Verhaltenscoaching befasst sich mit der Motivation für ein Verhalten, und Werte motivieren Menschen eindeutig; sie liefern ihnen den „Sprit" für ihre Reise in die von ihnen gewünschte Richtung. Wir unterscheiden drei Arten von Werten, die zu drei Arten von Motivation führen.

Extrinsische Motivation erlebt man als von außen kommend; sie deckt sich nicht unbedingt mit den eigenen Werten. Sie kann positiv sein, etwa eine Belohnung, oder negativ, wie eine Bestrafung oder eine Drohung. Ohne dieses Drängen von außen tut jemand vielleicht gar nichts. Coachs drängen ihre Klienten niemals mit Belohnungen oder Strafen, obgleich viele Klienten nach Motivation von außen suchen mögen oder sich zusammenzureimen versuchen, was der Coach als eine Art Belohnung sagen könnte. (Lob vom Coach wird oft als Belohnung gesehen.)

Die zweite Art von Motivation kommt von *introjizierten Werten*. Introjizierte Werte sind die Werte anderer Personen, die man in sich aufgenommen hat und als seine eigenen erlebt. Solche Werte erkennt man daran, dass Klienten sich zu einem bestimmten Verhalten *verpflichtet* fühlen und sich oft schuldig fühlen, wenn sie sich anders verhalten. Introjizierte Werte zeigen sich als Verpflichtungen und das wird sich in der Sprache der Klienten widerspiegeln. („Ich sollte dies tun" oder „Ich sollte das nicht tun.") Diese Werte stehen zwischen der extrinsischen und der intrinsischen Motivation. Auf introjizierte Werte werden wir in Teil III ausführlicher eingehen.

Intrinsische Motivation ist die dritte Motivationsart. Sie entspringt Ihren authentischen Werten und als Belohnung sind Sie zumindest zufrieden, diesen Werten entsprochen zu haben. Coachs arbeiten so viel wie möglich mit intrinsischen Werten. Sie drängen oder belohnen Klienten nicht, ebenso wenig fordern sie sie auf, ihnen, also den Coachs, zu gefallen, sondern unterstützen die Klienten immer, sich mit ihren authentischen Werten zu verbinden. Klienten müssen einen bestimmten Grad an persönlicher Entwicklung erreicht haben, um authentische Werte zu haben.

> **Drei Arten von Werten führen
> zu drei Arten von Motivation:**
>
> *Extrinsisch* – Klienten erleben sie als von außerhalb ihrer selbst kommend.
>
> *Introjiziert* – äußere Werte, die Klienten übernommen haben und als ihre eigenen erleben; sie gehen mit einem Pflichtgefühl einher.
>
> *Intrinsisch* – die eigenen authentischen Werte der Klienten, die sie frei gewählt haben.

Mit Werten arbeitet ein Coach auf vier verschiedene Arten:

- Er hilft den Klienten, mit ihren authentischen Werten in Kontakt zu kommen.
- Er hilft den Klienten, ihre Richtung und ihre Ziele auf diese Werte abzustimmen oder die Werte hinter den Zielen zu finden.
- Er hilft den Klienten, ihre introjizierten Werte zu erkennen, falls das angezeigt ist. Coach und Klient können dann das „Ich sollte" in „Ich möchte" verwandeln.
- Er hilft den Klienten, eine Reihe schlüssiger, eigener Werte zu entwickeln, die wirklich der persönlichen Entwicklung der Klienten entsprechen. Dabei können Coachs Klienten erst dann helfen, wenn sie selbst solche Werte haben. (Darauf werden wir in Teil III genauer eingehen.)

Das Selbstkonkordanz-Modell[2] geht darauf ein, wie weit Ziele sich mit den Werten eines Menschen decken. Bei äußerer Motivation erleben Menschen das Drängen als von außen kommend, folglich haben sie wenig Selbstbestimmtheit. Bei intrinsischer Motivation erleben die Menschen die Ursache als aus ihrem Inneren kommend, die Selbstbestimmtheit ist hoch.

> **Hohe Selbstbestimmtheit**
>
> *Intrinsische Motivation*
> Kommt von Ihren eigenen authentischen Werten
> („Ich tue es, weil ich es wirklich will und weil es sich lohnt.")
>
> *Introjizierte Motivation*
> Die Werte kommen von außen, doch Sie erleben sie als Ihre eigenen
> („Ich tue es, weil ich es tun sollte.")
>
> *Äußere Motivation*
> Wert wird als von außen kommend gesehen
> („Ich tue es, weil mich jemand dazu veranlasst.")
>
> **Keine Selbstbestimmtheit**

GEWOHNHEITEN

Der letzte Aspekt der „Trilogie", die Klienten mit ins Coaching bringen, sind ihre Gewohnheiten. Was ist eine Gewohnheit? Eine Gewohnheit ist eine automatische, wiederholte Handlung oder Denkweise, die wir gelernt haben, indem wir uns darauf konzentrierten, und die jetzt ohne Nachdenken „von selbst" abläuft. Wir entscheiden uns für einen bestimmten Gedanken oder eine Handlung, „trainieren" ihn bzw. sie wieder und wieder, bis sie „abtaucht" und wir sie vergessen. So bilden sich alle Gewohnheiten. Hinter einer Gewohnheit verbirgt sich immer ein Wert, da sie von einer wiederholten Handlung herrührt, und wir wiederholen nur Handlungen, die uns wertvoll erscheinen. Doch die Zeiten ändern sich und eine einst nützliche Gewohnheit kann uns heute einschränken.

Wir verwenden viel Zeit und Üben darauf, Gewohnheiten haargenau so zu entwickeln, dass wir nicht nachzudenken brauchen und uns anderen, interessanteren Dingen zuwenden können. Die Gewohnheit rutscht in den Hintergrund, wo sie sich mit dem Leben vermischt. Das ist der Fluch und

Segen von Gewohnheiten – sie laufen gedankenlos ab. Wenn das Leben gut läuft, dann funktionieren auch unsere Gewohnheiten, wir haben das Gefühl, alles unter Kontrolle zu haben, wir haben uns an das Leben, das wir führen, angepasst. Doch wenn wir uns verändern wollen oder das Leben unsere Aufmerksamkeit fordert und im Sinne des ontologischen Coachings eine Störung auftritt, dann müssen Gewohnheiten überprüft werden. Doch Gewohnheiten widersetzen sich Veränderungen, weil wir bereits viele Gedanken und sogar körperliche Mühe dafür investiert haben, die Nervenverbindungen herzustellen, die Furchen zu ziehen, sodass wir von selbst in den gewohnten Pfad des geringsten Widerstandes zurückfallen.

Wenn wir „Gewohnheit" sagen, dann reden wir nicht nur über Handlungen (wie Auto fahren, sich am Kopf kratzen oder Zigaretten rauchen), sondern auch über das Denken, insbesondere über die Annahmen, die wir für selbstverständlich halten, die wir durch unsere Erfahrung verstärkt haben und die jetzt die Erfahrungen beschränken, die wir uns selbst erlauben. Verhaltenscoaching beschäftigt sich direkt mit den gewohnheitsmäßigen Handlungen; das kognitive Coaching befasst sich mit Denkgewohnheiten und ein anderes Denken lässt uns anders handeln.

Jonathan Swift beschreibt in *Gullivers Reisen*, geschrieben 1726, in einer wunderbaren Metapher, wie Gewohnheiten wirken.[3] Gulliver ist ein Seemann, dessen Schiff von einem Sturm zerstört wurde. Er klammert sich an ein Stück Treibholz und wird schließlich am Strand einer einsamen Insel erschöpft und allein an Land gespült; dort schläft er ein. Als er aufwacht, stellt er fest, dass er sich nicht bewegen kann. Er schaut sich um und sieht, dass er mit tausenden winzigen Seilen festgebunden ist; jedes einzelne hätte er zwar leicht durchreißen können, doch alle Seile zusammen machen ihn hilflos. Er hat keine Handhabe, sich zu bewegen und seine Stärke einzusetzen. Gefesselt haben ihn sehr kleine Menschen, die Liliputaner; sie sind verständlicherweise besorgt wegen des Riesen, der da an ihre Küste getrieben wurde, und wegen des Chaos, das er anrichten könnte, wenn er freikäme.

Diese Seile sind wie Gewohnheiten; sie fesseln uns. Einige sind stark, andere schwach. Die Intensität einer Gewohnheit ist proportional zu Zeit und Aufwand, die wir in sie investiert haben, und damit auch zu dem Wert, den sie für uns darstellt. Es ist das gesamte Gewicht unserer Gewohnheiten, die Trägheit des Lebens, die den Klienten an Ort und Stelle hält. Coachs helfen Klienten, an strategischen Punkten hier ein Seil zu durchtrennen und dort eines, bis die ganze Struktur so schwach ist, dass sich der Klient aus eigener Kraft befreien kann.

Die Gewohnheiten sind ein besonderes Beispiel für die Unterscheidung zwischen Objekt und Subjekt. Wir sind unseren Gewohnheiten unterworfen, weil wir keine Wahlmöglichkeiten haben, wenn wir sie nicht erkennen. Die erste Aufgabe des Coachs besteht darin, den Klienten auf seine Gewohnheiten aufmerksam zu machen. Das haben wir beim *Inner Game* gesehen, wo der Einzelne erkennt, dass er einen Schlag beim Tennis falsch ausführt. Das gleiche Prinzip gilt für eine Gewohnheit wie: sich selbst Vorwürfe machen (oder für eine pessimistische Zuordnung im Coaching mit Positiver Psychologie oder dafür, eine unbegründete negative Bewertung abzugeben, im ontologischen Coaching). Im GROW-Modell fallen die Gewohnheiten unter „R" für Realität.

Das ontologische Coaching arbeitet mit zahlreichen Übungen zur Selbstwahrnehmung. Im Prinzip richten Coachs Strukturen ein, um ihre Klienten zu bestimmten Zeiten „aufzuwecken", damit sie ihres Handelns und Denkens gewahr werden. Dann notieren sie ihre Beobachtungen in ihrem Coachingtagebuch. Das Verhaltenscoaching geht bei gewohnten Verhaltensweisen genauso vor und ermuntert die Klienten, einen persönlichen Entwicklungsplan zu führen. Man kann nicht planen, wenn man sich nicht bewusst ist, was man gerade tut. NLP-Coaching bezeichnet Denkgewohnheiten als „Glaubenssätze".

Sobald sich Klienten einer Gewohnheit bewusst sind, können sie darüber reflektieren, ohne sich selbst als schlecht oder dumm zu bewerten. Unvoreingenommenes Erkennen ist in jedem Coachingmodell wichtig. Schließlich entscheiden Coach und Klient, wie sie mit einschränkenden Gewohnheiten umgehen wollen. Gewohnheiten kann man nicht zerstören, aber man kann sie dekonstruieren, in Teile zerlegen und durch etwas ersetzen, was besser funktioniert. Alle Gewohnheiten hatten anfangs, als wir sie entwickelt haben, einen guten Grund – daran müssen sich die Klienten erinnern. Bisweilen ist eine Gewohnheit überholt; der Klient hat sie entwickelt, als sein Leben noch anders verlief, doch sie lebt weiter als Überbleibsel einer früheren Zeit. Viele Gewohnheiten haben wir beispielsweise entwickelt, um uns zu schützen, besonders in der Kindheit, als wir schwächer und verletzlicher waren. Manchmal existieren die Gründe für eine Gewohnheit noch, dann müssen Klient und Coach die bestehende einschränkende Gewohnheit ersetzen durch eine, die den Klienten nicht einengt, sondern die gleiche Absicht würdigt. Dazu ein Beispiel:

> Eine Klientin hatte ein gewohntes Denkmuster, das sie so zusammenfasste: „Arbeit ist ein Opfer und schafft immer Probleme." Mit diesem Gedanken war sie völlig identifiziert, sie hinterfragte ihn nicht. In ihrer eigenen Arbeit erlebte sie ihn als zutreffend. Ihr Vater hatte sein ganzes Leben lang leidenschaftlich schwer gearbeitet, aber es hatte immer Probleme gegeben; die Familie bewunderte ihn, doch gleichzeitig wünschten sie sich, er wäre mehr zu Hause. Er opferte seine Zeit für seine Familie. Mit ihrer Überzeugung würdigte und ehrte die Klientin also ihren Vater und ihr Vater war sehr wichtig in ihrem Leben. Sobald sie sich dieser Überzeugung bewusst wurde, stimmte die Klientin intellektuell zu, dass sie sie einschränke und nicht zutreffen könne, doch alle ihre Arbeitsstellen bisher hatten sie gelangweilt.
>
> Sie wollte eine Stelle, an der sie mit Hingabe arbeiten konnte, aber zweifelte schon, ob es eine solche überhaupt gab. Sie wollte diese alte Denkgewohnheit nicht mehr, deshalb beschloss sie, sie mithilfe ihres Coachs umzuwandeln in: „Ich kann in einem Beruf arbeiten, der mich befriedigt und in dem ich Menschen helfen kann." Der Begriff „Menschen helfen" war der direkte Ersatz für das „Opfer". Vorher hatten beide Begriffe die gleiche Bedeutung, deshalb half der Coach ihr, zwischen beiden zu unterscheiden. Zu ihrem Handlungsplan gehörte, mögliche Stellen zu suchen; daran hatte ihre Überzeugung sie bisher gehindert. Warum etwas suchen, von dem man nicht glaubt, dass es das gibt?
>
> Interessant ist auch festzustellen, dass der erste Begriff in ihrer ursprünglichen einschränkenden Überzeugung („Arbeit ist ...") eine passive Verallgemeinerung ist, die für jede Arbeit gilt. Sie, die Klientin, kam in dem Satz gar nicht vor. Der Glaubenssatz schien ein Urteil über Arbeit zu sein, doch natürlich handelte er von ihr. Die neue Überzeugung begann mit ihr selbst („*Ich* kann arbeiten ...") und war proaktiv. Sie sucht aktiv ihre eigene Erfahrung, statt sich mit einer Gewohnheit zu identifizieren.

Ein integriertes Modell

Viele Coachingmodelle unterscheiden zwischen Coaching, das Denkgewohnheiten verändert (transformativ – eine Veränderung im System) und Coaching, das Verhalten ändert (transaktional – eine Veränderung des Systems). Das Verhaltenscoaching arbeitet mit Fragen auf einer und auf mehreren Ebenen, während NLP-Coaching von einfachem und generativem Coaching spricht. Das ontologische Coaching spricht von tiefgehenden Fragen, die Vorstellungen hinterfragen, und oberflächlicheren Fragen, die Verhalten in Frage stellen.

Die zwei Coachingarten lassen sich beispielsweise so betrachten: Im transaktionalen Coaching beginnt der Klient mit einem Problem und das Coachen bringt ihn ins Handeln; mithilfe des Feedbacks auf dieses Handeln kann er das Problem lösen. Ein Beispiel wäre eine Führungskraft, die das Delegieren lernen soll. Sie lernt die Fertigkeit mit der Hilfe eines Verhaltenscoachs, übt das Gelernte und die Veränderung verbessert ihre Leistung und die des Teams.

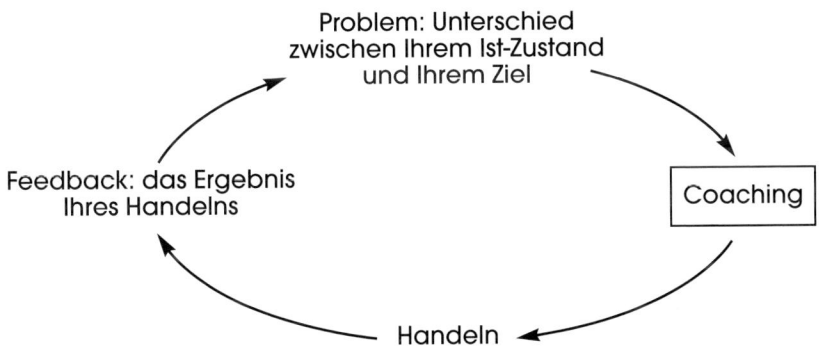

Transaktionales Coaching

Die Führungskraft übt weiter, bis sie ein neues Verhalten entwickelt hat, mit dem sie ihr Ziel erreicht und das Problem löst. Manches Coaching geht nach diesem Muster.

Stellen Sie sich nun vor, dass der Manager im Erstgespräch mit dem Coach etwas äußert wie: „Natürlich delegiere ich nicht. Ich kann hier niemandem vertrauen; wenn ich das meinen Leuten gebe, setzen die das nur in den Sand. Ich weiß, dass das ein Problem ist, *doch wenn Sie etwas gut erledigt haben wollen, müssen Sie es selbst machen.*"

Kapitel 10

Das ist eine Denkgewohnheit. Solange ein Manager so denkt, wird er mit nur sehr geringer Wahrscheinlichkeit etwas Wichtiges delegieren. Er mag alle Regeln des guten Delegierens kennen, aber er wird sie nicht anwenden, weil er nicht daran glaubt, dass sie funktionieren. Hier müssen Coach und Klient an dem Glaubenssatz, der Überzeugung arbeiten; sie nicht widerlegen, sondern herausfinden, wie viel Wahrheit in ihr steckt – und natürlich, wie viel seine Einstellung zu den schlechten Ergebnissen beiträgt, die er bekommt. Die Veränderung einer Überzeugung wäre eine generative Veränderung; der Manager könnte dann neben dem des Delegierens noch andere Probleme lösen.

Viele Manager gehen davon aus (gewohnheitsmäßiges Denken), dass Menschen etwas auch tun, nur weil sie wissen, wie es geht. Wenn sie es nicht gut machen, dann müssen sie eben lernen, es besser zu machen. Doch das ist nicht immer der Fall. Gewohnheitsmäßiges Denken kann Fertigkeiten blockieren. Transformationales Coaching löst nicht nur Probleme, sondern beendet auch das Denken, das zum Entstehen und Bestehen der Probleme beiträgt. Dadurch können Menschen nicht nur *ein* Problem lösen, sondern eine ganze Kategorie von Problemen.

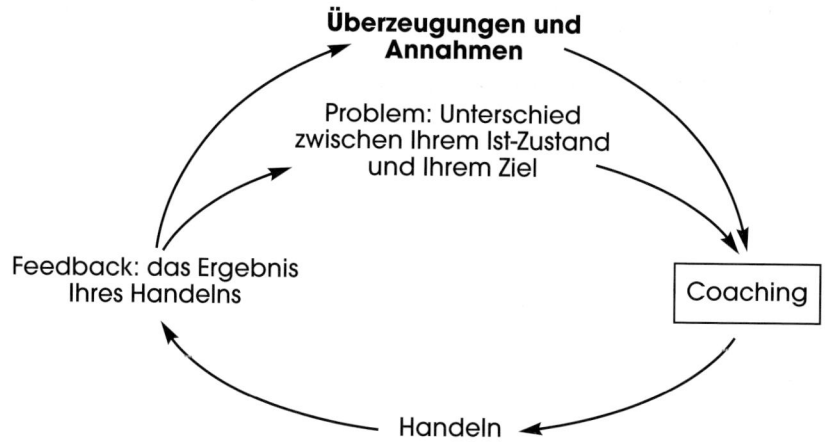

Transformationales Coaching

Dauerhafte Veränderung bedeutet Gewohnheiten zu ändern. Ein Verhaltenscoach verwendet viel Aufmerksamkeit darauf, neue Gewohnheiten zu entwickeln und zu verstärken. Alle Coachingmodelle erkennen

Gewohnheiten, machen die Klienten darauf aufmerksam und helfen ihnen, sie zu ändern, falls sie Teil des Problems sind. Coaching ist meist transformational.

Veränderung

Eine Veränderung resultiert aus der Arbeit in der Coachingbeziehung. Das eine Wort „Veränderung" umfasst drei Komponenten:

- den Ausgangszustand
- den Endzustand
- den Prozess zwischen beiden

Zwei Haupttypen von Veränderung

1. Lernen – Veränderung innerhalb einer bestimmten, überschaubaren Zeit (horizontale Veränderung)
2. Entwicklung – Veränderung im Laufe der Zeit, über verschiedene Lebensalter hinweg (vertikale Veränderung)

Lernen fügt dem, was Sie *haben*, etwas hinzu. Entwicklung verändert, wer Sie *sind*.

Es gibt zwei Haupttypen der Veränderung: Lernen und Entwicklung. Lernen führt zu *horizontaler* Veränderung – eine Veränderung *in* der Zeit. Es findet von Moment zu Moment statt und „baut" im Denken wie im Verhalten mehr Erfahrung „ein". Lernen fügt dem, was Sie *haben*, etwas hinzu.

Entwicklungsschritte bringen eine *vertikale* Veränderung mit sich – eine Veränderung sozusagen *quer durch* die Zeit. Entwicklungsschritte sind spontaner und führen zu einer radikal neuen Weltsicht oder, ontologisch ausgedrückt, einer neuen Wesensart. Unser Entwicklungsstadium beeinflusst, wie wir lernen und unser Lernen organisieren. Wir alle durchlaufen Entwicklungsschritte; die Welt erscheint dann anders, doch wir sind es, die sich verändert haben.

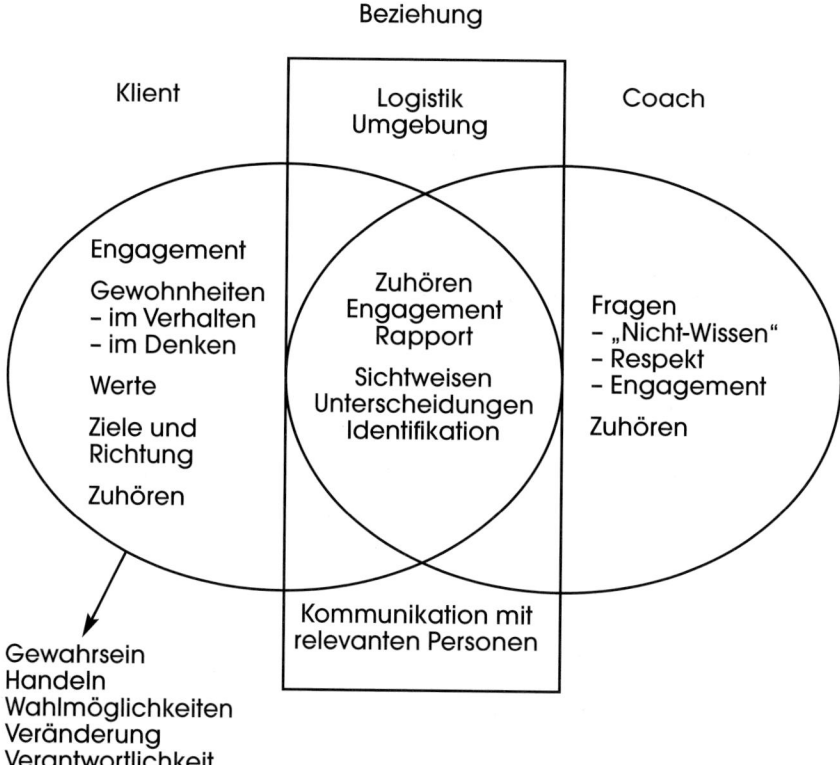

Eine *horizontale* Veränderung ist so, als bekämen Sie für Ihre Wohnung mehr oder teurere Möbel. Eine *vertikale* Veränderung entspricht einem Umzug in eine neue und größere Wohnung im Stockwerk darüber. Sie können manche Möbelstücke mitnehmen, aber sie werden sich auch von einigen trennen, weil sie nicht mehr passen. Ihr Geschmack hat sich verändert und Ihre Sichtweise hat sich erweitert. Das integrale Coaching spricht vom Unterschied zwischen Zuständen und Stufen – Zustände sind horizontal, Stufen vertikal. Das ontologische Coaching spricht von Veränderungen in der Wesensart der Klienten.

Coaching kann zu horizontalen wie vertikalen Veränderungen führen. Wie wir später noch erörtern werden, glauben wir, dass eine der wichtigen und übersehenen Funktionen des Coachings darin besteht, Entwicklungsschritte anzuregen und zu begleiten. In Teil III werden wir sehen, wie wir unser Coachingmodell um einen Entwicklungsaspekt erweitern können.

Verantwortlichkeit und Zuständigkeit

In allen Coachingmodellen ist der Klient ist für das Ziel verantwortlich. Verantwortlichkeit [*accountability*] wird häufig mit Zuständigkeit [im Sinne von Pflicht; *responsibility*] verwechselt und als Last und Verpflichtung angesehen. Eine Verpflichtung ist etwas, was von außen kommt. Wir sprechen davon, „eine Verpflichtung" einzugehen. Man kann sie eingehen (oder nicht).

Verantwortlichkeit kommt von innen. Man kann sagen: „Ich bin verantwortlich." Coachs fördern Verantwortlichkeit und Engagement. Auf ihnen basieren nach der Definition des ontologischen Coachings Versprechen. Klienten sind verantwortlich für ihre Ziele. Coach und Klient sind zuständig für die Beziehung und den Prozess.

Handeln

Alle Coachingmodelle sind sich darin einig, dass die Klienten handeln müssen. Einsicht ist wahrscheinlich notwendig, reicht aber für eine Veränderung nicht aus. (Das Verhaltenscoaching würde argumentieren, dass allein die Verhaltensänderung zähle und Einsicht nicht nötig sei.) Gewohnheiten werden gebildet durch Handeln und sie werden verändert durch geändertes Handeln, das vielleicht außerhalb der Komfortzone der Klienten liegt. Die Klienten brauchen die Unterstützung des Coachs, um anders zu handeln, und sie müssen verstehen und spüren, dass ihr neues Handeln ihren Werten und der neuen Richtung entspricht. Solches Handeln verschafft Klienten vielfältiges Feedback, macht sie bewusster, bringt ihre Gewohnheiten durcheinander und durchtrennt nach und nach die gedanklichen Seile, die sie binden. Es führt zu Feedback des Coachs und zur Reflexion mit ihm, die dann zu weiteren Handlungsschritten führt. Jeder Coachingprozess resultiert unter anderem in kleinen aktiven Handlungsschritten.

Übergang

Veränderungen finden nicht auf einen Schlag statt, sie brauchen Zeit. Eine horizontale Veränderung kann ununterbrochen und gleichmäßig ablaufen. Eine vertikale Veränderung oder ein Entwicklungsschritt sind eher spontan. Der Übergang ist die Phase, in der Klienten auf ihrem Weg und aus ihrem (bisherigen) Gleichgewicht sind; sie haben die Sicherheit des Vertrauten bereits verlassen, haben aber ihr Ziel noch nicht erreicht. In unserem Buch *Coaching-Erfolg mit NLP* beschreiben wir das Modell des Übergangs ausführlich.[4] Die meisten Übergänge im Coaching leiten die Klienten selbst ein, sie werden ihnen nicht von äußeren Umständen aufgezwungen. (Im letzteren Fall würde es im Coaching eher darum, sich an eine Veränderung anzupassen.) Die Klienten durchlaufen drei Stadien des Übergangs: Erwägen, Vorbereiten und Handeln.

Die drei Stadien des Übergangs

Erwägen

Vorbereiten

Handeln

ERWÄGEN

Erwägen ist das erste Stadium – über die Veränderung nachdenken, aber noch nichts dafür unternehmen. Die Klienten sind vielleicht unschlüssig und haben Angst, etwas Wichtiges zu verlieren. In diesem Stadium hilft der Coach ihnen, den Wert hinter ihrer Angst und der empfundenen Ambivalenz zu erkennen. Er wägt mit ihnen die Vor- und Nachteile des Weitergehens ab. Er erkundigt sich, was für die Klienten zutreffen muss, damit sie diese Veränderung vollziehen, falls sie sie wirklich wollen.

VORBEREITEN

In der Vorbereitungsphase haben sich die Klienten mit der Angst auseinandergesetzt und sind bereit, weiterzugehen. Coachs helfen ihnen, sich innerlich einem Handlungsplan zu verpflichten und sich selbst zu motivieren, indem sie die Veränderung an ihre Werte koppeln. Je mehr Coach und Klient die kleinen Veränderungen anerkennen, desto stärker fördern sie die eigentliche Veränderung. Das Leben ist eine Kette kleiner Entscheidungen, die zusammen große Veränderungen ausmachen – eine Serie kleiner Handlungen, jede bringt Sie, Schritt für Schritt, zu der entscheidenden.

HANDELN

Jetzt sind die Klienten engagiert und werden aktiv, wenn sie auch manchmal zurückfallen. Diese Rückfälle versuchen Coachs immer zu verhindern, doch falls es zu einem solchen kommt, behandelt man einen Rückfall am besten als natürlichen Teil des Veränderungsprozesses. Das Verhaltenscoaching arbeitet mit vielen Techniken daran, das Neugelernte fest zu verankern und Rückfälle zu verhindern. NLP- und coaktives Coaching erinnern die Klienten mit Strukturen.

Während der Veränderungsphase werden Klienten mehr Wahlmöglichkeiten erleben:

- mehr Wahlmöglichkeiten in ihrem Denken
- mehr Wahlmöglichkeiten in ihrem Fühlen, mehr emotionale Intelligenz; und sie werden sich nicht mehr ihren Emotionen und Gedanken ausgeliefert fühlen, sondern vielmehr Herr über sie sein.
- mehr Wahlmöglichkeiten in ihrem Verhalten; deshalb empfinden sie sich stärker als Mittelpunkt ihres Lebens statt als Nebenfigur in der Geschichte eines anderen Menschen.

Mehr Wahlmöglichkeiten bedeuten mehr Freiheit. Sie werden sich anders verhalten, anders denken, anders fühlen und anders über ihre Probleme sprechen. Sie haben das spezielle Problem, dessentwegen sie sich an den Coach wandten, durchgearbeitet und erkannt, wie ihr Denken zu dem Problem beigetragen hat und wie sie künftig solche Probleme vermeiden können.

Und schließlich lässt sich die Veränderung *messen*, doch nur, falls man das im Voraus beschlossen und schon den Ausgangspunkt gemessen hat. Man misst den Abstand zwischen zwei Punkten – Anfang und Ende. Ist also die Entwicklungsstufe des Klienten zu Beginn des Coachings nicht gemessen worden, dann wird jegliche Veränderung „unsichtbar" bleiben. Falls das Leistungsniveau anfangs nicht gemessen wurde, dann kann man das Endniveau mit nichts vergleichen. Das heißt jedoch nicht, dass nichts passiert ist. In diesem Sinne stößt man auf das Paradox, *dass man auch bekommt, was man misst, wenn man misst, was man bekommt.* Das Messen der Veränderung schauen wir uns im nächsten Abschnitt an.

Teil III

KAPITEL 11

Wie man die Ergebnisse des Coachings messen kann

Theoretisch sollte kein großer Unterschied zwischen Theorie und Praxis bestehen – praktisch ist das aber oft der Fall.
                                                URHEBER UNBEKANNT

Wie und woran können wir erkennen, ob ein Coaching erfolgreich ist? – In dem Maße, wie Coaching Bestandteil der Unternehmensentwicklung und der Entwicklung von Führungsqualitäten wird, erweisen sich subjektives Bewerten und anekdotenhafte Eindrücke als ungeeignet, die Wirksamkeit von Coaching zu messen. Engagiert ein Unternehmen einen externen Coach, dann ist der Auftraggeber nicht gleichzeitig der Klient. Der Auftraggeber ist das Unternehmen und der Klient ist die einzelne Führungskraft. Es gibt also viel *mehr* Personen, die am höheren Unternehmenserfolg aufgrund des Coachings interessiert sind, und der Coach soll sie alle zufrieden stellen. Wie können sie die Wirkung des Coachings messen?

Die gleiche Frage stellt sich für das Lebenscoaching, doch da ist es einfacher. Hier ist der Klient gleichzeitig Auftraggeber des Coachs. Er zahlt direkt für das Coaching – und *er* entscheidet, wie er es bewertet und was er misst.

Um Coachingergebnisse zu messen, müssen wir ein neues Denken entwickeln. Die Versuchung ist große, bereits bestehende Modelle heranzuziehen, etwa das der Medizin. Doch die Medizin diagnostiziert Krankheiten, die schon vorhandenen Beschreibungen entsprechen. Ein Ärztegremium kann sich sehr wohl auf eine Diagnose verständigen, doch dass sich eine Gruppe von Coachs darauf einigen könnte, was genau sie mit einem Klienten machen, ist sehr unwahrscheinlich. Und zwar deshalb, weil die Medizin die *Krankheit* bzw. ihre Symptome behandelt (da ist das auch angebracht), während Coaching den *Klienten* „behandelt".

Die *naturwissenschaftliche* Denkweise hat gern konkrete, lineare Messungen, die man sehen und leicht in Zahlen ausdrücken kann, wie etwa Verhaltensänderungen und Gewinnsteigerungen. Doch das ist nur *eine* Art, Coachingergebnisse zu messen. Wenn wir noch einmal das Modell mit den vier Quadranten heranziehen, können wir die Wirkung des Coachings auf vier verschiedene Arten, an vier verschiedenen Kriterien messen:

- an der subjektiven, inneren Bewertung des einzelnen Klienten (das Feld der inneren Erfahrung, oben links)
- an der individuellen Verhaltensänderung (sichtbare Handlungen aus dem Quadranten oben rechts)
- an der Veränderung in der Unternehmenskultur und -ethik (das Feld der inneren Gruppenerfahrung, unten links)
- an dem effizienteren und effektiveren Funktionieren des Systems Unternehmen (sichtbare Systeme im Quadranten unten rechts)

Coaching als Kunst und Wissenschaft

Wir können Coaching als Kunst und als Wissenschaft betrachten: als *Kunst*, weil es sich mit Menschen beschäftigt, und als *Wissenschaft*, weil es eine Struktur hat, eine Methodik und eine Reihe von Prinzipien. Die Wissenschaft vom Coaching muss auf empirischer Forschung basieren. Doch die Forschung wird nie die „künstlerische" Seite erklären, genau wie die Wellenform auf einem Oszillografen nie den Genuss des Zuhörers messen oder erklären kann, den ihm die Musik vermittelt, die das Gerät grafisch darstellt ... Der Genuss gehört in eine ganz andere Dimension. Randomisierte Studien über künstlerische Wertschätzung werden nie erklären, warum Menschen Millionenbeträge für ein Bild von van Gogh bezahlen. Subjektive künstlerische Vollendung hat immer ein Gegenstück in der äußeren Welt der Wissenschaften, doch sie lässt sich nie darauf reduzieren.

Die *Wissenschaft* von der Coachingpraxis, -ausbildung und -forschung wird immer stärker evidenzbasiert, das heißt, sie stützt sich immer stärker auf empirische Beweise. Evidenzbasiertes Coaching haben Dianne Stober und Anthony Grant definiert als intelligente und gewissenhafte Anwendung des derzeit besten Wissens, kombiniert mit der Entscheidung des erfahrenen Coachs, wie er einzelnen Klienten das Coaching anbietet und wie er Coachausbildungen gestaltet und durchführt.[1] Diese Definition ist gut, weil sie alle wichtigen Elemente einbezieht. Das Wissen ist hier aktuell, also immer auf dem neuesten Stand; Coachs müssen bei aktuellen Entwicklungen auf ihrem und verwandten Gebieten auf dem Laufenden bleiben. Praktische Erfahrung ist auch entscheidend, sie wird bestimmt durch Erfolg und Feedback. Der Coach selbst wird hier einbezogen. Der einzelne Klient ist wichtig. Coaching existiert nicht in einem Vakuum ohne realen Coach und ohne realen Klienten. Coaching ist keine „Magie", die bei jedem Klienten genau gleich wirkt. Trotz der vielen Computeranalogien, die so die Runde machen, sind Menschen keine Computer!

Das beste verfügbare Wissen – und wir würden „Fertigkeiten" ergänzen – wird kontrollierte und getestete Studien heranziehen. Miteinander in Wechselbeziehung stehende Beobachtungen aus vielen verschiedenen Quellen, Fallgeschichten, Anekdoten und Untersuchungen sollten alle berücksichtigt und die Ergebnisse auf vielfältige Art gemessen werden, um eine vielschichtige Sichtweise zu bekommen. Wenn Coaching schon vielfältige Blickwinkel lehrt, dann ist es nur recht und billig, dass diese Regel auch für ihre Ergebnismessung gilt.

Doch Coachen ist auch eine *Kunst*, deshalb sollten wir uns anschauen, wie die „Kunstwelt" Ergebnisse misst und über verschiedene Ansätze entscheidet. Wie bestimmen die Welt der bildenden Kunst oder die des Films und des Theaters, was gut ist und was nicht? Hauptsächlich über die Meinung von Experten. Ein Kunstkritiker besucht eine Ausstellung und schreibt eine Rezension; er schaut die Kunstgegenstände mit geübtem Blick an und formuliert seine Kritik auf der Grundlage festgelegter Kriterien. Der Kritiker ist gebildet. Er hat gelesen, er hat studiert und war wahrscheinlich selbst in dem betreffenden Beruf oder Bereich tätig. Ein angesehener Kritiker führt nicht nur die öffentliche Meinung an, er prägt sie auch und folgt ihr.

Die Meinung des Kritikers beeinflusst die öffentliche Meinung, wird sie aber nie ersetzen. Wenn die Mehrheit des zahlenden Publikums entscheidet, eine Kunstausstellung sei Unsinn, dann zahlt sie nicht für den Besuch und die Ausstellung wird zum Verlustgeschäft. Kritiker mögen gegen unkultivierte Massen wettern, doch das Feedback der zahlenden Kunden zählt. Und so mancher Film wurde trotz ungünstiger Kritiken ein Erfolg.

Menschen, die Coaching studiert haben, spielen beim Bewerten des Coachings eine wichtige Rolle. Wir sollten dem Wort *erfahrener* Coachs

Beachtung schenken, die sich eingehend damit beschäftigt haben, die Wissen und Fertigkeiten erworben und sich selbst entwickelt haben. Nicht jede Meinung wiegt gleich viel. Bei unserem evidenzbasierten Ansatz wird es immer Menschen geben, deren Meinung schwerer wiegt – aufgrund dessen, wer sie sind und was sie geleistet haben.

Bewertung von Lebenscoaching

Klienten, die sich an einen Lebenscoach wenden, wollen sich verändern; sie wollen Ergebnisse, doch wie werden diese gemessen? Was wollen Klienten durch das Coaching erreichen? Ganz gezielt ist zu fragen:

- Was wollen sie anders machen?
- Was wollen sie vermehrt machen?
- Was wollen sie weniger machen?

Es nützt dem Klienten, diese Fragen zu Anfang zu ergründen, indem er darüber nachdenkt, was er will und wie er die Ergebnisse messen will. Alle Klienten werden das Coaching subjektiv einschätzen: wie es ihnen gefällt, wie viele Fortschritte sie ihrer Ansicht nach machen, ob es ihren Erwartungen entspricht und so weiter. Die Klienten müssen hinsichtlich ihrer Erwartungen aufgeklärt werden. Sie haben vielleicht kein vollständiges Bild davon, wie das Coaching ablaufen wird. Vielleicht halten sie den Coach für einen Zauberkünstler und meinen, sie selbst können sich einfach zurücklehnen und genießen.

Wie also werden die Ergebnisse gemessen? Während des Coachings müssen Coach und Klient die Fortschritte mit abgesprochenen Maßnahmen verfolgen. Lebenscoaching hat im Vergleich zum Unternehmenscoaching ein eher offenes Ende; es ist gewöhnlich auf einen bestimmten Zeitraum begrenzt (durchschnittlich vier Monate). Lebenscoaching kann wesentlich länger dauern und sich mit viel abstrakteren Themen befassen, etwa mit der Lebensqualität, der Qualität einer Beziehung, dem Entwicklungsstand und vielen anderen. Coach und Klient müssen gemeinsam sicherstellen, dass sie den Erfolg messen, wenn auch nur auf einer einfachen Skala der Zufriedenheit des Klienten. Die Klienten eines Lebenscoachings bewerten, wie ihnen das Coaching gefällt, sie beurteilen die erworbenen Fertigkeiten und das gewonnene Wissen sowie die Ergebnisse in verschiedenen Lebensbereichen.

Bewertung von Unternehmenscoaching

In Großbritannien haben bereits 95 Prozent der Unternehmen Coaching genutzt oder nutzen es, so wird geschätzt.[2] Der Wert des Wirtschaftszweiges Unternehmenscoaching wird in den USA auf rund eine Milliarde US-Dollar geschätzt, Tendenz steigend. Firmen sind bereit, jährlich bis zu 100 000 Dollar in das Coaching ihrer Spitzenkräfte zu investieren. Was bekommen sie für ihre Investition? Wie lässt sich die Wirkung des Coachings in eine Zahl umwandeln, die die Kapitalrendite ausdrückt? Je mehr Einfluss und Bedeutung Coaching gewinnt, desto stärker werden evidenzbasierte Ansätze gefordert, die belegen, dass Coaching die Wirkung zeigt, die es verspricht.

Was also messen wir und wie messen wir es? *Sie bekommen das, was Sie messen*, denn wenn etwas nicht gemessen wird, bleibt es unsichtbar. Sie müssen im Voraus entscheiden, was Sie messen wollen, denn Sie messen Veränderung und eine Veränderung besteht aus einem Anfangszustand, einem Endzustand und dem Raum dazwischen. Wenn ein Schreiner vor seiner Arbeit falsch ausmisst, dann werden die Regale, die er anfertigt, nicht passen. Falls Coach und Klient sich nicht am Ausgangspunkt darauf verständigen, wird die Veränderung unmöglich nachzuweisen sein. Zurzeit messen nur wenige Unternehmen die Ergebnisse des Coachings. Laut einem Bericht über Coachingleistungen im Jahr 2006 werden 35 Prozent der Unternehmenscoachings nicht genau verfolgt; und nur 9 Prozent der Organisationen bewerten Wirkung und Kapitalrendite nach einem formalen Prozess, gemessen in der allgegenwärtigen und eindeutigsten Maßangabe überhaupt: Geld.[3] Die meisten Einschätzungen bleiben anekdotenhaft.

Wie wird Unternehmenscoaching bewertet? Indem man verschiedene Blickwinkel einnimmt, mithilfe eines ähnlichen Modells wie dem von Kirkpatrick entwickelten[4]; mit ihm wurden bereits die Ergebnisse zahlreicher Schulungen und Trainings bewertet. Kirkpatrick unterschied vier mögliche Bewertungslevels, die aufeinander aufbauen: persönliche Reaktion, Lernen, Transfer des Lernstoffs und Unternehmensergebnisse. Coaching ist allerdings etwas anderes als eine Schulung, deshalb werden wir das Modell leicht abwandeln und folgende Kategorien heranziehen: subjektive Reaktion, Lernen, Verhalten, Unternehmensergebnisse und Kapitalrendite.

> **So kann man Coachingergebnisse bewerten**
> 1. Subjektive Reaktion – die Selbsterfahrung des Klienten
> 2. Lernen – die Veränderung in Wissen und Fertigkeiten
> 3. Verhalten – das Handeln des Klienten infolge seines Lernens
> 4. Unternehmensergebnisse – was das Unternehmen erreicht infolge der persönlichen Veränderungen
> 5. Kapitalrendite – *Return on Investment*: der finanzielle Zuwachs durch das Coaching, abzüglich der Kosten, geteilt durch die Kosten

1. Subjektive Reaktionen

Die subjektive Reaktion des Klienten gehört in den Quadranten oben links im integralen Modell – inneres persönliches Erkennen. Das kann nur der Klient „messen", und zwar leicht mittels eines kleinen Fragebogens, der vor und nach dem Coaching ausgefüllt wird:

- Welche inneren Veränderungen hat er vollzogen?
- Hat ihm der Prozess Freude bereitet?
- Hat er die erwünschte Klarheit, Richtung und Verbesserung bekommen bzw. erreicht?
- Was waren seine Ziele?
- Hat er sie so erreicht, wie er sich das gewünscht und erwartet hatte?

Jede Messung beginnt bei dieser subjektiven Reaktion. Klienten möchten beispielsweise mit Arbeitskollegen besser zurechtkommen. Sie können vor und nach dem Coaching ihre Zufriedenheit auf einer Skala von 1 bis 10 einstufen. Wenn die Zahl entsprechend ihren Erwartungen ansteigt oder diese übertrifft, dann war das Coaching ein Erfolg.

In einer neueren Umfrage[5] gab die große Mehrheit als Coachingergebnis folgende Punkte an: stärkeres Selbst-Gewahrsein (68 %), bessere Zielsetzung (62 %) und mehr Ausgewogenheit im Leben (61 %). Diese Art der Messung ist zuverlässig und wird im Lebenscoaching am häufigsten eingesetzt. Auf einer einfachen Skala von 1 bis 10 kann man alles messen – auf ihr basiert auch die Seminarbeurteilung, die weltweit verwendet wird.

Ein Unternehmen möchte, dass seine Mitarbeiter glücklich und zufrieden sind, doch aus seiner Sicht genügt das nicht. Die Zufriedenheit muss sich in irgendetwas Konkreteres übersetzen lassen. Damit diese Investition gerechtfertigt ist, muss diese subjektive Reaktion zu anderem Verhalten und dann zu anderen Unternehmensergebnissen führen. Die Klienten mögen das Coaching zwar hoch bewerten, ändern aber vielleicht ihr Verhalten nicht. Aus Unternehmenssicht war es dann ein Flop. Ungeachtet dessen, wie hoch Klienten das Coaching einstufen, möchte die Firma Veränderungen in Kenntnissen, Fertigkeiten und Verhalten sehen.

2. LERNEN

Die zweite Sichtweise ist das Lernen des Klienten und der daraus resultierende Zuwachs an Wissen und Fertigkeiten. Klienten können dieses Lernen subjektiv messen (wie viel sie ihrer Meinung nach gelernt haben) und man kann es objektiv messen. Coaching bringt den Klienten nicht direkt etwas bei, aber die Klienten erfahren mehr über sich selbst, ihre Arbeit, ihre Ziele und Werte. Mit Coaching kann man auch vorangegangene Schulungen festigen, sodass die Teilnehmer sie optimal verwerten.

Je komplexer das Lernen, desto schwieriger ist es einzuschätzen. Kenntnisse und Fertigkeiten kann man evaluieren, indem Klienten vor und nach dem Coachen einen Test absolvieren. Man kann Lernen mit formellen und informellen Tests messen, über die *eigene* Einschätzung und die Einschätzung durch das Team. Mehr Wissen eines Einzelnen kann sich in besseren Teamergebnissen äußern. Viele Unternehmen schulen, fördern und messen ihre Kernkompetenzen. Die Kompetenzen selbst sind abstrakte Eigenschaften; sie müssen im Verhalten zutage treten, damit man überhaupt Veränderungen messen kann; und das ist die nächste Stufe des Messens.

Noch ein Aspekt zu Lernen und Kompetenzen: Coaching kann die *Lernfähigkeit* des Klienten verbessern. Nach dem Coaching kann ein Klient vielleicht mehr und schneller lernen. Wir können dann sagen, das Coachen habe seine Leistungsfähigkeit erhöht; die kann er auf bestimmte Kompetenzen anwenden. Die Ergebnisse zeigen sich erst langfristig, doch da Unternehmen nicht routinemäßig die Lernfähigkeit ihrer Mitarbeiter messen, bleibt jeder Hinweis auf eine verbesserte Lernfähigkeit subjektiv und anekdotenhaft.

3. Verhalten

Neues Wissen und neue Fertigkeiten führen (hoffentlich) zu einem anderen Verhalten; das gehört in den rechten oberen Quadranten des integralen Modells und ist unmittelbar zu beobachten. Werden neue Fertigkeiten, neues Wissen und neue Einstellungen im Alltag angewandt und gezeigt? Wissen, Kenntnisse und Einstellungen sind unsichtbar, doch Verhalten ist sichtbar und deshalb der am einfachsten zu messende und der überzeugendste Nachweis.

Verhaltensänderungen lassen sich vielfältig evaluieren – durch 360°-Feedback, durch Beobachtung anderer und durch Tests. Ein Klient möchte beispielsweise besser kommunizieren und in seinem Team positiver und weniger streitlustig sein. Vor dem Coaching müssten sich Coach und Klient auf Verhaltenskategorien verständigen (wie angreifen, verteidigen, widersprechen etc.), die der Klient ändern, abstellen oder reduzieren will. Er könnte auch mehrere Verhaltensweisen auflisten, die er *vermehrt* zeigen möchte (etwa unterstützen, zustimmen und so weiter). Diese alle würde man *vor* dem Coaching über die Selbsteinschätzung und die Einschätzung von Kollegen und Vorgesetzten messen. *Nach* dem Coaching würden sie wieder so gemessen; die Unterschiede würde man notieren.

Verhalten zu messen ist nicht so eindeutig, wie sich das Manager gelegentlich vorstellen. Unterschiedliches Denken, unterschiedliche Werte und unterschiedliche Emotionen können dasselbe Verhalten hervorrufen. Es lässt sich nicht von der Person trennen, die es zeigt.

Zweitens kann dasselbe Verhalten von unterschiedlichen Entwicklungsstufen herrühren; jemand mag zwar sein Denken und seine Werte geändert haben, doch das Verhalten kann gleich bleiben. Drittens hängt Verhalten immer von den Umständen ab. Ein Verhalten kann sich ändern, weil die Person in eine andere Situation kommt: Eine streitlustige Führungskraft kann sich coachen lassen und während des Coachings schließt sie ein großes Projekt ab und fühlt sich dadurch weniger gestresst. Oder vielleicht wird ein Teamkollege, mit dem sie nicht auskam, versetzt. Als Ergebnis ändert sich ihr Verhalten messbar, sie greift andere weniger an und streitet seltener, doch das ist nicht allein dem Coaching zuzuschreiben. Viertens tritt Entwicklung in Stufen auf, während des Coachens mag es also zu keiner oder nur einer geringer Veränderung kommen, doch einige Wochen oder Monate später macht jemand einen großen Sprung.

Eng damit verbunden ist der Faktor Zeit. Wie lange nach dem Coaching misst man? Eine Woche später? Einen Monat später? Ein Jahr? Ein umfassendes Follow-up und eine solche Bewertung sollten mindestens drei Monate dauern, doch während dieser Zeit lassen sich andere Einflüsse nur schwer isolieren. Wie unterscheidet man die Wirkung des Coachings von den unzähligen anderen Einflüssen, denen der Klient ausgesetzt ist?

Ähnlich ist es, wenn wir den letzten Punkt umkehren: Angenommen, das Verhalten ändert sich sofort, lässt dann aber nach und ist nicht dauerhaft. Ist die Anwesenheit des Coachs notwendig, damit der Klient die Veränderung beibehält? Ist der Klient vom Coaching abhängig geworden? Hängt das Verhalten mit einer geänderten Einstellung zusammen? Hängt es mit der Entwicklung der Person zusammen? Und schließlich, wie kann man sicher sein, dass es aus dem Coaching resultiert, wenn sich Verhalten dauerhaft ändert?

4. UNTERNEHMENSERGEBNISSE

Bei der vierten Messung prüft man, wie sich die Verhaltensänderung auf die Unternehmensergebnisse auswirkt. Die gehört im integralen Modell in den Quadranten unten links (äußere Systeme). Beispiele hierfür sind:

- Bessere Kundenbindung
- Bessere und mehr Kundenreaktionen
- Bessere Teamergebnisse – Teamprojekte werden schneller oder besser durchgeführt
- Bessere Moral, sodass besser und mehr gearbeitet wird
- Weniger Krankheitstage
- Mehr neue Ideen mit kommerzieller Anwendung (z. B. angemeldete Patente)
- Weniger Kundenbeschwerden

Diese Ergebnisse werden oft routinemäßig gemessen und unter diesen Umständen kann man jegliche Unterschiede zwischen dem Zustand vor und nach dem Coaching messen. Coachs werden in Unternehmen hauptsächlich dazu herangezogen, die Leistung zu steigern, Führungsqualitäten zu entwickeln, Kompetenzen zu entwickeln oder spezielle Ziele zu erreichen.[5]

Die Resultate hängen von Verhaltensänderungen ab und diese wiederum hängen von neuem Wissen, neuen Fertigkeiten, einem veränderten Kontext und neuen Entwicklungsstufen ab. Coaching hilft Klienten bei ihrer persönlichen Entwicklung, unabhängig von den Unternehmensergebnissen, deshalb kann es zwischen dem Erreichen von Unternehmensergebnissen und dem persönlichen inneren Wachstum zu Spannungen kommen. Coachs werden oft nachweisen müssen, dass die Ergebnisse für das Unternehmen wünschenswert und für die Klienten persönlich vorteilhaft sind. Für Firmen mag das ein und dasselbe sein; für Klienten kann es sich unterscheiden. Resultate, die daher kommen, dass Klienten sich weiterentwickeln, könnten zur Kapitalrendite beitragen, sind aber noch schwieriger in Zahlen auszudrücken.

In einem Coachingprogramm wird es immer immaterielle Vorteile geben, die nicht leicht zu messen sind. Beispiele dafür sind: eine bessere Moral, bessere Führungsqualitäten, Kommunikationsfertigkeiten und emotionale Intelligenz, bessere Konfliktlösung und Zufriedenheit am Arbeitsplatz in unterschiedlichen Graden; dazu gehört auch: gute Leute anzuziehen, weil der Arbeitgeber den Ruf hat, in seine Belegschaft zu investieren und sich um sie zu kümmern; ein besseres Zeitmanagement und bessere Kundenbeziehungen. Das mag alles der Fall sein, wird aber nicht immer wertgeschätzt oder gemessen.

5. KAPITALRENDITE (ROI)

Die fünfte und letzte Messgröße ist die Kapitalrendite. Das Unternehmen hat Zeit und Geld in Coaching investiert – was bekommt es dafür zurück? All diese Faktoren quantitativ zu bestimmen ist alles andere als einfach und über alle nachstehenden Punkte muss man sich verständigen:

- Die Ziele des Programms
- Die angewandte Evaluierungsmethode
- Was wird gemessen – wie, wann, für wen und wie oft?
- Wichtige Informationen, die man vor dem Coaching sammeln muss
- Wichtige Informationen, die man während des Programms sammeln muss
- Wichtige Informationen, die man nach dem Programm sammeln muss

- Das Coachingprogramm an sich
- Die Wirkung des Coachings
- Immaterielle Vorteile

Dann wird die Messung in bare Münze umgerechnet, sodass man die Kapitalrendite berechnen kann. Das geht mit einer einfachen Formel:

> Finanzieller Zugewinn durch das Coaching *minus* Kosten für das Coaching – das Ergebnis *geteilt durch* die Kosten für das Coaching

Die Kosten für das Coaching könnten Folgendes beinhalten (sie brauchen sich aber nicht darauf zu beschränken):

– Arbeitszeit des Coachs
– Arbeitszeit des Klienten, die durch das Coaching verloren geht
– Kosten für Honorare, Reisen, Unterkunft etc. (für den Coach)
– Verwaltungskosten
– Weitere Kosten aufgrund der Unterbrechung des normalen Arbeitsablaufs

Zum finanziellen Gewinn könnten unter anderem folgende Faktoren zählen:

- Bessere Kundenbindung
- Bessere und mehr Kundenreaktionen
- Messbare Gewinne durch bessere Teamarbeit
- Klient und Team arbeiten effizienter (eine Aufgabe wird in kürzerer Zeit erledigt)
- Klient und Team arbeiten effektiver (bessere Lösungen für Probleme im Unternehmen)
- Weniger Krankheitstage
- Mehr Innovationen
- Weniger Kundenbeschwerden

Diese Faktoren in Zahlen umzurechnen ist sicherlich eine undankbare Aufgabe und es kostet, wenn man es immer wieder macht, viel Zeit und Mühe; es produziert Kosten, die wieder mit einzurechnen sind ... Kein Wunder, dass die Kapitalrendite nur bei *großen* Coachingprojekten errechnet wird. Es gibt immer mehr nützliche Literatur dazu, die den „Faktor Mensch" in der Wirtschaft messen hilft.[6]

Das *Consortium for Coaching in Organizations* (ICCO) entwickelte ebenfalls eine einfache Messung:[7]

> Schätzen Sie zuerst den Wert, den die Veränderung in Form von Produktivitätssteigerung oder Ersparnissen einbringt. Sagen wir, er beläuft sich auf 200 000 US-Dollar.
>
> Schätzen Sie im zweiten Schritt, wie viel davon dem Coaching anzurechnen ist. In unserem Beispiel sagen wir: 60 Prozent. Multiplizieren Sie den vorherigen Wert mit diesem Prozentsatz. Das ergibt in unserem Beispiel 120 000 US-Dollar.
>
> Taxieren Sie drittens, wie sehr Sie Ihren bisherigen Schätzungen vertrauen. Sagen wir 75 Prozent.
>
> Multiplizieren Sie die letzte Zahl mit diesem Prozentsatz. Das macht 90 000 Dollar.
>
> Das ist der *bereinigte Coachinggewinn*.
>
> Ziehen Sie viertens die Coachingkosten ab. Belaufen sich diese auf 30 000 Dollar, dann beträgt der *Nettogewinn aufgrund des Coachings* 60 000 Dollar.
>
> Um die Kapitalrendite zu berechnen, teilen Sie den Nettogewinn (60 000) durch die Coachingkosten (30 000).
>
> Dieses Beispiel ergibt eine Kapitalrendite von 200 Prozent.

Zur Kapitalrendite von Coaching gibt es mehrere Untersuchungen. Eine davon führte *Manchester Consulting Inc.* zwischen 1996 und 2000 durch. Sie ergab eine Kapitalrendite von 600 Prozent durch ein Coachingprogramm für Führungskräfte. Eine Evaluierung von *Metrix Global LLC* ergab eine Kapitalrendite von 529 Prozent für ein Coachingprogramm zur Verbesserung der Führungsqualitäten.[8] Ein anderes Coachingprogramm bei *Sun Microsystems* ergab eine geschätzte Kapitalrendite von 100 Prozent, hauptsächlich weil Mitarbeiter gehalten werden konnten.

Ein ROE (*Return on Expectations*), also ein Nachweis des Nutzens von Bildungsmaßnahmen aus Sicht verschiedener am Erfolg interessierter Personen, ist leichter durchzuführen und üblicher.[9] Hierfür sind nicht so viele Werte zahlenmäßig zu bestimmen, sondern es bleibt bei dem wesentlichen Element, die Wirkung des Coachings im Vergleich zu vorherigen Erwartungen zu messen.

Die Kapitalrendite genau zu berechnen ist schwierig und dabei werden viele wichtige Aspekte des Coachings außer Acht gelassen. Diese Berechnung berücksichtigt nur Verhaltensänderungen und Unternehmensergebnisse, bezieht aber Entwicklungen nicht mit ein. Weil es beim Coaching um die Entwicklung des einzelnen Menschen geht und weil Entwicklung in Stufen verläuft, muss man vielleicht über einen längeren Zeitraum umfassender messen, damit diese Faktoren einbezogen werden. Laske schlug eine Messung vor, die er *Coaching Return on Investment* (CROI) nannte und die Entwicklungsschritte mit einbezieht.[10] In dem Maß, in dem Coaching zunimmt und akzeptierter, ja wesentlicher Teil des Wirtschaftslebens wird, werden auch bessere Methoden zur Wirksamkeitsmessung entwickelt. Darauf gehen wir in unserem letzten Kapitel näher ein, das die Zukunft des Coachings betrachtet.

Reflexionen zur Psychologie des Coachings

Von Anthony M. Grant

Der Gedanke, einen kurzen Text über meine Reflexionen zur Coachingpsychologie zu schreiben, erscheint mir auf amüsante Weise ironisch. Reflexion ist ganz offensichtlich ein zentraler und wesentlicher Teil des Coachingprozesses, doch in unserer ach so geschäftigen Welt nehmen wir uns kaum Zeit, um innezuhalten und zu prüfen, wo wir stehen, wie wir hierher kamen und welche Lektionen wir aus der Vergangenheit in die Gegenwart mitnehmen können, während wir auf die Zukunft hinarbeiten. Deshalb ist die mir Gelegenheit sehr willkommen, zu reflektieren, wie ich zur Coachingpsychologie gekommen bin, sowie über den Weg und die Entwicklung der Coachingbranche nachzudenken. Ich hoffe, diese Gedanken regen zu weiterem Nachdenken und Diskutieren an, sind vielleicht ein wenig provokativ und tragen so zur Entwicklung des Coachings bei.

Wie so viele von uns kam ich auf Umwegen zum Coaching. Seit den frühen sechziger Jahren bis heute beschäftigen sich meine Eltern mit Gurdjieff und Ouspensky und haben deren Philosophie bisweilen auch gelehrt, sie meditieren und setzen die Philosophie in ihrem Alltag um. Ich wuchs also mit umfangreichen philosophischen, religiösen und spirituellen Praktiken und Systemen auf. Die Lehren des Zen-Buddhismus und die Schriften von Tolstoi, Colin Wilson und anderen fand ich faszinierend, im öffentlichen Schulsystem jedoch konnte ich mich nicht sinnvoll engagieren. In meinen Kursen in der Schule schien ich immer zu den Schlechtesten zu gehören, deshalb hielt ich mich selbst allmählich für dumm und unbelehrbar.

Schließlich beschlossen meine Lehrer und ich, dass sich unsere Wege trennen sollten. Kurz vor meinem fünfzehnten Geburtstag verließ ich die Schule, ohne dass ich einen Abschluss hatte. In den nächsten Jahren frönte ich einem hedonistischen Lebensstil und war irgendwo auf dem Weg, Schreiner zu werden; in meinen späten

Zwanzigerjahren faszinierten mich etliche Gruppen für persönliche Entwicklung und Selbsthilfegruppen, und zwar als Mitglied wie als Mentor für andere.

1988 zog ich von Großbritannien nach Sydney in Australien. Dort hat mich die offene, egalitäre Art der australischen Gesellschaft verblüfft und mir die Augen geöffnet. Im Gegensatz zu England schienen Gesellschaftsschicht und Beruf hier keine Rolle zu spielen. Ich war gut, so wie ich als Mensch war, unabhängig von meinem Beruf und meiner Sprache.

Ich hatte weiterhin mit Gruppen für persönliche Entwicklung zu tun und wollte beruflich unbedingt irgendwie mit der Entwicklung von Menschen zu tun haben. Allerdings war ich vielen Kurs- und Gruppenleitern gegenüber, deren Veranstaltungen ich besuchte, extrem misstrauisch. Nur sehr wenige, falls überhaupt jemand von ihnen, schienen wirklich zu wissen, was sie da taten. Die Wissensgrundlage fast aller erschien mir sehr dürftig und fast niemand konnte Fragen zum theoretischen Unterbau beantworten. Praktisch nichts wurde durch empirische Beweise bestätigt. Eindringliche Fragen taten sie bestenfalls ab, schlimmstenfalls machten sie die Fragenden lächerlich oder behandelten sie von oben herab.

Ich wusste, ich wollte Entwicklungsarbeit mit anderen machen, doch ich hatte genug windige „Gurus" für Persönlichkeitsentwicklung erlebt, um zu wissen, dass ich nicht jemand sein wollte, der nur einen 7- oder 14-tägigen Kurs für das „Master-Zertifikat" absolviert hatte, ein selbstbestimmter Lerndoktor in „Hypnose" oder „Religion" aus einer Titelmühle war oder sich als Autodidakt hinstellte. Wenn ich auf diesem Gebiet arbeiten wollte, dann wollte ich auch wissen, was ich da tue.

Das australische Universitätssystem ist gegenüber älteren Studenten ohne vorherige Qualifikationen viel offener als das britische. 1993 begann ich also im Alter von 39 an der Universität von Sydney mit 1500 anderen Erstsemestern mein Bachelor-Studium mit Hauptfach Psychologie. Ich entschied mich für Psychologie, weil es mir (naiverweise) selbstverständlich erschien, dass es in einem Psychologiestudium um die Wissenschaft von menschlicher Entwicklung und menschlichem Wohlbefinden gehen sollte. Schnell stellte ich fest, dass sich die Psychologie, wie sie damals gelehrt wurde, häufiger mit Gehirnstrukturen als mit Verhalten befasste und mehr mit Ratten als mit Menschen. Ich machte dennoch stur weiter, empfand das Studium großenteils als interessante und strenge Ausbildung in angewandtem kritischem Denken und machte schließlich, zu meiner großen Überraschung, meinen Abschluss mit Bestnoten und Auszeichnung. Vom Bodensatz der Schule zur Universitätsspitze – möglicherweise ein Beleg für die Wirksamkeit von Selbstcoaching!

1997 wurde Coaching an keiner Universität gelehrt. So ziemlich die einzig verfügbaren Ausbildungsprogramme zum Coach waren amerikanische Teleseminare; als ich deren Lerninhalte anschaute, erkannte ich, dass das nicht das war, was ich suchte. Ein Großteil des Coachinglehrmaterials schienen damals atheoretische, wiederaufbereitete Kurse zur Persönlichkeitsentwicklung zu sein und nur wenige Kursleiter hatten irgendeine akademische Qualifikation.

Ich schrieb mich also ein für ein kombiniertes Master-/Ph.D.-Programm in klinischer Psychologie. Mein Promotionsthema lautete: „Auf dem Weg zu einer Psychologie des Coachings: Der Einfluss von Coaching auf Metakognition, psychische Verfassung und Zielerreichung". Damals gab es erst 14 Doktorarbeiten und 78 wissenschaftliche Aufsätze über das Thema Coaching in der PsychINFO-Datenbank. Ich hatte großes Glück, Dr. John Franklin als Doktorvater zu haben. Er ermunterte mich, meine Interessen zu verfolgen, obwohl mein Thema nicht zur „Klinischen" Psychologie gehörte.

Gegen Ende meiner Promotion begann ich darüber nachzudenken, als was ich mich bezeichnen sollte. Ich wollte mich nicht klinischer Psychologe nennen – ich wollte mit nicht-klinischen Klienten arbeiten und ich war auch kein psychologischer Berater. Ich dachte: „Ich bin Coach und ich bin Psychologe", deshalb wollte ich mich „Coachingpsychologe" nennen [*coaching psychologist*]. Das klang gut. Zu der Zeit gab es, soweit ich feststellen konnte, in der Psychologie keine Teildisziplin mit der Bezeichnung „Coachingpsychologie". Sicher waren einige Psychologen als Lebenscoachs und Coachs für Führungskräfte tätig, doch die Vorstellung einer Subdisziplin Coachingpsychologie war neu und aufregend.

Im Jahr 2000 konnte ich mit der außerordentlich wertvollen Unterstützung der Professoren Beryl Hesketh und Ian Curthoys glücklicherweise am Lehrstuhl für Psychologie der Universität von Sydney das Institut für Coachingpsychologie gründen – das erste derartige Institut weltweit; und ich begann den ersten Lehrplan für ein Aufbaustudium in Coachingpsychologie auszuarbeiten. Bald schloss sich mir mein guter Freund und Kollege Dr. Michael Cavanagh an und wir lehrten, erforschten und praktizierten Coachingpsychologie.

Seither hatte ich das Glück, zwanzig rezensierte wissenschaftliche Aufsätze und fünf Bücher über Coaching zu veröffentlichen; während ich diesen Beitrag schreibe, arbeite ich an sieben Studien mit, in denen wir Coachingergebnisse untersuchen. Nach der letzten Zählung bieten mittlerweile 15 Universitäten weltweit echte Aufbaustudiengänge in Coaching oder Coachingpsychologie an. Meiner Ansicht nach ist es unverzichtbar, dass sich Universitäten mit Coaching beschäftigen. Zwar mögen viele Leute Universitäten als den klischeehaften Elfenbeinturm sehen, doch Unis sind immer noch angesehene und bedeutende gesellschaftliche Institutionen, die maßgeblich daran beteiligt sind, dass als wertvoll wahrgenommenes Wissen Anerkennung findet. Universitäten – und das ist noch wichtiger – bieten ein Forum, in dem Konzepte und Forschungsarbeiten ausgetauscht und von Experten evaluiert werden und wo allgemein anerkanntes Wissen entwickelt wird; dieses Vorgehen steht in krassem Gegensatz zu der Geheimhaltung, die gesetzlich geschützte kommerzielle Coachingsysteme oft umgibt.

Dass das *Human Potential Movement* in den sechziger und siebziger Jahren entgleiste, ist entscheidend der Abneigung einiger seiner Vertreter zuzuschreiben, sich auf die akademische Welt einzulassen. Hätten beispielsweise die Begründer des NLP keine antiwissenschaftliche Geisteshaltung an den Tag gelegt, dann hätten wir erleben können, dass das ursprüngliche NLP zum Studienplan für angewandte Psychologie, wie sie an Unis gelehrt wird, einen nützlichen Beitrag leistet – immerhin ist das Kernstück des NLP eine oft elegante Anwendung der kognitiven Verhaltens- und Sprachwissenschaft. Stattdessen verfolgen wir, wie sich Teile der NLP-Gemeinde immer weiter von einer soliden Grundlage entfernen und zunehmend auf esoterisches Wissen und mitunter völlig bizarre Ideologien zutreiben.

Glücklicherweise scheint die Entwicklung der Coachingpsychologie solche Bewegungen vermieden zu haben. Coaching wird allmählich von den etablierten Berufsverbänden akzeptiert. Heute gibt es zum Beispiel in den britischen wie den australischen Berufsverbänden spezielle Interessengruppen für Coachingpsychologie. Im Jahr 2000 gab es keine wissenschaftlichen Fachzeitschriften für Coachs. Und es war ziemlich schwierig, Untersuchungen zu Coaching zu veröffentlichen. Mittlerweile gibt es drei solche (von Fachleuten geprüfte) Zeitschriften. Das *Journal of Consulting Psychology* hat schon zwei Sonderausgaben zum Thema Führungskräftecoaching herausgebracht. Heute werden wesentlich mehr wissenschaftliche Artikel über Coaching publiziert. Nach der Datenbank PsycINFO wurden zwischen 2000 und 2007 mehr wissenschaftliche Aufsätze veröffentlicht als zwischen 1935 und dem Jahr 2000!

Und teils deshalb, weil sich die Wissenschaft jetzt stärker für Coaching interessiert, beobachten wir, dass die Coachingbranche die Messlatte erheblich höher legt. Sowohl die Klienten wie auch die Menschen, die eine Ausbildung zum Coach suchen, verlangen eine verlässliche, evidenzbasierte Herangehensweise. Wir haben erlebt, wie Coaching sich von einer Mode zu einer akzeptierten Methodik gewandelt hat, die bei Einzelpersonen und in Systemen Veränderungen hervorruft.

Doch bis Coaching ein richtiger Beruf wird, ist es noch ein weiter Weg. Es gibt immer noch keine Zugangsbeschränkungen. Jede und jeder kann sich als Coach bezeichnen. Noch beunruhigender ist, dass jeder sich als Trainer für Coachs ausgeben kann – selbst Menschen ohne irgendeine Ausbildung oder Qualifikation. Viele Ausbildungsstätten für Coachs leisten allerdings gute Arbeit. Doch einige Probleme und schwierige Fragen sind bisher noch nicht angesprochen worden.

Ein Beispiel: Unsere Untersuchungen ergeben, dass zwischen 25 und 52 Prozent der Klienten im Lebenscoaching erhebliche psychische Probleme haben. Das ist eindeutig beunruhigend und bislang ist dieses Problem in Coachingkreisen noch nicht offen diskutiert worden. Viele begnügen sich damit, sich in die Behauptung flüchten zu können, Coaching sei keine Therapie. Das stimmt. Coaching ist keine Therapie. Dennoch bleibt die Tatsache bestehen, dass viele Coachingklienten Coaching als gesellschaftlich akzeptierte Therapieform ansehen. Hier ist die Coachingbranche definitiv aufgefordert, sich dieser Problematik anzunehmen: Wir müssen sicherstellen, dass die Coachingausbildung auf die Grundlagen psychischer Gesundheit eingeht, damit Coachs die problematischen Fälle erkennen und diese Klienten an entsprechende Therapeuten verweisen.

Auch müssen wir sicherstellen, dass die Coachingindustrie nicht in die Falle tappt, umfangreiche und unbegründete Behauptungen über die Wirksamkeit des Coachings aufzustellen. Coaching ist kein Allheilmittel für die Probleme der Unternehmen von heute. Keine Forschung belegt, dass Sie sich mithilfe von Coaching das Leben Ihrer kühnsten Träume erschaffen können, und es gibt auch keinen Grund, das zu glauben. In dieser Branche wimmelt es nur so von Pseudoqualifikationen und selbst ernannten, aber dennoch unqualifizierten „Anführern globalen Denkens". 2006 untersuchten wir die Selbstpräsentation australischer Organisationen, die Ausbildungen zum Lebenscoach anbieten; wir stellten fest, dass zwar viele recht *großspurige* Behauptungen aufstellten, doch nur wenige ganz *himmelschreiende* waren dabei. Wir müssen den Rummel im Auge behalten, uns vor der Pseudowissenschaft hüten und für den sich herausbildenden Beruf des Coachs eine solide Grundlage schaffen.

Meiner Ansicht nach haben Coaching und die Coachingpsychologie eine viel versprechende Zukunft. Coaching kann in der Tat eine sehr wirkungsvolle Methodik für Veränderung sein. Doch wir brauchen verlässliche, sachdienliche Informationen über Coaching, die die ganze Interessensbreite abdecken, von unkomplizierten und praktischen Büchern, die Anfänger suchen, bis zu komplexen, theoretisch fundierten wissenschaftlichen Texten. Unabhängig vom Umfang Ihrer Coachingerfahrung haben Sie, so hoffe ich, Freude an diesem Buch und stellen fest, dass es zur breit angelegten Entwicklung Ihrer Coachingpraxis beiträgt und ebenso zur Entwicklung der Coachingbranche allgemein.

Dr. Anthony Grant ist Coachingpsychologe sowie Begründer und Leiter der Abteilung Coachingpsychologie am Lehrstuhl für Psychologie der Universität von Sydney. Er ist Coach, Wissenschaftler und weithin anerkannt als verdienstvoller Begründer der heutigen Coachingpsychologie und des evidenzbasierten Coachings. Sie können sich mit ihm in Verbindung setzen unter: anthonyg@psych.usyd.edu.au

KAPITEL 12

Entwicklungscoaching

Nicht die Dinge ändern sich – wir ändern uns.
HENRY DAVID THOREAU

Unsere Suche ist eine Abenteuergeschichte und wie alle guten Abenteuergeschichten folgt sie einem Muster. Zum Ende muss es eine Herausforderung geben, eine letzte Hürde, die es zu überwinden gilt, damit alle sicher nach Hause gelangen. Ja, wir stehen noch vor zwei Herausforderungen: Wie geht Coaching mit der *Entwicklung* von Erwachsenen um? Damit beschäftigen wir uns gleich anschließend. Und wie berücksichtigen wir beim Coaching interkulturelle Aspekte? Damit befassen wir uns im nächsten Kapitel.

Was ist Entwicklung?

Coaching ist ein helfender Beruf, in dem es um das Lernen und die Entwicklung von Menschen geht. Doch was bedeutet Entwicklung? Lassen Sie einmal einen Moment lang Ihr Leben Revue passieren. Was können Sie heute tun, was Sie vor zehn oder fünfzehn Jahren noch nicht konnten? (Von Ihren *körperlichen* Fähigkeiten sehen wir einmal ab.) Wie haben sich Ihre Beziehungen verändert? In welcher Hinsicht denken Sie heute anders? Welche Probleme können Sie jetzt lösen, die Sie damals nicht lösen konnten? Welche Probleme erkennen Sie heute, an die Sie früher gar nicht dachten?

Wenn Sie den Verlauf Ihres Lebens betrachten, werden Sie feststellen, dass Sie nicht nur mehr gelernt und Ihr Wissen erweitert haben, sondern dass Sie auch sich selbst und die Welt mit anderen Augen sehen. Ihr Denken hat sich vertieft, es kennt neue Unterscheidungen und Sichtweisen und Sie sind nicht mehr an Vorstellungen gebunden, die Sie früher einschränkten; deshalb handeln Sie anders. Etliches, was früher ein Problem war, ist es heute nicht mehr, dafür sind neue, andersartige Probleme an dessen Stelle getreten.

Sie haben gelernt und sich entwickelt. Lernen ist eine *horizontale* Veränderung: Sie fügen dem, was Sie schon haben, etwas hinzu oder werden besser in etwas, was Sie schon können. Lernen ist linear und geht recht gleichmäßig vonstatten. Es ist, wie wenn Sie die Ausstattung in der Wohnung Ihres Denkens ergänzen und verbessern.

Entwicklung ist eine *vertikale* Veränderung; das heißt, Sie können mehr und anders lernen. Das ist so, wie wenn Sie in eine Wohnung in einem höheren Stockwerk ziehen, wo Sie einen weiteren Ausblick haben. Einige Möbelstücke werden Sie vielleicht mitnehmen können, andere lassen Sie zurück. Oder Sie richten sich ganz neu ein. Entwicklung vollzieht sich nicht gleichmäßig; sie findet in Sprüngen statt, nicht linear, eher wie beim Treppensteigen. Sie bleiben auf einer Treppenstufe, bis Sie sich bewegen (verändern), und dann sind Sie plötzlich auf einer anderen Ebene. Deshalb lässt sich Entwicklung beim Coaching auch so schlecht messen, weil sie Wochen oder Monate nach dem Abschluss des Coachings auftreten kann. Entwicklung entfaltet sich und ermöglicht Ihnen, immer höher zu steigen, während Sie Ihren geistigen Horizont erweitern und immer tiefer in Ihr Herz und Ihr emotionales Zentrum gehen.

Unterschiede zwischen Lernen und Entwicklung

Lernen Betrifft das, was Sie haben	**Entwicklung** Betrifft das, was Sie sind
1. Horizontaler Fortschritt	1. Vertikaler Fortschritt
2. Linearer Fortschritt	2. Fortschritt in Sprüngen
3. Fügt dem, was Sie haben, etwas hinzu	3. Fügt dem, was Sie sind, etwas hinzu
4. Die Wohnung Ihres Denkens mit weiteren Möbeln ausstatten und renovieren	4. In eine höher gelegene Wohnung mit weiterem Ausblick umziehen
5. Verläuft kontinuierlich	5. Verläuft ungleichmäßig
6. Findet ständig statt	6. Zwischen den einzelnen Stufen vergeht eine gewisse Zeit

Erwachsene können sich ihr ganzes Leben lang entwickeln, doch vielleicht brauchen sie dabei Hilfe. Sie können ihre Welt zunehmend komplexer und systematischer gestalten. In diesem Kapitel wollen wir die Entwicklungsstufen bei Erwachsenen betrachten, sie sozusagen kartografisch darstellen und dann die Folgen für das Coaching untersuchen.

Stufen des Denkens

Jean Piaget hat als Erster ein Modell der mentalen Entwicklung in Stufen vorgestellt, als er das Denken bei Kindern untersuchte.[1] Das Denken bei Kindern ist keine „fehlerhafte" Art des Erwachsenendenkens, sondern eine eigene Denkweise, die ihrem Alter und ihrer geistigen Entwicklung entspricht, in die sie erst hineinwachsen müssen, bevor sie darüber hinauswachsen können.

Piaget beschrieb die Entwicklung als eine Abfolge zunehmend komplexerer Stufen der Sinngebung. Er behauptete, dass Entwicklung nur in eine Richtung verlaufe. Man fällt nicht zurück auf frühere Stufen (außer man leidet unter einer Psychose), und die Stufen sind hierarchisch, jede baut auf der vorherigen auf. Man kann keine Stufe überspringen. Diese Regeln gelten für jegliche menschliche Entwicklung.

Nach Piaget durchläuft das Denken von Kindern vier Stufen, die in der Entwicklungspsychologie allgemein anerkannt sind. Die erste ist die sensomotorische Stufe. Hier koordinieren Kinder ihre Reflexe. Sie differenzieren nur wenig zwischen sich und der Welt (das gilt auch im Hinblick auf andere Menschen). Sie *sind* die Welt. Dieses Stadium dauert bis zum Alter von ungefähr zwei Jahren.

Die zweite Stufe ist die präoperationale; Kinder erkennen sich selbst als von der Welt getrennt. Sie sind egozentrisch, im Mittelpunkt ihrer Welt, wiewohl diese Welt gewachsen ist. Sie erscheint als riesiger, beängstigender Ort und sie suchen Wege, sie zu kontrollieren und ihr Sinn zu verleihen. Das ist die Phase des magischen Denkens, in der Kinder glauben, sie könnten Veränderungen in der realen Welt herbeiführen, indem sie nur daran *denken* – weil sie noch keine gute Theorie über Ursache und Wirkung haben. Sie stellen sich selbst als sehr mächtig vor. Sie sind Supermann oder Superfrau.

Piagets wichtigste Entwicklungsstufen bei Kindern		
Stufe	**Ungefähres Alter in Jahren**	**Merkmale**
Sensomotorisch	0–2	Reaktionen koordinieren. Keine Differenzierung zwischen dem Selbst und der Welt.
Präoperational	2–7	Egozentrisch, das Selbst ist getrennt von der Welt. Magisches Denken – Denken verursacht Ereignisse.
Konkret operational	7–12	Dinge können manipuliert werden. Kein abstraktes Denken, doch sie können ihre eigene und eine andere Sichtweise einnehmen.
Formal denkend	von 12 aufwärts	Sie können abstrakt und theoretisch denken und Vorstellungen „manipulieren".

Dann geschieht ein Wunder und sie begeben sich auf die nächste Stufe, die des konkreten operationalen Denkens. Nun lernen Kinder, sich in jemand anderen hineinzuversetzen, in die Schuhe eines anderen Menschen zu schlüpfen. Das heißt, sie erkennen, dass sich die Sichtweise anderer Menschen von ihrer eigenen unterscheidet (eine ungeheure intellektuelle Leistung), und sie sind in der Lage, sich mental einen anderen Blickwinkel vorzustellen.

Im Laufe unserer weiteren Entwicklung lernen wir, abstrakt zu denken und Vorstellungen wie Dinge zu manipulieren. Das ist die Stufe der formalen Logik, die letzte von Piaget untersuchte. Wir lernen, Gedanken und Gefühle zu verbinden, um Handlungsabfolgen und ihre Konsequenzen zu erkennen. Nach und nach lässt die Egozentrik nach. Die Welt wird größer, während wir kleiner werden. Wie der Astronaut John Glenn bemerkte:

„Ein Leben, in dem man nur um sich selbst gekreist ist, wird letztlich nur ein sehr, sehr kleines Universum ausfüllen."

Das formale Denken ist analytisch und modernistisch; es zergliedert Probleme in Variablen, um diese zu lösen. Es ist die moderne, wissenschaftliche Geisteshaltung. Menschen auf dieser Stufe halten sich selbst für getrennt und verantwortlich. Sie treffen rationale Entscheidungen und glauben, sie könnten ihr Leben kontrollieren. Falls das Denken Erwachsener auf dieser Stufe stehen bliebe, wäre die Welt wirklich langweilig.

Während wir älter werden, entwickelt sich unser Denken jedoch über diese Stufe hinaus. Wir können systematischer denken, sehen viele Seiten eines Themas und verstehen, wie sich die Dinge gegenseitig beeinflussen. Wir erkennen die Wichtigkeit des Zusammenhangs und wie eine Handlung in *einem* Kontext richtig, in einem anderen aber falsch sein kann. Die Wahrheit wird unsicher. Wir beginnen, Abstraktionen zu bilden. Wir erkennen auch immer deutlicher, dass *nichts* von allem anderen unabhängig ist. Die Sprache spielt bei dieser Entwicklung des Denkens eine wesentliche Rolle.

Die verschiedenen und komplexeren Arten des Denkens und Verstehens, die auftreten, wenn wir älter werden, haben viele Forscher herausgearbeitet; die bedeutendsten unter ihnen sind King und Kitchener[2], Wilber[3] und Basseches[4]. Geistige Entwicklung bedeutet, laufend immer feinere Unterscheidungen zu erfassen und zu organisieren und sie in mehrschichtige Bedeutungssysteme einzuordnen.

Ein einfaches Beispiel: Umgang mit Zahlen

Auf der ersten Stufe, der sensomotorischen, hat ein Baby keine Vorstellung von Zahlen, nur Empfindungen von einem Gegenstand oder vielen Gegenständen, die angenehm oder unangenehm sein können. Geben Sie einem Baby ein Buch über Rechenarten und es wird versuchen, das Buch zu essen.

Auf der zweiten Stufe, der des präoperationalen Denkens, erkennt das Kind, dass es Gegenstände manipulieren kann, es wird vielleicht mit Klötzen bauen, und vielleicht wird es sie kennzeichnen („eins", „zwei" und so weiter). Diese Bauklötze gehorchen seinen Wünschen, und was es denkt, das geschieht auf magische Weise – meistens.

> Auf der dritten Stufe, der des konkret operationalen Denkens, sind sich Kinder der Zahlen als konkreter „Objekte" bewusst und dessen, dass andere Menschen andere Ansichten über Zahlen haben, doch sie lernen gerade erst ein Zahlensystem und die möglichen Beziehungen zwischen den Zahlen.
>
> Auf der Stufe des formalen Denkens können Menschen Zahlen manipulieren, erkennen, wie diese sich verändern, und mathematische Regeln erfassen. Gibt man ihnen ein Buch über Rechenarten oder Infinitesimalrechnung, dann lesen sie es (eventuell).

An diesen Beispielen wird deutlich, dass das, *was* Sie lernen, *woher* Sie etwas lernen, und ebenso *wie* Sie etwas lernen, von Ihrer Entwicklungsstufe abhängt. Wir können diese Entwicklungsstufen beobachten, wenn Kinder heranwachsen; sie haben eindeutig ein *anderes Bewusstsein* als ein voll entwickelter Erwachsener. Doch dann nehmen wir an, dass die mentale, emotionale und soziale Entwicklung aufhört, nur weil das körperliche Wachstum endet. Das ist nicht der Fall.

Coachs können Unterschiede in der Entwicklung nicht abstreiten, obwohl sie sie oft ignorieren. Wir sind eindeutig nicht alle gleich. („Wir sind alle gleich" ist eigentlich zu übersetzen mit: „Ihr seid alle wie ich".) Was lässt uns annehmen, dass Entwicklung mit dem Erwachsensein endet? Erwachsensein ist ohnehin ein zweifelhaftes Konzept. Wann genau sind wir erwachsen? Wenn wir körperlich ganz entwickelt sind? Das chronologische Alter (Jahre auf diesem Planeten) entspricht nicht genau dem psychischen Alter. Wir alle kennen Menschen, die für ihr Alter sehr „weise" sind, und ebenso Menschen, deren Denken mit zwanzig eingefroren zu sein scheint und die sich nie weiterentwickelt haben.

Stufen der Entwicklung

Mentale und emotionale Entwicklung finden in allen Kulturen das ganze Leben lang statt. Wir entwickeln immer neue Denk- und Fühlweisen. Woran erkennen wir das? Die gleiche Handlung kann von unterschiedlichen Motiven ausgehen, deshalb kann uns das Handeln allein keine Auskunft geben. Unterschiedliche Stufen rufen unterschiedliches Verhalten hervor, aber verwechseln Sie nicht das Verhalten mit der Denkstruktur, die es auslöste.

Wie können wir diese Stufen erkennen? Wir erkennen sie daran, dass jemand anders *spricht*. Die Sprache spiegelt das Denken direkt wider. Die Sprache ist ein Werkzeug, mit dem wir die Welt erschaffen. Sie spiegelt wider und beschreibt, wie wir die Welt erschaffen. Untersuchungen über 30 Jahre hinweg haben gezeigt, dass Erwachsene in ihrem Denken und Fühlen eine Reihe von Entwicklungsstufen durchlaufen. Auf jeder dieser Stufen sehen Menschen die Welt anders und definieren sich selbst, andere Menschen und die Welt anders. Es gibt unzählige Belege für die Entwicklungsstufen bei Erwachsenen, von denen jede ihre eigenen Merkmale hat. Die Tatsache, dass die Stufen hierarchisch sind, aufeinander folgen und auf der jeweils vorherigen aufbauen, unterscheidet das Entwicklungscoaching vom Coaching mit Indikatoren wie Myers-Briggs beispielsweise oder DiSC oder dem Enneagramm. Diese letzten drei sind Beispiele für statische psychometrische Beschreibungen, die dem Coach eine Vorstellung vom derzeitigen Zustand des Klienten vermitteln; Coach und Klient können sie intellektuell verstehen und entsprechend anwenden. Sie sind transparent. Entwicklungsstufen sind anders. Sie rühren von der Art her, wie wir die Welt aus unserer Erfahrung, Kultur und Sprache erschaffen.

Clare Graves[5], der das Modell der Spiraldynamik [*Spiral Dynamics*] entwickelte, das für die persönliche und gesellschaftliche Entwicklung ausgiebig genutzt wird[6], formuliert es so: „Jede folgende Stufe, jede Welle oder Ebene der Existenz ist ein Zustand, den Menschen durchlaufen auf ihrem Weg zu anderen Seinszuständen. Wenn sich jemand fest in einem Existenzzustand befindet (Schwerpunkt), dann hat er oder sie eine Psychologie, die diesem Zustand eigen ist. Die Gefühle, Beweggründe, Moralvorstellungen und Werte, die Biochemie, der Grad der Gehirnaktivierung, die Lernsysteme, Glaubenssysteme, Vorstellungen von seelischer Gesundheit, Vorstellungen darüber, was psychische Erkrankungen sind und wie sie zu behandeln sind, die Auffassung von und Vorlieben für Management, Bildung, Wirtschaft sowie Politik in Theorie und Praxis entsprechen alle diesem Zustand."

Entwicklungsstufen sind Teil des integralen Modells und Ken Wilber[3] hat ausführlich darüber geschrieben. Carol Gilligan[7] hat drei oder vier Stufen sozialer, emotionaler und ethischer Entwicklung für Frauen dargestellt. Das nützlichste und für uns im Coaching am besten erforschte Modell ist das von Robert Kegan ausgearbeitete.[8]

Kegan bestimmt etliche Stufen, die Erwachsene durchlaufen können, sobald sie die Stufe des formalen Denkens erreicht haben. Diese Stufen sind nicht klar und eindeutig, denn Menschen pendeln gewöhnlich zwischen zwei Stufen hin und her und zeigen Merkmale beider. Die Stufen sind wie Schwerpunkte (*centres of gravity*), um William James' Ausdruck zu gebrauchen.[9] Schwerpunkt ist eine gute Metapher, denn dahin kommt man zurück, um wieder in die eigene Mitte zu kommen, wenn man das Gleichgewicht verloren hat. Die meisten Menschen haben einen Schwerpunkt auf zwei Stufen oder dazwischen und können, je nach Stress, Situation und anderen Faktoren, von ihrem Schwerpunkt nach oben oder nach unten treiben. Otto Laske[10], der viel über Entwicklungscoaching geschrieben hat, hat den Zwischenraum zwischen den Stufen weiter unterteilt, damit man leichter erkennt, wo jemand gerade steht, und hat dieses Modell auf das Coaching angewandt.

Jede Stufe ist naturgegeben, und um zur nächsten zu gelangen, muss man die vorherige durchlaufen. Man kann keine Stufe überspringen. An keiner Stufe ist irgendetwas verkehrt; ja, solange man sich auf ihr befindet, erscheint sie als die beste und selbstverständlichste. Keine Stufe ist eine verkehrte oder mindere Version der nächsten, sie ist nur ein *anderer* „Wohnort" zum Leben und eine andere Art, die Welt zu erschaffen. Jedoch baut jede Stufe auf der vorherigen auf und jede ermöglicht eine zunehmend reichere und vielfältigere Welt.

STUFE 2

Die erste Stufe in Kegans Modell ist die Stufe 2 – die des *Individualisten*. Menschen auf dieser Stufe sehen andere Personen als Instrumente zu ihrem eigenen Nutzen. Das Selbst und die anderen sind Gegensätze. Es herrscht eine Mentalität von Gewinnen und Verlieren und natürlich will der Individualist gewinnen. Das Leben ist ein Spiel, das er mit den besten Waffen gewinnen muss. Individualisten haben nur wenig Selbsterkenntnis; alles ist ganz klar, mit ihren Bedürfnissen setzen sie sich über die anderer Personen hinweg, denn sie sind, wer sie sind, und es gilt das Recht des Stärkeren. Ein Individualist wird in einem Unternehmen unbeirrbar seine eigene Karriere verfolgen und sich keine großen Gedanken machen, auf wem er da auf seinem Weg herumtrampelt. Individualisten können sehr charmant sein, aber sie *benutzen* andere Menschen. Sie haben eine einzige Sichtweise: ihre eigene. Ihr Ego hat sie völlig im Griff. Mit anderen Worten, sie sind nicht imstande, aus sich selbst herauszutreten und ihre Grenzen zu sehen.

Untersuchungen weisen darauf hin, dass sich ungefähr zehn Prozent der Erwachsenen auf dieser Stufe befinden. In der Pubertät durchläuft diese Stufe jede und jeder. Deshalb wird Coaching nicht bei Kindern angewandt, denn Coaching setzt eine Beziehung voraus und die Fähigkeit, jemand anderen und seine Sichtweise zu verstehen. Jemand auf Stufe 2 kann das noch nicht. In dieser Phase unterscheiden sich meine Welt und die Welt der anderen und lassen sich nicht unter einen Hut bringen – und meine muss sich durchsetzen.

Erwachsene, die sich auf dieser Stufe befinden, trifft man nicht oft; die meisten wachsen in ihren Jugendjahren über sie hinaus. Individualisten berücksichtigen die Meinungen anderer Menschen schon, aber nur, sofern diese ihr eigenes Wohlbefinden beeinflussen. Sie können sich die Gedanken und Gefühle anderer nicht vorstellen. Deshalb wird ein Teenager vielleicht zu Hause anrufen, weil er glaubt, dass sich seine Eltern Sorgen machen, wenn er es nicht tut; aber er ruft nicht deshalb an, weil er sich in deren Schlaflosigkeit und Sorgen hineinversetzen kann. Individualisten folgen

---

Stufe 2
Individualisten

- Sehen und halten sich getrennt von anderen.
- Ihre größte Sorge ist, die Hilfe und Unterstützung anderer Menschen zu verlieren.
- Lassen sich von ihren eigenen Interessen lenken.
- Nehmen andere Menschen nur insofern wahr, als diese für sie nützlich und hilfreich sind.
- Haben ihre eigene Sichtweise.
- Spielen ein Spiel, in dem jemand gewinnt und jemand verliert (Nullsummenspiel).
- Können sich nicht in die Gefühle anderer Menschen für sie einfühlen; können sich nicht in andere Menschen hineinversetzen.
- Ihr eigenes kleines Ego hat sie fest im Griff.

Kapitel 12

den Regeln der Gemeinschaft, falls diese ihnen „in den Kram" passen und falls sie glauben, dass sie erwischt und bestraft werden, wenn sie das nicht tun.

Stufe 3

Die dritte Stufe ist die soziale Ebene im herkömmlichen Sinne [oder mit den Worten von Otto Laske: konventionell/umweltabhängig; Anm. d. Übers]. Hier können sich die Menschen leicht in die Sichtweise anderer hineinversetzen; das Problem besteht sogar darin, dass sie sich darin verlieren. Sie können nicht eindeutig zwischen ihren eigenen Wünschen und Werten und denen unterscheiden, die sie (von anderen) internalisiert haben. Sie

---

Stufe 3
Gemeinschafts- oder Gesellschaftsmitglieder

- Internalisieren die Sichtweisen anderer Menschen.
- Definieren sich durch soziale Erwartungen.
- Halten sich an gemeinschaftliche Werte.
- Empfinden Verpflichtungen und fühlen sich möglicherweise schuldig, wenn sie diesen nicht nachkommen.
- Ihre größte Sorge ist, die Anerkennung anderer Menschen zu verlieren.
- Werden gelenkt von Gruppeninteressen.
- Ihre Sichtweise setzt sich aus den übernommenen Sichtweisen anderer zusammen.
- Sie spielen ein Spiel, in dem beide Parteien gewinnen (Nicht-Nullsummenspiel).
- Können sich die Erfahrungen anderer Menschen leicht vorstellen und sich in sie hineinversetzen.
- Können viele verschiedene Blickwinkel einnehmen.
- Verlassen sich auf bewährte Methoden.

haben gelernt, ihre Bedürfnisse denen der Gruppe unterzuordnen. Untersuchungen deuten darauf hin, dass sich 55 Prozent der Erwachsenen auf dieser Stufe befinden. Sie haben internalisierte, also übernommene Gruppenwerte und lassen sich von gesellschaftlichen Erwartungen bestimmen. Sie empfinden sich vielen Verpflichtungen „ausgesetzt" und fühlen sich schuldig, wenn sie diese nicht erfüllen. Am Arbeitsplatz verlassen sie sich auf bewährte Methoden. So ist nun einmal ihre Art und diese beruht auf den Werten der Gesellschaft. Sie können aus ihren übernommenen Werten nicht heraustreten, die sie von der Gemeinschaft und der Kultur, in der sie leben, in sich aufgenommen haben. Das ontologische Coaching behauptet, wir lebten die meiste Zeit unter der Autorität anderer.

STUFE 4

Die nächste Stufe könnte man *selbsterschaffend* oder *autonom* nennen [engl.: *self-authoring*] Ein Autor ist ein Schöpfer; Menschen auf dieser Stufe erschaffen sich so, wie sie sein wollen. Sie sind weit vom Individualisten entfernt, weil sie die Sichtweisen anderer verstehen. Menschen auf der vierten Stufe haben sehr viel Selbsterkenntnis und definieren sich nach ihren eigenen Werten. Integrität ist ihr wichtigster Wert; sie müssen „sich selbst treu sein". Sie wertschätzen ihre eigene Erfahrung und sind sich ihrer Werte und Einzigartigkeit wohl bewusst. Ihre Werte sind selbstbestimmt, sie streben nach Authentizität. Sie müssen nach ihren eigenen Werten handeln; ihre größte Angst ist, sich selbst nicht treu zu sein, deshalb widerstehen sie dem Gruppendruck und gehen Risiken ein, zu denen Menschen auf Stufe 3 nicht bereit wären. Sie wollen die Besten sein, die sie sein können. Sie müssen sich von anderen distanzieren und ihren Weg allein gehen. Sie respektieren andere und kommen ihnen und ihren Werten und Zielen nicht in die Quere. Sie identifizieren sich mit ihren eigenen.

Personen auf Stufe 4 können professionell sein. Professionell sind Menschen, die für andere arbeiten können, sich jedoch selbst an einen höheren Verhaltensstandard gebunden fühlen. Sie halten eine Ethik und einen Wertekodex aufrecht, die sie nicht verletzen werden. Sie bringen die Anforderungen ihres Arbeitgebers mit ihren eigenen Werten in Einklang. Professionelle brauchen eine distanzierte Herangehensweise, die nicht ihre eigene Persönlichkeit widerspiegelt. Anwälte oder Ärzte sind professionell. Wir sagen, sie handelten nicht professionell, wenn sie die Regeln zugunsten ihrer Klienten beugen.

Autonome Menschen sind an ihr eigenes Wertesystem gebunden. Dieses können sie nicht reflektieren; es ist für sie einfach wahr. Sie können aus ihrer eigenen Authentizität nicht heraus und sich im Erkennen üben, wie andere sie definieren, deshalb mögen sie starr und rigide wirken. Stufe 3 introjiziert ihre Werte. Stufe 4 entscheidet selbst über sie und lebt danach. Untersuchungen zeigen, dass sich 20 bis 25 Prozent der erwachsenen Bevölkerung auf dieser Stufe befinden (in den USA, wo die meisten Studien dazu durchgeführt wurden).

Stufe 4
Die sich selbst Erschaffenden, Autonomen

– Definieren sich anhand eigener Werte.
– Streben nach Integrität.
– Definieren ihren eigenen Weg und sondern sich von anderen ab.
– Ihre größte Sorge ist, ihre Authentizität zu verlieren.
– Lassen sich von ihren eigenen Werten leiten.
– Haben ihre persönliche Sichtweise und ziehen die Sicht anderer in Betracht. Unterscheiden sehr stark zwischen ihren eigenen Erfahrungen und denen anderer.
– Können professionell sein.
– Respektieren andere und geben nur ungern Ratschläge oder stören sie.
– Definieren die Regeln für ein Spiel, in dem beide gewinnen oder das nicht gespielt wird (Nicht-Nullsummenspiel).
– Können sich die Erfahrung anderer Menschen leicht vorstellen und sich leicht in sie hineinversetzen.
– Kreieren bewährte Methoden, halten sich aber vielleicht nicht daran.

Das folgende Beispiel soll den Unterschied zwischen Reaktionen aus Stufe 3 und Stufe 4 veranschaulichen. Zu den bekannten Prinzipien guter Kommunikation gehört, dass man negatives Feedback in Form von „Ich-Aussagen" gibt: „Ich empfinde das so und so ..." oder: „Ich glaube, das war falsch …", statt es in Du-/Sie-Aussagen zu formulieren. (Etwa: „Sie machen mich …" oder: „Sie haben das falsch gemacht …") „Ich-Aussagen" sagen etwas über mich aus, nicht über mein Gegenüber, deshalb ist die Wahrscheinlichkeit geringer, dass sich die oder der andere angegriffen fühlt und verteidigt. Ich mache mein Gegenüber nicht zur Ursache meiner Gefühle, sondern sage im Grunde: „Ich bin die Ursache, dass ich mich so fühle als Reaktion auf Ihr Handeln …", und hoffe, dass mein Gegenüber betroffen genug ist und anders handelt.

Auf Stufe 3 können die Menschen die Dinge für sich nicht in Ordnung bringen, wenn ihnen Unrecht geschieht und sie eine „Ich-Aussage" machen. Die Person und ihre Beziehungsstruktur sind „beschädigt" und müssen wieder „eingerenkt" werden. Das Gegenüber muss sein Verhalten ändern, dann ist der Bruch, der Riss geheilt. Schon die „Ich-Aussage" ist eine Aufforderung, dass es etwas zu kitten gilt, und die Erwartung, dass sich das *Gegenüber* infolgedessen ändert.

Jemand auf Stufe 3, der „Ich-Aussagen" als Feedback bekommt, fühlt sich dennoch verpflichtet, das, was schief gelaufen ist, in Ordnung zu bringen, um die Beziehung aufrechtzuerhalten. Er fühlt sich in der Defensive. Er konstruiert sich die Erfahrung, angegriffen worden zu sein, was ihm gar nicht gefällt. Er wird sich immer noch für die Gefühle seines Gegenübers verantwortlich fühlen. Er empfindet immer noch eine Forderung, als hätte sein Gegenüber eine „Sie-/Du-Aussage" gemacht. Wenn also jemand „Ich-Aussagen" als Feedback formuliert, wird sich der Adressat auf Stufe 3 nicht fühlen, wie beabsichtigt, und so reagieren, wie wohlgesetzt die Worte auch sind. „Gute Kommunikationsfertigkeiten" (zu denen „Ich-Aussagen" gehören) stellen eine Forderung – nicht nur an den „Sender", sondern auch an den „Empfänger". Sie fordern ihn auf, auf Stufe 4 zu sein. Wie wir etwas hören, das hängt mit unserer Entwicklungsstufe zusammen, unabhängig davon, wie der Sprecher es sagen wollte.

Nehmen wir einmal an, das Feedback mit der „Ich"-Aussage gibt jemand aus Stufe 4 heraus. Die Person spürt, dass etwas *aus ihrer Sicht* fehlgeschlagen ist in Bezug darauf, wie die Beziehung oder die Situation sein sollten. Sie empfindet das von ihrer eigenen Sicht und ihrem eigenen Wertesystem her. Wie viel die Beziehung der Person auch bedeutet, sie selbst existiert auch noch außerhalb der Beziehung und ist sich wichtig. Sie bewertet die Reaktion auf ihr Feedback, doch sie verlangt von ihrem Gegenüber nicht, dass er die Sache in Ordnung bringt.

Jemand auf der vierten Stufe als Empfänger kann ein Feedback mit „Ich"-Aussage anhören als das, was es ist (nämlich eine Aussage über den Sprecher oder die Sprecherin), und übernimmt nicht die Verantwortung für etwas, wofür der Sprecher zuständig ist. Er entscheidet sich, sich zu verändern – oder auch nicht –, auf der Grundlage seiner eigenen Werte.

STUFE 5

Die letzte Stufe, die Kegan unterscheidet, ist die des *Sich-selbst-Erkennens* oder des *Selbst-Gewahrseins*. In dieser Phase haben die Menschen ihre Identifikation mit ihrem höchstpersönlichen Werterahmen überwunden. Sie haben ein sehr hohes Maß an Selbsterkenntnis und ein ganz geringes Kontrollbedürfnis. Sie erkennen, dass sie selbst von anderen definiert wurden, so wie sie selbst diese definiert haben, und erkennen ihr eigenes Ego als Filter, durch den sie das Leben betrachtet haben. Auf Stufe 5 können sich Menschen dem Fluss des Lebens hingeben. Sie sind sich der Beschränkungen ihrer eigenen Geschichte, Kultur und ihres eigenen Bezugsrahmens bewusst. Sie fördern andere, manchmal auf Kosten ihrer selbst. Ihr Augenmerk richtet sich eher auf die ganze Menschheit als auf sie persönlich. Sie sind wie Menschen auf Stufe 3, weil sie in Gemeinschaft mit anderen sind, unterscheiden sich aber insofern, als sie von den Werten, Meinungen und Erwartungen anderer nicht abhängig und ihnen nicht unterworfen sind.

Untersuchungen legen nahe, dass sich ungefähr zehn Prozent der erwachsenen Bevölkerung auf der fünften Stufe befinden. Menschen in diesem Entwicklungsabschnitt sind nicht mehr ihrem eigenen Wertesystem unterworfen; sie dekonstruieren ihre eigenen Werte und ziehen Nutzen aus anderen; sie zeigen Bescheidenheit angesichts der erstaunlich komplexen Welt (sie selbst inbegriffen) und nehmen vielfältige Sichtweisen und ein Bewusstsein für die Zusammenhänge als gegeben hin.

Diese Stufen zu durchlaufen erfordert Zeit. Es hat schon seinen Grund, dass Menschen auf den Stufen 4 und 5 eher in ihren Vierzigern sind, denn es nimmt in der Regel einige Jahre in Anspruch, eine Stufe durchzumachen. Das Alter ist *ein* Indikator möglicher Entwicklung, jedoch keine Garantie dafür. Es ist keineswegs sicher, dass Sie, indem Sie älter werden, automatisch alle Stufen durchlaufen. Jemand kann auch auf Stufe 2 alt werden. Zwar lehnt sich die Verteilung der Stufen an das chronologische Alter an, doch sie entspricht ihr nicht genau.

> **Stufe 5
> Die sich selbst Erkennenden**
>
> – Sind sich ihrer persönlichen Geschichte und ihrer Werte sowie deren Wirkung bewusst.
> – Definieren sich über Beziehungen mit anderen und mit sich selbst.
> – Ihre Werte sind fließend.
> – Gehen Wagnisse ein, indem sie sich für Beziehungen öffnen.
> – Haben kein Kontrollbedürfnis.
> – Sind keinem besonderen Aspekt ihrer selbst verhaftet; geben sich dem Fluss des Lebens hin.
> – Nehmen vielfältige Blickwinkel zu vielfältigen Sichtweisen ein.
> – Spielen ein unendliches Spiel, dessen Sinn darin besteht, weiterzuspielen.

Mit dem Sozialisierungsprozess drängt die Gesellschaft Jugendliche, sich von Stufe 2 zu Stufe 3 weiterzuentwickeln. Die Gesellschaft will ihre Bürger auf der dritten Stufe wissen. Und es gehört zur Elternpflicht (so wird es gewöhnlich nicht formuliert), die eigenen Kinder von der zweiten auf die dritte Stufe zu „befördern". Auch Schulen tragen dazu bei. Moralpädagogen wollen den Menschen ebenfalls von der zweiten auf die dritte Stufe weiterhelfen, denn Stufe-2-Individualisten passen nicht gut in die Gemeinschaft oder Gesellschaft.

Sobald man jedoch die dritte Stufe erreicht hat und etabliert ist, gibt es keine gesellschaftlichen Mechanismen mehr, Menschen „voranzubringen". Jetzt sind Sie auf sich gestellt. Deshalb bleiben die meisten Menschen auf der dritten Stufe. Wir legen später dar, dass Coaching einen gesellschaftlichen Mechanismus dafür entwickelt hat, Menschen von der dritten auf die vierte Stufe zu helfen und vielleicht sogar darüber hinaus.

Entwicklung über die Konventionen hinaus

Viele Schriftsteller und spirituell Suchende haben weitere Stufen durchlaufen und über weitere Stufen nachgedacht, die als postkonventionelle oder postautonome bezeichnet werden. Stufe 5 wird gewöhnlich als erste postkonventionelle Stufe definiert.

Sozial-emotionale Entwicklung bedeutet, die Egozentrik lässt nach; auf allen Stufen geht das Selbst nach und nach verloren und die Welt nimmt immer mehr Raum ein. Was Sie einst fest im Griff hatte, wird zu einem Objekt, zu etwas, worüber Sie reflektieren können. Der herausragende Aspekt der postkonventionellen Entwicklung ist die wachsende Fähigkeit des Menschen, den Prozess der Sinngebung selbst als Begrenzung zu erkennen. Von Stufe 5 an erkennt der Mensch das Selbst immer deutlicher als Einschränkung und als eine Engstelle der Erfahrung; er ist des Paradoxons sehr wohl gewahr, dass ein Selbst sich von einem Selbst befreien will. (Sollten Sie Ihrer eigenen Intoleranz gegenüber intolerant sein? Wie können Sie über ein Verlangen hinausgehen, wenn Sie aufhören wollen zu wollen?) Sie können sich selbst nicht verlieren, wenn Sie kein Selbst haben, das Sie verlieren können. Auch erkennt man immer klarer, wie die Sprache Wirklichkeit prägt und Unterscheidungen trifft, die gar nicht existieren, die aber für das soziale Zusammenleben und die Kommunikation notwendig sind. Das ist die Welt der spirituellen Forscher und unsere Suche führt uns noch nicht in dieses wunderbare Land. Die wichtigsten Forscher auf diesem Gebiet sind Susanne Cook-Greuter[11], William Torbert[12], Herb Koplowitz[13], Ken Wilber und Jane Loevinger[14].

Konsequenzen für das Coaching

Wie wirken sich diese Entwicklungsstufen auf das Coaching aus? Die Konsequenzen sind enorm; untersucht hat das vor allem Otto Laske.[10]

DIE EIGENE ENTWICKLUNG DES COACHS

Auf den verschiedenen Stufen sieht Coaching unterschiedlich aus, es fühlt sich jeweils verschieden an und wird auch so wahrgenommen. Coachs machen sich von ihren Klienten ein Modell: wie es wohl ist, diese Person zu sein. Sie haben auch ein Modell der Welt – wie die Welt ist und (daher) wie ihr Klient in die Welt passt. Coachs fragen sich: „Was kann mein Klient tun?" und „Was *sollte* mein Klient tun?" Die Entwicklungsstufe des Coachs schränkt die Antworten ein, die er geben kann. Anders ausgedrückt: Die

Stufe, die ein Coach erreicht hat, bestimmt, wie weit er einem bestimmten Klienten helfen kann. Dieser Punkt ist äußerst wichtig.

Jede und jeder ist an seine eigene Entwicklungsstufe gebunden. Zu den Schlüsselelementen des Coachings gehört, die Klienten darin zu unterstützen, sich aus dieser Identifikation zu lösen und die Muster, in denen sie bislang gefangen waren, zu reflektieren, statt sie auszuleben. Coachs können Klienten auf nichts hinweisen, wenn sie nicht selbst darüber reflektieren können. Sie können Klienten von nichts befreien, worin sie selbst gefangen sind. Deshalb ist es sehr unwahrscheinlich, dass ein Coach Klienten dabei unterstützen können, eine Stufe über seiner eigenen zu erreichen. Aus ontologischer Sicht könnten wir sagen, dass Klienten ihre eigene Wesensart nicht erkennen können. Es ist Aufgabe des Coachs, sie ihnen verständlich zu machen, doch das kann nur ein Coach, der dieses Stadium selbst erlebt und sich davon wieder gelöst hat. Bis Coachs um Entwicklungsstufen wissen, wenden sie ihre Methoden ohne dieses Wissen an – sie sind dann an ihre Coachingmethodik gebunden. Daraus ergibt sich für Coachs die ethische Verpflichtung, ihre eigene Entwicklungsstufe zu kennen. Das ist ein entscheidender Teil ihrer Selbstorganisation und ihrer persönlichen Entwicklung.

Es gibt unausgesprochene Anforderungen an Coachs, die ans Tageslicht kommen müssen. Menschen auf Stufe 2 können keine Coachs sein; ja, sie fühlen sich mit nur sehr geringer Wahrscheinlichkeit zu solch einem Beruf hingezogen (außer sie glauben, sie könnten damit eine Menge Geld verdienen). Sie würden ihre Klienten dann als Mittel für ihre eigenen Zwecke sehen und keine echte Beziehung mit ihnen eingehen können.

Coachs auf Stufe 3 können gut coachen, wenn ihre Klienten sich auf derselben Stufe befinden. Sie können sie fördern, ihr Verhalten zu ändern, und ihnen etwas beibringen; dabei erzielen sie gute Ergebnisse. Unwahrscheinlich ist allerdings, dass es dabei zu einer Weiterentwicklung kommt. Coachs auf Stufe 3 können Klienten auf Stufe 4 nicht erfolgreich coachen. Sie mögen einige Verhaltensänderungen bewirken, können aber sehr wohl das Gefühl haben, dass sie ihre Klienten nicht verstehen oder dass ihre Klienten in gewisser Weise „Eigenbrötler" sind. Dadurch können sie die Entwicklung der Klienten durch Stufe 4 hindurch verzögern. Coachs auf Stufe 3 arbeiten nach bewährten Methoden, doch sie werden „kein Land mehr sehen", um es mit Robert Kegans Worten zu sagen, wenn sie versuchen, irgendjemanden auf einer höheren Stufe zu coachen.

Der dänische Philosoph Søren Kierkegaard, der auch das ontologische Coaching inspirierte, schrieb vor über 150 Jahren: „Um jemand anderem wirklich zu helfen, muss ich verstehen, was er versteht. Wenn ich das nicht kann, dann wird auch mein größeres Verständnis ihm nicht nützen … die Unterweisung beginnt, wenn man sich in die Position des anderen versetzt, sodass man verstehen kann, was er versteht, und zwar so, wie er es versteht."[15] Man kann sich nicht in die Situation eines anderen versetzen, wenn man nicht weiß, wo er ist. Man kann nicht in die Schuhe eines anderen schlüpfen, wenn dieser keine Schuhe trägt.

Coachs auf Stufe 4 werden Klienten auf Stufe 3 sehr gut coachen können, vorausgesetzt, sie ziehen sie nicht zu weit von deren Schwerpunkt weg. Sie sind professionell, kennen ihren eigenen Standpunkt und wissen, inwiefern er sich von dem ihrer Klienten unterscheidet. Sie können die Konventionen und Erwartungen ihrer Klienten vollkommen und angemessen aus der Distanz betrachten. Sie werden sich nicht einmischen, sondern ihre Klienten bei den gewünschten Veränderungen unterstützen. Ebenso können Coachs auf Stufe 4 Klienten auf Stufe 4 helfen, zu einem *Entwicklungsschritt* jedoch vielleicht nicht.

Viele Führungskräfte in sehr hohen Positionen befinden sich auf Stufe 4 oder sind kurz davor; das ist schon fast Voraussetzung, um mit Menschen auf dieser Ebene umzugehen und den notwendigen Weitblick zu haben. Es ist höchst unwahrscheinlich, dass ein Coach *unter* dem Niveau von Stufe 4 eine Spitzenkraft nennenswert unterstützen kann – von ein paar Verhaltensänderungen abgesehen. Die „Präsenz" des Coachs in der Beziehung mit der Führungskraft muss aus Stufe 4 kommen. Wenn das Coaching von Führungskräften nicht funktioniert, dann liegt das unserer Vermutung nach daran, dass sich Coach und Klient auf unterschiedlichen Entwicklungsstufen befinden. Ein Coach auf Stufe 5 wird Klienten auf Stufe 3 und 4 coachen können, doch es besteht die Gefahr, dass er sie zu weit von ihrem Schwerpunkt wegzieht. Für Personen auf Stufe 5 ist es eher schwierig, als Coachs tätig zu sein. Bis zu welchem Grad können sie kompetent bleiben, sich von ihren Klienten distanzieren und sich nicht einmischen, während sie gleichzeitig ihren Klienten erkennbar gleich sind? Das ist nicht leicht und der Coach auf Stufe 5 wird sich in einem Konflikt befinden. Viele geben dann Coaching als Methodik auf.

Warum sind Entwicklungsschritte überhaupt so wichtig? Weil sie zu einer anderen und umfassenderen Sicht der Welt führen. Auf höheren

Entwicklungsebenen gestalten und verstehen Menschen ihre Welt anders; sie können systematischer denken, unterscheiden differenzierter und sehen die Welt als einen größeren Ort, weil sie mit Teilen ihres eigenen Egos weniger identifiziert sind. Sie werden eher wie eine Führungspersönlichkeit. Entwicklungscoaching ist das geeignete Coaching, um Führungsqualitäten zu entwickeln.

Die Stufe der sozialen Entwicklung bestimmt die Denkweise der Menschen und damit ihre Entscheidungsfähigkeit und ihre Fähigkeit, verschiedene Blickwinkel einzunehmen. Beides sind wesentliche Kennzeichen in der Coachingbeziehung. Die Stufe des Coachs im Vergleich zu der des Klienten könnte zu den wichtigsten Vorhersagen für den Coachingerfolg gehören.

STANDARDS UND ETHIK DES COACHENS

Die Entwicklungsstufe des Coachs spielt auch eine Rolle *dabei*, wie er die Berufsstandards und die Ethik des Coachings versteht und interpretiert. Aktives Zuhören, Respekt dem Klienten gegenüber und Berufsstandards haben auf den unterschiedlichen Ebenen eine etwas unterschiedliche Bedeutung, wenngleich das stillschweigend verstanden und nicht spezifiziert wird. Viele Coachingfertigkeiten und -sichtweisen setzen einen Coach auf Stufe 4 voraus.

SELBSTKONKORDANZ

Die Theorie der Selbstkonkordanz[16], die wir in Teil II, Kapitel 7 näher betrachtet haben, unterscheidet zwischen extrinsischen Werten, die man als außerhalb seiner selbst erlebt, und introjizierten Werten, die man in sich aufgenommen hat und als eigene erlebt. Beide wiederum unterscheiden sich von intrinsischen Werten, die die ureigenen sind. Extrinsische Werte und eine solche Motivation können auf allen Stufen funktionieren; introjizierte Werte jedoch sind charakteristisch für Stufe 3. Viele Klienten kommen zum Coaching, weil sie von vielen „Ich sollte ..." und Verpflichtungen gedrängt werden und sich vielleicht schuldig fühlen, weil sie die Erwartungen anderer nicht erfüllen. Das kann der Beginn ihres Weges hin zu Stufe 4 sein, doch nur, wenn Coachs verstehen, was in der Entwicklung gerade stattfindet; und das wiederum bedeutet, dass sie die introjizierten Werte anderer hinter sich gelassen haben.

Manchmal fühlen sich Klienten zwischen zwei Verpflichtungen in der Zwickmühle – die Grundlage vieler schwieriger Entscheidungen. Sie befinden sich in einer Doppelbindung. Was immer sie dann tun – es ist verkehrt! Der einzige Ausweg aus einer Doppelbindung besteht darin, sich auf eine andere Ebene zu begeben, wodurch die Doppelbindung zu etwas wird, worüber man reflektieren kann. In diesem Fall kann Stufe 4 entscheiden, was sie wirklich und authentisch wollen; dann mögen sie zwar traurig sein, weil sie etwas verloren haben, aber sie fühlen sich nicht schuldig. Sie stehen zwischen Werten und treffen eine Entscheidung. Das kann ihr „Ich sollte …" in ein „Ich möchte …" verwandeln.

Coachs auf Stufe 4 können ihre Klienten darin unterstützen, einige stimmige innere Werte zu entwickeln, die wirklich der Persönlichkeit des Klienten entspringen. Coachs auf Stufe 3 können das nicht.

WAS COACHING LEISTEN KANN

Coaching hilft Menschen, sich auf der horizontalen und vertikalen Ebene zu verändern. Hauptsächlich unterstützt es sie dabei, ihr Denken, ihr Lernen und ihre Lernfähigkeit zu entwickeln. Und es kann ihre Entwicklung fördern.

Coaching ist ein gesellschaftlicher Mechanismus, der entstand, um Menschen von der dritten auf die vierte Stufe zu begleiten (und vielleicht von Stufe 4 auf Stufe 5, falls der Coach der richtige ist). Das stimmt mit den Grundannahmen aus den Anfängen der Coachingbewegung überein, nämlich der optimistischen Sicht der menschlichen Natur und der natürlichen Bewegung hin zur Selbstverwirklichung. (Diese Entwicklungsebenen sind in vielerlei Hinsicht Schritte auf dem Weg zu dem, was Maslow die „Selbstaktualisierung" oder „Selbstverwirklichung" nannte.) Entwicklungscoaching nimmt Selbstverwirklichung ernst. Coachs setzen voraus, dass ihren Klienten vieles möglich ist. Dabei geht es nicht darum, die Klienten zu *drängen*, etwas zu erreichen, sondern darum, die Blockaden auszuräumen, die sie daran hindern, alles ihnen Mögliche zu erreichen und sich optimal zu entwickeln. Sie kennen Ihre Grenzen nicht, deshalb errichten Sie Grenzen. Und alles Errichtete lässt sich auch wieder abbauen.

KAPITEL 13

Postmodernes Coaching

Coaching hat sich aus der humanistischen Psychologie entwickelt, die eine Reaktion auf die modernistische Weltsicht war. Der Modernismus geht von bestimmten Annahmen aus, die wir im Folgenden kurz betrachten.

Modernisten sind sozusagen archetypische Wissenschaftler, die mithilfe von Logik und Experimenten klar definierte Probleme lösen; sie wenden die formale Logik auf *alles* an. Sie glauben an ein stabiles, rationales Selbst in unserem Inneren, das sich selbst durch Innenschau und die Welt mithilfe der Vernunft erkennen kann. Für einen Modernisten ist alles logisch analysierbar. Aus dieser Sicht wartet die äußere Realität darauf, entdeckt zu werden, wie ein unerforschter Kontinent. Die Realität ist demnach eine objektive Welt, die man kennen kann, und die Wahrheit existiert unabhängig vom Betrachter. Wissenschaft ist neutral und objektiv und kann uns universelle Wahrheiten liefern und diese Wahrheiten führen zum Fortschritt. Sprache ist rational und transparent; mit anderen Worten, es besteht eine eindeutige Verbindung zwischen einem Wort und dem Gegenstand, den es bezeichnet. Der reine Behaviorismus war die Psychologie des Modernismus.

Der Modernismus war unglaublich erfolgreich, musste sich jedoch geschlagen geben, als er mit der Quantenphysik konfrontiert wurde, mit interkulturellen Untersuchungen und der vergleichenden Sprachwissenschaft. In der Mathematik wurde er von Kurt Gödels Unvollständigkeitssatz entthront; dieser besagt im Wesentlichen, dass man ein geschlossenes System niemals erklären kann, ohne etwas von außen einzuführen, was sich durch dieses System selbst nicht beweisen lässt. Die Realität ist kein geschlossenes System und sie ist unsicherer, als wir wissen oder vielleicht wissen können. Wörter haben keine eindeutige und festgeschriebene Bedeutung. Zehn Personen, die die gleiche Situation verfolgen, werden zehn verschiedene Ansichten äußern. Man kann nicht alles kennen und wissen, indem man es nur von außen betrachtet. Der Modernismus ist als umfassende Weltsicht im Grund genommen überholt.

> ## Annahmen des Modernismus
> - Probleme lassen sich eindeutig definieren.
> - Das Selbst ist stabil und rational und kann sich durch Innenschau erkennen.
> - Die Realität existiert außerhalb unserer selbst, sie ist objektiv, erkennbar und vom Beobachter unabhängig.
> - Wörter und Sprache bezeichnen eindeutige Gegenstände und Konzepte oder Vorstellungen.
> - Die Welt wird ausschließlich aus dem rechten oberen Quadranten des integralen Modells heraus definiert.

Coaching basiert auf konstruktivistischen Ansätzen, wie wir in Teil II gesehen haben. Die humanistische Psychologie und das Coaching würdigen den menschlichen, künstlerischen Aspekt der Welt. Die humanistische Psychologie betrachtet die Menschen von innen, ihre Gedanken, Ziele, Werte und ihre Wesensart. Allerdings können wir nicht behaupten, man könne *alles* von innen erkennen. Das würde bedeuten, die Welt existiere nur im oberen linken Quadranten des integralen Modells; das wäre dann nur die Umkehrung des Modernismus und gleichermaßen falsch.

Der Postmodernismus geht über den Modernismus hinaus und nimmt einen anderen Blickwinkel ein – den der Beziehung. Unsere Persönlichkeit, unsere Art zu handeln und unser ganzes Wissen entstehen aus unseren Beziehungen, unseren intersubjektiven Netzwerken und besonders aus unserem Eintauchen in die Sprache. Der Postmodernismus betrachtet die Welt überwiegend aus dem linken unteren Quadranten des integralen Modells. Wir sind Teil eines Beziehungsnetzes, aus dem wir nicht herauskönnen, auch wenn es sich so anfühlt, als seien wir getrennt. Über unsere Beziehungen nehmen wir unsere Kultur und Sprache sowie unser Denken und Wissen auf. Wir stehen nicht alleine da. Es mag den Anschein haben, als hätten wir ein vollständiges, ganzes und getrenntes Bewusstsein, das nur uns gehört, doch das ist eine Illusion. Allein durch Innenschau können wir uns nicht erkennen, denn die Bande, die uns an unsere Gemeinschaft binden, sind unsichtbar, wenn wir nach innen blicken. Die Innenschau allein sieht keine Geschichte, sie sieht nur die Gegenwart.

Unsere Körper scheinen vom Rest der Welt getrennt zu sein – und doch werden sie alle paar Jahre durch andere Moleküle vollständig ausgetauscht. Materie fließt die ganze Zeit durch unsere Körper. Auch in *Ihrem* Körper befindet sich *gegenwärtig* kein einziges Molekül, das vor fünf Jahren auch schon da war. Unser fester Körper wird von einem *Muster* gestaltet. Unser Selbst ist ebenfalls ein Muster, das konstant erscheint, sich jedoch ständig erneuert, wie ein Fluss. Der Fluss bleibt derselbe, er scheint ein „Ding" zu sein, doch er fließt ständig. Unser Denken und Wissen gründen in der Sprache. Ohne Sprache können wir keine Beziehung mit dem Rest der Menschheit eingehen. Die Sprache ist mehr als eine *Beschreibung* dessen, was da ist; mit ihr *deuten* wir auch, was wir sehen, und diese Deutung teilen wir mit unseren Mitmenschen. Wir sind Gefangene unserer Sprache; sie gibt uns zwar viel Raum, doch wenn wir uns weit genug hinauswagen, stoßen wir an Wände.

Der Konstruktivismus machte die scheinbar objektive Welt zunichte, die „dort draußen" sein sollte, indem er zeigte, dass wir nicht passiv irgendeine gegebene Realität in uns aufnehmen, sondern die Welt *erschaffen*, die wir erleben. Dann zerstörte der Postmodernismus auch die objektive Welt in unserem Inneren, indem er zeigte, dass sie in Wirklichkeit ein Netz aus Sprache, Kultur und sozialen Beziehungen ist. Wir *haben* keine Beziehungen; in gewisser Weise *sind* wir Beziehungen. Um uns selbst zu verstehen, brauchen wir die Geschichte und die Innenschau. Das bedeutet allerdings nicht, dass jeder Standpunkt so gut ist wie der andere (ohnehin eine paradoxe Behauptung, denn das würde bedeuten, dass diese extrem relativistische Sicht besser sei als jede andere).

Coaching braucht eine postmoderne Sichtweise. Das Problem des Klienten existiert nicht nur in seinem Kopf, während der Coach versucht, die Knoten zu lösen. Coachs brauchen Wege, ihre Klienten erkennen zu lassen, dass sie die Probleme nicht alleine kreiert haben und nicht allein lösen können. Ihre Situation und ihre Erfahrungen basieren darauf, dass sie in einer Gemeinschaft von Menschen aufwuchsen und in ein intersubjektives Netzwerk integriert sind. Die Sprache spielt eine wesentliche Rolle dabei, wie wir Probleme erschaffen, wenn wir unsere Wörter mit einer angemessenen Darstellung unserer Ideen verwechseln und deshalb mit einer angemessenen Darstellung der Welt. Sprachen sind gesellschaftliche Konstrukte. Viele Coachingformen (besonders ontologisches und NLP-Coaching) helfen Klienten, die Sprache zu entwirren, als eine Möglichkeit, ihre Probleme zu entwirren. Die Art und Weise, wie wir über ein Problem *denken*, kann an sich schon Teil des Problems sein.

Was kann Coaching vom Postmodernismus lernen? Der Postmodernismus fußt auf vier Hauptideen:

1. Die Welt ist nicht vorgegeben, sondern entsteht durch unsere Wahrnehmung, Erfahrung und Sprache, und die Welt in unserem Inneren entsteht durch unsere Beziehungen. Das bedeutet, dass Wissen nicht universal ist, sondern situationsbezogen und vorläufig.
2. Die *Bedeutung* jeder Handlung hängt von dem Zusammenhang ab, in dem sie ausgeführt wird.
3. Es gibt immer viele Sichtweisen, aus denen man wählen kann, deshalb ist Ihre Wahl entscheidend. Wenn wir eine bestimmte Sichtweise *bevorzugen*, dann zeigt das Wirkung. Die gewählte Perspektive bedeutet in diesem Sinne (Definitions-) Macht.
4. Unser Bewusstsein hat sich aus sozialen Netzwerken entwickelt, die wir nicht sehen können, wenn wir nach innen blicken.

Was bedeutet das oben Gesagte für das Coachen? Coaching hilft den Menschen, ihrem Leben einen Sinn zu geben, denn die modernistischen Sicherheiten wie die Wissenschaft und religiöser Glaube sind ausgehöhlt. Coachs unterstützen ihre Klienten dabei, die Welt positiver, förderlicher und stärkender zu gestalten. Sie können ihnen behilflich sein, von Stufe 3, der Abhängigkeit von anderen, auf Stufe 4 weiterzugehen, auf der man die eigene Autorität und autonom ist; hier entscheiden die Klienten, viele der „Seile" und Bande zu durchtrennen, die sie jahrelang wie an Sandsäcke gebunden hielten. Diese Seile bestehen zum Teil aus den Erwartungen anderer. Als autonome Menschen haben sie den ersten Schritt unternommen, sich selbst aus den Begrenzungen einer bestimmten Sprache und einer bestimmten Gesellschaft zu befreien.

Der Postmodernismus lässt uns auch die Bedeutung der Coachingbeziehung erkennen. Diese gestalten Coach und Klient und sie definiert beide. In ihr findet die Arbeit statt. Coachs müssen sich über ihre eigenen Werte und ihren Stand im Klaren sein, ohne diese den Klienten aufzudrücken. Das heißt, Coachs müssen auf Stufe 4 oder ihr nahe sein. Das heißt auch, dass die Klienten nicht alle Antworten oder Ressourcen haben, die sie brauchen, aber diese Antworten und Ressourcen entwickeln sie aus ihrer Beziehung mit dem Coach und mit anderen.

Das Geschlecht beim Coaching

Im postmodernen Denken geht es um Beziehungen. Welche Unterscheidungen müssen wir treffen in Bezug auf die Beziehung zwischen Coach und Klient? Eine offensichtliche ist die geschlechtsspezifische. Viele Untersuchungen belegen, dass Männer und Frauen in ihrem Denken unterschiedliche Schwerpunkte haben. Die Evolutionsbiologie hat unter anderem erkannt, *wie* Männer und Frauen unterschiedlich denken, andere Dinge wahrnehmen und unterschiedliche Prioritäten setzen.

Im Allgemeinen sind Männer eher analytisch, kümmern sich mehr um Zuständigkeit, Rechte und Verpflichtungen. Frauen wertschätzen Beziehungen; die beiden Geschlechter erkennen auf unterschiedliche Art und Weise und verleihen den Dingen anders Sinn. Es gibt keine offensichtliche Trennung; in jeder Kultur gibt es Extreme – beispielsweise den „Macho"-Mann in lateinamerikanischen Ländern.

Sollten Sie sich einen Coach Ihres eigenen Geschlechts suchen, um optimal vom Coaching zu profitieren? Diese Frage müssen alle Klienten für sich selbst beantworten. Weltweit gibt es etwas mehr Frauen im Coachingberuf. Niemand hat bisher behauptet (auch wir kennen keine solche Aussage), dass Männer Frauen nicht gut coachen könnten oder umgekehrt.

Coachs müssen die geschlechtsspezifische Art, mit Problemen umzugehen, berücksichtigen und um sie wissen, dann können sie sie in ihrer Arbeit mit Klienten so weit wie möglich beiseitelassen. Das Thema Geschlecht ist im Coaching ein weiterer interessanter „Abstecher", der noch weitgehend unerforscht ist, und wir können ihm nicht gerecht werden, ohne ein weiteres Buch zu schreiben. Wir hoffen, dass wir in diesem Buch, das ein Mann und eine Frau geschrieben haben, die Tücken des *Gender Bias*, also des geschlechtsbedingten Verzerrungseffekts, erfolgreich vermieden haben.

Interkulturelles Coaching

Wie Coaching über die einzelnen *Kulturen* hinweg funktioniert, das ist ebenso wenig gründlich untersucht.

Der Postmodernismus erzählt uns, wir seien Gefangene unserer Kultur und unserer eigenen Sprache, doch wir sähen die Hindernisse nicht. Wir werden in eine Kultur hineingeboren und wachsen in ihr auf – ein unsichtbares intersubjektives Netzwerk, das wir übernehmen. Wir halten es für die beste oder sogar die einzige Art, mit der Welt umzugehen, statt für *eine* Art und Weise von vielen. Wir sind unserer kulturellen Konditionierung unterworfen; unsere Kultur begrenzt unser Denken. Andere Kulturen treffen andere Unterscheidungen, besonders durch die Sprache. Man kann die eigene Kultur nicht kennen, bevor man nicht eine andere kennt, wie man so schön sagt. Das heißt, dass Sie Ihre eigene Kultur nur dann objektiv betrachten können, wenn Sie sie einer anderen gegenüberstellen. Damit der Kontrast zutage tritt, müssen Sie beide klar sehen; und das wiederum heißt, Sie müssen Ihre kulturelle Voreingenommenheit außen vor lassen und andere Kulturen in ihrer Eigenart wertschätzen.

Wir, die Autoren, wissen das beide, denn wir haben beide in anderen Kulturen gelebt: Andrea Lages lebte zwei Jahre in Argentinien. Joseph O'Connor verbrachte den größten Teil seines Lebens in England und sein Umzug nach Brasilien war eine enorme kulturelle Veränderung. Anfangs wusste er nicht so recht, wie er sich verhalten sollte, und bisweilen fassten die Brasilianer seine englische Reserviertheit als Unhöflichkeit auf. Erst nach ungefähr zwei Jahren konnte er erkennen, wodurch die englische Kultur sich unterscheidet und wie seltsam sie Brasilianern erscheint.

Hier ist unser Vorschlag: Viele Coachingmodelle sind von ihrer Kultur bestimmt. Sie funktionieren vielleicht gut in der einen Kultur, lassen sich aber nicht so leicht auf eine andere übertragen. Das ist kein Problem für Coachs, solange sie innerhalb ihrer eigenen Kultur coachen, doch bei weltweit tätigen Unternehmen, die sich mit internationalen Programmen an Coachs wenden, überschreiten immer mehr Coachs geografische und damit kulturelle Grenzen. Während wir dieses Buch schreiben, gibt es unseres Wissens nur *ein* Buch über interkulturelles Coaching[1], doch es wird zweifellos mehr davon geben. Eine Kultur zeigt sich im Verhalten, doch den Verhaltensweisen liegen eine Reihe von Werten und Vorstellungen zugrunde (wie ein unterirdischer Strom), die in bestimmten Handlungen wie heiße Quellen emporsprudeln. Das hat viele Konsequenzen für das Coachen; im Folgenden beschreiben wir die wichtigsten.

In einer Kultur gibt es allgemeine Erwartungen, deshalb wird die Kultur Teil der Forderungen und Verpflichtungen auf Entwicklungsstufe 3. Das heißt, Coachs auf Stufe 3 können nicht erfolgreich kulturübergreifend coachen. Kulturen unterscheiden sich in vielerlei Hinsicht – wie die

Menschen Beziehungen gestalten, wie sie über Macht und Verantwortung denken und wie sie die Beziehung zwischen Einzelnen und Gruppen sehen. Sie unterscheiden sich auch darin, wie die Menschen mit Emotionen, mit der Privatsphäre, ihrer Zeiteinteilung und ihrem Status umgehen. Es gibt einige hervorragende Bücher über kulturelle Unterschiede, die Coachs interessieren dürften, wenn sie vorhaben, Klienten aus einer anderen Kultur zu coachen.[2]

SPRACHE

Die Sprache ist Teil einer Kultur – selbst Länder, die dieselbe Sprache sprechen, sprechen sie anders. Die Einwohner Englands, Irlands, Schottlands und der USA sprechen alle Formen des Englischen, doch ihre Kulturen unterscheiden sich stark. Das Portugiesisch Brasiliens unterscheidet sich sehr von dem in Portugal gesprochenen. Eine Sprache zu sprechen ist eine Art, die Welt zu sehen: andere Sprache – andere Welt.

Hier einige wichtige Beispiele für Coachs. Uns fasziniert, dass das Portugiesische zwei Verben hat für das englische Verb *to be* [und das deutsche „sein"; Anm. d. Übers.): *Ser* bedeutet „sein" in einem dauerhaften Sinn: „Ich bin ein Mensch. Ich bin Schriftsteller. Wir leben hier. Sie sind Brasilianer …" Dann gibt es das Verb *estar*, das „sein" in einem eingeschränkten und zeitlich gebundenen Sinn bezeichnet: „Ich bin gerade müde. Du bist wohl hungrig. Sie leben derzeit hier." Das heißt, die Portugiesen können unterscheiden, was Englisch-Sprechende nicht unterscheiden können, und verwechseln mit wesentlich geringerer Wahrscheinlichkeit ein *Verhalten* mit der *Identität* – eben weil sie nicht dasselbe Verb benutzen. Die Brasilianer und die Portugiesen haben eine mehr „fließende" Zeitvorstellung; nichts wird als so absolut definiert wie im Englischen.

Wenn Klienten in einer Sitzung über Werte sprechen, ist es sehr wichtig, dass sie das in ihrer eigenen Sprache tun. Wörter haben nur dann emotionale Kraft, wenn sie in der jeweiligen Muttersprache gesagt werden, denn Wörter sind mit Erfahrungen und Emotionen verknüpft. Eine Übersetzung ist in diesem Sinne ein *leerer* Begriff. Manche Wörter lassen sich gar nicht angemessen übersetzen. *Saudade* etwa ist ein portugiesisches Wort, das oft mit „Nostalgie" übersetzt wird, doch es ist mehr als das. *Duende* ist im Spanischen eine komplexe Mischung aus Leidenschaft und Dunkelheit. Das Englische hat zwei Wörter für Freiheit, *freedom* und *liberty*, während das Portugiesische nur eines hat, *liberdade*. Es gibt feine Unterschiede zwischen *freedom* und *liberty* im Englischen, die in der Einwortübersetzung verloren gehen. [*Freedom* hat die allgemeinere, universellere Bedeutung; *liberty* ist die dem Staatsbürger zugestandene gesellschaftlich/gesetzlich bestimmte Freiheit. – Anm. d. Übers.] Es gibt also Sprachfallen, wenn man in einer anderen Sprache coacht, einen Übersetzer hinzuzieht oder jemanden mit anderer Muttersprache coacht.

Nicht alle Klienten wollen „Meister ihres Schicksals" sein; nicht alle Kulturen wollen die Welt erobern im Sinne des modernistischen westlichen Denkens. Das spiegelt sich auch in der Sprache wider. In Großbritannien „nimmt" man Entscheidungen [*to take a decision*]. In den USA „macht" man sie [*to make a d.*], also trifft man Entscheidungen, während man in Deutschland Entscheidungen „fällt". In Tibet und Indien sagt man sinngemäß: „Die Entscheidung nahm mich." Deshalb ist eine Orientierung auf *Ziele* im Coaching von der jeweiligen Kultur geprägt; und aus diesem Grund stellen wir uns lieber vor, dass Klienten ihre „Richtung finden".

Ohne Sicht auf unsere eigene Kultur beurteilen wir die Menschen einer anderen Kultur häufig negativ. Beispielsweise fällt es Menschen aus Großbritannien oder den USA nicht schwer, Arbeit und Privatleben zu trennen. Ein Vorgesetzter mag ihre Arbeit tagsüber vielleicht scharf kritisieren – und am Ende des Tages gehen beide vergnügt ein Bier trinken. Die Kritik bleibt im Arbeitskontext. In Brasilien liegen die Dinge anders. Die Brasilianer nehmen Dinge persönlich und ziehen ihre Grenzen nicht so scharf. Ein Vorgesetzter, der einen brasilianischen Arbeiter so kritisierte, würde als unhöflich und respektlos gelten. Natürlich geben auch die Vorgesetzten in Brasilien Feedback, doch sie tun das versteckter und ausführlicher. Dann trommeln amerikanische Führungskräfte schon mal ungeduldig mit den Fingern auf den Tisch, doch die Brasilianer verstehen – die Kritik wird Wirkung zeigen, und das kann die nordamerikanische Führungskraft vielleicht *nicht* verstehen.

Die Zeiteinteilung ist ein anderes passendes Thema. In den meisten lateinamerikanischen Ländern (Chile ausgenommen) ist die Zeit dehnbar. Ein für 10 Uhr morgens angesetztes Meeting beginnt oft erst um 10.20 – frühestens. Wird in Deutschland eine Besprechung für 10 Uhr angesetzt, dann beginnt sie auch um Punkt 10; zu spät zu kommen gilt als respektlos. In vielen Ländern Südamerikas hingegen ist es respektlos, *rechtzeitig* zu kommen. Die Einstellung dahinter ist die, dass man den anderen Personen eine Chance geben muss, anzukommen.

Ein drittes Beispiel kultureller Unterschiede betrifft den körperlichen Abstand. Brasilianer fühlen sich wohl, wenn man ihnen körperlich nahe ist; Engländer empfinden das eher als unangenehm. Für Brasilianer ist der persönliche Raum kleiner. Wenn sich also ein Brasilianer mit einem Engländer unterhalten will, kommt der Brasilianer ständig näher (was der Brite als Eindringen in den persönlichen Raum und als unhöflich interpretiert) und der Engländer weicht ständig zurück, um einen für ihn behaglicheren Abstand herzustellen. Der Brasilianer hält den Briten dann für unnahbar und „distanziert". Keiner hat Recht oder Unrecht. Hier geht es um die *Erwartung* in der jeweiligen Kultur. Das müssen Coachs verstehen, wenn es in der Coachingsitzung um Psychogeografie geht.

MISSVERSTÄNDNISSE ZWISCHEN KULTUREN

Die Tücken des kulturübergreifenden Coachings möchten wir hier an einem Beispiel veranschaulichen:

> Wir supervidierten einmal eine Sitzung zwischen einem spanischen Coach und einem Klienten aus Argentinien. Wir waren in Barcelona, wo der argentinische Klient schon ein Jahr lebte. Der Klient wollte besser aktiv zuhören lernen.
>
> Der Coach stellte eine gute Frage: „Was bedeutet aktives Zuhören für Sie?"
>
> Der Klient erwiderte: „Konzentriere dich auf die andere Person und vermeide Selbstgespräche und Ablenkungen von außen, wenn du mit Klienten arbeitest." Er wollte sich visuell auf sein Gegenüber einstellen; das war für ihn das Wichtigste am aktiven Zuhören. Auch erwähnte er Stille als Wert. Er sagte, er wolle innere Stille.
>
> Wo wollte er diese Fähigkeit, aktiv zuzuhören, anwenden? Bei Klienten natürlich (er arbeitete als Coach), aber auch in allen anderen Lebensbereichen. Besonders wollte er seine Beziehung zu seiner spanischen Freundin verbessern. Coach und Klient untersuchten das Thema weiter und dabei stellte sich heraus, dass der Klient sich im Gespräch *visuell* auf sein Gegenüber konzentrieren wollte. Er nannte folgendes Beispiel: Bei einem Restaurantbesuch mit seiner Freundin

habe er ständig umhergeschaut; daraufhin warf sie ihm vor, er beachte sie nicht. Nach seiner eigenen Aussage lasse er sich leicht ablenken und versuche, sich zu konzentrieren, doch ihm sei seine Angewohnheit auch schon aufgefallen, beim Zusammensein mit anderen Menschen umherzuschauen.

Der Coach fragte in zwei Richtungen weiter: Erstens: Welche Ressourcen hat der Klient, um sich zu konzentrieren? Und zweitens: Bei welchen Gelegenheiten in der Vergangenheit konnte der Klient konzentriert bleiben und was hinderte ihn daran, sich zu konzentrieren? Der Klient witzelte, vielleicht solle er sich ein Paar Scheuklappen kaufen, wie Pferde sie tragen, damit er sich auf sein Gegenüber konzentriere. Er wollte sich wirklich seiner Freundin widmen; sie war für ihn zu dieser Zeit der wichtigste Mensch und sie stritten sogar wegen dieses Themas. Sie warf ihm vor, er interessiere sich für andere Frauen, was er bestritt.

Die Sitzung ging weiter und am Ende fühlte sich der Klient besser in Bezug auf das Problem. Wir hatten eine bestimmte Ahnung zu dieser Situation, ausgehend von der Tatsache, dass der Klient Argentinier war und aus einem armen Viertel von Buenos Aires kam. Wir fragten ihn, ob es Orte gebe, wo er sich konzentrieren könne, weil uns aufgefallen war, dass er sich während der Sitzung völlig auf den Coach konzentriert hatte. Er bejahte, doch in der Öffentlichkeit lasse er sich leicht ablenken, besonders an Orten wie in Restaurants oder auf der Straße.

Wir äußerten unsere Idee, um zu sehen, wie er dazu stand: Die armen Gebiete von Buenos Aires sind gefährlich; dort ist es für das Überleben unerlässlich, die Umgebung an öffentlichen Orten ständig auf Diebe zu „scannen". Kinder eignen diese Fertigkeit schon früh an und sie wird dann selbstverständlich und instinktiv. Er scannte an öffentlichen Plätzen automatisch die Umgebung. In Buenos Aires war das notwendig (ja durchaus in allen großen südamerikanischen Städten), nicht aber in Barcelona, das insgesamt sicherer ist (außer auf den Ramblas). Was er als mangelnde Disziplin und als Problem erlebte, war in Wirklichkeit eine nützliche Fertigkeit, die er jedoch in seiner neuen Umgebung nicht brauchte. Als er das erkannte, konnte er sich für oder gegen sein Scannen entscheiden (und damit auch seine Freundin beruhigen), ohne Scheuklappen aufsetzen zu müssen.

Das Wissen um kulturelle Unterschiede ermöglichte uns diesen intuitiven Sprung. Wir hätten falsch liegen können, doch wir lagen richtig damit. Der Coach nahm in dieser Situation die Vorstellung seines Klienten für bare Münze, wonach es eine schlechte Angewohnheit sei, sein Umfeld zu scannen, die er abstellen sollte. Wissen über andere Kulturen hilft Coachs, nicht zu Schlussfolgerungen zu springen, die auf dem basieren, was in *ihrer* Kultur als richtig gilt, und die Urteile des Klienten über manche seiner Gewohnheiten für bare Münze zu nehmen.

Im nächsten und letzten Kapitel bringen wir unsere Suche zu einem Ende, mit einem Blick auf die Zukunft des Coachings.

Teil IV

KAPITEL 14

Die Zukunft des Coachings

Wir sollten uns alle über die Zukunft Gedanken machen, denn wir werden den Rest unseres Lebens dort verbringen.
CHARLES KETTERING

Mit unserer Suche sind wir fast am Ende angelangt. Wir begannen dieses Buch mit Coaching am Rande des Chaos, einer Metapher für eine Situation, die unsicher genug ist, dass man sich verändert und lernt, und stabil genug, dass man nicht davonfliegt – durchaus ein Balanceakt. Wir hoffen, dass sich Coaching auf diesem Hochseil noch einige Jahre seinen Weg bahnt und dabei weiterhin kreativ entwickelt und lernt. Auf einem Seil braucht man ein dynamisches Gleichgewicht – man verliert leicht das Gleichgewicht und erlangt es dann gleich wieder. Neigt man sich zu weit nach einer Seite, so verliert man die Balance und fällt. Die Alternative dazu wäre, wie erstarrt da zu stehen, ohne einen Schritt zu tun – dann ginge das Publikum nach und nach zu einer besseren Show.

Die Trends, die die Entwicklung des Coachings gefördert haben, haben sich in den letzten fünf Jahren beschleunigt. Wir müssen uns mit Umständen auseinandersetzen, die wir nicht kontrollieren können, und uns auf immer kürzere Zeitspannen der Veränderung einstellen. Vorgänge, die vor Jahrzehnten als „Magie" galten, sind heute alltägliche Wunder. Wir lachen über die Vorstellung, Jonglieren sei unmöglich ohne die Hilfe übernatürlicher Mächte; und wer wird in hundert Jahren über unsere beschränkte Denkweise lachen? Die Zukunft kommt jedes Jahr schneller und wir haben keine fertigen Pläne oder Rezepte, um sie zu bewältigen. Die Entwicklung verläuft auf der geistigen Ebene viel schneller als auf der körperlichen. Coaching ist Ausdruck davon und vielleicht teilweise auch Reaktion darauf. Vielleicht stattet uns die geistige Entwicklung (wenn wir sie einen Moment lang personifizieren) mit etwas aus, was wir brauchen, um uns auf diese schnelllebige Zeit einzustellen.

Wie ein guter Coach beenden wir dieses Buch also nun mit einer Reihe von Fragen und nicht mit Antworten.

Kapitel 14

Was wird die Zukunft bringen?

Die beste Art, die Zukunft vorherzusagen, ist die, sie zu gestalten.
PETER DRUCKER

Wie sieht die Zukunft des Coachings vor diesem Hintergrund aus? Wir wissen es genauso wenig wie jeder andere. Wir hoffen, Coaching wird sich mehr und mehr durchsetzen als wirkungsvolle Möglichkeit, Menschen bei Veränderung und Wachstum zu unterstützen und über die Menschen auch die Unternehmen zu fördern – und durch ihre Geschäfte wird sich die ganze Menschheit verändern und entwickeln. Davon profitieren wir alle. Als wir darüber nachdachten, wie wir diesen Abschnitt schreiben sollen, sprachen wir über unsere gemeinsamen Träume und Albträume und beschlossen, sie hier niederzuschreiben und für sich sprechen zu lassen.

EIN ALBTRAUM

Wir waren auf einem Schrottplatz. Betonplatten ragten in verrückten Neigungswinkeln aus dem Boden, wie besoffene Grabsteine. In der Mitte befand sich ein Dreieck, dessen spitzer Winkel nach oben ragte; auf seiner Spitze wackelte und schwankte ein kleines Modell einer Kathedrale bedenklich im Wind. Plötzlich wurden die Böen stärker, die Kathedrale begann zu kippen; in Minitornados wirbelte der Staub hoch und jagte Abfälle über den gebrochenen Beton. Der Wind fegte über den Müllplatz und direkt vor uns bildete sich eine riesige Kugel aus bernsteinfarbenem Licht, die blaue Lichtblitze in alle Richtungen aussandte, als ob sie versuchte, sich auf der Erde zu verankern. Die Blitze knisterten und zischten wie Wasser auf einer heißen Herdplatte. Das Licht war zu gleißend, um etwas sehen zu können; wir blickten einander an. Ein Donnerschlag war zu hören und das Licht wurde matt, zurück blieb ein Mann, der auf allen Vieren kroch. Er wirkte, als säße er in den Startlöchern, bereit, auf uns zuzurennen. Er streckte sich langsam wie eine Katze. Wir sprangen zurück, sahen aber, dass er freundlich lächelte. Er trug eine Sonnenbrille, einen braunen Anzug und schwarze Schnürschuhe; sein schwarzes Haar war so an den Kopf geklatscht, dass man kaum sagen konnte, wo der Kopf endete und das Haar ansetzte. Trotz des Windes war nicht ein Haar am falschen Platz.

Er kam auf uns zu. „Wann bin ich?", fragte er.

„Meinen Sie nicht, wo?", erwiderten wir.

Die Zukunft des Coachings

„Ich weiß, was ich meine. Welches Jahr ist jetzt?"

„Oktober 2007", entgegneten wir. „Wer sind Sie?"

„Ich bin Coach E37 in der Sparte Unternehmen. Wir müssen rasch handeln, wir haben viel zu viel Zeit."

„Von wann sind Sie?", wollten wir wissen.

„Von einem anderen Wann", sagte er. Irgendwie überraschte uns das nicht.

Wir setzten uns auf ein altes Sofa, aus dem mehrere Federn herausstanden. „Erzählen Sie uns über Coaching in Ihrer Zeit", baten wir ihn.

„Ich hatte gehofft, dass Sie mich das fragen würden. Wir wissen, wie man coacht. Wir kennen die Siegerformel. ROI bei hundert Prozent. Die Klienten erfüllen ihr errechnetes Potenzial bis auf wenige Prozentpunkte. Die vorherrschende Coachingrichtung ist auf der ganzen Welt verbreitet. Der Ablauf ist stark reglementiert. Die Coachs befolgen einfach die Methode und die Klienten wissen gar nicht, wie ihnen geschieht. Der Welt-Coachingrat der Präsidenten sorgt für strenge Qualitätskontrollen. Coaching ist eine ernste Angelegenheit. Jeden Monat finden Konferenzen statt, an denen jeder eingetragene Coach mindestens drei Mal jährlich teilnehmen muss.

„Was passiert, wenn sie das nicht tun?"

„Dann verlieren sie ihre Zulassung und ihren Ausweis", sagte unser Freund aus der Zukunft. „Und ohne Zulassung und ohne auf dem Laufenden zu sein darf man nicht arbeiten. Niemand stellt einen nicht zugelassenen Coach ein; denn alle wissen, dass sie sonst auf der schwarzen Liste landen. Es gibt 17 Grade von Coachs und wenn ein Klient anfragt, bestimmen wir den geeigneten Coachgrad und einen Supervisor aus dem nächsthöheren.

„Gibt es auf der ganzen Welt Coachs?"

„Ach du lieber Himmel! Ja! Ein Klient kann den richtigen Coach von überall auf der Welt her bekommen. Virtuelle Sitzungen – kein Problem! Coachs lernen über eine besondere Software, die verschiedenen Kulturen zu berücksichtigen. Am Ende des Coachings schreibt der Coach einen Bericht für seinen Coachingmentor, der online gespeichert wird."

„Geht in diesem System auch einmal etwas daneben?"

Kapitel 14

„Falls Störungen auftreten, wie etwa, wenn jemand gelegentlich einen nicht zugelassenen Coach engagiert, dann schreitet die CP (das ist die Coachingpolizei) rasch ein und sorgt für Ordnung. Manche Leute haben nicht ihr eigenes Wohl im Sinn. Gute Absichten sind kein Ersatz für eine wirklich aufrichtige Veränderung hin zum Guten." Der Coach lachte. „Wir haben drei anerkannte Ausbildungsstätten auf der Welt; sie sind alle überzeichnet und wir nehmen nur die Besten. Bewerber müssen sich zahlreichen psychologischen und medizinischen Untersuchungen unterziehen; auch müssen sie sehr gekonnt Backgammon spielen."

„Warum Backgammon?"

„Warum nicht? Das andere Zeug interessiert Sie nicht? Immer fragen die Leute wegen Backgammon, das verstehe ich nicht. Sie lassen sich von Banalitäten abbringen. Coaching ist zu machtvoll, um es irgendjemandem zu überlassen."

„Warum sind Sie hier?", fragten wir.

„Ich bin vom Himmelsnetzwerk der Coachs", antwortete er. „Ich bin gekommen, um zu schauen, wie damals in der schlimmen alten Zeit gecoacht wurde, und um Ihnen eine Aufgabe zu stellen, falls Sie einverstanden sind. Doch ich muss aufpassen, dass ich nicht den Zeitfluuusss ..." – er hielt inne und sein Gesicht begann zu schmelzen. „Mist, ich habe, weil ich euch das alles erzählt habe ... jeeeeetzt iiiiihr ..." Seine Stimme begann sich aufzulösen und wurde immer tiefer und langsamer und noch langsamer, während er neben dem Sofa langsam zu einer glänzenden, braunen Pfütze mit schwarzem Mittelpunkt zerfloss; zurück blieb nur ein nasser Plastikausweis als Beweis, dass er überhaupt da war. Wir schauten traurig zu, wie sich die Lache über die Steine ausbreitete, auf denen sich das trübe Licht spiegelte.

Plötzlich war ein Höllenlärm zu hören und vor uns tauchte eine gewaltige Kugel auf, die sich um ihre eigene Achse drehte. Es war eine Art Plexiglasblase, wie ein Gyroskop; sie drehte sich so schnell, dass wir sie nicht direkt anschauen konnten. Allmählich verlor sie an Tempo und kam zum Stillstand. Die Plexiglasklappe öffnete sich zischend und Dampf waberte heraus; aus dem Inneren stieg eine Frau aus in einem braunen Baumwollkostüm und hellrotem Schal; sie schien im Dunst zu schweben, als sie aus der Kugel heraustrat.

Sie kam auf uns zu und blickte auf die metallische Lache zu unseren Füßen. „Wie ich sehe, ist die andere Zukunft dahingeschmolzen", gluckste sie.

Wir starrten sie an. „Wer sind Sie?"

„Ich bin Coach Rosamunde von einem anderen Wo. Welches Jahr haben wir, bitte?"

„2007."

„Ich muss wirklich mal das Gyroskop stellen. Ich bin zu spät dran."

„Berichten Sie uns vom Coaching in Ihrer Zeit." Wir setzten uns auf das Sofa, das sich in einen kleinen, behaglichen Raum mit drei Sesseln und einer Tischlampe verwandelt hatte.

Rosamunde lehnte sich nach vorne. „Es ist wunderbar!", meinte sie. „Coaching gibt es überall. Fast jede und jeder ist Coach. Es gibt mindestens 550 761 Coachingschulen …, falls wir uns je die Mühe machen sollten, sie zu zählen. Jeder coacht, und zwar auf seine Art und Weise. Es gibt Coaching mit Musik, Coaching mit den Beatles, Coaching mit Mozarts späten Klavierkonzerten, Coaching mit Blumenstecken, Coaching mit Origami, sogar Hexencoaching. Es gibt Therapeuten-Coachs, Mentoren-Coachs, Manager-Coachs, Politiker-Coachs (obwohl das kein beliebtes Spezialfach ist), Backgammon-Coachs, hoch gewachsene Coachs für große Menschen, große Coachs für kleine Menschen und umgekehrt." Sie hielt inne und schaute verwirrt drein. „Wir haben einfach alles. Coaching hat den ganzen Planeten eingenommen. Bald wird es auch andere Planeten einnehmen." Sie lachte. „Coaching ist zu machtvoll, als dass man es nicht jede und jeden machen lassen könnte."

Sie stand auf. „Ich muss los. Ich muss ein Stück weiter unten ein wenig mit der Zeit herumspielen." Die Kugel begann zu rotieren …

Nur ein Albtraum – Gott sei Dank. – Hier nun das Gegenstück, der Traum …

DER TRAUM

Wir befanden uns auf dem gleichen Schrottplatz wie in unserem Albtraum. Der Wind pfiff und es begann heftig zu regnen. Es schien stundenlang zu regnen, bevor die Sonne durchkam und die Erde erwärmte. Vom Boden stieg Dunst auf. Wir hörten hinter uns einen Lärm und sprangen auf. Da stand ein Mann mit einem Regenschirm. „Hallo", sagte er, „ich versuche schon die ganze Zeit, Ihnen diesen Schirm anzubieten, aber Sie beachten mich nicht." Er trug ein schwarzes T-Shirt und eine blaue Hose. Er hatte keine Schuhe an, was aber ganz natürlich wirkte.

Kapitel 14

„Wer sind Sie?"

Er deutete auf sein T-Shirt und die Buchstaben C-O-A-C-H erschienen in Leuchtschrift.

„Sind Sie aus der Zukunft?"

„Das hängt davon ab, in welcher Zeit wir jetzt sind."

Wir blickten uns an und kamen zu dem Schluss, dass das ein weiterer Besucher aus einem parallelen Coachinguniversum war – hoffentlich ein besserer als der letzte. Zumindest war er besser angezogen.

„Gibt es da, wo Sie herkommen, Regeln für Coachs?"

Er blickte auf. „Regeln sind unsere Kinder. Sie kommen zurück und plagen uns, wenn wir unsere Elternschaft leugnen."

„Sie haben unsere Frage nicht beantwortet."

„Woher wissen Sie das?"

„Sprechen Sie immer in Rätseln?"

„Ich bin niemals irgendetwas *immer*."

„Sie *spielen* mit uns. Ist Coaching ein Spiel?"

„Ein Spiel?" Er lächelte. „Vielleicht. Menschen, die spielen *müssen*, können nicht *spielen*."

„Wie geht es denn dem Coaching?"

„Sehr gut, danke."

Er begann zu verblassen, bei den Füßen beginnend, bis nur sein Gesicht übrig war. Er lächelte breit und verschwand.

Nur ein Traum …

UND DIE WIRKLICHKEIT?

Genug von Albträumen und Träumen. Wir wissen nicht, wie das Coaching der Zukunft aussehen wird. Wir können einige Vermutungen anstellen und Hoffnungen hegen. Es sieht so aus, als würde Coaching in den nächsten fünf Jahren weiter zunehmen, besonders in Organisationen. Führungskräfte werden in Coachingfertigkeiten ausgebildet, Unternehmens- und Führungskräftecoaching werden sich ausweiten. Coachingnetzwerke werden sich ausbreiten und die meisten großen Schulungs- und Beratungsfirmen werden entweder selbst ein Coachingnetzwerk unterhalten oder ausgliedern. Coaching wird in den meisten von Unternehmen betriebenen Fortbildungseinrichtungen Einzug halten.

Ist Coaching ein Beruf?

Was für eine Tätigkeit ist Coaching? Es wurde beschrieben als Fachgebiet, Spezialisierung, Disziplin und Arbeitsfeld. Kann es auch für sich in Anspruch nehmen, ein Beruf zu sein?

Ein Beruf bzw. eine Berufsgruppe ist in der Regel durch fünf Merkmale definiert:

1. Die Mitglieder einer Berufsgruppe haben ein bestimmtes Fachwissen oder spezielle Fertigkeiten. Das trifft auf Coaching zu; wie wir gesehen haben, gibt es im Coaching Kernfertigkeiten.
2. Die Mitglieder einer Berufsgruppe halten sich an bestimmte höhere ethische Grundsätze als andere Menschen in der Gesellschaft. Es ist also wichtig, dass jeder, der sich zum Coach ausbilden lässt, eine Charta mit beruflichen Standards und ethischen Leitlinien unterzeichnet und sich daran hält.
3. Eine Berufsgruppe verwaltet sich selbst. Sie reguliert den Eintritt bzw. die Aufnahme von Mitgliedern, beobachtet die Leistungen und schließt solche wieder aus, die Pflichten verletzen und/oder gegen die Standesethik verstoßen. Das tun nur einige wenige Coachingorganisationen.
4. Eine Berufsgruppe bringt der Gesellschaft große Vorteile. Das trifft auf Coaching zu.
5. Ihre Mitglieder haben bestimmte Rechte und Pflichten, die nicht jedes Mitglied der Gesellschaft hat. Das trifft auf Coaching im Allgemeinen nicht zu.

Derzeit kann Coaching also noch nicht ganz für sich in Anspruch nehmen, ein Beruf zu sein, auch wenn einige Coachingorganisationen wie die *International Coaching Community* diese Tätigkeit wie einen Beruf behandeln. Mit einer gewissen Wahrscheinlichkeit wird Coaching mindestens noch in den nächsten fünf Jahren ein nicht lizenziertes, sich selbst regulierendes Arbeitsfeld sein.

Wir persönlich würden in den nächsten paar Jahren gern so manches vorankommen sehen:

Erstens mehr Augenmerk auf die Wurzeln und Vorläufer des Coachings: Wir verstehen uns selbst in der Gegenwart, indem wir uns an unsere Geschichte erinnern. Indem Coachs auf die Wurzeln des Coachens blicken, erkennen sie, woran sie im Coaching gebunden sind, und können nach und nach über bewährte Methoden hinausgehen. Die besten Methoden sind nur für kurze Zeit die besten. Sie entwickeln sich weiter und sollten sich ständig in immer bessere Methoden verwandeln, durch Menschen, die Lücken in den derzeitigen bewährten Verfahren entdecken. Unkritisches Übernehmen bewährter Methoden macht eine Disziplin, eine Fachrichtung oder eine Berufsgruppe auf die Dauer unglaubwürdig.

Zweitens müssen wir uns stärker auf die eigene Entwicklung von Coachs konzentrieren. Die Coachs können ihren Klienten nicht über ihre eigene Entwicklungsstufe hinaus helfen. Der persönliche Entwicklungsstand und blinde Flecken von Coachs kennzeichnen die Grenzen ihrer Fertigkeiten. Es gibt zu viele Coachingausbildungen, aber nicht genug Angebote für die eigene Entwicklung von Coachs. Wir sähen es gern, wenn Coachs in den Entwicklungsstufen ausgebildet wären, darüber Bescheid wüssten und auch um ihre eigene Ebene wüssten (also ob Sie auf Stufe 3 sind oder 4 oder 5). So könnten sie auch die Stufen ihrer Klienten treffender einschätzen. Derzeit ist die Coachausbildung häufig unausgewogen. Sie bietet Coachs sehr viel Information, ohne ihre Selbsterkenntnis und eigene Entwicklung zu fördern. Die Ausbildung zum Coach ist zu eng gefasst. Sie konzentriert sich oft zu stark auf das *Verhalten* der auszubildenden Coachs und animiert Coachs so, sich übermäßig auf das *Verhalten* ihrer Klienten zu fokussieren. Wir würden gern die persönliche Entwicklung des Coachs stärker in den Vordergrund rücken. Den Unterschied für den Klienten macht die Präsenz des Coachs aus. Entscheidend ist nicht nur, was der Coach *tut*, sondern auch, was er *ist*. Coachs brauchen Wissen, Fertigkeiten und ihre persönliche Entwicklung; Wissen, Tun und Sein. Man kann unterdrücken, was man weiß und was man tun kann, doch das eigene *Wesen* kann man niemals unterdrücken.

Drittens sähen wir gern, dass Coaching sich mit anderen etablierten Wissens- und Berufszweigen zusammentut. So entstehen Synergien und Coaching erhöht seine Glaubwürdigkeit. Zu viele Richtungen der Persönlichkeitsentwicklung sind eigene Wege gegangen, haben andere Zweige der Psychologie und akademischer Ausbildungen verachtet und sind allmählich in Vergessenheit geraten. Wir hoffen, dass auch weiterhin immer mehr zu Coaching geforscht wird, etwa in Form von Doktorarbeiten, die Coaching mit anderen etablierten Fachrichtungen verbinden. Auch sähen wir gern noch viel mehr von Experten begleitete Fachzeitschriften über Coaching. Und wir sähen gern mehr Untersuchungen zu und mehr Augenmerk auf interkulturellem Coaching. Dieser Bereich wird zweifellos wachsen, da multinationale Konzerne Coachs für ihre Mitarbeiter in verschiedenen Ländern engagieren. Coachs, die sich ihrer eigenen Kultur nicht bewusst sind, werden mit Klienten aus anderen Kulturen nicht erfolgreich sein.

Was bewirkt Coaching?

Coaching verwandelt das Alltagsleben in Selbstentfaltung. Das ist seine große Stärke. Der Alltag kann stumpfsinnig machen *oder* zahlreiche Chancen bieten und zum Handeln aufrufen.

Coaching unterstützt Menschen dabei, mehr sie selbst zu werden. Coaching ist ein Instrument der Gesellschaft, mit dem sie Menschen von Stufe 3, wo sie mit gesellschaftlichen und introjizierten Werten identifiziert sind, auf Stufe 4 begleitet, wo sie nach ihrem eigenen Rhythmus marschieren und ihren eigenen Werten folgen. Deshalb wird Coaching mehr Individuen „hervorbringen", die die Gesellschaft bereichern. Es wird zum Zusammenbruch des Konsenses beitragen und Nischen und kleine Gemeinschaften fördern, wie das Internet es bereits getan hat.

Coaching hilft Menschen, Ambiguität (Uneindeutigkeit) in sich selbst und damit auch bei anderen auszuhalten und mit der sich rasch wandelnden Welt umzugehen. Coaching verhilft zu vielfältigen, umfassenderen Sichtweisen und fördert postmodernes Denken, das vielfältige Situationen aus vielfältigen Blickwinkeln betrachtet. Coaching regt die Menschen an, mehr über Macht nachzudenken – darüber, wer Macht hat und wer nicht. Eine Sichtweise ist Macht. Einer bevorzugten Sichtweise fließt Macht zu, deshalb werden Menschen mehr darauf achten, wer darüber entscheidet, welche Sichtweise den Ton angibt.

Coaching hilft Menschen, neue Unterscheidungen zu treffen; das wiederum verhilft ihnen zu einem erfüllteren, glücklicheren Leben; es unterstützt sie darin, sich auf die neuen Unterscheidungen umzustellen, die täglich in der Kunst, der Wissenschaft und der Wirtschaft auftauchen. Im Idealfall hilft es Menschen zu erkennen, dass sie eine auf Vertrauen basierende Beziehung aufbauen und von dieser ausgehend weitere vertrauensvolle Beziehungen in ihrem Leben gestalten können.

Wir sind fest davon überzeugt, dass wir alle diese Fertigkeiten jetzt und in jeder möglichen Zukunft brauchen werden.

Künftige Forschung

Coaching muss stärker auf empirische Forschungsergebnisse gegründet und mit solchen Ergebnissen untermauert werden. Wir werden Coaching besser verstehen, wenn wir es aus vielen verschiedenen Blickwinkeln betrachten. Die Belege müssen sich auf vielfältige Sichtweisen stützen, nicht nur auf den *einen* Standpunkt, der sich allein auf beobachtbares Verhalten stützt. Dabei gilt es, die *Qualität* nachzuweisen (die Wahrnehmungen und die Präsenz von Coachs) und die *Quantität* (messbare Ergebnisse, die Klienten erzielen).

Jede gute Studie befolgt drei Regeln:

- Man braucht eine Anweisung, die etwa besagt: „Wenn Sie dies wissen wollen, tun Sie das." Zum Beispiel: Wenn Sie Ihre Entwicklungsstufe wissen wollen, müssen Sie sich einer speziellen Befragung unterziehen. Diese basiert auf jahrelanger Forschung, die dieses Fachgebiet Entwicklungspsychologie bei Erwachsenen begründet hat.
- Man muss Daten oder Erfahrungen sammeln. Aus dem „Experiment" (unter 1) gewinnt man eine Erfahrung, man erhält Daten, die man evaluieren und messen kann. Diese Erfahrung gibt Aufschluss über den „Untersuchungsgegenstand". In unserem Beispiel wird Ihnen die Befragung Ansichten über Sie selbst aufzeigen, die einige Aspekte Ihrer Erfahrung erklären, wie Sie fühlen und handeln. Die Befragung wird Sie zur Selbstreflexion anregen und Ihnen gleichzeitig eine andere Sichtweise und diverse Unterscheidungen an die Hand geben.
- Als Letztes müssen Sie diese Erfahrung oder diese Daten zur allgemeinen Bestätigung oder Ablehnung freigeben. Sie brauchen Feedback aus vielen Richtungen, vor allem aber von Menschen, die an diesem Experiment ebenfalls teilgenommen haben. So können Sie es viel besser beurteilen. Ihre eigene persönliche Erfahrung ist begrenzt.

Wir hoffen, es wird auch *im* Coaching geforscht – Untersuchungen, die von *innen* unternommen werden, könnten Folgendes leisten: dass Coachs ihr Tun kritisch unter die Lupe nehmen, daraus lernen, Ideen umsetzen, Experimente durchführen und Ergebnisse weitergeben. Wir hoffen auch, es wird *über* Coaching geforscht – Untersuchungen von außen: Was macht Coaching und wie hängen die Ergebnisse mit anderen Gebieten zusammen? Wie passen sie in den größeren Rahmen menschlicher Entwicklung und Veränderung? Dazu muss es Fallbeispiele geben, von Fachleuten rezensierte Aufsätze und Messungen aus den vier wichtigsten Blickwinkeln des integralen Modells:

- Ihre innere subjektive Erfahrung
- Der Bereich des messbaren, sichtbaren Verhaltens
- Die Wirkung auf äußere Systeme (die Organisation im Unternehmenscoaching und die Beziehungen und/oder Finanzen der Klienten im Lebenscoaching)
- Der kulturelle Aspekt oder inwieweit Coachs eine gemeinsame Auffassung vertreten

Empirisch fundiertes Coaching[1] stützt sich (mit klaren Verbindungen zu anderen Disziplinen) auf eine experimentelle oder praktische und theoretische Wissensgrundlage.

Schlusswort

Nun sind wir am Ende unserer Suche angelangt, zumindest in diesem Buch. Da taten sich faszinierende Seitenwege auf, die wir leider unerforscht lassen mussten. Wir hoffen, Sie gehen „hinunter den Durchgang, den wir nicht nahmen, in Richtung zur Tür [...], die wir uns nie in den Steigengarten öffneten".[2] Wir hoffen, Sie werden auf jeder Theorie und Praxis über Coaching weiter aufbauen, sie untersuchen und kritisch reflektieren (besonders Ihre eigene).

Eine Suche ist eine spezielle Reise, eine Reise, auf der man etwas sucht. Und oft ist das, was man findet, nicht das, was man erwartet hatte. Bei jeder guten Suche werden Sie sich selbst mehr finden; Sie kommen als eine andere, als ein anderer zurück. 1977 schrieb Terry Brooks einen Fantasy-Roman, *The Sword of Shannara*.[3] Darin geht es um die Suche eines Helden (Shea Ohmsford) nach dem magischen Schwert von Shannara, nach dem

Kapitel 14

das Buch benannt ist, damit der Held mit ihm Warlock Lord besiegt, der eindeutig mit Sauron aus *Herr der Ringe* eng verwandt ist. Shea findet das Schwert, aber es erscheint ihm nutzlos; es verleiht ihm keine übernatürlichen Kräfte, macht ihn nicht unsichtbar, nichts. Und doch muss er Warlock Lord nur mithilfe dieses Schwertes gegenübertreten. Er entdeckt, dass das Schwert in allen Einzelheiten enthüllt, wer man wirklich ist, das Gute, das Schlechte und das Hässliche in einem. Es zeigt die Wahrheit, ohne etwas vorzutäuschen oder zu beschönigen. Es ist ein Glücksbringer der Selbstenthüllung. Etwas anderes bewirkt es nicht. Shea überlebt die Begegnung mit sich selbst. Er akzeptiert alles an sich. Als Warlock Lord das Schwert berührt, muss auch er sich mit seinem Wesen konfrontieren; und weil er schlecht ist, überlebt er diese Selbstenthüllung nicht; er wird zerstört, weil er tief in seinem Inneren Verneinung ist.

Ein Talisman sagt einem etwas über einen selbst. Das ist der Preis, den manche suchen und sich dabei weit verlassen. Andere suchen ihn, indem sie immer tiefer in sich selbst eintauchen. Beide Pilger treffen sich am gleichen Ort. Beide entdecken, dass sie am selben Ziel ankommen, doch auf unterschiedlichen Wegen. Wir sind Teil der Welt, deshalb ist Selbsterkenntnis Kenntnis der Welt. Etwas anderes gibt es nicht zu wissen.

Wir hoffen, Coaching hilft Ihnen auf Ihrem Weg, und wir wünschen Ihnen viel Glück bei Ihrer Suche.

Anhang

Unterschiede zwischen Coaching und anderen Herangehensweisen

Besonders in der Welt der Wirtschaft herrscht viel Verwirrung darüber, was ein Coach ist und was er tut. *Eine* Möglichkeit, hier Klarheit zu schaffen, besteht darin, die Grenzen des Coachings abzustecken und auf diesem Weg zu zeigen, was Coaching *nicht* ist. So kann man es von anderen Disziplinen abgrenzen. Zwar mag es Überschneidungen geben, doch man erkennt auch, dass Coaching seine eigene Identität hat. Das nachfolgende Schaubild veranschaulicht diese Unterschiede.

	Sie stellen Fragen
Coach	
Moderator	Therapeut
	Berater
	Freund
Klienten haben die Erfahrung	***Sie*** haben die Erfahrung
	Mentor
	Trainer
	Lehrer
Psychometrie	Führungskraft
	Unternehmensberater
	Sie geben Antworten

(Diese Übersicht basiert auf *Getting Started in Personal and Executive Coaching* von Stephen Fairley und Chris Stout (Wiley, 2004); Original © Stephen Fairley. Abdruck mit freundlicher Genehmigung)

Bei den *rechts* aufgeführten Berufen bringen im Gespräch die *Experten* die Erfahrung ein; in den links genannten Berufen sind es die *Klienten*, die im Gespräch die Erfahrung einbringen. Im oberen Teil des Schaubilds arbeiten die Experten überwiegend mit *Fragen*, weiter „unten" geben sie hauptsächlich *Antworten*. Ein *Freund* landet daher in der Mitte des Schaubilds: Er kann *alles* machen und Sie brauchen ihn nicht einmal zu bezahlen.

Zwischen den verschiedenen Berufsgruppen gibt es immer einige Überschneidungen, aber im Allgemeinen gehören Unternehmensberater, Führungskräfte, Lehrer, Trainer und Mentoren in den Quadranten unten rechts. Sie werden als Experten auf ihrem Fachgebiet angesehen und sie sollen Antworten geben.

Unternehmensberater [consultants]

Unternehmensberater beschäftigen sich mit dem System des Unternehmens als Ganzem. Sie liefern eine Analyse, sprechen Empfehlungen aus und entwerfen Änderungen für das ganze System. Zu ihrer Antwort mag gehören, dass sie zu Coaching für Schlüsselpersonen raten. Sie können das Coaching selbst durchführen, aber dann müssen sie den „Hut" des Unternehmensberaters ab- und den des Coachs aufsetzen.

Immer häufiger empfehlen Unternehmensberater Coaching, damit Veränderungen leichter vonstattengehen. Ein Feind jeder Veränderung ist die Trägheit und die kommt von Gewohnheiten. Gewohnheiten sind in Unternehmen eingeführte Vorgehensweisen, bei Einzelpersonen sind es eingeschränkte Denkgewohnheiten (etwa von Menschen in Schlüsselpositionen). Unternehmensberater mögen ein neues System entwickeln, doch es wird fehlschlagen, wenn sie versuchen, es Menschen aufzuzwingen, die in ihrem alten, eingeschränkten Denken feststecken. Deshalb zieht man Coachs hinzu, um entscheidende Personen zu anderem Denken anzustoßen und so Veränderungen in Unternehmen einzuführen.

Genauso empfehlen *Trainer* Coaching; es soll ihre Schulungen vertiefen; häufig bieten sie auch nach Schulungen ein Folgecoaching an. Der Grund dafür liegt auf der Hand. Nur allzu oft verbringt eine Gruppe von Führungskräften ein Wochenende in einem wunderbaren Hotel; dort erhalten sie eine ausgezeichnete Schulung, lernen neue Fertigkeiten und neue Denkweisen und sie amüsieren sich blendend. Am Montagmorgen kommen sie voll Enthusiasmus in die Firma und wollen ihr Wissen umsetzen. Doch der Arbeitsplatz ist nicht die Schulungssituation. Alle alten Assoziationen und Gewohnheiten verschwören sich und zerren sie zurück in ihre alten Muster. Ihre Kollegen am Arbeitsplatz, die an der Schulung nicht teilgenommen haben, wissen nichts davon. Sie behandeln die frisch begeisterte Führungskraft genau wie immer. Und nach kurzer Zeit (normalerweise dauert es ungefähr drei Wochen) ist die Versuchung, in alte Gewohnheiten zurückzufallen, übermächtig. Die anfängliche Begeisterung ist geschwunden, die Macht der Gewohnheiten greift wieder und die Führungskräfte lehnen sich in ihre Routine zurück – es sei denn, sie haben einen Coach, mit dessen Hilfe sie ihre Motivation und die Veränderung aufrechterhalten können. Das bewirkt dann einen dauerhaften Unterschied. Sehr viele Schulungen sind reine Zeitverschwendung ohne ein Coaching, das sicherstellt, dass das Gelernte nicht in Vergessenheit gerät.

Führungskräfte

Es gibt viele Managementstile, doch letztlich sind die Führungskräfte zuständig für die Ergebnisse und deshalb muss ihnen persönlich daran gelegen sein, dass ihre Leute – aus ihrer Sicht – höchst effizient und effektiv arbeiten. Einen Coach interessiert das nicht. Führungskräfte werden für ihre Ergebnisse bezahlt. Sie haben die Macht, anderen zu sagen, was sie zu tun haben, und die Mitarbeiter werden sich daran halten, wenn sie weiterhin in der Firma arbeiten wollen. Von der Struktur her kann eine Führungskraft kein Coach sein. Doch Führungskräfte können in bestimmten Situationen Coachingfertigkeiten einsetzen, weil sie dann viele verschiedene Möglichkeiten haben, ihre Leute zu den entsprechenden Ergebnissen zu motivieren, anzuregen und zu inspirieren.

Coachingfertigkeiten geben Vorgesetzten mehr Möglichkeiten zu führen an die Hand. In vielen Situationen werden sie ihren Mitarbeitern immer noch sagen, was diese tun sollen. Das ist das *alte* Management-Paradigma. Die Führungskraft stellt Fragen, damit sie das Problem versteht und Antworten, Anweisungen oder Hinweise zur Lösung geben kann. Das ist völlig in Ordnung und klappt in vielen Situationen gut, besonders wenn die Zeit drängt, wenn ein Notfall vorliegt oder wenn es um eine technische Lösung geht (wenn Führen also mehr dem Lehren gleicht). Wenn die Führungskraft nach dem *neuen* Management-Paradigma auch Coach ist, dann muss sie ihre Fragen stellen, damit der Mitarbeiter *selbst* das Problem verstehen und allein lösen kann. Coaching macht Menschen kreativer und unabhängiger und versetzt sie in die Lage, die Verantwortung für ihre Arbeit zu übernehmen.

Management-Paradigmata

Das alte Management-Paradigma:
Die Führungskraft stellt Fragen, damit sie das Problem versteht und Antworten, Anweisungen oder Hinweise zur Lösung geben kann.

Das neue Paradigma, die Führungskraft als Coach:
Die Führungskraft stellt Fragen, damit der Mitarbeiter das Problem versteht und es selbst lösen kann.

Bei *emotionalen* Themen müssen Führungskräfte den Coachingansatz anwenden, ebenso wenn es um berufliches Weiterkommen geht. Ähnlich können Führungskräfte auch „Coachingmomente" im Laufe des Arbeitstages nutzen, wenn sie der Versuchung widerstehen, den Mitarbeitern vorschnell zu sagen, was sie tun sollen, sondern stattdessen Fragen stellen, damit diese das Problem selbst lösen können.

Für Führungskräfte ist Coachen schwierig, weil das Problem des Mitarbeiters zu dem der Führungskraft werden kann, während sich ein Coach nicht in das Problem eines Klienten verstrickt. Das Thema „Führungskraft als Coach" steht derzeit hoch im Kurs und es ist sehr wichtig zu wissen, wann man den „Hut der Führungskraft" aufhat und wann den „Coach-Hut". Viele Führungskräfte nehmen unglücklicherweise den „Chef-Hut" nicht ab, bevor sie den „Coach-Hut" aufsetzen. Dann werden die Menschen Coaching nur als eine Hilfe betrachten, besser zu arbeiten. Dann bekommen sie „Coaching" nur dann, wenn sie einen Fehler machen, wohingegen Coaching eigentlich eine Belohnung sein sollte. Daher geht es darum, eine Kultur des Coachings aufzubauen, in der Coaching auf jeder Ebene im Unternehmen eingesetzt und wertgeschätzt wird, vor allem von oben nach unten.

Mentoren

Mentoren sind keine Coachs, auch wenn sie oft verwechselt werden. Mentoren sind vielmehr Persönlichkeiten, die auf ihrem Gebiet umfangreiches Wissen und viel Erfahrung haben und es an weniger Erfahrene weitergeben. Das Wort „Mentor" geht auf die griechische Mythologie zurück. Homer erzählt die Geschichte in der *Odyssee*, seinem Epos über Odysseus' Abenteuer im und nach dem Trojanischen Krieg. Odysseus, König von Ithaka, war einer der Griechen, die mit Agamemnon loszogen, um Troja zu zerstören, nachdem Paris Helena (mit ihrer sagenhaften Schönheit) von ihrem Ehemann Menelaos, Agamemnons Bruder, geraubt hatte. Als Odysseus Ithaka verließ, vertraute er seinen Sohn Telemach einem alten Mann namens Mentor an und bat ihn, Telemach seine Weisheit zu vermitteln. So gelangte das Wort in die Sprache und es bezeichnet jemanden mit einem ausgezeichneten Wissen, einen weisen Lehrer, der Lebenskompetenzen lehrt. (In Wirklichkeit nahm die Göttin Pallas Athene die Gestalt von Mentor an und übernahm die Aufgabe des Lehrens; Homer stellt den Mann Mentor als schwach und unfähig dar. Mentor in der Bedeutung des vertrauten Ratgebers kommt viel deutlicher heraus in einem Buch des französischen Autors François Fénelon, *Les Aventures de Télémaque*, das er 1699 schrieb; dt.: *Die Abenteuer des Telemach*, Stuttgart: Reclam, 1984).

Heutzutage ist ein Mentor meist eine erfahrene Führungskraft, die jüngere, weniger erfahrene Kollegen anleitet und unterstützt. Der Mentor kommt eher aus dem Modell der *Lehrzeit* als vom Coaching. Mentoren haben normalerweise eigene Interessen für ihre Klienten, Coachs dagegen nicht.

Lehrer und Trainer

Coachen ist weder mit Lehren noch mit Schulen (Trainieren) gleichzusetzen. Lehrer und Trainer sind inhaltlich Experten auf ihrem Gebiet und man erwartet von ihnen, dass sie Wissen und Fertigkeiten vermitteln. Coachs beschäftigen sich mit Prozessen, geben aber keine Inhalte weiter. Eine Schulung oder eine Unterrichtseinheit hat meist ein eindeutiges Ziel und klare Erwartungen, die der Lehrer definiert. Als Lernender erwartet man, etwas zu bekommen, was man gerne möchte, und man ist dort, um das zu lernen.

> Ein Beispiel aus unserer persönlichen Erfahrung: Als Joseph Portugiesisch lernen wollte, engagierte er einen Lehrer namens Leandro, der fließend Englisch, Portugiesisch und Französisch sprach; während der Unterrichtsstunden sprach er mit Joseph nur Portugiesisch (außer wenn Joseph nach den richtigen Wörtern suchte). Leandro schrieb dabei die wichtigsten Wörter und Grammatikregeln auf. Andere Lehrer mögen nach einer anderen Methode vorgehen, etwa: ein Buch durcharbeiten oder systematisch die Grammatik studieren oder portugiesische Wörter und Wendungen auswendig lernen. Als Joseph sich mit einem Coach über das Portugiesischlernen beriet, brachte ihm der Coach nichts bei und schlug auch nichts vor; vielmehr half er ihm herauszufinden, was das Portugiesischlernen für Joseph bedeutete und wie er beurteilen würde, wann er fließend sprach und was ihm daran wichtig war. Sie ermittelten die äußeren und inneren Ressourcen, die Joseph bereits hatte und die er noch brauchte, und wie er am schnellsten und leichtesten lernen könnte – und Joseph bestimmte dann selbst, wie er vorgehen wollte.

Lehren geht nur auf dem eher fortgeschrittenen Niveau in Coaching über, wenn ein Lehrer mit einem Schüler ein Thema mit eher offenem Ausgang gemeinsam untersucht, und dem Schüler hilft, es zu durchdenken, ohne eigene Antworten zu liefern. Das könnte in Seminaren an der Universität der Fall sein.

Therapeuten und Berater [counsellors]

Im Schaubild (Seite 301) wird oben rechts deutlich: Ein Coach ist weder Therapeut noch Berater. In einer Therapie geht es um die psychische *Gesundheit* des Klienten. Coaching befasst sich mit seiner psychischen *Entwicklung*. Klienten, die zum Coaching kommen, sind Erwachsene, die in ihrem Alltag grundsätzlich adäquat zurechtkommen und nicht im klinischen Sinne depressiv sind. Der Coach geht nicht direkt auf Gesundheitsprobleme ein, wenngleich Coaching den Klienten bei der Entscheidung *unterstützen* kann, wie er mit solchen umgehen soll. Bei den meisten Therapieformen sind die Klienten vorrangig dazu motiviert, etwas gegen

Schmerz und Unbehagen zu tun. Ihre bisherige Bewältigungsstrategie war und ist mit hohem Druck verbunden, ja, sie haben vielleicht sogar eine Art Zusammenbruch erlitten. Die Therapie soll Abhilfe (im Sinne von Heilung) bringen. Der Klient möchte, dass etwas in Ordnung gebracht wird, und er weiß, dass etwas schief läuft.

Stellen Sie sich eine Gradskala vor, auf der Wohlbefinden mit Werten von 1 bis 10 gemessen wird. Die 1 steht für größte emotionale Beeinträchtigung, der Klient kommt im Alltag gerade noch notdürftig zurecht. Ein Wert von 10 bedeutet: Der Klient fühlt sich wunderbar und erzielt tolle Ergebnisse. Der Wert in der Mitte, die 5, bedeutet: „Ich kann mich nicht beklagen", oder: „Es geht so, nicht gerade schlecht ..." Therapieklienten finden sich eher zwischen 1 und 4 wieder. Sie wollen zunächst wenigstens den Wert 5 erreichen. Sobald sie normal „funktionieren", wird der Therapeut *vielleicht* mit ihnen weiter in Richtung oben arbeiten. Aber es geht niemand zu einem Therapeuten und sagt: „Mir geht es super – helfen Sie mir, dass es mir noch besser geht!" Beim Coaching hingegen sagen Klienten das oft. Sie beginnen häufig zwischen 4 und 5; manchmal auch bei 7 oder 8. Der Coach zielt darauf ab, sie auf 9 oder 10 zu bringen oder *die Skala zu erweitern*, weil 10 nur *die* Grenze ihres Glücksgefühls ist, die Klienten als solche *wahrnehmen*.

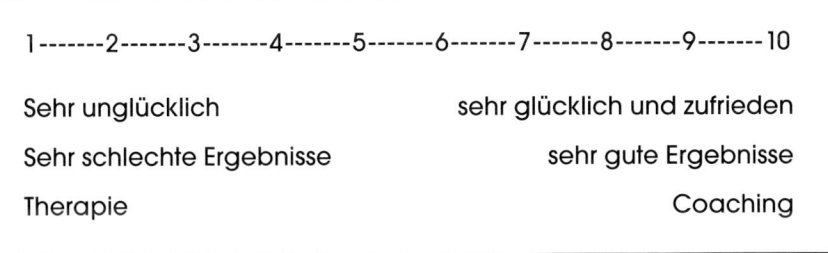

Die Skala des Wohlbefindens

Viele Therapien suchen außerdem nach *Ursachen* in der Vergangenheit. Im Coaching geht es hauptsächlich darum, die Gegenwart zu durchleuchten und die Zukunft zu gestalten. Wie der Klient dahin kam, wo er gerade steht, ist weniger wichtig, als wie er jetzt damit umgeht. Auch achtet die Therapie stärker auf die Gefühle der Klienten. Oft richtet sich das Augenmerk darauf, schmerzliche Gefühle zu erforschen, um sie zu lösen. Das machen Coachs nicht. Im Coaching können Emotionen auftauchen, aber sie sind nicht Zentrum des Interesses. Coaching konzentriert sich auf das *Handeln* und auf neue Verhaltensweisen; Emotionen können beim Coaching aus neuen Einsichten resultieren, aber es geht nicht darum, dass frühere Emotionen erneut durchlebt oder losgelassen werden. Und Coaching ermuntert die Klienten, mehr über die Gegenwart und die Zukunft nachzudenken als über die Vergangenheit.

Moderatoren [facilitators]

Ein Coach ist kein Moderator. Moderatoren arbeiten mit Gruppen, als Prozessbegleiter, und unterstützen sie dabei, Entscheidungen zu treffen. Ein idealer Moderator bringt den Prozess voran, hält sich aber heraus und macht selten Vorschläge. Sobald die Gruppe einen Konsens gefunden oder eine Entscheidung getroffen hat, ist die Aufgabe des Moderators abgeschlossen. Ein Coach arbeitet eher mit Einzelpersonen (ein Moderator nie) und er wird seine eigene Persönlichkeit viel stärker ins Coaching einbringen.

Psychometrische Tests

Der Quadrant links unten in unserem Schaubild ist der Bereich der psychometrischen Tests. Der Klient hat zwar das „Fachwissen" (für sein eigenes Leben), aber die psychometrischen Tests geben dennoch hilfreiche Antworten; denn sie nehmen die Informationen, die der Klient gegeben hat, und bringen sie in eine andere Form, die hilfreiche Schlussfolgerungen ermöglicht.

Quellenverzeichnis

[Sofern nicht anders vermerkt, stammt die Übersetzung der Zitate von Isolde Seidel.]

Kapitel 1

1. Schein, E.: Process Consultation. Lessons for Managers and Consultants, Bd. 1 und 2, Addison-Wesley, 1988
2. Schein, E.: *Process Consultation Revisited*, Addison-Wesley, 1999; dt. Ausgabe: *Prozessberatung für die Organisation der Zukunft. Der Aufbau einer helfenden Beziehung*, Bergisch Gladbach: Ed. Humanistische Psychologie, 2003
3. Douglas, C., McCauley, C.D.: „Formal Developmental Relationships: A Survey of Organisational Practice", in: *Human Resource Development Quarterly* 10, 1999
4. Downey, M.: *Effective Coaching*, Orion, 1999
5. Peterson, D., Hicks, M.: „Strategic Coaching, Five ways to get the most Value", in: *Human Resources Focus* Bd. 76, Nr. 2, 1999
6. Whitmore, J.: *Coaching for Performance*, Nicholas Brealey, 2002; dt. Ausgabe: *Coaching für die Praxis*, Frankfurt/Main: Campus, 1994
7. Whitworth, L., Kimsey-House, H., Sandahl, P.: *Co-Active Coaching*, Davies-Black, 1998; dt. Ausgabe: *Co-aktives Coaching. Neue Coaching-Techniken für mehr beruflichen und privaten Erfolg*, Offenbach: GABAL, 2005
8. O'Connor, J., Lages, A.: *Coaching with NLP*, 2004; dt. Ausgabe: *Coaching-Erfolg mit NLP*, Kirchzarten: VAK, 2008
9. Sieler, A.: *Coaching to the Human Soul*, Newfield Publishing, 2003
10. Auerbach, J.: *Seeing the Light: What Organisations Need to Know About Executive Coaching*, College of Executive Coaching, 2005
11. Sie unter www.peer.ca/coachingschools.html

Kapitel 2

1. Dawkins, R.: *The Selfish Gene*, Oxford University Press, 1976; dt. Ausgabe: *Das egoistische Gen*, Berlin: Springer, 1978
2. Gallwey, Timothy: *The Inner Game of Tennis*, Random House, 1974; dt. Ausgabe: *The Inner Game of Tennis: Die Kunst der entspannten Konzentration*, Bonn: New-School-Verlag, 2008

Anhang

3. Brock, V.: *Who's Who in Coaching – Executive Summary*, 2006 (privat herausgegeben)
4. Vgl. unter www.thomasleonard.com
5. Vgl. unter www.acto1.com
6. Whitmore, J.: *Coaching for Performance*, Nicholas Brealey,1992; dt. Ausgabe: *Coaching für die Praxis*, Frankfurt/Main: Campus, 1994
7. Herrigel, E.: *Zen in the Art of Archery*, Random House, 1953; dt. Ausgabe: *Zen in der Kunst des Bogenschießens*, Frankfurt/Main: Fischer-Taschenbuch-Verlag, 2005
8. Gladwell, M.: *The Tipping Point*, Little, Brown and Company, 2000; dt. Ausgabe: *Der Tipping Point: Wie kleine Dinge Großes bewirken können*, Berlin: Berlin-Verlag, 2000

Kapitel 3

1. Gladwell, M.: ebd. (vgl. Kap. 2, Nr. 8)
2. Maslow, A.: *Toward a Psychology of Being*, Wiley1998; dt. Ausgabe: *Psychologie des Seins*, Frankfurt/Main: Fischer-Taschenbuch-Verlag, 1994
3. Rogers, C.: *A Way of Being*, Houghton Mifflin, 1980; dt. Ausgabe: *Der neue Mensch*, Stuttgart: Klett-Cotta, 1993
4. Rogers, C.: *Client-Centered Therapy: Its Current Practice, Implications and Theory*, 1951; dt. Ausgabe: *Die klientenzentrierte Gesprächspsychotherapie*, Frankfurt: Fischer-Taschenbuch-Vlg., 1994
5. Gallwey, T.: *The Inner Game of Tennis*, a.a.O.
6. Flaherty, J.: *Coaching – Evoking Excellence in Others*, Butterworth-Heinemann, 1999
7. v. Foerster, H.: „Ethics and Second-Order Cybernetics", in: *SEHR* 4 (2): *Constructions of the Mind*, 1994
8. Western, D.: „Confirmation Bias" (nicht veröffentlicht), vorgetragen bei der *Annual Conference of the Society for Personality and Social Psychology* 2006
9. www.secondlife.com/web
10. Friedman, T.: *The World is Flat*, Penguin, 2005; dt. Ausgabe: *Die Welt ist flach. Eine kurze Geschichte des 21. Jahrhunderts*, Frankfurt/Main: Suhrkamp, 2006
11. Moss Kanter, R.: *The Change Masters: Innovation and Entrepreneurship in the American Corporation*, 1983
12. CIPD-Studie vom März 2005: „Who Learns at Work?"

Kapitel 4

1. Gallwey, T.: The Inner Game of Tennis, a.a.O.
2. Chuang Tzu: *Basic Writings*, ins Englische übersetzt von Burton Watson, Columbia University Press, 1964
3. De Ropp, R.: *The Master Game*, Dell Publishing Company, 1968; dt. Ausgabe: *Das Meisterspiel*, München: Hugendubel, 1980
4. Whitmore, J.: *Coaching for Performance*, Nicholas Brealey,1992; dt. Ausgabe: *Coaching für die Praxis*, Frankfurt/Main: Campus, 1994
5. Kolb, D.: *Experiential Learning: Experience as the Source of Learning and Development*, Prentice-Hall 1984
6. Whitworth, L., Kimsey-House, H., Sandahl, P.: *Co-Active Coaching*, Davies-Black, 1998; dt. Ausgabe: *Co-aktives Coaching. Neue Coaching-Techniken für mehr beruflichen und privaten Erfolg*, Offenbach: GABAL, 2005

Kapitel 5

1. Wilber, K.: *Sex, Ecology, Spirituality*, 1995; dt. Ausgabe: *Eros, Kosmos, Logos. Eine Vision an der Schwelle zum nächsten Jahrtausend*, Frankfurt/Main: Krüger, 1996
2. Wilber, K.: *A Brief History of Everything*, Shambhala, 1996; dt. Ausgabe: *Eine kurze Geschichte des Kosmos*, Frankfurt/Main: Fischer-Taschenbuch-Verlag, 1997
3. Wilber, K.: *One Taste*, 1999; dt. Ausgabe: *Einfach „Das". Tagebuch eines ereignisreichen Jahres*, Frankfurt/Main: Fischer-Taschenbuch-Verlag, 2001
4. www.kenwilber.com/web
5. Gebser, J.: *The Ever-Present Origin*, Ohio University Press, 1985
6. Beck, D., und Cowan, C.: *Spiral Dynamics*, Blackwell, 1996; dt. Ausgabe: *Spiral dynamics: Leadership, Werte und Wandel*, Bielefeld: Kamphausen, 2007
7. www.spiraldynamics.org/web
8. www.claregraves.com/web
9. Graves, C.: „Levels of Existence: An Open System Theory of Values", in: *Journal of Humanistic Psychology*, November 1970
10. Gardner, H.: *Frames of Reference*, Fontana Press, 1993
11. Goleman, D.: *Emotional Intelligence*, Bloomsbury (Bantam), 1997; dt. Ausgabe: *Emotionale Intelligenz*, München: Deutscher Taschenbuch-Verlag, 1997
12. www.discprofile.com/web
13. www.myersbriggs.org/web
14. www.birkman.com/web
15. Gilligan, C.: *In a different Voice*; Harvard University Press, 1982; dt. Ausgabe: *Die andere Stimme*, München: Piper, 1999

Kapitel 6

1. Bandler, R., Grinder, J.: *The Structure of Magic*, Volume 1, Science and Behavior Books, 1975; dt. Ausgabe: *Metasprache und Psychotherapie. Die Struktur der Magie I*, Paderborn: Junfermann, 1990

2. Bandler, R., Grinder, J.: *The Structure of Magic*, Volume 2, Science and Behavior Books, 1976; dt. Ausgabe: *Kommunikation und Veränderung. Die Struktur der Magie II*, Paderborn: Junfermann, 1991

3. Bandler, R., Grinder, J.: *Patterns of Hypnotic Techniques of Milton H. Erickson M.D.*, Volume 1, Meta Publications, 1975; dt. Ausgabe: *Patterns. Muster der hypnotischen Techniken Milton H. Ericksons*, Paderborn: Junfermann, 1996

4. Bandler, R., Grinder, J.: *Patterns of Hypnotic Techniques of Milton H. Erickson M.D.*, Volume 2, Meta Publications, 1976

5. Perls, F.: *Gestalt Therapy Verbatim*, Real People Press, 1969; dt. Ausgabe: *Gestalttherapie in Aktion*, Stuttgart: Klett-Cotta, 1969

6. Satir, V., Bandler, R., Grinder, J.: *Changing with Families*, Science and Behavior Books, 1976; dt. Ausgabe: *Mit Familien reden: Gesprächsmuster und therapeutische Veränderung*, München: Pfeiffer, 1978

7. Erickson, M., Rossi, E.: *Hypnotic Realities*, Irvington, 1975; dt. Ausgabe: *Hypnose: Induktion, psychotherapeutische Anwendung, Beispiele*, München: Pfeiffer, 1978

8. Berne, E.: *Games People Play*, Penguin, 1964; dt. Ausgabe: *Spiele der Erwachsenen: Psychologie der menschlichen Beziehungen*, Reinbek b. Hamburg: Rowohlt, 2002 (Neuausgabe)

9. Bateson, G.: *Steps to an Ecology of Mind*, Ballantine Books, 1972; dt. Ausgabe: *Ökologie des Geistes*, Frankfurt/Main: Suhrkamp, 1981

10. Condon, W.: „Cultural Microrhythms", in: *Interaction Rhythms: Periodicity in Communicative Behavior*, M. Davis (Hrsg.), Human Sciences Press, 1982

11. Dilts, R.: *From Coach to Awakener*, Meta Publications, 2003; dt. Ausgabe: *Professionelles Coaching mit NLP. Mit dem NLP-Werkzeugkasten geniale Lösungen anstreben*, Paderborn: Junfermann, 2005

Kapitel 7

1. Seligman, M.: *Authentic Happiness*, Nicholas Brealey, 2003; dt. Ausgabe: *Der Glücksfaktor. Warum Optimisten länger leben*, Bergisch-Gladbach: Ehrenwirth, 2003

2. Peterson C., Seligman, M.: „Causal explanations as a risk factor for depression", in: *Theory and Evidence Psychological Review* 91 (3), 1984

3. Peterson, C., Seligman, M., Valliant, G.: „Pessimistic Explanatory Style Is a Risk Factor for Physical Illness: A Thirty Five-Year Longitudinal Study", in: *Journal of Personality and Social Psychology* 55, 1988

4. Csikszentmihalyi, M.: *Flow: The Psychology of Engagement with Everyday Life*, Harper, 1991

5. Peterson, C., Seligman, M.: *Character Strengths and Virtues: A Handbook and Classification*, Oxford University Press, 2004

6. www.authentichappiness.sas.upenn.edu

7. Losada, M.: „The Complex Dynamics of High Performance Teams: Mathematical and Computer Modeling", in: *American Psychologist* 30, 1999

8. Frederickson, B., Losada, M.: „Positive Affect and the Complex Dynamics of Human Flourishing", in: *American Psychologist* 60, 2005

Beitrag von C. Kauffman

1. Kauffman, C., Grunebaum, H., Cohler, B., Gamer, E.: „Superkids: Competent Children of Psychotic Mothers", in: *American Journal of Psychiatry* 136 (11), 1979, S. 1398–1402

2. Seligman, M.E.P., Csikszentmihalyi, M.: „Positive Psychology: An Introduction", in: *American Psychologist*, 55 (1), 2000, S. 5–14

3. Gable, S., Haidt, J.: „What (and why) is positive psychology?", in: *Review of General Psychology*, 9 (2), 2005, S. 103–110

4. Fredrickson, B., Losada, M.: „Positive affect and the complex dynamics of human flourishing", in: *American Psychologist*, 60 (7), 2005, S. 678–686

5. Czikszentmihalyi, M.: *Flow*, Harper, 1991; dt. Ausgabe: *Flow: Das Geheimnis des Glücks*, Stuttgart: Klett-Cotta, 1992

6. Czikszentmihalyi, M.: *Finding Flow: The Psychology of Engagement with Everyday Life*, Basic Books, 1997; dt. Ausgabe: *Lebe gut!: wie Sie das Beste aus Ihrem Leben machen*, Stuttgart: Klett-Cotta, 1999

7. Lopez, S., Snyder, C.R.: *Handbook of Positive Psychological Assessment: A Handbook of Models and Measures,* American Psychological Association, 2003

8. Seligman, M.E.P., Stehen, T., Park, N., Peterson, C.: „Positive Psychology Progress: Empirical Validation of Interventions", in: *American Psychologist*, 60 (5), 2005, S. 410–421

9. Kauffman, C.: „Toward a Positive Psychology of Executive Coaching", in: Linley, A., Joseph, S. (Hrsg.): *Positive Psychology in Practice*, Wiley, 2004

10. Kauffman, C.: „The Science at the Heart of Coaching", in: Stober, D., Grant, A. (Hrsg.): *Evidence based Coaching Handbook: Putting Best Practices to Work for Your Clients*, Wiley, 2006

11. Kauffman, C.: „The Practice of Positive Psychology in Coaching, Grundsatzreferat, gehalten bei der zweiten internationalen Konferenz für Coaching-Psychologie der *British Psychological Society* in London, 2007

Anhang

12. Peterson, C., Seligman, M.: *Character Strengths and Virtues*, American Psychological Association, 2003
13. Carver, C.S., Scheier, M.: „Optimism", in: Lopez, S. und Snyder C.R. (Hrsg.): *Positive Psychological Assessment: A Handbook of Models and Measures*, American Psychological Association, 2003
14. Fredrickson, B.: „The Role of Positive Emotions in Positive Psychology: The „Broaden-and-build" Theory of Positive Emotions", *American Psychologist* 56 (3), 2001, S. 218–226
15. Fredrickson, B.: „The „Broaden-and-build" Theory of Positive Emotions", in Huppert, F., Baylis, N., Keverne, B. (Hrsg.): *The Science of Well-being*, Oxford University Press, 2006
16. Cohn, M., Fredrickson, B.: „Beyond the Moment, Beyond the Self: Shared Ground Between Selective Investment Theory and the Broaden-and-build Theory of Positive Emotions", in: *Psychological Inquiry* 17 (1), S. 39–44
17. Lyubomirsky, S., King, L., Diener, E.: „The Benefits of Frequent Positive Affect: Does Happiness Lead to Success?" in: *Psychological Bulletin* 131 (6), S. 803–855
18. Lopez, S., Snyder, C.R., Magyar-Moe, J., Edwards, L, Pedrotti, J.T., Janowski, K. u. a.: „Strategies for Accentuating Hope" in: Linley, A., Joseph, S. (Hrsg.): *Positive Psychology in Practice*, Wiley, 2004
19. Snyder, C.R., Harris, C., Anderson, J., Holleran, S., Irving, L, Sigmon, S. u. a.: „The Will and the Ways: Development and Validation of an Individual", in: *Journal of Personality and Social Psychology* (60) 4, 1991, S. 570–585

Kapitel 8

1. Zeus, P., Skiffington, S.: *The Complete Guide to Coaching at Work*, McGraw-Hill, 2000
2. Zeus, P., Skiffington, S.: *The Coaching at Work Tool Kit*, McGraw-Hill, 2002
3. Skiffington, S., Zeus, P.: *Behavioral Coaching*, McGraw-Hill, 2003
4. Hicks, M., Peterson, D.: „The Development Pipeline: How People Really Learn", in: *Knowledge Management Review* 9, 1999
5. Kohn, A.: *Punished by Rewards*, Houghton Mifflin, 1993
6. Fournies, F.: *Coaching for Improved Work Performance*, McGraw-Hill, 2000

Kapitel 9

[Das Zitat von Dschuang Dsi zu Beginn des Kapitels stammt aus: Dschuang Dsi, *Das wahre Buch vom südlichen Blütenland,* München: Hugendubel, 2008; Übersetzung: Richard Wilhelm]

1. Sieler, A.: *Coaching to the Human Soul*, Newfield Publishing, 2003
2. Flores, F., Solomon, R.: *Building Trust*, Oxford University Press 2001
3. Maturana, H., Varela, F.: *The Tree of Knowledge: The Biological Roots of Human Understanding*, Shambhala, 1987; dt. Ausgabe: *Der Baum der Erkenntnis*, Bern: Scherz, 1987
4. Echeverria, R.: *Ontologia Del Lenguaje*, 2003
5. Heidegger, M.: *Being and Time*, 1962; dt. Originalausgabe: *Sein und Zeit*, Tübingen: Niemeyer, 1976
6. Searle, J.: *Speech Acts: An Essay in the Philosophy of Language*, 1969; dt. Ausgabe: *Sprechakte. Ein sprachphilosophischer Essay*, Frankfurt/Main: Suhrkamp, 2003
7. Flaherty, J.: *Coaching: Evoking Excellence in Others*, Butterworth-Heinemann, 1999

Kapitel 10

1. Condon, W.: „Cultural Microrhythms", in: Davis (Hrsg.): *Interactional Rhythms: Periodicity in Communicative Behavior*, Human Sciences Press, 1982
2. Sheldon, K., Elliot, A.: „Not All Personal Goals Are Personal", in: *Personality and Social Psychology Bulletin* 24 (5), 1998
3. Swift, J.: *Gulliver's Travels*, Hrsg. Turner, P., 1988; dt. Ausgabe: *Gullivers Reisen*, Frankfurt/Main: Insel, 2008
4. O'Connor, J., Lages, A.: *Coaching with NLP*, 2004; dt. Ausgabe: *Coaching-Erfolg mit NLP*, Kirchzarten bei Freiburg: VAK, 2008

Kapitel 11

1. Stober, D., Grant, A.: *Evidence Based Coaching Handbook*, Wiley, 2006
2. Sherpa Coaching Survey, Cincinatti Ohio, abzurufen unter www.sherpacoaching.com/survey.html
3. Jarvis, J.: *Coaching and Buying Coaching Services – A CIPD Guide*, Chartered Institute of Personnel Development, 2004
4. Kirkpatrick, D. L.: *Evaluating Training Programs: The Four Levels*, Berrett-Koehler, 1994
5. Auerbach, J.: *Seeing the Light: What Organizations Need to Know About Executive Coaching*, College of Executive Coaching, 2005
6. Fitz-Enz, Jac: *The ROI of Human Capital*, American Management Association, 2000; dt. Ausgabe: *Renditefaktor Personal: So messen Sie den ROI Ihrer Mitarbeiter*, Frankfurt/Main, New York: Campus, 2003
7. www.coachingconsortium.org

8. Anderson, M.: *Executive Briefing: Case Study on the Return on Investment of Executive Coaching*, Metrix Global LLC, 2001
9. Skiffington, S., Zeus, P.: *Behavioural Coaching*, 2003
10. Laske, O.: „Can Evidence Based Coaching Increase ROI?", in: *International Journal of Evidence Based Coaching and Mentoring*, 2 (2), 2004

Kapitel 12

1. Piaget, J.: *The Origins of Intelligence in Children*, Norton, 1952; dt. Ausgabe: *Das Erwachen der Intelligenz beim Kinde*, Stuttgart: Klett-Cotta, 2003
2. King, P., Kitchener, K.: *Developing Reflective Judgement*, Jossey-Bass, 1994
3. Wilber, K.: *Sex, Ecology, Spirituality*, 1995; dt. Ausgabe: *Eros, Kosmos, Logos*, Frankfurt/Main: Fischer-Taschenbuch-Verlag, 2001
4. Basseches, M.: *Dialectical Thinking and Adult Development*, Ablex Publishing, 1984
5. Graves, C.: „The Emergent, Cyclical Double Helix Model of the Adult Human Biosocial System", Skript zur Präsentation vor der World Future Society in Boston, Massachusetts, am 20. Mai 1981; für Dr. Graves erstellt von Christopher Cowan
6. Beck, D., Cowan, C.: *Spiral Dynamics*, Blackwell, 1996; dt. Ausgabe: *Spiral Dynamics: Leadership, Werte und Wandel*, Bielefeld: Kamphausen, 2007
7. Gilligan, C.: *In a Different Voice*, Harvard University Press, 1982; dt.: *Die andere Stimme*, München/Zürich: Piper, 1984
8. Kegan, R.: *In over Our Heads: The Demands of Modern Life*, Oxford University Press, 1994
9. James, W.: *The Varieties of Religious Experience*, 1902; dt. Ausgabe: *Die Vielfalt religiöser Erfahrung*, Frankfurt/Main: Insel, 1997
10. Laske, O.: *Measuring Hidden Dimensions*, IDM Press, 2005
11. Cook-Greuter, S.: „Post Autonomous Ego Development, Dissertation eingereicht an der *Faculty of the Harvard Graduate School of Education*; erhältlich bei cookgsu@comcast.net
12. Torbert, W.: *The Power of Balance: Transforming Self, Society, and Scientific Inquiry*, Sage, 1991
13. Koplowitz, H.: *Unitary Consciousness and the Highest Development of Mind*, Praeger, 1990
14. Loevinger, J.: *Paradigms of Personality*, Freeman, 1987
15. Kierkegaard, S.: *Journals*, ins Englische übersetzt von A. Dru, 1959 [Rückübersetzung des Zitats ins Deutsche: I. S.]; dt. Ausgabe: *Die Tagebücher*, Düsseldorf: Diederichs, 1980
16. Sheldon, K., Elliot, A.: „Not All Personal Goals Are Personal", in: *Personality and Social Psychology Bulletin* 24(5), 1998

Kapitel 13

1. Rossinski, P.: *Coaching across Cultures*, Nicholas Brealey, 2003
2. Trompenaars, F.: *Riding the Waves of Culture*, Nicholas Brealey (McGraw-Hill), 1997; dt. Ausgabe: *Handbuch globales Managen. Wie man kulturelle Unterschiede im Geschäftsleben versteht*, Düsseldorf: ECON, 1993)
3. Hofstede, G.: *Cultures and Organizations*, McGraw-Hill, 1997
4. Hall, E., Hall, M.: *Understanding Cultural Differences*, Doubleday, 1990

Kapitel 14

1. Grant, A.: Grundsatzreferat, gehalten bei der *Coaching Conference* an der Universität von Sydney, 2003
2. Eliot, T. S.: *Burnt Norton, Four Quartets*, siehe
 www.tristan.icom43.net/quartets/norton.html;
 dt. Übersetzung: http://allezitate.com/t-s-eliot/zitate/224832
3. Brooks, T.: *The Sword of Shannara*, 1977; dt. Ausgabe: *Das Schwert von Shannara*, München: Goldmann, 1977

Literaturverzeichnis

Anderson, M.: *Executive Briefing: Case Study on the Return on Investment of Executive Coaching,* Metrix Global LLC, 2001

Auerbach, J.: *Seeing the Light: What Organisations Need to Know About Executive Coaching*, College of Executive Coaching, 2005

Bandler, R., Grinder, J.: *Patterns of Hypnotic Techniques of Milton H. Erickson M.D.*, Volume 1, Meta Publications, 1975; dt. Ausgabe: *Patterns. Muster der hypnotischen Techniken Milton H. Ericksons*, Paderborn: Junfermann, 1996

Bandler, R., Grinder, J.: *Patterns of Hypnotic Techniques of Milton H. Erickson M.D.*, Volume 2, Meta Publications, 1976

Bandler, R., Grinder, J.: *The Structure of Magic*, Volume 1, Science and Behavior Books, 1975; dt. Ausgabe: *Metasprache und Psychotherapie. Die Struktur der Magie I,* Paderborn: Junfermann, 1990

Bandler, R., Grinder, J.: *The Structure of Magic*, Volume 2, Science and Behavior Books, 1976; dt. Ausgabe: *Kommunikation und Veränderung. Die Struktur der Magie II,* Paderborn: Junfermann, 1991

Basseches, M.: *Dialectical Thinking and Adult Development*, Ablex Publishing, 1984

Bateson, G.: *Steps to an Ecology of Mind*, Ballantine Books, 1972; dt. Ausgabe: *Ökologie des Geistes*, Frankfurt/Main: Suhrkamp, 1981

Beck, D., Cowan, C.: *Spiral Dynamics*, Blackwell, 1996; dt. Ausgabe: *Spiral Dynamics: Leadership, Werte und Wandel*, Bielefeld: Kamphausen, 2007

Berne, E.: *Games People Play*, Penguin, 1964; dt. Ausgabe: *Spiele der Erwachsenen: Psychologie der menschlichen Beziehungen*, Reinbek b. Hamburg: Rowohlt, 2002 (Neuausgabe)

Brock, V.: *Who's Who in Coaching – Executive Summary*, 2006 (privat herausgegeben)

Carver, C.S., Scheier, M.: „Optimism", in: Lopez, S. und Snyder C.R. (Hrsg.): *Positive Psychological Assessment: A Handbook of Models and Measures*, American Psychological Association, 2003

Chuang Tzu: *Basic Writings*, ins Englische übersetzt von Burton Watson, Columbia University Press, 1964

CIPD-Studie vom März 2005: „Who Learns at Work?"

Cohn, M., Fredrickson, B.: „Beyond the Moment, Beyond the Self: Shared Ground Between Selective Investment Theory and the Broaden-and-build Theory of Positive Emotions", in: *Psychological Inquiry* 17 (1), S. 39–44

Condon, W.: „Cultural Microrhythms", in: Davis (Hrsg.): *Interactional Rhythms: Periodicity in Communicative Behavior*, Human Sciences Press, 1982

Cook-Greuter, S.: „Post Autonomous Ego Development, Dissertation eingereicht an der *Faculty of the Harvard Graduate School of Education*; erhältlich bei: cookgsu@comcast.net

Csikszentmihalyi, M.: *Flow: The Psychology of Engagement with Everyday Life*, Harper, 1991

Czikszentmihalyi, M.: *Finding Flow: The Psychology of Engagement with Everyday Life*, Basic Books, 1997; dt. Ausgabe: *Lebe gut!: wie Sie das Beste aus Ihrem Leben machen*, Stuttgart: Klett-Cotta, 1999

Czikszentmihalyi, M.: *Flow*, Harper, 1991; dt. Ausgabe: *Flow: Das Geheimnis des Glücks*, Stuttgart: Klett-Cotta, 1992

Dawkins, R.: *The Selfish Gene*, Oxford University Press, 1976; dt. Ausgabe: *Das egoistische Gen*, Berlin: Springer, 1978

De Ropp, R.: *The Master Game*, Dell Publishing Company, 1968; dt. Ausgabe: *Das Meisterspiel*, München: Hugendubel, 1980

Dilts, R.: *From Coach to Awakener*, Meta Publications, 2003; dt. Ausgabe: *Professionelles Coaching mit NLP. Mit dem NLP-Werkzeugkasten geniale Lösungen anstreben*, Paderborn: Junfermann, 2005

Douglas, C., McCauley, C.D.: „Formal Developmental Relationships: A Survey of Organisational Practice", in: *Human Resource Development Quarterly* 10, 1999

Downey, M.: *Effective Coaching*, Orion, 1999

Echeverria, R.: *Ontologia Del Lenguaje*, 2003

Erickson, M., Rossi, E.: *Hypnotic Realities*, Irvington, 1975; dt. Ausgabe: *Hypnose: Induktion, psychotherapeutische Anwendung, Beispiele*, München: Pfeiffer, 1978

Fitz-Enz, Jac: *The ROI of Human Capital*, American Management Association, 2000; dt. Ausgabe: *Renditefaktor Personal: So messen Sie den ROI Ihrer Mitarbeiter*, Frankfurt/Main, New York: Campus, 2003

Flaherty, J.: *Coaching: Evoking Excellence in Others*, Butterworth-Heinemann, 1999

Flores, F., Solomon, R.: *Building Trust*, Oxford University Press 2001

Fournies, F.: *Coaching for Improved Work Performance*, McGraw-Hill, 2000

Fredrickson, B., Losada, M.: „Positive Affect and the Complex Dynamics of Human Flourishing", in: *American Psychologist* 60, 2005

Fredrickson, B.: „The „Broaden-and-build" Theory of Positive Emotions", in Huppert, F., Baylis, N., Keverne, B. (Hrsg.): *The Science of Wellbeing*, Oxford University Press, 2006

Fredrickson, B.: „The Role of Positive Emotions in Positive Psychology: The „Broaden-and-build" Theory of Positive Emotions", *American Psychologist* 56 (3), 2001

Friedman, T.: *The World is Flat*, Penguin, 2005; dt. Ausgabe: *Die Welt ist flach. Eine kurze Geschichte des 21. Jahrhunderts*, Frankfurt/Main: Suhrkamp, 2006

Gable, S., Haidt, J.: „What (and why) is positive psychology?", in: *Review of General Psychology*, 9 (2), 2005, S. 103–110

Gallwey, Timothy: *The Inner Game of Tennis*, Random House, 1974; dt. Ausgabe: *The Inner Game of Tennis: Die Kunst der entspannten Konzentration*, Bonn: New-School-Verlag, 2008

Gardner, H.: *Frames of Reference*, Fontana Press, 1993

Gebser, J.: *The Ever-Present Origin*, Ohio University Press, 1985

Gilligan, C.: *In a Different Voice*, Harvard University Press, 1982; dt. Ausgabe: *Die andere Stimme*, München: Piper, 1999

Gladwell, M.: *The Tipping Point*, Little, Brown and Company, 2000; dt. Ausgabe: *Der Tipping Point: Wie kleine Dinge Großes bewirken können*, Berlin: Berlin-Verlag, 2000

Goleman, D.: *Emotional Intelligence*, Bloomsbury (Bantam), 1997; dt. Ausgabe: *Emotionale Intelligenz*, München: Deutscher Taschenbuch-Verlag, 1997

Graves, C.: „Levels of Existence: An Open System Theory of Values", in: *Journal of Humanistic Psychology*, November 1970

Graves, C.: „The Emergent, Cyclical Double Helix Model of the Adult Human Biosocial System", Skript zur Präsentation vor der World Future Society in Boston, Massachusetts, am 20. Mai 1981; für Dr. Graves erstellt von Christopher Cowan

Hall, E., Hall, M.: *Understanding Cultural Differences*, Doubleday, 1990

Heidegger, M.: *Being and Time*, 1962; dt. Originalausgabe: *Sein und Zeit*, Tübingen: Niemeyer, 1976

Herrigel, E.: *Zen in the Art of Archery*, Random House, 1953; dt. Ausgabe: *Zen in der Kunst des Bogenschießens*, Frankfurt/Main: Fischer-Taschenbuch-Verlag, 2005

Hicks, M., Peterson, D.: „The Development Pipeline: How People Really Learn", in: *Knowledge Management Review* 9, 1999

Hofstede, G.: *Cultures and Organizations*, McGraw-Hill, 1997

James, W.: *The Varieties of Religious Experience*, 1902; dt. Ausgabe: *Die Vielfalt religiöser Erfahrung*, Frankfurt/Main: Insel, 1997

Jarvis, J.: *Coaching and Buying Coaching Services – A CIPD Guide*, Chartered Institute of Personnel Development, 2004

Kauffman, C., Grunebaum, H., Cohler, B., Gamer, E.: „Superkids: Competent Children of Psychotic Mothers", in: *American Journal of Psychiatry* 136 (11), 1979, S. 1398–1402

Kauffman, C.: „The Practice of Positive Psychology in Coaching, Grundsatzreferat, gehalten bei der zweiten internationalen Konferenz für Coaching-Psychologie der *British Psychological Society* in London, 2007

Kauffman, C.: „The Science at the Heart of Coaching", in: Stober, D., Grant, A. (Hrsg.): *Evidence based Coaching Handbook: Putting Best Practices to Work for Your Clients*, Wiley, 2006

Kauffman, C.: „Toward a Positive Psychology of Executive Coaching", in: Linley, A., Joseph, S. (Hrsg.): *Positive Psychology in Practice*, Wiley, 2004

Kegan, R.: *In over Our Heads: The Demands of Modern Life*, Oxford University Press, 1994

Kierkegaard, S.: *Journals*, ins Englische übersetzt von A. Dru, 1959 [Rückübersetzung des Zitats ins Deutsche: I. S.]; dt. Ausgabe: *Die Tagebücher*, Düsseldorf: Diederichs, 1980

King, P., Kitchener, K.: *Developing Reflective Judgement*, Jossey-Bass, 1994

Kirkpatrick, D. L.: *Evaluating Training Programs: The Four Levels*, Berrett-Koehler, 1994

Kohn, A.: *Punished by Rewards*, Houghton Mifflin, 1993

Kolb, D.: *Experiential Learning: Experience as the Source of Learning and Development*, Prentice-Hall 1984

Koplowitz, H.: *Unitary Consciousness and the Highest Development of Mind*, Praeger, 1990

Laske, O.: „Can Evidence Based Coaching Increase ROI?", in: *International Journal of Evidence Based Coaching and Mentoring*, 2 (2), 2004

Laske, O.: *Measuring Hidden Dimensions*, IDM Press, 2005

Loevinger, J.: *Paradigms of Personality*, Freeman, 1987

Lopez, S., Snyder, C.R., Magyar-Moe, J., Edwards, L, Pedrotti, J.T., Janowski, K. u. a.: „Strategies for Accentuating Hope" in: Linley, A., Joseph, S. (Hrsg.): *Positive Psychology in Practice*, Wiley, 2004

Lopez, S., Snyder, C.R.: *Handbook of Positive Psychological Assessment: A Handbook of Models and Measures*, American Psychological Association, 2003

Losada, M.: „The Complex Dynamics of High Performance Teams: Mathematical and Computer Modeling", in: *American Psychologist* 30, 1999

Lyubomirsky, S., King, L., Diener, E.: „The Benefits of Frequent Positive Affect: Does Happiness Lead to Success?" in: *Psychological Bulletin* 131 (6), S. 803–855

Maslow, A.: *Toward a Psychology of Being*, Wiley1998; dt. Ausgabe: *Psychologie des Seins*, Frankfurt/Main: Fischer-Taschenbuch-Verlag, 1994

Maturana, H., Varela, F.: *The Tree of Knowledge: The Biological Roots of Human Understanding*, Shambhala, 1987; dt. Ausgabe: *Der Baum der Erkenntnis*, Bern: Scherz, 1987

Moss Kanter, R.: *The Change Masters: Innovation and Entrepreneurship in the American Corporation*, 1983

O'Connor, J., Lages, A.: *Coaching with NLP*, 2004; dt. Ausgabe: *Coaching-Erfolg mit NLP*, Kirchzarten: VAK, 2008

Perls, F.: *Gestalt Therapy Verbatim*, Real People Press, 1969; dt. Ausgabe: *Gestalttherapie in Aktion*, Stuttgart: Klett-Cotta, 1969

Peterson C., Seligman, M.: „Causal explanations as a risk factor for depression", in: *Theory and Evidence Psychological Review* 91 (3), 1984

Peterson, C., Seligman, M., Valliant, G.: „Pessimistic Explanatory Style Is a Risk Factor for Physical Illness: A Thirty Five-Year Longitudinal Study", in: *Journal of Personality and Social Psychology* 55, 1988

Peterson, C., Seligman, M.: *Character Strengths and Virtues*, American Psychological Association, 2003

Peterson, C., Seligman, M.: *Character Strengths and Virtues: A Handbook and Classification*, Oxford University Press, 2004

Peterson, D., Hicks, M.: „Strategic Coaching, Five ways to get the most Value", in: *Human Resources Focus* Bd. 76, Nr. 2, 1999

Piaget, J.: *The Origins of Intelligence in Children*, Norton, 1952; dt. Ausgabe: *Das Erwachen der Intelligenz beim Kinde*, Stuttgart: Klett-Cotta, 2003

Rogers, C.: *A Way of Being*, Houghton Mifflin, 1980; dt. Ausgabe: *Der neue Mensch*, Stuttgart: Klett-Cotta, 1993

Rogers, C.: *Client-Centered Therapy: Its Current Practice, Implications and Theory*, 1951; dt. Ausgabe: *Die klientenzentrierte Gesprächspsychotherapie*, Frankfurt: Fischer-Taschenbuch-Vlg., 1994

Rossinski, P.: *Coaching across Cultures*, Nicholas Brealey, 2003

Satir, V., Bandler, R., Grinder, J.: *Changing with Families*, Science and Behavior Books, 1976; dt. Ausgabe: *Mit Familien reden: Gesprächsmuster und therapeutische Veränderung*, München: Pfeiffer, 1978

Schein, E.: *Process Consultation Revisited*, Addison-Wesley, 1999; dt. Ausgabe: *Prozessberatung für die Organisation der Zukunft. Der Aufbau einer helfenden Beziehung*, Bergisch Gladbach: Ed. Humanistische Psychologie, 2003

Schein, E.: *Process Consultation. Lessons for Managers and Consultants*, Bd. 1 und 2, Addison-Wesley, 1988

Searle, J.: *Speech Acts: An Essay in the Philosophy of Language*, 1969; dt. Ausgabe: *Sprechakte. Ein sprachphilosophischer Essay*, Frankfurt/Main: Suhrkamp, 2003

Seligman, M.: *Authentic Happiness*, Nicholas Brealey, 2003; dt. Ausgabe: *Der Glücksfaktor. Warum Optimisten länger leben*, Bergisch-Gladbach: Ehrenwirth, 2003

Seligman, M.E.P., Csikszentmihalyi, M.: „Positive Psychology: An Introduction", in: *American Psychologist*, 55 (1), 2000, S. 5–14

Seligman, M.E.P., Stehen, T., Park, N., Peterson, C.: „Positive Psychology Progress: Empirical Validation of Interventions", in: *American Psychologist*, 60 (5), 2005, S. 410–421

Sheldon, K., Elliot, A.: „Not All Personal Goals Are Personal", in: *Personality and Social Psychology Bulletin* 24 (5), 1998

Sherpa Coaching Survey, Cincinatti Ohio, abzurufen unter www.sherpacoaching.com/survey.html

Sieler, A.: *Coaching to the Human Soul*, Newfield Publishing, 2003

Skiffington, S., Zeus, P.: *Behavioral Coaching*, McGraw-Hill, 2003

Snyder, C.R., Harris, C., Anderson, J., Holleran, S., Irving, L, Sigmon, S. u. a.: „The Will and the Ways: Development and Validation of an Individual", in: *Journal of Personality and Social Psychology* (60) 4, 1991, S. 570–585

Stober, D., Grant, A.: *Evidence Based Coaching Handbook*, Wiley, 2006

Swift, J.: *Gulliver's Travels*, Hrsg. Turner, P., 1988; dt. Ausgabe: *Gullivers Reisen*, Frankfurt/Main: Insel, 2008

Torbert, W.: *The Power of Balance: Transforming Self, Society, and Scientific Inquiry*, Sage, 1991

Trompenaars, F.: *Riding the Waves of Culture*, Nicholas Brealey (McGraw-Hill), 1997; dt. Ausgabe: *Handbuch globales Managen. Wie man kulturelle Unterschiede im Geschäftsleben versteht*, Düsseldorf: ECON, 1993

von Foerster, H.: „Ethics and Second-Order Cybernetics", in: *SEHR* 4 (2): *Constructions of the Mind*, 1994

Western, D.: „Confirmation Bias" (nicht veröffentlicht), vorgetragen bei der *Annual Conference of the Society for Personality and Social Psychology* 2006

Whitmore, J.: *Coaching for Performance*, Nicholas Brealey, 1992; dt. Ausgabe: *Coaching für die Praxis*, Frankfurt/Main: Campus, 1994

Whitworth, L., Kimsey-House, H., Sandahl, P.: *Co-Active Coaching*, Davies-Black, 1998; dt. Ausgabe: *Co-aktives Coaching. Neue Coaching-Techniken für mehr beruflichen und privaten Erfolg*, Offenbach: GABAL, 2005

Wilber, K.: *A Brief History of Everything*, Shambhala, 1996; dt. Ausgabe: *Eine kurze Geschichte des Kosmos*, Frankfurt/Main: Fischer-Taschenbuch-Verlag, 1997

Wilber, K.: *One Taste*, 1999; dt. Ausgabe: *Einfach „Das". Tagebuch eines ereignisreichen Jahres*, Frankfurt/Main: Fischer-Taschenbuch-Verlag, 2001

Wilber, K.: *Sex, Ecology, Spirituality*, 1995; dt. Ausgabe: *Eros, Kosmos, Logos. Eine Vision an der Schwelle zum nächsten Jahrtausend*, Frankfurt/Main: Krüger, 1996

Zeus, P., Skiffington, S.: *The Complete Guide to Coaching at Work*, McGraw-Hill, 2000

Zeus, P., Skiffington, S.: *The Coaching at Work Tool Kit*, McGraw-Hill, 2002

Nützliche Adressen

International Coaching Community (ICC)

Die ICC ist eine der weltweit größten Berufsorganisationen für Coachs. Alle Mitglieder der ICC haben das *International Coaching Certification Training* erfolgreich abgeschlossen. Die ICC hat Kernkompetenzen, Standards und eine Ethik formuliert, denen sich alle Mitglieder verpflichten.

Die ICC führt pro Jahr mehr als 60 Ausbildungen in 14 Ländern durch und hat ihr Angebot auf Ausbildungen in Unternehmenscoaching, Führungskräftecoaching, Lebenscoaching und Teamcoaching erweitert. Die Vision der ICC ist, Coaching als Beruf bzw. Coachs als Berufsgruppe mit klaren Standards und mit ethischen Leitlinien voranzubringen. Kontakt: www.internationalcoachingcommunity.com

Lambent do Brasil

Lambent do Brasil bildet Coachs im Sinne des ICC aus und ist darauf spezialisiert, professionelle Unternehmenscoachs für alle Ebenen anzubieten. Als international tätige Spezialfirma für Unternehmenscoaching leitet es Coachingprojekte für Firmen in vielen verschiedenen Ländern. Weil alle Coachs die gleiche Ausbildung absolviert haben, wird überall nach der gleichen Methodik gecoacht.

Lambent do Brasil führt auch in vielen Ländern ICC-Coachingausbildungen durch. Ebenso bietet es die NLP-Trainerausbildung nach den internationalen Standards an.

Lambent do Brasil bietet außerdem Unternehmensberatung mit dem systemischen Audit-Prozess an, um die Schlüsselstellen für die Unternehmensentwicklung zu ermitteln. Weitere Informationen finden Sie unter: www.lambentdobrasil.com

Stichwortverzeichnis

A

ABCDE-Modell 136 ff.
aktionsbasiertes Lernen 85
Aktionsplan 160
Anker 123, 161
Anliegen 20, 171, 214
Association of Coach Training Institutes (ACTO) 33
Aufklärung 157
Aufrichtigkeit 25
Ausgangspunkt 194
Auswertung 164
Authentic Happiness Coaching (AHC) 133

B

Backtracking 123
Begründen 174
Behauptungen 174, 186
Belohnung 160, 166
Beobachter 46, 180
Beobachtung 181
Berater 306
Berufsgruppe 293 ff.
Bestätigungstendenz 46 f.
Bewertung 137, 174, 186, 234
Bitten 176
Blickwinkel 95, 152, 206
blinder Fleck 206
Buddhismus 44, 47

C

Coach Training Institute (CTI) 33
Coaching Academy 33
Coachingbeziehung 20 ff., 170, 192, 202 ff.
CoachU 33
Coachville 33
coaktives Coaching 83 ff.

D

Deklarationen 173
Denken 116 ff.
Dilts, Robert 114, 127 ff.
Disput 137
Dschung Dsi 72, 169

E

Einschätzung 152, 237
Emotionen 133, 179
Energiesteigerung 138
Entwicklung 12, 223, 253
Entwicklungscoaching 59, 253
Entwicklungsstufen 12, 258
Ergebnismessung 231
Erhard, Werner 31
Erkenntnis/Einsicht 48, 161
Esalen-Institut 30 f.
EST-Training 31
Ethik 271
European Coaching Institute 33
Evaluierung 9, 156 ff.
Experten 35
Expertenmodell 18

329

F

Fachwissen 23 f.
Fallbeispiel 68, 88, 108, 124, 147, 167, 182
Feedback 73, 143, 164
flache Unternehmen 57
Flores, Fernando 31, 169, 185 ff.
Flow 30, 142 ff., 153
Forschung 232, 295 ff.
Fragen 22, 79, 119, 161, 196 ff.
Freude 141 ff.
Führungskräfte 58, 92, 156, 270, 303

G

Gallwey, Timothy 29 f., 71 ff.
GAPS-Grid 162
Gemeinschaftsmitglieder 262
Geschlecht 106, 277
Gespräche 178
Gewohnheiten 217
Gladwell, Malcolm 34, 39
Glaubwürdigkeit 24 ff.
Glücksgefühl 139
Grant, Anthony 245 ff.
Graves, Clare 102, 259
Grenzen 22, 48
GROW-Modell 77 ff.

H

Handeln/Handlung 48, 155, 225, 227
Heidegger, Martin 171
Herrigel, Eugen 34
Herunterschalten 52
Hoffnung 134, 153
Hören 84

humanistische Psychologie 40 ff.
Human Potential Movement 30, 43, 11

I

Individualisten 260
Individuum 51
Inner Game 29, 71 ff.
integrales Modell 95 ff., 192
Integriertes Mentaltraining (IMT) 59 ff.
integriertes Modell 191 ff.
interkulturelles Coaching 12, 188, 277
International Coach Federation (ICF) 33
International Coaching Community (ICC) 33
Internet 53
introjizierte Werte 215 ff.
Intuition 84, 204

J

Ji, Maharaj 4

K

Kapitalrendite (ROI) 240
Kauffman, Carol 149
Kegan, Robert 259 f.
Kernprozesse 192
Kierkegaard, Søren 270
Kolb 82
Kompetenz 159
Konsequenzen 137
Konstruktivismus 44 ff., 275
kulturelle Einflüsse 12
kulturelle Unterschiede 277

L

Landmark Forum 31 f.
Lebenscoaching 7, 128, 234
Lehren 130
Lehrer 305
Leonard, Thomas 32 ff.
Lernen 21, 223, 237, 254
Lernzyklus nach Kolb 82

M

Maslow, Abraham 41, 133
medizinisches Modell 18
Meme 28, 34, 39
Mentoren 305
Mentoring 131
Messung 164, 231 ff.
Meta-Modell 119
Meta-Programme 122
Modelling 160
Moderatoren 308
Modernismus 273 f.
Motivation 143, 161, 165, 215
Mu-Antwort 199

N

Nasreddin Hodscha 67, 191
Neugier 85, 199
Neurolinguistisches Programmieren 111 ff.
neurologische Ebenen 114

O

Olalla, Julio 31, 170
ontologisches Coaching 31, 36, 44, 169 ff.
Optimismus 4 ff., 134 ff.
östliche Philosophie 36

P

Personal and Professional Coaches Association (PPCA) 33
Perspektive 95, 206
Pessimismus 134 ff.
Positive Psychologie 59 ff., 133 ff.
postmodernes Coaching 12, 273
Postmodernismus 276
postkonventionelle Entwicklung 267
Problemcoaching 60
Programmieren 75
Prozessberatung 18
Psychogeografie 114, 192, 203
Psychogramm 105
Psychokybernetik 62
psychometrische Tests 308
PURE 78

Q

Quadrant 96 ff., 192
Quantenphysik 273

R

Rapport 113, 122, 203
Rawat, Prem 44
Realität 79, 273
Respekt 198
Rogers, Carl 40, 42 f.
Selbst 71 ff.
Selbstaktualisierung / Selbstverwirklichung 31, 133, 272
Selbstbeobachtung 44, 73
Selbstbewertung 174
Selbsterkenntnis 266
Selbstkonkordanz 216, 271
Selbstorganisation 86, 198

Sichtweise 95, 112, 163, 192, 206
Sinne 48, 116
SMART 78
Sokrates 22, 27
Spiraldynamik 102, 259
Sponsoring 131
Sport 7, 29, 71, 142
Sprache 48 ff., 119 ff., 172, 279
Standards 162, 271
Stärken 133 ff., 144, 152
Stimmungen 101, 179
Störungen 171
Stress 55
Stufen 102
Stufen des Denkens 255

T

Therapeuten 306
Trainer 305
transaktionales Coaching 103, 221 f.
transformationales Coaching 103, 221 f.
Transzendentale Meditation (TM) 43
Tugenden 144
Typen 106

Ü

Übergang 225
Überzeugung 115, 200
Umkipp-Punkt 34 f.
Uneståhl, Lars-Eric 59 ff.
Unternehmensberater 302

Unternehmenscoaching 7, 159, 235
Unterscheidungen 119, 193, 207 ff.
Unterstützung 24

V

Veränderung 20, 121, 223
Verantwortlichkeit 225
Vergnügen 139, 141 ff.
Verhaltensänderung 155, 160, 238
Verhaltenscoaching 130, 155 ff.
Verkäufer 35
Vermittler 35
Versprechen 24, 176 f.
Vertrauen 24 f., 157, 191
Vorbereitung 226

W

Wahlmöglichkeiten 81, 201, 227
Wahrnehmungspositionen 112
Werte 115, 133, 144, 171, 214
Wilber, Ken 95, 259
Whitmore, Sir John 33, 76, 91 ff.
Whitworth, Laura 32, 83

Z

Zen 43
Ziele 77, 213
Zone 30, 142
Zuhören 24, 84, 170, 203, 281
Zustände 101
Zuständigkeit 225
Zuverlässigkeit 24 f.

Über die Autoren

Joseph O'Connor ist international anerkannt als Autor, Trainer, Coach für Führungskräfte und Unternehmensberater. Er ist Master-Trainer für Coaching, Mitbegründer der *International Coaching Community* (ICC) und führender Autor auf dem Gebiet von Kommunikationsfertigkeiten, Leadership und Coaching.

Er hat bisher 17 Bücher geschrieben, die in 29 Sprachen übersetzt wurden. Er hält Kurse in Europa, Nord- und Südamerika, Asien und Neuseeland. Zu seinen Firmenkunden zählen *British Telecom, The Panama Canal Authority, UNIDO, British Airways, Citibank* und *HP Invent*. Für seine Arbeit als Trainer und Unternehmensberater hat ihn 1996 das *National Community Leadership Institute* von Singapur ausgezeichnet. Er hat bereits in 15 Ländern Coachs ausgebildet.

Joseph O'Connor lebte viele Jahre in London; inzwischen lebt und arbeitet er in São Paolo, Brasilien. Sie können Kontakt mit ihm aufnehmen unter: joseph@lambentdobrasil.com

Andrea Lages ist eine der weltweit angesehensten Coachingtrainerinnen. Sie coacht Führungskräfte und führt Coachingausbildungen durch, darunter auch das *International Coaching Certification Training*; daran haben bereits Menschen aus mehr als 20 Ländern teilgenommen. Sie ist Mitbegründerin der *International Coaching Community* (ICC) und ICC-Master-Trainerin, außerdem Mitbegründerin und Geschäftsführerin von *Lambent do Brasil*, einer international agierenden Firma für Schulungen und Unternehmensberatung mit Sitz in São Paolo.

Andrea Lages coacht Führungskräfte in vielen Ländern und hält in Unternehmen Kurse und Seminare über Coaching, Kommunikationsfertigkeiten, systemisches Denken und Leadership. Sie spricht fließend Englisch, Spanisch und Portugiesisch und bietet Coaching und Kurse in allen drei Sprachen an. Zu ihren Klienten gehören *Petrobrás, GlaxoSmithKline* und öffentliche Institutionen in Rio de Janeiro. Sie können sich mit Andrea Lages in Verbindung setzen unter: andrea@lambentdobrasil.com

Die beiden Autoren gründeten 2001 die *International Coaching Community* und ebenso *Lambent do Brasil*, ihr Unternehmen für Coaching, Ausbildung und Beratung in São Paolo. Zurzeit leben sie mit ihrer kleinen Tochter Amanda in São Paolo. Das erste Buch, das sie zusammen schrieben, war *Coaching-Erfolg mit NLP*, das 2004 im Original erschien und mittlerweile in zehn Sprachen erhältlich ist (deutsche Ausgabe bei VAK).

Joseph O'Connor & Andrea Lages:
Coaching-Erfolg mit NLP

Leseprobe unter: www.vakverlag.de

Dieses Buch liefert das Handwerkszeug für erfolgreiches Coaching. Es vermittelt die Struktur des Coaching-Prozesses und die Kompetenzen, die man vom ersten Gespräch bis zum Erreichen der Ziele braucht – etwa die Fähigkeit, treffende und wirkungsvolle Fragen zu stellen. Jedes Kapitel bringt Beispiele aus der Praxis, eine Zusammenfassung der wichtigsten Erkenntnisse sowie Aufgaben zur praktischen Anwendung. Den Abschluss bildet eine kompakte Zusammenstellung der Arbeitsinstrumente, Richtlinien und praktischen Aspekte, die im Verlauf des Coaching-Prozesses relevant werden, wie etwa: Checklisten, Schaubilder, schriftliche Unterlagen, fachliche Standards und ethische Prinzipien.

240 Seiten, 17 Abbildungen, Paperback (17,5 x 24,5 cm)
ISBN 978-3-935767-99-6

Joseph O'Connor, John Seymour:
Neurolinguistisches Programmieren: Gelungene Kommunikation und persönliche Entfaltung

Leseprobe unter: www.vakverlag.de

„Der Ton macht die Musik" – jeder kennt dieses Sprichwort und jeder weiß meist auch aus eigener Erfahrung: Es ist gar nicht so einfach, den richtigen Ton zu treffen und so zu kommunizieren, dass die beabsichtigte Botschaft beim Gesprächspartner ankommt! Dieses Buch zeigt, wie einfach der private und berufliche Umgang mit Menschen sein kann. Systematisch aufgebaut, humorvoll und leicht verständlich geschrieben und mit vielen praktischen Beispielen ist das Buch eine ausgezeichnete Einführung in die Grundlagen des NLP.

369 Seiten, 20 Abbildungen, Paperback (17,5 x 24,5 cm)
ISBN 978-3-924077-66-2

Babak Kaweh:
Das Coaching-Handbuch für Ausbildung und Praxis

Leseprobe unter: www.vakverlag.de

Dieses praxisorientierte Grundlagenwerk bietet Orientierung angesichts der Vielfalt der Coaching-Konzepte. Der erfahrene Autor liefert eine systematische Darstellung aller Aspekte des Coaching-Prozesses. Er gibt einen aktuellen Überblick über die relevanten Coaching-Ansätze und integriert sie zu einem eigenen Coaching-Modell, das auf der Höhe der Zeit ist. Das didaktisch durchdacht strukturierte Handbuch dient den Coachs in ihrer Ausbildung als Lehr- und Übungsbuch und den Coachs in der Praxis als Nachschlagewerk. Darüber hinaus vermittelt es auch Beratern, Moderatoren und Mediatoren, Trainern, Supervisoren und Therapeuten viele praktische Impulse.

288 Seiten, 65 Grafiken, Paperback mit Fadenheftung (16 x 22,5 cm)
ISBN 978-3-935767-62-0

Abonnieren Sie unseren Newsletter (gratis): www.vakverlag.de

Doc Childre, Bruce Cryer:

Vom Chaos zur Kohärenz
HerzIntelligenz® im Unternehmen

Leseprobe unter: www.vakverlag.de

Inner Quality Management – ein brillanter neuer Ansatz: Mit ihm finden Unternehmen und Angestellte leistungsstark und gesund den Weg aus der Stress-Schraube. Mit der Herzintelligenz im Mittelpunkt lassen sich Selbstmanagement, Kommunikation, Betriebsklima und Handlungsstrategien positiv beeinflussen und verbessern!

276 Seiten, 24 Abbildungen, 31 Tabellen, Paperback (15 x 21,5 cm)
ISBN 978-3-932098-65-9

Robert Maurer:

Kleine Schritte, die Ihr Leben verändern
KAIZEN für die persönliche Entwicklung

Leseprobe unter: www.vakverlag.de

Gute Vorsätze scheitern meistens daran, dass wir uns einfach zu viel auf einmal vorgenommen haben. KAIZEN – die Kunst, mit kleinen Schritten große Veränderungen einzuleiten – wird schon seit langem erfolgreich in der Wirtschaft praktiziert. Jetzt hat Robert Maurer dieses Erfolgsprinzip für den persönlichen Alltag anwendbar gemacht. So können Sie Ihr Leben Schritt für Schritt verändern, alte Gewohnheiten ablegen und neue Vorhaben verwirklichen. Eine praktische, inspirierende und unterhaltsame Lektüre mit vielen wertvollen Tipps und inspirierenden Beispielen – und ein Geschenkbuch, das für jeden passt.

ca. 192 Seiten, Hardcover mit Fadenheftung (11,5 x 19 cm)
ISBN 978-3-86731-055-0

Patricia R. Madson:

Unverhofft kommt oft!
Entdecken Sie Ihr Improvisationstalent: 13 geniale Alltagsstrategien

Leseprobe unter: www.vakverlag.de

Tagtäglich werden wir von unerwarteten Situationen überrascht, auf die wir nicht vorbereitet sind: Auf der Straße, bei der Arbeit oder beim Einkaufen – im Grunde improvisieren wir ständig, denn das Leben lässt sich selten exakt vorausplanen. Die Autorin stellt 13 genial einfache und witzige Strategien vor, damit Sie unvorhersehbare große und kleine „Beinahe-Katastrophen" spontan und locker meistern können. Ein erfrischender Ratgeber mit leicht erlernbaren Übungen zu den einzelnen Strategien. So werden auch Sie zum Improvisationskünstler: Damit es immer gut geht, wenn es auch mal schiefgeht!

ca. 240 Seiten, Hardcover mit Fadenheftung (11,5 x 19 cm)
ISBN 978-3-86731-050-5

Bestellen Sie unsere kostenlosen Kataloge: www.vakverlag.de